高等职业教育"十三五"教研成果系列规划教材

连锁企业门店开发与设计

主编 翟金芝
参编 邢学鹏 李倩倩 曹 爽

北京理工大学出版社
BEIJING INSTITUTE OF TECHNOLOGY PRESS

版权专有 侵权必究

图书在版编目（CIP）数据

连锁企业门店开发与设计/翟金芝主编.—北京：北京理工大学出版社，2019.5（2019.6 重印）

ISBN 978-7-5682-6523-2

Ⅰ.①连… Ⅱ.①翟… Ⅲ.①连锁店-企业管理-高等学校-教材 Ⅳ.①F717.6

中国版本图书馆 CIP 数据核字（2018）第 288413 号

出版发行 / 北京理工大学出版社有限责任公司
社　　址 / 北京市海淀区中关村南大街 5 号
邮　　编 / 100081
电　　话 / （010）68914775（总编室）
　　　　　（010）82562903（教材售后服务热线）
　　　　　（010）68948351（其他图书服务热线）
网　　址 / http：//www.bitpress.com.cn
经　　销 / 全国各地新华书店
印　　刷 / 北京富达印务有限公司
开　　本 / 787 毫米 × 1092 毫米　1/16
印　　张 / 20　　　　　　　　　　　　　　　　　责任编辑 / 张慧峰
字　　数 / 466 千字　　　　　　　　　　　　　　文案编辑 / 张慧峰
版　　次 / 2019 年 5 月第 1 版　2019 年 6 月第 2 次印刷　责任校对 / 周瑞红
定　　价 / 56.00 元　　　　　　　　　　　　　　责任印制 / 施胜娟

图书出现印装质量问题，请拨打售后服务热线，本社负责调换

前 言

连锁企业门店开发与设计是高职高专院校连锁经营管理专业的核心专业课程之一，学好这门课程，能够帮助学生初步掌握连锁门店开发与设计的基本技能，为从事连锁门店开发与设计工作打下良好的基础。

本教材以连锁门店从无到有的建立过程为主线，以工作项目为驱动，以工作任务为引领，以实际业务为案例，参照连锁企业门店开发设计标准，按照现代连锁企业职业岗位和职业能力的要求，构建了九个项目模块：

项目一为认识连锁企业门店开发与设计，介绍了连锁门店、连锁门店开发、连锁门店设计及样板店设计的相关内容。

项目二为连锁门店开发投资可行性分析，讲述门店开发可行性分析的主要内容和门店可行性开发方案设计。

项目三、项目四详细介绍了商圈调查和选址分析等内容。

项目五介绍了连锁门店 CIS 设计。

项目六、项目七介绍了连锁门店外观及内部设计。

项目八介绍了商品陈列设计。

项目九介绍了门店开业与庆典。

本教材在介绍连锁企业门店开发与设计内容和方法的同时，采用了大量的图片、表格、案例等，以帮助学生直观理解所述内容。为了巩固学生课堂所学及培养学生分析问题和解决问题的能力，本教材在每个项目结尾均附有强化练习思考题、实训任务及案例分析等。通过本课程的学习，一方面使学生掌握有关连锁门店开发与设计的理论知识，另一方面使学生具备连锁门店开发与设计的基本技能，具有调查、组织、沟通、领导和创新创业等专业素养，为连锁经营与管理专业学生分析和解决现实问题铺设了一个基础理论平台，乃至为学生以后自己创业开设门店奠定坚实的基础。

本教材由辽宁现代服务职业技术学院翟金芝任主编，邢学鹏、李倩倩、曹爽参与编写完成。具体分工如下：

项目一、项目二由邢学鹏编写；项目三、项目四、项目六、项目七由翟金芝编写；项目五由曹爽编写；项目八、项目九由李倩倩编写。

本教材在编写过程中参考了大量的资料，吸取和借鉴了同行的相关成果，在此谨向有关作者表示深深的感谢和敬意。本书在编写过程中得到了辽宁现代服务职业技术学院院领导、教务处领导、系领导和同事们的大力支持，在此一并致谢。由于编者水平有限，编写时间仓促，故书中错误和疏漏在所难免，敬请广大读者批评指正。

编　者

目　录

项目一　认识连锁企业门店开发与设计 …………………………………………（ 1 ）
　　案例导入 ……………………………………………………………………（ 1 ）
　　任务一　认识连锁门店 ……………………………………………………（ 7 ）
　　任务二　认识连锁门店开发 ………………………………………………（ 11 ）
　　任务三　连锁门店设计 ……………………………………………………（ 13 ）
　　任务四　样板店的设计 ……………………………………………………（ 14 ）
　　项目小结 ……………………………………………………………………（ 18 ）
　　强化练习 ……………………………………………………………………（ 19 ）
　　实训任务 ……………………………………………………………………（ 21 ）
　　案例分析 ……………………………………………………………………（ 27 ）

项目二　连锁门店开发投资可行性分析 …………………………………………（ 31 ）
　　任务一　门店开发可行性分析的主要内容 ………………………………（ 31 ）
　　任务二　门店可行性分析报告的撰写和设计 ……………………………（ 48 ）
　　项目小结 ……………………………………………………………………（ 57 ）
　　强化练习 ……………………………………………………………………（ 58 ）
　　实训任务 ……………………………………………………………………（ 59 ）
　　案例分析 ……………………………………………………………………（ 60 ）

项目三　商圈调查与分析 …………………………………………………………（ 63 ）
　　案例导入 ……………………………………………………………………（ 63 ）
　　任务一　认识商圈 …………………………………………………………（ 64 ）
　　任务二　商圈调查 …………………………………………………………（ 69 ）
　　任务三　商圈分析 …………………………………………………………（ 73 ）
　　任务四　撰写商圈调研分析报告 …………………………………………（ 82 ）
　　项目小结 ……………………………………………………………………（ 84 ）
　　强化练习 ……………………………………………………………………（ 84 ）
　　实训任务 ……………………………………………………………………（ 86 ）
　　案例分析 ……………………………………………………………………（ 86 ）

项目四　连锁门店选址分析 (89)

案例导入 (89)
任务一　认识门店选址工作 (90)
任务二　连锁门店选址分析 (93)
任务三　连锁门店选址的策略和技巧 (96)
任务四　连锁门店选址的评估 (105)
项目小结 (120)
强化练习 (120)
实训任务 (121)
案例分析 (122)

项目五　CIS 设计 (124)

案例导入 (124)
任务一　认识 CIS (125)
任务二　企业理念识别 MI (139)
任务三　企业行为识别 BI (151)
任务四　企业视觉识别 VI (163)
项目小结 (171)
强化练习 (171)
实训任务 (173)
案例分析 (173)

项目六　连锁门店外观设计 (177)

案例导入 (177)
任务一　认识连锁门店店面设计 (178)
任务二　设计连锁门店店名 (182)
任务三　设计门店店标和招牌 (189)
任务四　设计门店门脸与橱窗 (193)
任务五　连锁门店外部环境设计 (199)
项目小结 (201)
强化练习 (201)
实训任务 (203)
案例分析 (203)

项目七　连锁门店内部设计 (206)

案例导入 (206)
任务一　认识连锁卖场设计 (207)
任务二　连锁门店卖场通道和服务设施的设计 (209)

任务三　连锁门店卖场照明与色彩的设计 …………………………………………（218）
　　任务四　连锁门店卖场声音、气味和通风设施的设计 …………………………（221）
　　任务五　POP设计 …………………………………………………………………（224）
　　项目小结 ………………………………………………………………………………（227）
　　强化练习 ………………………………………………………………………………（227）
　　实训任务 ………………………………………………………………………………（229）
　　案例分析 ………………………………………………………………………………（234）

项目八　连锁门店商品陈列设计 …………………………………………………（236）
　　案例导入 ………………………………………………………………………………（236）
　　任务一　连锁门店商品配置策略 …………………………………………………（237）
　　任务二　连锁门店商品陈列原则与区域 …………………………………………（242）
　　任务三　连锁门店日杂货陈列技巧 ………………………………………………（247）
　　任务四　连锁门店生鲜陈列技巧 …………………………………………………（258）
　　任务五　连锁门店电器陈列技巧 …………………………………………………（266）
　　项目小结 ………………………………………………………………………………（268）
　　强化练习 ………………………………………………………………………………（268）
　　实训任务 ………………………………………………………………………………（270）
　　案例分析 ………………………………………………………………………………（271）

项目九　连锁门店开业与庆典 ……………………………………………………（274）
　　案例导入 ………………………………………………………………………………（274）
　　任务一　连锁门店的开业策划 ……………………………………………………（280）
　　任务二　连锁门店开业筹备工作 …………………………………………………（287）
　　任务三　连锁门店的店庆策划 ……………………………………………………（291）
　　项目小结 ………………………………………………………………………………（296）
　　强化练习 ………………………………………………………………………………（297）
　　实训任务 ………………………………………………………………………………（298）
　　案例分析 ………………………………………………………………………………（299）

附录一　调查问卷 …………………………………………………………………（305）

附录二　CIS手册格式要求 ………………………………………………………（307）

参考文献 ……………………………………………………………………………（310）

项目一

认识连锁企业门店开发与设计

学习目标

知识目标

1. 掌握门店、门店开发、门店规划的概念;
2. 了解门店的类型;
3. 掌握连锁门店特征与功能;
4. 理解门店开发的内容和步骤;
5. 理解门店设计的具体要求和内容;
6. 掌握样板店的含义;
7. 掌握样板店的 Know – How 体系的意义;
8. 了解旗舰店的概念和作用。

技能目标

1. 设计门店开发的计划;
2. 门店设计思路的凝练和总结。

能力目标

培养设计和拓展能力,培养信息搜集和分析能力,通过任务训练,提升归纳和演绎能力。

案例导入

2016 年连锁企业门店阵亡名单

铁打的地段流水的店。关店,或意味着悲情退出,或意味着断臂自救,或意味着重心转移,或意味着斡旋调整。不管是刻骨铭心的教训还是以退为进的战略,时代确实已经变了，全球范围的零售大洗牌正在上演。

一、百货篇

（一）梅西百货：关店加剧

梅西百货在2015年关了14家门店后，在2016年关了30多家店，涉及加州、纽约州、德州等多个州。这些商店关闭后，梅西百货名下约有730家门店。

自我剖析：上述变动是梅西百货近年来成本节省计划中的一部分，据悉梅西百货的节支目标是1.4亿美元。节省下来的资金将被用于大力开展电商业务及折扣百货业务。

外界评价：梅西百货高峰时有850家店面，目前确定受电商影响在走下坡路，不得不进行战略调整。梅西百货的中国战略则一样不成功，已失去了进入中国市场的几个最佳时期。

（二）西尔斯百货：掉队中

2015年关了235家店。西尔斯百货公司曾经是美国最好的百货公司之一，成立于1893年的西尔斯百货公司，在其诞生后的近100年中几乎是美国民众的唯一选择。截至2016年4月，西尔斯百货的亏损已扩大至4.71亿美元，销售同比跌7.1%。

自我剖析：关闭这些店面帮助其税息折旧及摊销前利润激增5000万美元左右。

外界评价：败在粗糙陈列及细节打造，败在思维老化不求上进，败在当下的掌舵人无零售经营经验。

（三）万达百货：变革调整

2015年关店46家，关闭了济南、唐山、江门、温州、荆州等多个地区的严重亏损的门店，2016年继续关店。万达百货业绩目前已从万达年中报中删除，目前形势当然不言而喻。

自我剖析：随着购物中心和电商的发展，中国消费者的消费习惯和方式正发生着巨大变化，大型零售业态不可避免地受到一些冲击，一些万达百货店出现了亏损，对这些百货店进行调整是企业的正常经营行为。万达百货的调整将具体情况具体分析，因"店"制宜。

外界评价：近期"做加法"甚至"做乘法"的转型投入太大，中短期内转型效应不彰，而传统的"万达模式"已触及天花板，不得不断臂求生"做减法"，关闭拖累现金流的一些部门。

（四）塔吉特百货：变革调整

2015年退出了加拿大市场，2015年11月初宣布3个月内关13家百货店。塔吉特百货是美国第四大零售商，全球500强第33名，在美国47个州设有1 330家商店。2016年一季度综合销售额同比下滑5.4%，远低于市场预测。

自我剖析：因购物模式的转变而增加在线销售的投入，同时结束亏损业务以维持盈利能力，增加全球中小型门店的投入，加大对科技、供应链和存货管理的投入。

外界评价：特色是与众多时尚设计师和时尚品牌合作，打造有价格优势的独家款式。目前仍需调整，以应对当下全球零售大变革。

（五）百盛：调整逆袭

近四年时间在中国内地关了11家门店，2016年在中国已关了两家门店，目前在中国

33个城市拥有58家分店。

自我剖析：首先调整的便是中小型百货店，体量在3万平方米以下的百货店，如不盈利，就将面临被关掉的危险。但是成功打造了新一代的百盛城市广场系列。

外界评价：利润下滑严重，影响力及口碑有下滑，但目前已有重新崛起迹象。

（六）**彭尼百货：优化式调整**

2015年彭尼百货（J. C. Penney）关了40家门店，2016年初计划暂关7家门店。

自我剖析：缘于目前全球经济疲软及美国低迷的消费环境和彭尼百货本身的挣扎。

外界评价：彭尼百货有350家左右的连锁百货位于B档购物中心，交通不太便利；另有175家处在C类不受人待见的地区，销售额下滑不可避免；大部分关闭的店面恰好满租期，因而也不需要做过多的额外赔偿；彭尼百货的数字营销正处于上升态势，这会大幅减少实体店的需求。

（七）**NOVO百货：惨烈的下坡路**

曾经是中国时尚百货的标杆，2015年已关5店，已退出上海及武汉市场。2016年又关一家，也就是重庆大融城店，目前门店总数只剩下7家。

自我剖析：NOVO百货先后通过买手、自营等模式引入多个潮牌，也曾因此赚足人气。但在以联营为百货主要模式的内地，NOVO却逐渐放弃了早年的立足之本。如今NOVO百货的自营占比已衰退至不足三成。目前采取收缩策略，对部分亏损门店进行调整。

外界评价：有颜值缺提袋率，有粉丝缺对消费者的把控，得势时未扩大影响力打造出新模式让发展商充分让利，内斗及转变不及时也导致了迅速衰败。

（八）**尚泰百货：逼离中国**

跟着华润万象城闯中国，陆续开出3店，目前已全面退出中国内地。

自我剖析：与万象城签订了扣点协议，3年到期后将开始转收租金。核算成本后，觉得不划算。

外界评价：男性主题未能打动内地消费者，吸引力不足未能为购物中心带来额外客流，又有自己的傲气，当然只能离场。

二、奢侈品牌篇

（一）**Zegna：奢侈品牌关店王**

Zegna公布的2015年业绩利润大跌，同比跌幅21%，净利润更是下滑45%。目前已成为奢侈品牌关店数量榜首，2016年关店15家。

自我剖析：目前中国男装奢侈品市场急剧下滑。

外界评价：由于奢侈品市场增长急速放缓，而成本依然高居不下，特别是中国过去10年对奢侈品在租金方面的优惠甚至免费政策已经逐渐取消，奢侈品集团纷纷被迫重组门店结构。

（二）**香奈儿：严控中开启电商模式**

香奈儿中国门店数为11家，是最多店铺时期的一半。

自我剖析：2015年整个大中华区的奢侈品牌的日子都不太好过。目前已推出全球性电商网络，旗下子3家Metiers d'Art高级手工坊（包括手套工坊Causse、制帽工坊Maison Michel以及Barrie Knitwear）会单独开启电商渠道。

外界评价：香奈儿仍然是家私人公司，有一贯的品牌特质及影响力，早已进行变革调整，中国市场则在严控中。

（三）Prada：一路下滑

Prada两年内在中国关了16家店，2016一季度关店4家（包括Miu Miu）。

自我剖析：Prada将充分发挥畅销款的作用，提高新品、新款的发布频率。亚太开店策略从大幅扩张到关店保守，目前降价压力加大。

外界评价：净利暴跌，股价达历史最低，出现了质量门及售后问题，策略保守，定价过高。

（四）Burberry：关店并调整中

2015年在中国关10家，2016年关5家，最终门店总数为68家。

自我剖析：面对挑战重重的外部环境，全球团队集中发展核心产品，宣传象征Burberry品牌的英国制产品，进一步推动线上线下整合工作。

外界评价：品牌有个性，且为英国皇室御用品，但面临众多轻奢用品及同类化产品和其他奢侈大牌的挑战，目前在中国则同样地关店且在调整经营中。

（五）LV：中国市场退潮中

2015年年底关闭了3家中国门店，即广州、哈尔滨、乌鲁木齐3家门店。目前LV在中国市场约有50间门店，2016年第一季度已关2家门店。

自我剖析：中国消费者在全球各地为LV所贡献的营业额飙升10%，但亚洲市场跌5%。由于整体经济环境、消费外流等原因而导致中国奢侈品消费增长速度放缓，加上奢侈品电商竞争加剧，LV在中国二三线城市的门店苦苦挣扎，业绩明显下降。

外界评价：LV的品牌价值在下跌，目前正进行爱马仕式的重手工艺及限量版的创新变革。中国市场的差额可由境外门店弥补。中国奢侈市场寒冬导致LV关店压力加大。

三、时尚大牌篇

（一）GAP：北美大幅缩减中

2015年GAP在北美关掉表现不佳的175间分店，2016年第一季度已关75家店，2016年一季度的财报同比下降6%。

自我剖析：关店75家，预计为GAP节省2.75亿美元的税前开支。

外界评价：当年的GAP是酷的代名词，如今则沦为平庸。GAP北美销售业绩持续下滑，不得不关店应对。

（二）A&F：再度暴跌

截至2016年4月30日，A&F有3 960万美元净亏损，目前股价已两位数暴跌。2016年关闭50间位于美国的门店。

自我剖析：已改头换面，希望以更阳光的形象重新俘获消费者。

外界评价：美国青少年品牌集体疲软，A&F四年来一直表现低迷。

（三）玛莎百货：关店调整

这两年玛莎百货在中国关闭了5家门店，目前在中国只剩下10家门店。

自我剖析：品牌知名度不高，因而决定关闭5家二级门店，从而加强优势，更专注于中国业务的未来发展。

外界评价：目前全球市场在调整经营中，正在打造更高收益更高吸引力的商业新模式。中国市场开店策略有问题，蹉跎6年，也未打造出该有的品牌价值。

（四）Bebe：北美调整中

2016年关闭30间北美零售门店。目前全球有300家门店，正在攻入亚太市场。

自我剖析：北美市场艰难环境，竞争加剧，关店的同时将会迎来在北美和国际市场的批发业务。

外界评价：曾经是美国新女性品牌的代表，但目前显露出诸多问题。找了代理，刚刚进入中国。

（五）BLUE：关店加剧

BLUE 2016年在英国关60至65家门店，占其英国233间总门店的25%。

自我剖析：BLUE鉴于北美市场艰难环境和竞争加剧，以及该公司产品设计的陈旧，该公司将无以为继，宣布关店策略。

外界评价：曾经在英国火过的男装品牌，但目前竞争力不足，正逐步失去其优势及影响力。

（六）kitson：全面退出中

曾是全美潮流精品店的TOP5，2016年关闭了美国剩余的17家门店，网店也已停业，宣告正式破产。这个洛杉矶传奇零售商以经常有名人和电影明星出没、店内所举办的各种怪诞的活动和出售Brian Lichtenberg设计的产品而为人所熟知。

自我剖析：为了使这个消费者喜爱和尊重的经典品牌延续下去，公司正在和各方讨论争取达成有利于维护该品牌发展的交易。

外界评价：面对市场变化滞缓，合伙人内斗是主因。

四、卖场篇

（一）沃尔玛：美国洗牌

2016年年初沃尔玛宣布全球关闭269门店，在中国2016年已关闭了10家门店，都是三四线城市的店。

自我剖析：过去几十年的全球快速发展中，过于密集的布局和过多的门店等原因拖累了沃尔玛的业绩。但中国的二三线城市的战略布局将驶入快车道。

外界评价：沃尔玛此次计划关闭的美国连锁店中，有95%以上与另一家沃尔玛连锁店距离不到16公里。在中国则发力自营的社区MALL，计划2年内在中国增设115家门店。

（二）乐购：大衰退中

2015年在英国关闭了43家门店，包括规模较小的Express与Metro门店。在中国则把目前在内地经营的135家门店卖给了华润，并改为"华润万家"，在中国的门店正在大清洗中。

自我剖析：对市场的判断出现失误，没能跟上市场变化形势。

外界评价：综合竞争力不佳，更多本土优势的卖场崛起挤占生存空间，进军美国、日本市场相继失败。

（三）家乐福：风口已过

2015年家乐福在中国关店数量超过15家，2016年在中国已关闭了3家门店，目前综合影响力大不如前。

自我剖析：将重点布局便利店，并发展电商业务，在中国打造6个现代化配送中心。
　　外界评价：全球影响力正下降，在中国市场，正被本土的大润发、华润、永辉等逆袭。

五、餐饮篇

（一）麦当劳：重新来过

　　2015年麦当劳的全球关店数量为700家，2016年在中国关店80家。目前麦当劳在中国有近2 300家门店。
　　自我剖析：抓核心客户，进行重新装修，加快餐点的制作。通过强调食品的质量来强化形象，增加多样新品，重新建立客户与麦当劳之间的情感联系。
　　外界评价：在调整的同时，确实正逐步建立新的优势。调整期的优化净收益的动荡不可避免。

（二）湘鄂情：高端餐饮失势典型

　　曾是高端湘菜馆且已上市的新星，创始人如今"跑路"，最多时全国有40家店，2013年起陆续关门、转让、法院抵押清算。
　　自我剖析：2012年以来，在中央一系列整顿党风党纪的政策出台后，原先依附于政务消费的高端餐饮业迅速进入寒冬，消费群体大量流失，企业利润直线下滑，高端餐饮全行业面临洗牌。
　　外界评价：未看清形势，变化不及时，创始人缺乏韧性与手腕，转型的新业务也没做起来，创始人最终缺钱缺人无奈"跑路"。中国高端餐饮失势的一大经典案例。

（三）Teavena Tea Bars：选错了试验地

　　2016年年初，星巴克宣布关闭4家旗下茶饮店Teavena Tea Bars，只保留西雅图的一家"做试验点"。洛杉矶比弗利山庄附近的Teavana Tea Bar在2016年4月关店。
　　自我剖析：能集中资金和资源通过星巴克零售店铺和Teavana Tea Bars的茶叶店给顾客带来更好的茶饮和茶叶体验。通过星巴克的店铺，更多的消费者能接触到这些茶叶和茶饮产品，有更广阔的前景。
　　外界评价：Teavana Tea Bar到2016年4月才27个月，就决定关闭5家茶饮店中的4家。这基本上宣告Teavana Tea Bars卖茶饮的生意在美受挫，收益不如咖啡，或许最该尝试的市场是中国。在2016年7月，星巴克"抛弃"了旗下的面包店La Boulange。

（四）咖啡陪你：一笔糊涂账

　　中韩合资企业咖啡陪你，高峰期在华有600多家门店，誓要挑战星巴克。如今中国的诸多城市近50%的门店已停业，加盟商已联合开启维权之路。
　　自我剖析：咖啡陪你的扩张步伐太快，单店盈利能力并没有跟上扩张速度；管理的问题也很要命；品牌认同感不够强；需求不足。
　　外界评价：星巴克已逆袭转身，竞争加剧。扩张过快，未有打造双赢的加盟商模式。咖啡陪你加盟商的资金被挪作他用，韩方撤资，高层欠薪离职，品牌影响大受打击，面临大危机。

六、本土服装篇

（一）美特斯邦威：继续下滑

　　巨亏超4亿元人民币，两年内关店超千家。

自我剖析：激进开店以及模糊品牌定位，美特斯邦威耗费 5 000 万元人民币冠名互联网综艺节目《奇葩说》，"有范"App 未达预期。

外界评价：曾是中国本土服装零售逆袭代表，毕竟是周董代言款，如今则全面下滑。其原因有全球快时尚品牌的全面入侵，有仿效 ZARA 败在视野、模式及品牌瓶颈，也有自身转型缓慢抓不住消费者痛点，导致品牌影响力大幅下降。

（二）波司登：大幅下挫

2015 年关店超过 5 000 家，2016 年第一季度已关闭 1 328 家。

自我剖析：成本和资源投入获得暴利的时代一去不复返了，产业结构需要调整，发展需要转型，驱动方式需要转变。

外界评价：波司登连续 19 年在羽绒服市场上市场占有率第一，但羽绒服业务下滑，男女装业务拓展受阻，波司登的业绩跌入了冷冬。品牌在凋零，渠道在萎缩。在转型路上，波司登举步维艰。

七、本土鞋履篇

（一）百丽：形势反转

百丽 2015 年关闭了 400 多家门店。2016 第一季度已关店 167 家。在 2011 年开店最为"疯狂"的日子里，百丽平均每天都会新开 2～3 家店铺，如今形势已反转。

自我剖析：受零售大环境影响以及线上竞争，百丽在走下坡路。中国内地市场因租金费用属于变动费用，与销售挂钩，因此中国内地市场盈利能力受损较小，香港市场压力较大。

外界评价：百丽作为中国鞋业的巨头老大，多元化的品牌及影响力更是让资本市场认可。但在互联网日益改变人们生活方式和行为模式的大环境下，百丽应变不及时，当年"疯狂"开设店铺和专柜模式终将要逐步消失。

（二）达芙妮：大败退中

2015 年，达芙妮一共关了 805 家店，2016 年一季度关了 176 家店。2016 年一季度财报中，达芙妮核心品牌业务的同店销售的跌幅为 6.2%。

自我剖析：大规模关店是为了应对低迷的市场情况以及租金压力。

外界评价：加盟店问题太多，资金链断裂、裁员、被电商抛弃等传闻甚嚣尘上。

从以上的数据可以看出，连锁门店正在经历大洗牌，关停并转成为连锁门店的经营常态，而连锁门店作为连锁企业经营的基本单位，其运营效果和经营效率影响着连锁企业整体发展。那么连锁门店出现在某一地区，店面装潢、店内陈设要遵循什么规律？如何开设一家门店？本项目将一一为你揭晓。

任务一　认识连锁门店

门店是连锁经营企业的最基本经济单位，是连锁企业利润的主要来源，而门店经营的好坏，和门店开发和设计有着莫大的关联，创设新门店要从门店开发与设计开始。

一、什么是门店

(一) 门店的概念

门店又名店铺、商铺,英语为 store。狭义的门店是指零售业进行商品销售的场所,包括百货公司、超市、便利店、专业店、商场等。广义的门店是直接对消费者进行有形商品销售或进行复合商品(有形、无形商品兼有)经营的场所。门店的概念范畴还包括零售商之外的娱乐业、餐饮业、旅游业所使用的房地产,营利性的展览馆厅、体育场所,以及银行、证券等营业性的有建筑物实物存在的经营交易场所。

对上述概念的认识,需要把握以下两点:

第一,门店是指经营交易场所,是实地所在,可以看到、摸到,可到达的一个指定的地点。本书中所讲述的门店,有别于网络中的店铺。

第二,门店的主要作用,从所有者角度来看是用来经营的,从消费者角度来看是用来销售的地方。

因此,下面几种零售业态,不是本书要研究的范围,如无人贩售、电子商务、电视购物、电话销售等。

(二) 门店的分类

1. 按照经营产品所属行业进行分类

(1) 零售业:包括超市、卖场、便利店、百货公司、专业店、折扣店等。

(2) 餐饮业:包括饭店、餐厅、酒吧、茶楼等。

(3) 旅游业:包括酒店、宾馆、旅行社等。

(4) 体育、娱乐业:包括健身房、KTV、网吧、电影院、休闲会所等。

(5) 金融业:包括银行和证券公司的营业厅、保险公司的营业厅等。

(6) 其他服务业:包括售票处、美容院、婚纱影楼、拍卖行、典当行、展会、维修站点、电信公司的营业厅等。

2. 按门店的营业面积分类

(1) 小型门店:经营面积 $100m^2$ 以下。

(2) 中型门店:经营面积 $100 \sim 1\,000m^2$。

(3) 大型门店:经营面积 $1\,000m^2$ 以上。

从传统意义来讲,门店经营规模的大小,决定了企业商业规模的大小。

3. 按照使用形式划分

(1) 自用门店:门店的所有者自行安排门店的经营内容和经营形式。

(2) 租赁门店:门店所有权人将门店的使用权交易给门店承租人,由承租人按照合同规定,自主决定门店经营的内容和经营形式。

二、什么是连锁门店

(一) 连锁门店的概念

连锁门店(或连锁店)是连锁经营模式的载体,有广义和狭义之分。广义上的的连锁门店是指众多小规模的、分散的、经营同类商品和服务的同一品牌的零售店,在核心企业的组织领导下,采取共同的经营方针、一致的营销行动,实行集中采购和分散销售的有机结合,通过规范化经营,实现规模经济效益的联合。其中的核心企业称为总部(或总店),各分散经营的企业叫作分店、分支店或成员店等。狭义的连锁门店,是指连锁分店。本书中所提及的连锁门店开发与设计,不做特殊说明,皆指狭义的门店。

对连锁企业门店概念的认识需注意以下几点:

(1)不能以数量多寡判断是否是连锁门店。不能认为出现经营某一品牌的门店就是连锁门店,有些门店在选址和铺设上并不是以连锁经营形式存在的,例如分销、包销和代销的门店,出现在消费者面前的门店数量也很多,但它们不是连锁门店。

(2)要以连锁经营的特征为标准判断连锁门店。连锁经营的特征就是3S原则,即标准化(Standardization)、专业化(Specialization)、简单化(Simplification)。往往在实际生活中对连锁门店的判断,需要将3S具体到一些可以观察、描述的事物上,通常连锁门店具有四个统一的特点:即经营理念统一,企业识别系统统一,商品服务统一,经营管理统一。拥有这四个统一特点的门店才能称之为连锁门店。

(二)连锁门店的分类

按照连锁经营模式划分,可以将连锁门店分为三类。

1. 直营连锁门店

直营连锁门店也称正规连锁门店。目前国外的综合超级市场、自选商场多采用正规连锁方式,它们在各种经营形式的竞争中显示出了强大的实力。国际连锁店协会对正规连锁的定义是:"以单一资本直接经营商店11个以上的零售业或饮食业。"和其他形态的连锁门店相比,因为所有权属于同一公司或同一老板,因此,直营连锁门店执行力最强,更容易让消费者认知。

2. 加盟连锁门店

加盟连锁是一种以契约为基础的企业经营方式,在国内也称为合同连锁或特许连锁。这种经营方式的当事人,包括特许权授予者(也称作盟主)和被授予者(也称作加盟者),双方订立契约,盟主允许加盟者销售他的商品或使用他的经营方式,并且提供各种协助性服务。另一方面,加盟者必须按照契约要求,除使用其商标、器具、服务方式外,还须与授予者分享利益。这种经营方式已经以其独有的魅力流行世界。

我国规定盟主必须具备以下条件:

(1)依法设立的企业或者其他经济组织;

(2)拥有有权许可他人使用的商标、商号和经营模式等经营资源;

(3)具备向被特许人提供长期经营指导和培训服务的能力;

(4)在中国境内拥有至少两家经营1年以上的直营店或者由其子公司、控股公司建立的直营店;

(5)需特许人提供货物供应的特许经营,特许人应当具有稳定的、能够保证品质的货物供应系统,并能提供相关的服务;

(6)具有良好信誉,无以特许经营方式从事欺诈活动的记录。

以上说明盟主企业必须具备法人资格,并有良好的商誉,且经营产品或服务在市场上被消费者认可和传颂。

另外，对盟主的经营规模和经营时限做了明确的要求，就是"两店1年"，即"特许人从事特许经营活动应当拥有至少两个直营店，并且经营时间超过1年"。并对加盟连锁企业实施备案管理。

3. 自由连锁门店

自由连锁门店的英文原意为"自发性连锁店"或"任意连锁店"。日本通产省将自由连锁定义为分散在各地的众多的零售商，既维持着各自的独立性，又缔结着永久性的连锁关系，使商品的进货及其他事业共同化，以达到共享规模利益的目的。

自由连锁体系总部投资少、发展快，能迅速取得经营上的规模经济利益。各加盟店除契约规定之外，有相当大的弹性，以应付地区性的竞争情况，满足地区性的顾客要求，是一种有效的连锁经营方式。但是相对于正规连锁而言，自由连锁的总部便显得缺乏约束力，群体意识的形成有一定难度。

课堂讨论：为什么企业要连锁经营？

三、连锁门店经营的特征与功能

有店铺以来，零售业发生了四次变革：第一次变革是百货商店出现，从根本上改变了零售的经营方式、组织形式和销售方式；第二次变革是超级市场的出现，首次出现开架销售、自选购物，舒适温馨的购物环境和一站式购物体验，大大节省了人们购物的时间；第三次变革是连锁店的兴起，主要表现在零售组织的标准化管理、专业化分工、简单化作业和集中化进货；第四次变革是购物中心和无店铺经营的出现，具体而言就是网络技术颠覆了零售业，让零售不受地域限制，销售的组织形式发生根本性变革。

课堂讨论：是什么原因推动了零售业的四次变革？

（一）连锁门店经营的基本特征

连锁经营作为现代化的经营方式，随着现代交通、物流、金融、信息等技术发展和推广，连锁企业的组织形式、业务流程、工作形式发生了深刻的变化，连锁经营的发展也推广到了其他行业，经营的产品包罗万象。连锁门店正是为适应社会化大生产和市场经济的快速发展而产生的。连锁门店资本经营的大规模化要求同零售活动的分散化、个性化特点有机结合在一起，使商品和物资在时空领域得以重新有效配置，进而大大提高了社会生产效率和商业经营效率。从经营方式上看，连锁门店的出现改变了过去百货商店单一的经营模式，比较而言，具有以下几个基本特征。

1. 因连锁门店开发遵照一定规律，因此门店位置相对固定

连锁企业门店选址前，都要对市场进行详细的调查和分析，结合经营的商品，选择最有利门店经营的位置。连锁企业为了方便门店选址，往往制订详细的门店选址方案，这样就形成了无论在哪个城市铺设门店，都出现在相对固定的位置，比如有的连锁门店为了方便顾客，将店址选在十字路口；有的企业为方便居民，门店开设在居民区内等。

2. 连锁门店数量众多，形成规模效应

连锁门店经营的优势就是通过众多门店构成一张庞大的运营网络，提高市场的覆盖面，形成规模优势。中国连锁百强企业，其旗下门店数量都有上千家，规模大的可以达到几万家。例如麦当劳全球拥有3万多家门店，肯德基也有1.1万多家，众多的门店形成相互协

作、共同提升的有机统一整体，为企业创造了巨大的经济效益。

3. 标准化运营，易获得顾客认同

连锁企业最注重门店运营的一致性和标准化，这也是社会化大生产原理的根本要求。连锁门店改变过去那种购销一体、柜台服务、单店核算、依赖个人经验和技巧决定销售的小商业经营模式。连锁门店要求店名、店面、商品、服务、购销、广告宣传、价格的统一化，进而要求各门店在同一系统进行运营，这样呈现给顾客的就是一致化，无论顾客身在哪个门店所能看到的产品和服务都是一样的；又因连锁门店的规模性，容易让顾客对经营产品的质量产生信赖，认同企业的经营理念和经营方法。

（二）连锁门店的功能

1. 依据经营目标，科学分配门店经营资源

连锁企业经营的目标就是要降低成本提高收益。连锁门店根据总部的经营目标，对门店工作进行整合和分配，保证工作的效率和工作的结果；另外通过专业的集中采购、分散销售，让进销网络有效集成，连锁企业内部各部门、各门店各司其职，相得益彰。

2. 加盟连锁企业的店铺共享市场及管理资源

在连锁体系中，企业下属的各个零售店铺并不是孤立无援的，各连锁门店不但能够从总部获取资金与技术支持，同时各个门店之间还能实现资源共享。比如，同一个城市中的店铺可以互相交换销售信息，掌握市民的消费动向；而同一个省份中的店铺也可以互相交流营销经验，统一实行推广策略。连锁结构中的各个零售店铺相互分享人力、技术、市场信息等资源，不但能够增加连锁企业的经济收益，同时还能提升内部管理效率。

3. 连锁化经营模式对物流服务的市场营销进行了整合

由于连锁体系中的店铺都受控于总部，因此店铺的工作分配更为科学合理。在这样的前提下，门店运用了集中型的经营管理模式，实现了营销和物流的整合。比如，连锁体系中的商品部不但可以开展产品采购工作，同时还能对产品进行配送，而连锁企业的财务部门也同时肩负着审批资金和管理资金的工作。此外，连锁企业中的市场信息部门也同时肩负为总部收集消费者信息和发送推广信息的任务。

任务二　认识连锁门店开发

一、连锁门店开发的概念

连锁门店开发是指连锁企业在既定战略的指导下，为实现企业经营目标而进行新店开设的过程，旨在拓展企业经营区域和服务范围，提升企业规模，从而扩大效益。

连锁门店的开发工作，在总部内一般有市场部或开发部来执行。连锁门店开发工作往往包括连锁门店的开发计划、可行性分析、商圈调查分析、选址、物业的建设或租赁工作。

二、连锁门店开发内容

（一）连锁门店开发计划

具体应用管理的方法，研究连锁门店的开发。首先，就是要制订切实可行的连锁门店开

发计划，综合连锁企业经营目标，制订选址方案，确定连锁门店的选建的区域、商圈和地址。要从宏观和微观两个视角，分析影响门店选址的因素，保证门店建成后，有稳定的顾客流量和能够保证实现营收的营销模式和方法。

（二）连锁门店开发的可行性分析

可行性分析法是对工程项目进行系统技术经济论证、经济合理性综合分析的方法。其目的是通过对技术先进程度、经济合理性和条件可能性的分析论证，选择以最小的人力、物力、财力耗费，取得最佳技术、经济、社会效益的切实方案。它是解决项目投资前期分析的主要手段。连锁门店可行性分析是对门店营运效果的论证和分析，是门店开发的投资决策的主要依据，具体要从技术可行性、市场可行性、经济可行性三个方面来论证。

（三）商圈调查分析

商圈调查是一个非常重要的问题，不同类型的商圈、不同层次的商圈，适合于不同的业态和不同的经营方式。商圈调查是一项比较需要科学态度和科学方法的工作。要对店址周围的交通状况、基础设施建设情况、客流方向、客流数量、政府城市发展规划进行综合调研和分析，以确保门店选址在未来 5～10 年内，不会因上述因素变化而导致门店营业收入的下降。

三、连锁门店开发的步骤

连锁门店开发的具体步骤包括初选址、收集信息、市场调查与现场勘查、确定店址。在初选址时，往往确定两个以上店址，且店址分布在不同商圈；然后分析门店选建在该商圈的好处和弊端，进行市场调查和现场勘查，分析比较这些店址的优势，最终选址优势较大、盈利能力强的商圈。具体执行过程见图 1-1。

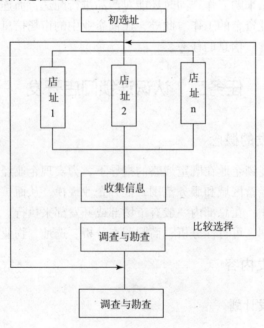

图 1-1　门店开发流程

任务三　连锁门店设计

一、连锁门店设计的概念

连锁门店设计的概念是指在总部的统一规划化，为实现连锁标准化和统一化要求，把连锁企业企业形象识别要素应用到门店的装修和布局中，以此达到连锁企业门店规范化的要求。

在竞争激烈的市场中，连锁门店必须通过统一化的设计，让消费者快速寻获自己的门店，因此完整的和高度识别的企业形象成为连锁企业店面设计的关键要素。连锁企业总部在设计店面时，必须考虑如何将企业的标识、形象应用到连锁门店的店面设计、店内设计中。

二、连锁企业门店设计的具体要求

（一）店面风格一致

门店的风格、门店内外上下的设计应当与店铺的市场定位、经营理念、品牌理念和产品风格保持一致。员工的衣着、导购行为、服务态度及服装的档次、配套用品等也要能传递店铺的经营理念和定位。遵从一致性原则有利于树立品牌形象，增强顾客的信任感，吸引目标顾客，并且设计符合人们的审美和追求。经营中药的连锁门店，在店面设计上应有古朴的元素体现在店面设计上，比如建筑物雕梁斗拱、描云画栋，店标的字体可以采用隶书，端庄大气、沉稳儒雅。比如澳大利亚的水果商人将自己的经营店铺设计成菠萝的形状，这既激发了消费者感官的好奇，又激发了消费者购买的欲望，是一个非常好的创意。另外，风格一致的连锁店面，能够让消费者快速识别，增强门店的易见性，同时提高顾客在连锁企业的消费信心，进而提高连锁企业的经营收益。

（二）方便顾客

服务大众的零售店铺内部环境的设计必须坚持以顾客为中心的服务宗旨，要力争满足顾客的多方面要求。充满人性化的设计会使顾客感到被关心的亲切感。内部设计要符合人体工程学，符合消费者的购物心理，配置方便顾客购物的设施，营造良好的购物环境和氛围，能够为顾客创造愉快的购物体验，使顾客牢牢地记住店铺，并产生口碑效应，促使店铺的美誉度和知名度广泛传播，扩大店铺的辐射范围。今天的顾客已不再把"逛商场"看作一种纯粹性的购买活动，而是把它作为一种融购物、休闲、娱乐及社交为一体的综合性活动。因此，零售店铺不仅要有丰富的商品，还要创造出一种舒适的购物环境，使顾客享受到完美的服务。

（三）以高效为根本

零售店铺内部环境如果设计得很科学，就能够合理组织商品经营管理工作，使进、存、运、销各个环节紧密配合，能够节约劳动时间，提高工作效率，增加经济效益和社会效益。另外，在店铺设计时要注意各方面的一些细节：

第一，明确品牌定位（年龄、职业、风格、价位、品种等），追求自我（品牌）文化环境。

第二，掌握消费购物习惯走势流向，传播品牌视觉信息（如橱窗、图形等）。

第三，合理分布有效空间，因势利导，让消费者自然步入品牌空间，浏览每件商品。

第四，点缀物品、道具等，必须符合品牌环境诉求，宁精勿滥；色彩饰物，注意协调或对比差度。

第五，整体装饰简洁而富于变化，从棚顶、侧壁到橱窗，要紧紧围绕品牌定位、品牌标示等的理念和暗示。

第六，卖场商品陈列丰而不繁，简而不空，有形而整，变而有序。

第七，营造舒适氛围。哪怕一张沙发、一个挂钩、一只摇篮，也会让消费者感受到美好温馨。

第八，合理的照明，适度的音效，给顾客创造一种轻松的视觉、听觉感受。

三、连锁门店设计的主要内容

连锁门店设计主要包括整体设计、店外设计和店内设计三个部分。

（一）总体设计

连锁门店总体设计就是企业门店开发的 CIS 手册，包括门店的店标、店名设计，标准字、标准色、装饰图案、装饰风格、标志物等，分布在各地的连锁门店都要按照这个要求统一设计识别系统，只有这样才能体现连锁企业的"连"的功能。

（二）外部设计

连锁门店的外部设计主要体现在店面设计上。所谓店面就是指门店的临街面，又称门面。对于大多数门店来说，门面又是计量商店大小的单位，有一定的规格标准，门店的外部设计包括店铺的招牌、店面、橱窗、停车场、周边环境等。店门关系到顾客入口，是引导顾客进入门店的主要标志，橱窗是以商品为主体，以装饰和布景道具为陪衬，在特定空间中巧妙布置，以达到吸引消费者、刺激购买欲望的目的。

随着竞争的加剧，店面设计越来越要求个性化设计，让店面发挥重要作用，吸引顾客进店，提高顾客购买频率，促进消费。

（三）内部设计

连锁门店内部设计就是对门店购买环境进行设计，其目的是为顾客创造一个温馨、舒适、适用的购物场所。门店内部设计要以顾客为中心，充分体现便于顾客拿取产品、易于行走、便于结账。氛围设计要充分体现温馨、舒适，充分利用灯光、色彩、气味、温度等要素，激发消费者购买热情。具体的门店设计内容包括布局、陈列、通道设计、收银台、物品存放、门店氛围等。

任务四 样板店的设计

一、样板店的概念

样板店是指连锁企业集中资源所打造的在品牌与产品认可度、终端促销、售程服务、人员管理与维护等一个或多个方面均具有典型代表性的目标市场。简言之，就是连锁企业集中资源打造的在某一区域内具有优势规模的终端店。

对上述概念的认识需注意以下几点：

第一，样板店是经营效益好、管理规范程度高、能够承担一定数量人员培训的连锁门店，因此，样板店除了具备其他门店的功能，还要有教育、培训和孵化功能。

第二，样板店是连锁经营管理的最直接的体现，因此，样板店是严格执行3S原则和CI设计要求的门店，能够指导加盟者或者门店管理者对新建门店进行系统管理。

二、样板店的作用和建设的程序

（一）建设样板店的作用

样板店的一个最基本作用是验证将要传授给整个连锁运营体系的经营模式是否可行，对需要改进的地方加以修改。

同时，样板店还在不同阶段起着稳固经营的重要作用，如充当新加盟商的培训中心，作为新经营体系、新产品和新服务的试验室等。

所以，在不同情况下试验的样板店数量越多，时间越长，连锁经营的风险就越小。具体而言，样板店的作用可以表述为以下几个方面。

第一，所有连锁运营体系的复制"原件"。

第二，连锁网络的基础节点和原始节点，是连锁企业发展和运营的成功基础。

第三，对加盟连锁而言，是盟主工业产权和知识产权浓缩后的外化组合体，也是继续研发的基地。

第四，受许人及其余相关人员接受培训、实习、参观的样板店，也是连锁经营体系检验最佳地点。

第五，宣传吸纳加盟者的主要阵地；潜在加盟者通过认识样板店，了解门店经营模式等，并通过现场认知即将加盟的连锁门店的运行情况，促使加盟者下定决心加盟连锁企业，增强加盟者加盟信心。

因此，样板店的建设对于特许人及整个连锁体系而言是至关重要的，如果连锁企业想通过连锁的方式走向成功，那就要先从建设样板店开始。

（二）样板店建设程序

样板店建设程序，除了必要的连锁门店开发程序外，必须要补充三个重要步骤。

1. 建立样板店工作小组

在样板店的建设中，连锁企业应遵照前面设计的单店模式进行样板店的建设，并在建设的实际过程中，随时发现问题，随时更改和记录关于单店的设计内容。如果可能，最好的办法是，总部成立一个样板店工作小组，专门、全程、全面地跟踪样板店的建设全过程和单店营运的方方面面。如果特许人的所有样板店并不是从零开始建设，而是从已有的店改装而来，那么负责单店手册完善的样板店的工作小组在建设以后的加盟店时要进行全程的跟踪和全面的接触。这样，这个小组就可以非常方便、高效地参与单店的建设，并保持单店手册的随时更新和完善。工作小组成员将来必定是在理论与实践上建设单店、管理单店、运营单店的专家，连锁企业也可以借此机会为自己培养出一批将来营建单店的骨干人员。

2. 试点经营

在门店开发完成后，要测试商圈对门店的反映，主要观察日常到店的顾客数量和客单价，并计算营业收入，然后与预期收益进行比较，寻找问题出现的原因，并提出解决问题的办法。

样板店试营业是否成功，首先体现在销售数据上，一定程度上可以动态地调整营销方案，为样板店在门店经营范围内确定知名度和美誉度，通过顾客的口碑吸引更多的顾客到店。在竞争激烈的商圈内，要重视顾客基础数据的收集，可利用电子商务手段，争取更多的客源。其次，是企业的运营能力，主要表现在店址位置、门面设置、卖场布局和氛围设置，要多征求顾客意见，采用观察法，随时记录日常管理中发现的问题，从试营业中发现运营上存在的问题。最后，通过观察分析，形成详尽的开店手册，以便为其他门店建设提供重要的依据和参考。

3. 形成样板店建设指南

建设样板店，要撰写完整的建店流程，具体包括商圈调研、选址、可行性分析、设计、目标市场选择、物流配送、信息系统建设、运营管理制度建设、培训手册编制等。

三、样板店管理与"Know – How"体系创建

在连锁经营体系中，连锁的关键是能够将总部的管理模式有效植入到各连锁门店中，各连锁门店能够按照总部的要求认真执行管理模式，而这种管理模式的转移具体表现为"Know – How"体系。

（一）"Know – How"体系

"Know – How"的中文译名为技术诀窍，最早指中世纪手工作坊师傅向徒弟传授的技艺的总称，现在多指从事某行业或者做某项工作所需要的技术诀窍和专业知识。因此，连锁企业的"Know – How"体系，必然涵盖连锁企业的"连"的技术和"锁"的诀窍，即连锁商业模式，具体包括以下内容：

第一，门店选址和商圈选择的诀窍。

第二，企业 CIS 设计和执行的诀窍。

第三，连锁企业人力资源开发和企业资源配置管理的诀窍。

第四，营销创新，即如何进行目标市场定位、经营定位和战略定位，并根据所选目标市场的特点，进行营销整合创新。

第五，财务管理、采购管理、销售管理、配送管理、库存管理的创新方法。

第六，信息系统的建设和执行。

（二）"Know – How"体系的原则

连锁企业的"Know – How"体系在执行过程中，需遵循以下原则。

1. 成功原则

连锁经营模式的在向门店转移过程中，必须保证样板店完全克隆的连锁经营体系，具有很强的操作性和执行性，能够保证加入者按照经营指南顺利完成开店作业，严禁杜撰。

2. 创新原则

"Know – How"体系本身是知识产权体系，具有创新基因，因此，在建设过程中，必须保证"Know – How"体系是独创的，严禁抄袭。

3. 体系原则

门店的从无到有、从小到大过程中，体现着门店运营的系统性和协作性。门店各业务部门相互协作、相互配合，才有门店的发展和壮大，并且每个部门都在管理流程、制度、职责范围内从事经营活动，形成了一个有机的、可控的、统一的整体。

4. 工程原则

连锁体系的创建和拓展本身就是一项巨大的系统工程，将"Know – How"体系与连锁企业融合，要经过调研、设计、调试、建立、推广、维护、培训等必要阶段，每一个阶段都有其存在的必要性，缺一不可。

5. 营运三原则

控制、支持、沟通是连锁体系的营运的三大基本原则，也是"Know – How"体系不断改进的重要手段。在连锁经营体系中，执行"Know – How"体系，必须要全局控制，信息传递要保持畅通，上级要掌握下级的动态，下级要及时汇报。

6. 克隆原则

连锁经营成功的关键，是经营模式的克隆，即复制。但是，连锁门店分布的地理空间较广，每个区域都要独特的区域文化，面临着不同的风土人情，差异性较大，因此，连锁门店在复制的过程中，要把握区域的差异性，要结合本地的特点，进行创新性复制。肯德基之所以在我国能取得巨大的成功，关键在于开发了适应中国人饮食习惯的产品。

7. 契约原则

在西方经济体系中，契约是一种商业文化和商业基因，其核心是自由、平等、守信的精神，总部与连锁门店之间本身具有契约关系。对于直营连锁企业，门店是其文化、思想、经营方式的执行单位，而门店对总部指令有效地执行，体现为门店对契约原则的遵守和履行，加盟企业契约成为联系盟主和盟友的纽带，因此，契约的建立将保证"Know – How"体系在连锁经营体系中的持续应用。

8. 专家原则

"Know – How"体系的建设需要专业人士或专业顾问公司的帮助，这样才能做到体系完善和执行高效。

9. 末端双向重组原则

"Know – How"体系的建设，来自对市场（外）、基层业务单位和管理部门（内）的分析和总结。按照企业组织结构看，"Know – How"体系执行在末端。另外"Know – How"体系的建设要从以上内外两个方面进行：内部，对企业的所有业务流程和管理流程进行分析和诊断，并按照新设计的连锁经营模式重组商业流程和企业资源结构；外部，面向社会，进行有效资源的经营组合，从而完成一个社会有效资源的动态重组和高速增长。

10. 多赢原则

"Know – How"体系的目标和执行结果希望顾客、门店、总部、社会都能获得利益和好处，形成良好的商业生态，进而形成多赢局面，如果不能多赢，"Know – How"体系也就失去了存在的意义。

四、旗舰店的建设

（一）旗舰店的含义

要了解旗舰店首先要搞清楚"旗舰"的含义。旗舰是一些国家的海军舰队司令、编队司令所驻的军舰，因舰上挂有司令旗，故叫"旗舰"。

顾名思义，旗舰店是企业在营销过程中设在某地最高级别的品牌形象展示店，一般来讲旗舰店就是所处地段极佳、客流极强、销售业绩极好的样板店，是代表某品牌或某大类商品的专卖店或专业店。例如阿玛尼旗舰店就属于阿玛尼品牌专卖店，而茂昌眼镜公司旗舰店就属于茂昌眼镜品牌专业店。

旗舰店是竞争加剧的市场经济时代的产物，对促进连锁经营、树立品牌形象均大有益处，而且也是企业拓展市场份额的有效手段。

（二）旗舰店的作用

旗舰店不仅仅是一个概念、一个品牌、一种哲学、一套生活方式，旗舰店也应该是形象的旗舰店，用来更好地展示企业品牌形象；还应该是销售的旗舰店，要有好的销售业绩；更应该是管理的旗舰店，可以高效地管理商店（其中包括对员工的管理）。总之，旗舰店是连锁企业顺应商业发展需要和参与市场竞争的必然产物，是品牌竞争的有力手段，对连锁企业本身有重大意义，对行业发展也能起到绝佳的示范作用。

现如今旗舰店的竞争也日趋激烈，一些连锁企业发展到一定规模都在建设旗舰店。旗舰店作为一种企业营销手段和经营理念的传播方式，对拓展市场，提高市场份额起到了很好的宣传作用。同样，也因此导致了旗舰店之间的竞争加剧。作为连锁企业要搞清旗舰店建设的目的和意义，不要盲目地扩展旗舰店。另外，旗舰店建设成之后，要在人员管理、售后服务、门店氛围设计等方面作出榜样，成为真正意义的领头店、示范店，成为区域的中心，形成以点带面的辐射作用。

项目小结

连锁门店是直接面对顾客的终端体系，是销售的终端环节。充分发挥连锁门店的业务职能是提升连锁企业竞争能力的重要保障，是连锁体系形成规模效益和增收的先决条件，所有连锁门店开发是门店职能得以发挥的重要保证。连锁门店承担着连锁企业规模扩大、效益提高、竞争力提升的重要责任，一个连锁企业能否成功与连锁门店数量、连锁门店运营质量密切相关。

连锁门店开发是连锁门店营运的先导环节，连锁门店营运是一个门店从无到有、从小到大的过程。从无到有首先就是对门店的开发过程，明确门店建在哪，就要明确经营环境、竞争状态、商圈状态等影响门店经营的主要因素，同时要明确门店开发步骤。

连锁门店选定店址后，要对门店进行整体包装和设计，整体包装是门店的 CIS。门店设计包括内部和外部两个方面；外部要注意店面、橱窗、店标和招牌的设计；内部设计主要以客动线为依据，进行卖场布局和陈列设计，注意卖场氛围设计，包括灯光、声音、气味等要素，这些都将影响顾客的购物心情和对门店的整体评价。

门店建设的标准是样板店设计,样板店要起到门店设计的教育功能。样板店设计要基本遵循"Know-How"体系,要体现样板店在实际经营的作用。连锁企业要建设旗舰店,旗舰店要起到示范作用。

强化练习

一、单项选择题

1. 下面属于本书范围内所研究的门店有( )。
   A. 爱国者火锅   B. 京东商城
   C. 七个柠檬自助贩售   D. 七星购物电视商城
2. 以下属于零售业的门店是( )。
   A. 小肥羊火锅店   B. 肯德基快餐店
   C. 风时尚美发连锁   D. 兴隆大家庭
3. 以下属于连锁门店的是( )。
   A. 香雪面粉代销处   B. 米其林轮胎包销中心
   C. 七彩云南茶叶连锁   D. 兴隆大家庭晨光文具独家经销店
4. 以下属于对加盟店的要求有( )。
   A. 以单一资本直接经营商店11个以上的零售业或饮食业
   B. 所有权属于同一公司或同一老板
   C. 在中国境内拥有至少两家经营1年以上的直营店或者由其子公司、控股公司建立的直营店
   D. 既维持着各自的独立性,又缔结着永久性的连锁关系,使商品的进货及其他事业共同化,以达到共享规模利益的目的
5. 以下不属于连锁经营门店特征是( )。
   A. 因连锁门店开发遵照一定规律,因此门店位置相对固定
   B. 连锁门店数量众多,形成规模效应
   C. 加盟连锁企业的店铺相互共享市场及管理资源
   D. 标准化运营,易获得顾客认同
6. 连锁门店开发的工作包括( )。
   A. 店头设计   B. 企业的形象整体设计
   C. 形成有效的整体风格   D. 门店选址分析
7. 以下对连锁门店开发内容描述较为准确的是( )。
   A. 研究门店的开发,首先就是要要有充足的资金
   B. 门店开发要对连锁模式进行可行性分析
   C. 商圈分析首先要分析商圈内消费者的状态,主要包括购买行为和购买态度
   D. 门店开发是一个系统工作,包括门店选址和门店设计
8. 连锁门店要求风格一致,下面对这条原则执行中不够准确的是( )。
   A. 所有门店应该经营相同产品,不允许有差异化
   B. 所有门店应该经营相同产品,但地域不同,允许有差异化

C. 理论上员工的衣着、导购行为、服务态度及服装的档次、配套用品应该一致，但特殊情况可以特殊处理

D. 企业应根据经营的情况确定门店装潢风格，经营传统产品，应在建筑和装饰上体现复古风格

9. 以下不是样板店的作用是（   ）。

A. 是连锁运营体系的复制"原件"

B. 对加盟连锁而言，是盟主工业产权和知识产权浓缩后的外化组合体，也是继续研发的基地

C. 是宣传吸纳加盟者的主要阵地

D. 是直营店的主要体现

10. 以下对"Know – How"体系解释不正确的是（   ）。

A. 翻译为技术诀窍

B. 连锁引入"Know – How"主要体现为经营模式

C. 营销创新是"Know – How"的关键

D. 连锁体现引入"Know – How"，必然涉及 CIS 的系统建设

二、多项选择题

1. 连锁门店的功能具体包括（   ）。

A. 依据经营目标，科学分配门店经营资源

B. 连锁门店具有销售功能

C. 加盟连锁企业的店铺相互共享市场及管理资源

D. 连锁化经营模式对物流服务的市场营销进行了整合

E. 连锁门店是连锁企业全部利润实现的场所

2. 连锁门店开发内容的选项是（   ）。

A. 门店可行性分析　　B. 门店开发报告　　C. 商圈选择　　D. 店址选择

E. CIS 设计

3. 连锁企业门店设计的具体要求包括（   ）。

A. 店面风格一致　　B. 方便顾客　　C. 以高效为根本　　D. 选址要精心

E. 可行性分析要具体明确

4. 连锁企业的"连"的技术和"锁"的诀窍，即连锁商业模式，具体包括（   ）内容。

A. 门店选址和商圈选择的诀窍

B. 企业 CIS 设计和执行的诀窍

C. 连锁企业人力资源开发和企业资源配置管理的诀窍

D. 营销创新，即如何进行目标市场定位、经营定位和战略定位，并根据所选目标市场的特点，进行营销整合创新

E. 财务管理、采购管理、销售管理、配送管理、库存管理的创新方法

5. 连锁企业的"Know – How"体系在执行过程中，需遵循（   ）原则。

A. 成功原则　　B. 创新原则　　C. 体系原则　　D. 工程原则

E. 营运原则

三、思考题

1. 连锁门店开发的基本形式有哪些?
2. 什么是业态?我国的零售业态主要有哪些?
3. 简述超市、便利店业态的主要特点。
4. 连锁门店开发的总体计划分为哪几个阶段?
5. 样板店如何设计?

实训任务

自拟一个连锁企业名字,然后结合本项目内容,撰写该门店的开发计划。

一、实训内容

(1) 选定业种后,根据产品特点,你将选取何种业态?说明原因。
(2) 说明市场定位、产品定位、战略定位。
(3) 说明合伙人策略,并解释如何进行合作。
(4) 说明采用何种连锁方式,并结合自己的商业模式加以说明。

要求:
(1) 字数要求:5 000 字。
(2) 行文要求:按照基本论文格式。
(3) 内容要求:按照实训内容撰写。

二、实训引导

(一) 关于名字

名字设计应包括经营业种和经营业态,例如"锅福城生态火锅店"。

(二) 关于业种和业态

1. 概念

所谓业态,是指满足某类目标顾客的消费需求进行相应的要素组合而形成的不同经营形式或商业营业形态,特征是"怎么卖";而业种的定义是:满足顾客的某类用途而形成的商业营业种类,特征是"卖什么"。

按照以上的定义,购物中心、百货店、专业市场等概念是属于业态的范畴,餐饮、娱乐、服务等则是业种的概念范畴。

2. 商业业态分类

根据 2004 年 10 月 1 日国家商务部颁布的《商业零售业态》分类标准,我国商业零售业态共可分为 17 种:

(1) 食杂店:以香烟、酒、饮料、休闲食品为主,独立、传统的无明显品牌形象的零售业态。
(2) 便利店(营业面积 100m^2):满足顾客便利性需求为主要目的的零售业态。
(3) 折扣店:店铺装修简单,提供有限服务,商品价格低廉的一种小型超市业态。拥有不到 2 000 个品种，经营一定数量的自有品牌商品（国际上通用的解释中折扣店并非超市形态）。

（4）超市（营业面积 500m² 以上）：开架售货，集中收款，满足社区消费者日常生活需要的零售业态。根据商品结构不同，可分为食品超市和综合超市。

（5）大型超市（营业面积 6 000m² 以上）：品种齐全，满足顾客一次购足的零售业态。可分为经营食品为主的大型超市和经营日用品为主的大型超市。如家乐福、华润万家等。

（6）仓储会员店（营业面积 1 万 m² 以上）：以会员制为基础，实现储销一体、批零兼营，以提供有限服务和低价格商品为主要特征的零售业态，如麦德龙。

（7）百货店（营业面积 5 000m² 以上）：在一个建筑物内，经营若干大类商品，实行统一管理，分区销售，满足顾客对时尚商品多样化选择需求的零售业态。

（8）专业店（营业面积 3 000m² 以上）：以专门经营某一大类商品为主的零售业态。包括办公用品店、玩具店、家用电器店、药店、服饰店等。

（9）专卖店：以专门经营或被授权经营某一主要品牌商品为主的零售业态。

（10）家居建材店：以专门销售建材、装饰、家居用品为主的零售业态，如兴力达。

（11）购物中心：是多种零售店铺、服务设施集中在由企业有计划地开发、管理、运营的一个建筑物内或一个区域内，向消费者提供综合性服务的商业集合体。包括现有的一些购物广场、休闲广场，如鸿基。可细分为三类：

①社区购物中心：在城市的区域中心建立的，面积在 5 万 m² 以内的购物中心。

②市区购物中心：在城市的商业中心建立的，面积在 10 万 m² 以内的购物中心。

③城郊购物中心：在城市的郊区建立的，面积在 10 万 m² 以上的购物中心。

（12）厂家直销中心：由生产商直接设立或委托独立经营者设立，专门经营本企业品牌商品，或者多个企业品牌的营业场所集中在一个区域的零售业态。

（13）电视购物：以电视作为向消费者进行商品推介展示的渠道，并取得订单的零售业态。如橡果国际。

（14）邮购：以邮寄商品目录为主向消费者进行商品推介展示的渠道，并通过邮寄的方式将商品送达给消费者的零售业态。

（15）网上商店：通过互联网进行买卖活动的零售业态。

（16）自动售货店：通过售货机进行售卖活动的零售业态。

（17）电话购物：主要通过电话完成销售或购买活动的一种零售业态。

目前，国内商业零售业态除了上述 17 种国标外，还出现了以下一些变种：

（1）楼宇沙龙式店铺（专卖店、厂家直销中心的变种）：售卖实物的店铺开在写字楼内，依靠口口相传，熟客带新客，如鄂尔多斯。

（2）品类杀手（专业店的变种）：面积较大，经营较专业商品品类的商店，如国美、百安居。

（3）欧式折扣店（便利店、折扣店变种）：经营面积在 200～500m²，商品来源于直接采购和定牌生产，提供的商品以食品和日用品为主，价格更可低于大卖场，如迪亚天天。

（4）奥特莱斯（厂家直销中心变种）：又称品牌直销购物中心，工厂直销店，主要以售卖过季、下架、断码品牌服饰商品为主。

（5）品牌形象店（专卖店、厂家直销中心的变种）：多为于人气聚集的中高档商业场所，在店堂布置、新品展示上花大工夫，售货只是其辅助功能，甚至只展示不销售。

除了国家所划定的17类零售业态，我们在制订专业的商业业态的分类时，还应考虑到以下几个问题：

在工作中所接触的均为有实体店铺的营业形态。

在实际中，我国由于区域发展的不平衡以及信息的不顺畅，因此还存在批发市场这类初级商业形态，因此要将其设置为一个独立的业态。

现有国家标准分类，及一些新的变种存在重复性，为操作方便，重复性强的应予以合并，如家居建材店和品类杀手。

注：购物中心自身既是一种业种，同时也是多种业种的组合，其内往往包括大型超市、专业店、专卖店、食杂店、百货店等多种组合。

3. 关于定位

（1）市场定位：体现为市场选择，究竟经营哪块市场。

（2）产品定位：如何在消费者心目中确立形象。

（3）战略定位：采用何种竞争策略。

企业可以从多种角度来进行市场定位，以形成自己的竞争优势，主要有以下几个方面：

①根据产品的属性定位。构成产品特色的许多因素，诸如产品的品质、价格、成分、材料等，都可以作为定位的依据。例如，七喜汽水的定位是"非可乐"，强调它与可乐类饮料不同，不含咖啡因。

②根据产品的用途定位。例如，飘柔洗发香波定位于去头皮屑。

③根据提供给顾客的利益定位。例如，美国一家啤酒公司推出了一种低热量的啤酒，将其定位为喝了不会发胖的啤酒，以迎合那些喜欢饮用啤酒但又担心发胖者的需要。

④根据使用者定位。即将产品指向某一类特定的使用者，根据这些顾客的看法塑造恰当的形象。例如，谢馥春的男士霜就属于这类定位。

⑤根据竞争状况定位。即以竞争产品定位为参照，突出强调人无我有、人有我优。例如，海尔电器在服务竞争中强调的是"真诚服务到永远"。

以上分别从不同方面介绍了市场定位的依据，但事实上，企业进行市场定位时往往是多个依据同时使用。例如，一家计算机制造商在推出一种新型喷墨打印机的广告宣传中，从产品属性方面，突出强调其采用了新型打印墨水，即使使用普通纸也能获得很好的打印效果；在质量方面，强调由于使用了新的技术，提高了打印的分辨率；在价格方面，强调其价格便宜；在使用者类型方面，强调其适用于中小型办公室或家庭使用，等等。

4. 合伙人策略

合伙人应具有民事权利能力和行为能力。在实际立法中，各国对于合伙人向合伙企业投资、合伙经营方面的要求，是大体相同的；而对于合伙人的自然身份、合伙人对企业债务承担责任的形式，以及民事行为能力的限定，则由于法系的不同和习惯上的差异而有所区别。在对合伙人的身份方面，多数国家规定合伙人可以是自然人也可以是法人，即允许法人参与合伙；少数国家或地区则禁止法人参与合伙。在对合伙人的行为能力方面，所有国家都禁止无行为能力人参与合伙，但对限制行为能力人参与合伙的问题，则有的国家予以允许，有的予以限制或禁止。

(1) 责任形式。

①合伙人的责任形式，指合伙人对合伙企业债务承担责任的方式，是合伙企业区别于法人类企业的基本特征。对于合伙人的责任形式，不同国家的法律有不同的规定，有的要求所有合伙人都承担无限责任，有的规定合伙人可承担有限责任，有的允许部分合伙人在有人对企业债务承担无限责任的基础上承担有限责任，有的还要求承担无限责任合伙人对企业债务负连带责任。

②《中华人民共和国合伙企业法》规定，合伙人应对合伙企业债务承担无限连带责任。

(2) 权利义务。

①一般而言，合伙人的权利为经营合伙企业，参与合伙事务的执行，享受企业的收益分配；义务为遵守合伙协议，承担企业经营亏损，根据需要增加对企业的投入等。

②由于合伙企业是合作性企业，合伙人的权利义务主要由合伙协议予以确定，对于一些特定的权利义务也可以在事后由全体合伙人共同确定。但对有些合伙人的特定权利义务，法律也进行了一些必要的规范。

(3) 合伙方式。

《中华人民共和国合伙企业法》第十一条规定："合伙人可以用货币、实物、土地使用权、知识产权或者其他财产权利出资；上述出资应当是合伙人的合法财产及财产权利。对货币以外的出资需要评估作价的，可以由全体合伙人协商确定，也可以由全体合伙人委托法定评估机构进行评估。经全体合伙人协商一致，合伙人也可以用劳务出资，其评估办法由全体合伙人协商确定。"

《民法通则》第三十条规定："个人合伙是指两个以上的公民按照协议，各自提供资金、实物、技术等，合伙经营、共同劳动。"

《最高人民法院关于贯彻执行〈中华人民共和国民法通则〉若干问题的意见（试行）》第四十六条规定："公民按照协议提供技术性劳务而不提供资金、实物，但约定参加盈余分配的，视为合伙人。"

根据上述规定，在个人合伙中，合伙人可以拿资金、实物、技术、技术性劳务等作为合伙的投资。应该说，凡是符合法律和政策的要求的标的，都可作为个人合伙时的投资。

(4) 出资方式。

①合伙人出资以后，一般说来，便丧失了对其作为出资部分的财产的所有权，合伙企业的财产权主体是合伙企业，而非单独的每一个合伙人。

②合伙人在合伙企业清算前私自转移或者处分合伙企业财产的，合伙企业不得以此对抗善意第三人。

③合伙人财产份额的转让。

a. 对内转让。普通合伙人之间转让在合伙企业中的全部或者部分财产份额时，应当通知其他合伙人。

b. 对外转让。除合伙协议另有约定外，普通合伙人向合伙人以外的人转让其在合伙企业中的全部或者部分财产份额时，须经其他合伙人一致同意。

c. 优先权。合伙人向合伙人以外的人转让其在合伙企业中的财产份额的，在同等条件下，其他合伙人有优先购买权；但是，合伙协议另有约定的除外。

d. 出质。普通合伙人以其在合伙企业中的财产份额出质的，须经其他合伙人一致同意；未经其他合伙人一致同意，其行为无效，由此给善意第三人造成损失的，由行为人依法承担赔偿责任。

5. 关于商业模式

（1）商业模式的概念。

商业模式包含以下几点：

①商业模式的核心是设计盈利方式。

②完整的商业模式体系包括定位、业务系统、关键资源能力、盈利模式、自由现金流结构和企业价值六个方面。这六个方面相互影响，构成有机的商业模式体系。

③商业模式是企业的顶层设计，是融合顾客、企业、社会三者的一个平台。

综上所述，本书认为商业模式是以创造价值为出发点，运用相关要素，融消费者、企业、社会为一体的企业经营方法。

（2）成功的商业模式要具备的条件。

国际咨询大师埃森哲曾说，成功的商业模式要具备三个条件：能提供独特的价值，难以模仿，脚踏实地。我们认为还应该加上两条，持续盈利和创新。

①创造价值。商业模式涵盖了企业围绕满足客户价值而开展的各项价值活动，包括融资、研发、生产、营销、物流等相关的价值活动所构成的创造和实现顾客价值的系统。

商业模式是价值创造的商业逻辑，其本质是企业利润实现机制和价值创造机制，是通过对企业全部价值活动进行优化选择，并对某些核心价值活动进行创新，然后再重新排列、优化整合而成的。商业模式有价值发现、价值创造与价值获取三大作用。价值发现来源于市场分析和战略制定，价值发现的完成体现为企业的价值主张；价值创造来源于企业的运营系统，需要通过对产品制造或服务等来实现；价值获取来源于企业的营销管理等一系列销售活动，其中的盈利模式是价值获取的核心。

菲利普·科特勒说，价值本质上就是把目标市场的质量、服务和价格正确地结合在一起。有时候独特的价值主张能够为企业和顾客之间建立起感情的联系，让顾客更容易接受和相信企业的主张。

②打破规则。约瑟夫·熊彼特在1942年指出，在任何市场中，都存在相对静止的时期。此时已经形成了优于一般水平的产品、技术或组织能力的公司将获得真正的经济利润。当优势的资源被新的资源取代时，相对静止的时期将中断，能够冲击创造机会的企业家，在下一个相对静止的时期将获得真正的利润。

1852年，法国商人布西可创立了世界上第一家百货公司——便宜百货公司，其目的在于提供大量的廉价商品；1916年，第一家自助服务商店piggly wiggly在美国田纳西州孟菲斯市开业；1927年，7-11便利店以营业时间作为特色在美国诞生；1943年，IKEA（宜家）作为专业品类卖场风行全世界，现在网购又掀起新的零售风潮。

③简便易行。大道易简，最复杂的道理是因为还没有窥得事物本质，商业模式是商业的本质，因此，好的商业模式是简单易行的。

1975年，杜比开发出含杜比声道的电影原声编码设备，他以不高的价格租了个好莱坞的电影制作公司，并全程提供设备的维护、保养和技术支持。同时，杜比的音频顾问为电影制作人员提供各种可能的培训。这样杜比的编码设备迅速占领了电影公司的摄影棚，同时与电影公司建立了良好、稳定的关系，在业界建立了声音专家的口碑。在电影制作领域扎根后，杜比开始在电影院推广与编码设备，采用同样技术标准的影院音频解码处理器。杜比很快成为行业的链主。

Google 的商业模式是一种非常单一的搜索引擎加非常简洁的广告模式，Google 的广告很少让人感到讨厌，Google 依然坚守这种简洁的广告模式发展方向并在这一坚守的过程中不断地创新。正是 Google 这种不断地、精力充沛地创新创造着第一模式的神奇：看似简单，竞争对手无法模仿。

宜家通过特色的连锁经营+解决方案+低成本商业模式为顾客提供简单美好的家居生活方式。又比如最近流行的"WDM 模式"（俗称"王大妈"），就是沃尔玛、戴尔、麦当劳三个词的首字母组合，所包含的商业模式就是沃尔玛的规模采购的平价销售模式、戴尔的个性化生产和直销模式、麦当劳的标准化模式。因此，在思考企业商业模式整合的过程中，可以将成功的商业模式迁移组合，以适应行业的变化和发展。

④持续盈利。好的商业模式具有一定的持续性，并且在短期内难以被竞争者模仿和赶超。商业模式的设计不仅能够适应当前市场的需要而且需要具有一定的前瞻性。频繁变动调整商业模式会增加企业的成本，还会影响企业的正常经营，而相对稳定的商业模式可以维持企业的竞争优势，保持企业的竞争能力。

⑤不可模仿性。成功的商业模式是难以被竞争对手模仿的，竞争对手只能看到企业商业模式的表象，而无法获知其运作的具体细节。以美国西南航空公司为例，尽管美国许多航空公司曾经以西南航空公司为标杆进行模仿学习，但却没有一个获得成功，因为他们无法学到全部。好的商业模式本身具有独特性，这种独特性对竞争对手形成较高的进入壁垒，为企业赢得更多的顾客，创造更高的利润，吸引更多的投资者。

(3) 商业模式的构成要素。

①定位。一个企业要想在市场中赢得胜利，首先必须明确自身的定位。定位就是企业应该做什么，它决定了企业应该提供什么特征的产品和服务来实现客户的价值。定位是企业战略选择的结果，也是商业模式体系中其他有机部分的起点。雀巢奈斯布莱索项目前期提供的是蒸馏咖啡的全套解决方案，目标客户也定位在办公室和饭店这些商用领域，后期则改成了以个人和家庭用户为中心，只提供蒸馏咖啡机的"耗材"——蒸馏咖啡胶囊。定位具体体现为战略定位（波特）、市场定位（科特勒）、产品定位（克劳特）三个方面。

②业务系统。业务系统是指企业达成定位所需要的业务环节、各合作伙伴扮演的角色以及利益相关者合作与交易的方式和内容。我们可以从行业价值链和企业内部价值链以及合作伙伴的角色两个层面来理解业务系统的构造。蒸馏咖啡项目一开始采用的业务系统集成性比较高：机器和咖啡的生产商仅负责生产，其他业务如整套机器的营销、售后服务等都是由奈斯布莱索公司负责；而后期其业务系统发生了极大的变化：奈斯布莱索公司仅仅通过俱乐部形式负责咖啡胶囊的品牌管理和销售，至于机器的生产、销售、渠道建设、维护等都交给了合作伙伴处理。

业务系统是商业模式的核心。高效运营的业务系统不仅仅是赢得企业竞争优势的必要条件，同时也有可能成为企业竞争优势本身。一个高效的业务系统需要根据企业的定位识别相关的活动并将其整合为一个系统，然后再根据企业的资源能力分配利益相关者的角色，确定与企业相关价值链活动的关系和结构。围绕企业定位所建立起来的这样一个内外部各方利益相关者相互合作的业务系统将形成一个价值网络,该价值网络明确了客户、供应商和其他合作伙伴在影响企业通过商业模式而获得价值的过程中所扮演的角色。

③关键资源和能力。业务系统决定了企业所要进行的活动,而要完成这些活动,企业需要掌握和使用一整套复杂的有形和无形资产、技术和能力,我们称之为"关键资源和能力"。关键资源和能力是让业务系统运转所需要的重要的资源和能力。任何一种商业模式构建的重点工作之一就是明确企业商业模式有效运作所需的资源和能力,如何才能获取和建立这些资源和能力。

④盈利模式。盈利模式指企业如何获得收入、分配成本、赚取利润。盈利模式是在给定业务系统中各价值链所有权和价值链结构已确定的前提下,在企业利益相关者之间利益分配格局中企业利益的表现。良好的盈利模式不仅能够为企业带来收益,更能为企业编织一张稳定共赢的价值网。各种客户怎样支付、支付多少,所创造的价值应当在企业、客户、供应商、合作伙伴之间如何分配,是企业收入结构所要回答的问题。奈斯布莱索公司前期的盈利模式是通过销售咖啡机获取一定的机器利润,然后再通过持续的蒸馏咖啡胶囊的销售获取利润,也就是所谓的"剃须刀—刀片"模式;而后期的盈利模式则相对简化为以咖啡胶囊销售而带来的利润为主,许可咖啡机生产获取的收益为辅。

⑤自由现金流结构。自由现金流结构是企业经营过程中产生的现金收入扣除现金投资后的状况结构,其贴现值反映了采用该商业模式的企业的投资价值。不同的现金流结构反映企业在定位、业务系统、关键资源和能力以及盈利模式等方面的差异,体现企业商业模式的不同特征,并影响企业成长速度的快慢,决定企业投资价值的高低、企业投资价值递增速度以及受资本市场青睐程度。

⑥企业价值。企业价值,即企业的投资价值,是企业预期未来可以产生的自由现金流的贴现值。如果说定位是商业模式的起点,那么企业的投资价值就是商业模式的归宿,是评判商业模式优劣的标准。企业的投资价值由其成长空间、成长能力、成长效率和成长速度决定。好的商业模式可以做到事半功倍,即投入产出效率高、效果好,包括投资少、运营成本低、收入的持续成长能力强。

案例分析

沃尔玛的成功之道——"农村包围城市"战略

沃尔玛"农村包围城市"的市场战略可以分为两个阶段:前期的"小镇开店"和后来的"进军城市"。在成立后的前20年里,沃尔玛一直坚持"小镇开店"策略,在万人左右的小城镇开店。正是小镇对零售业的强烈需求为沃尔玛的创立与发展奠定了基础。同时,由于竞争对手对该市场的忽视也使沃尔玛在相当长的一段时期内远离了大城市的残酷竞争,在不为人所注意的地方悄然成长。在小镇取得成功之后,沃尔玛开始逐步扩展到大城市去。在进军城市中,沃尔玛采取的最重要的一个策略是把店开在城乡结合部。这个策略在实际运用中被证明是十分有效的。随着城市的不断外扩发展,这些城乡结合部逐渐成为城市的主要区域,沃尔玛也就以较低的成本实现了"农村包围城市"。

沃尔玛"农村包围城市"的市场战略主要体现在开店策略上。在最初的开店策略选择上,沃尔玛仔细研究了竞争对手,分析了他们的实力、商圈情况、店铺选址等,最后决定将自己的商店开在小城镇上，从此开始了"农村包围城市"之路。

一、小镇开店

小镇开店策略是沃尔玛成功运行的基本策略，也是其最具特色的策略之一。实际上，沃尔玛的小镇开店策略最初并没有经过深思熟虑，而是源于沃尔玛创始人山姆·沃尔顿的妻子海伦的个人想法。海伦不喜欢住在大城市里，而是喜欢住在1万人以下的小城镇，而且她认为小城镇更适合于抚养孩子。

当然，海伦的个人喜好只是沃尔玛小镇开店的最初动因，沃尔玛在后来一直坚持小镇开店策略则是基于多方面的因素考虑。

首先，沃尔玛的创始人山姆·沃尔顿当初资金匮乏。山姆·沃尔顿曾回忆说："创业之初，我们既无足够的资金，也无人支持，只好在偏远的小镇创业。如果一开始就有充裕的资金，我们或许也不会从小镇做起了。"

其次，小城镇是零售业发展的空白，缺少竞争。20世纪五六十年代，美国乡村地区的小镇还没有大城市里的大型商店。在中西部靠南一带的阿肯色州、密苏里州、堪萨斯州、俄克拉荷马州尤为如此。这些地区不但小镇没有大型商店，就连中小城市郊区也没有像北方地区那样兴建购物中心。小镇商业主要是传统的家庭式杂货店，规模很小，形式灵活又适应了小镇生活的慢节奏。随着人口外流、高速公路发展、汽车普及，小镇传统商业逐渐萎缩。小镇传统商业逐渐萎缩对沃尔玛来说却是一个机会。正因为萎缩，这些市场被大型零售企业忽视。这种缺少竞争的环境，对沃尔玛这样一个新建的、既无足够财力又无人力的公司发展却是非常有利的。

最后，山姆·沃尔顿通过实践摸索得出的经验证明小镇也是可以发展零售业的，而且可以发展得很好。

关于这一时期的发展，山姆·沃尔顿做过生动的描述："我们已欠债了，可以正正经经地实施我们的战略计划了。那就是在别人忽略的小城镇开设大型的折价商店。在那个时代，凯玛特百货是不会到5万人口以下的小镇去开店的，就是吉布森百货开店的标准也要有10 000~12 000人口以上的城镇。而我们的信条是，即便是少于5 000人的小镇我们也照开不误，因此扩展的机会很多。如果人们想用几句话归纳我们成功的秘诀，他们常常会这样说：哦，他们总是在无人知晓之前便捷足先登小镇市场。很久以前，当我们开始被注意时，很多零售业的同行都把我们描绘成一群偶发奇想而进军小镇的乡巴佬。"

小镇开店策略为沃尔玛带来了很多好处。多数情况下，沃尔玛店是周围几十公里内最大的综合性商店，在该地区占据统治地位。因此，它不但能吸引小镇上的顾客，而且吸引了周边广大地区的顾客。此外，在小镇开店还有其他优势，如土地、建筑成本、租金和其他营运费用较低，员工队伍稳定且更具献身精神等。小镇开店策略还推动了沃尔玛组建自己的物流系统。沃尔玛自建物流系统起初是为了增加一次性采购批量，并解决运输商不愿向偏远小镇送货的问题。后来，沃尔玛发现自建的配送中心大大加强了公司经营的灵活性和自主性，并加强了与供应商谈判的地位，并能通过采用新技术和有效管理大大降低配送成本。当其他零售企业将物流外包而无法很好地控制物流效率时，自建物流体系反而成了沃尔玛的又一优势。

事实证明沃尔玛小镇开店策略是富有远见的。20世纪70年代大城市的商业竞争相当激烈,一批折扣百货连锁公司因业内的激烈竞争而倒闭。整个行业更是在 1974—1975 年美国经济衰退时期遭遇了巨大的困难,连西尔斯、凯玛特这类大型连锁公司也难幸免,净利润都逐渐下滑。略小一点的彭尼、吉伯森和蒙哥马利等公司在 20 世纪 70 年代末也遇到种种麻烦。而在小镇上发展的沃尔玛却未遇到太多挑战,一路顺利发展。

二、从小镇到城市

在小镇取得成功之后,沃尔玛开始逐步扩展到大城市。20 世纪 80 年代,沃尔玛的发展进入了一个转折点:除了中西部和南部外,沃尔玛开始向全国扩张,这意味着沃尔玛开始向城市进军。同时,沃尔玛并没有放弃小镇市场,把其作为自己发展的"根据地"。

在进军城市过程中,沃尔玛采用过兼并收购进入,但最常用的做法是在大城市的城郊结合部建立分店,等待城市向外发展,实现进入城市的目的。这一策略最早在俄克拉荷马州的第二大城市塔尔萨实行。沃尔玛先在布罗肯阿罗和桑德斯普林斯设点,接着,在密苏里边上的沃伦斯堡、贝尔顿、格兰德维尤,在堪萨斯的周围邦纳斯普林斯和莱文沃恩以及在达拉斯也如法炮制。

这一策略在实际使用中被证明十分管用,除了有利于分销和控制外,还有其他各种好处。无须做广告,顾客便可以很快地从口耳相传中获得需要的商品信息。除那些不希望沃尔玛到来的零售商人外,每个人都知道沃尔玛是谁,都盼望沃尔玛能前去设店。通过这条途径,沃尔玛不必再去做广告,只需每月印制一次夹页的商品广告分发就行了。

在实施"农村包围城市"策略的过程中,为了满足顾客的需求,沃尔玛还不断提供新的增值服务,如一站式购物、免费停车、免费送货等,以超一流的服务赢得了顾客的忠诚。而沃尔玛的竞争对手,如西尔斯、凯玛特等大型零售商,它们在市场定位、价格方面都逊色于沃尔玛,处于"夹在中间"的尴尬位置,最后自己的市场被沃尔玛一点点蚕食。

三、尝试新模式,打造业态舰队

在"农村包围城市"的竞争策略外,沃尔玛还在不断地尝试新的业态形式。如山姆·沃尔顿在自传中所写的"若要成功就必须走在变化的前面",沃尔玛每一次尝试新的业态模式都走在了零售行业的前面。沃尔玛的第一家折扣店为零售业引入了折扣销售的新观点,沃尔玛的第一家超级购物广场引领了美国甚至世界新的购物理念等。

沃尔玛针对不同层次和需求的消费者在经营形式上采用了多种零售形式组合,打业态组合拳。正是这种全方位出击,使得沃尔玛抢占了高、中、低档市场,最后取代了曾经风靡整个美国的西尔斯,成为零售业第一品牌。

经过不断地发展,现在沃尔玛的零售业态中主要包括四种:折扣店、山姆会员店、购物广场和社区店。

折扣店作为沃尔玛最早发展的业态之一,为沃尔玛的发展作出了重大贡献,到现在这一业态仍然占据了沃尔玛总销售额的一半以上。1950 年,山姆·沃尔顿在美国阿肯色州开创了自己的事业,12 年后第一家沃尔玛折扣店诞生于该州的罗杰斯城。折扣店的经营理念正是在那时产生的。从 1962 年沃尔玛创立第一家商店开始,折扣的概念就随着沃尔玛传播开了。

沃尔玛折扣店在美国的发展在 1996 年达到了顶峰,当年共有 1 995 家折扣店,在之后的几年里折扣店开始逐渐减少。到 2009 年 5 月初，沃尔玛在美国本土共有 886 家折扣店。沃尔玛后来的折扣店似乎与平常我们所说的折扣店有所不同，比起普通折扣店 300~2 000m² 的面积，沃尔玛折扣店的卖场面积显得大许多——平均大约 9 300m²。另外，沃尔玛的折扣店力图为顾客提供品种比较齐全的商品及部分食品。作为沃尔玛核心业态之一的折扣店业务，占了沃尔玛总销量的 65% 和利润的 87%。

在折扣店兴起的早期，那些在全国范围内经营的公司，一窝蜂地冲进各个城市。而沃尔玛选择了进攻农村小镇，其定位策略就是针对低收入家庭阶层消费者。通常的规律是必须有 5 万的人口才能支持一家折扣店。不过沃尔玛在一个只有 8 000 人的小镇却开了一家折扣店。沃尔玛从一开始就要做能卖出商品的商店，而不是提供花色品种齐全的货物。沃尔玛早期只采购那些能够以最吸引人的价格卖出去的商品。

山姆会员商店是以沃尔玛创始人山姆·沃尔顿的名字命名的会员制仓储商店，是沃尔玛的第二种业态。第一家山姆会员商店于 1983 年创立。到 2005 年 1 月 31 日，在 20 多年的时间里全球山姆会员店已发展到 600 多家；到 2009 年 5 月初，山姆会员店在美国本土共有 602 家。1996 年 8 月，沃尔玛在中国的第一家山姆会员商店在深圳登陆。

山姆会员店面向小企业主和其他需要大量购买的个体消费者，顾客通过交纳一定的会员费成为山姆会员店的会员，然后根据一次性消费的多少或多次累计消费的多少享受不同的价格折扣。山姆会员商店就像是会员们的采购代理，以"会员特惠价格"向公司和个人提供超值的名牌商品。山姆会员商店以大包装、低利润的经营方式，使顾客享受到低廉的仓储价格。

除了物美价廉、品种齐全的名牌商品之外，山姆会员商店还提供各式各款的食品，包括海鲜、蔬果、包点及其他食品和非食品种类，此外，会员还可享受本地某些餐厅和休闲娱乐场所的折扣。

问题：
1. 沃尔玛在前期发展中进行了哪些开店侧路上的选择？
2. 沃尔玛进行了哪些新型业态的尝试？
3. 沃尔玛在门店开发过程中采用了哪些布局策略？
4. 请了解和补充沃尔玛的门店开发流程。

项目二

连锁门店开发投资可行性分析

学习目标

知识目标

1. 对连锁门店开发的可行性分析概念和内容全面了解;
2. 掌握门店可行性开发报告的主要内容;
3. 掌握门店可行性开发报告的流程。

技能目标

1. 利用环境要素分析法对门店投资环境进行分析;
2. 利用可行性分析要素构成法,分析门店投资要素构成;
3. 设计门店投资可行性方案。

能力目标

通过可行性分析,培养学生系统分析能力。

任务一 门店开发可行性分析的主要内容

一、门店投资开发可行性研究的概念和作用

(一)门店投资开发可行性的概念

投资是指投资主体为了获取收益而将货币或其他资源投放于某项事业的经济活动过程,主要包括投资主体、投资目的、投资手段和投资行为过程四要素。

可行性研究,从理论上讲是指在投资决策之前,对拟建项目进行全面技术经济分析论证,并试图对其作出可行或不可行评价的一种科学方法。它是投资前期工作的重要内容,是投资建设程序的重要环节,是项目的投资决策中必不可少的一个工作程序。

所谓门店投资可行性研究就是指投资者拟投资开设一家门店，为使这一门店能够在激烈的市场竞争中取得生存和发展，实现预期的经营目标，在投资前必须进行认真调查、研究与拟建项目有关的自然、社会、经济、技术资料；对诸如门店开设所需的资金、商业业态的选择、建设规模、店址的确定等可能的投资方案，进行全面的分析论证；预测、评价项目建成后的经济效益和社会效益，并在此基础上，综合论证项目投资建设的必要性、财务上的盈利性和经济上的合理性，从而为投资决策提供科学依据。

（二）门店投资开发可行性研究的作用

对门店投资项目进行可行性研究的主要目的在于从市场、社会、技术、经济多方面为投资决策提供科学依据，以提高投资决策的水平，提高项目的投资经济效益。具体来说，门店投资项目的可行性研究具有以下作用：

（1）作为门店投资项目投资决策的依据。开设一家门店成功与否及效益如何，会受到社会的、自然的、经济的、技术的诸多不确定因素的影响。而项目的可行性研究，有助于分析和认识这些因素，并依据分析论证的结果提出可靠的或合理的建议，从而为项目的决策提供强有力的依据。

（2）作为向银行等金融机构或金融组织申请贷款、筹集资金的依据。一家门店，尤其是大型门店开发所需的投资数额较大，资金的筹集往往要借助于银行等金融机构。但银行等金融机构是否给一个项目贷款融资，其依据是这个项目是否能按期足额归还贷款。银行只有在对贷款项目的可行性研究进行全面细致的分析评估之后，才能确认是否给予贷款。

（3）作为编制设计和进行建设工作的依据。在可行性研究报告中，对项目的建设方案、经营方案、建设规模、场址、工艺流程、主要设备和总图布置等作了较为详细的说明，因此，在项目的可行性研究得到审批后，即可以作为项目编制设计和进行建设工作的依据。

（4）作为签订有关合同、协议的依据。项目的可行性研究是项目投资者与其他单位进行谈判和签订承包合同、购销订货合同、原材料供应合同、销售合同的重要依据。

（5）作为项目进行后评价的依据。要对投资项目进行投资建设活动全过程的后评价，就必须有项目的可行性研究作为参照物。作为项目后评价的对照标准，尤其是项目可行性研究中有关效益分析的指标，无疑是项目后评价的重要依据。

（6）作为项目组织管理、机构设置、劳动定员的依据。

（7）作为环保部门审查项目环境影响的依据，也作为向项目所在地政府和规划部门申请建设执照的依据。

二、门店开发可行性研究的流程与具体内容

门店开发的可行性研究要遵循一定的流程，按照一定的步骤进行逐项的分析，为门店的开发提供理论依据。

（一）门店开发可行性研究流程

门店开发可行性研究流程包括：宏观投资环境分析→地区行业概括分析→需求调查预测→竞争状况分析→业态规模选择分析→商场选址分析→卖场布局策划分析→商场经营策略分析→投资估算分析→筹资方式分析→经济评价→结论与建议。

（二）门店开发可行性研究具体内容

门店开发的可行性研究的内容主要包括以下 11 个方面的内容。

1. 宏观投资环境分析

投资建一家门店首先就要对投资环境进行深入透彻的分析，通过分析找出有利与不利因素，寻求投资机会，以便决定是否进行下一步工作。

门店的宏观投资环境分析的主要内容有：

（1）国内开店相关行业发展现状分析。如改革开放以来我国开店相关行业发展过程分析、目前开店相关行业发展状况分析等。

（2）未来几年影响开店相关行业发展的宏观因素。

（3）未来几年影响开店相关行业发展的微观环境因素，如客群变化、消费者购物习惯和购买态度的变化。

2. 地区行业概况分析

包括该地区的商业和服务业运行特点、整体发展状况和趋势、商业网点布局及规模、各种零售业态的优势及劣势比较、外商进入情况等。

3. 地区市场需求情况调查与预测

需求预测包括：现有消费能力的估计；销售预测、价格分析、产品竞争能力、市场的前景分析；拟建项目的规模、产品方案和发展方向的技术经济比较和分析以及对投资地区人口数量、人口结构、收入水平、消费习惯、各种商品的需求量的调研与预测。

4. 地区主要门店的竞争状况调查分析

商场如战场，这是早已被人们所接受的观点。在一个地区开设门店，第一要研究消费者，第二要研究竞争对手。正所谓"知己知彼，百战不殆"。开设门店应该围绕两个中心展开工作，一是以消费者为中心，二是以竞争者为中心，因此，对该地区的竞争情况进行深入的调查研究是可行性研究的一项重要内容，也是决定门店能否成功的关键因素。

5. 门店业态选择和经营规模分析

根据上述的调查分析结果，结合投资者的资金实力及经营管理能力等因素，也就是依据需要与可能来确定拟建门店的经营业态和门店经营规模。

6. 门店选址分析

门店地址选择的重要性无论怎样形容都不过分。这是因为，门店店址选择是一项大的、长期性的投资，关系企业的发展前途；门店的场址是影响门店经营目标和制订经营策略的重要因素；门店的店址是门店市场形象的表现和基础。

其内容主要有地理位置和社会经济现状；交通、运输及水、电、气的现状和发展趋势；地址比较和选择意见，门店地址总体布置方案、建设条件及其他工程费用情况等。

7. 门店卖场布局策划方案的分析

门店卖场布局策划是指对门店实体的内部和外部进行科学、合理、艺术的设计，从而造成一种巨大的商业活动艺术氛围。门店的布局是否科学、合理、艺术会对门店日后的经营效果产生重大的影响。

门店的布局设计要有整体的布局策划，如一个大型商厦各楼层功能的设计，每层楼面功能区域设计，也包括局部的细微设计，如柜台的摆放、橱窗的设计、灯光的设计等。不论整体的策划还是局部的设计都存在多种方案，这就需要从技术上、艺术上和经济上进行分析论证，从而选择一个满意的方案。

8. 门店经营策略分析

门店经营策略分析包括组织机构的设计、商品组织策略、价格策略、促销策略、服务策略等。选择好各种策略是门店经营成功的基本保障。

9. 投资估算和筹资方案分析

准确地估算投资项目所需要的投资额并选择合适的筹资渠道，是影响门店经济效益的重要因素。

10. 经济评价

拟建项目的效益是投资决策的主要根据。项目效益的评价因其追求的目标不同而分为财务效益评价、国民经济效益评价与社会权益评价三部分。商业投资项目的经济评价侧重财务评价。通过财务评价，分析测算项目的效益和费用，考察项目的获利能力、清偿能力等财务状况，据以判断项目财务上的可行性。效益指标是衡量商业投资项目投资价值的最重要的指标。

11. 门店投资开发可行性结论

门店投资开发的可行性结论是在上述综合分析与评价的基础上提出来的，是对项目进行综合分析与论证后，提出综合性的分析与评价意见。其主要内容是：

（1）门店是否有开发的必要；

（2）门店开发的物质条件、基础条件和资金条件是否具备，可以建多大规模的店铺；

（3）所选用的技术、设备是否先进、适用、安全、配套、可靠；

（4）项目投产后的财务效益、国民经济效益和社会效益如何；

（5）备选方案及对项目决策的建议。

总之，可行性研究就是通过对建设方案的综合分析评价与方案选择，从技术、经济、社会以及项目财务等方面论述建设项目的可行性，推荐可行性方案，提供投资决策参考，指出项目存在的问题、改进建议及结论意见。

课堂讨论：门店投资可行性分析有什么意义？怎样进行投资可行性分析？

三、门店开发环境分析与评价

（一）投资环境概念与类型

1. 门店开发投资环境的概念

门店的投资环境就是指对投资在某一区域内的门店的投资项目所要达到的目标产生有利或不利影响的外部条件。它包括对投资具有影响的区域范围内的社会政治、经济、法律和文化、自然地理、基础设施、服务等综合条件。

成功的创建和经营一家门店，其中一个重要条件就要使这个门店能够适应它周围的环境，正所谓适者生存。因此，门店的投资者在投资前，必须对投资项目所涉及的环境因素进行全面透彻的分析研究。

2. 门店开发投资环境的类型

构成投资环境系统的各种要素，可以根据其不同的功能从不同的角度进行分类。

(1) 按投资环境存在的物质形态进行划分，可以分为硬环境和软环境。硬环境有具体的物质形态，而软环境往往没有具体的物质形态。

①硬环境。硬环境是指与投资活动直接相关的外部物质条件，主要包括以下方面：

城市和工业基础设施的结构及其状况，如交通运输系统、邮电通信系统、能源动力系统、给水排水系统、防火设施系统、环境保护系统等，以及住宅、商业网点、文化教育、医疗卫生、娱乐旅游及其他服务性设施。

自然地理条件，如自然资源、地理位置、环境气候以及自然风光等。

②软环境。软环境是指对投资活动有重大影响的政治、经济、社会、人文诸方面的外部条件。主要包括：

政治条件。如政治是否稳定，社会是否安宁，与投资活动有关的经济法规是否健全，有无保护国际投资的协定等。

经济条件。如经济增长速度及其稳定性，财政和货币政策的连续性，市场规模及其完善程度，外汇管制状况和金融信息服务水平，企业自主权限，以及经济运行机制。

管理条件。如经济管理体制水平、政府部门的办事效率，尤其是为投资者简化办事手续的情况等。

人口素质。如人口的文化水准及技术素质，特别是劳动者技术素质及其费用水平。

政策性优惠条件。如是否给投资者以税收、费用等方面的优惠。

(2) 按投资环境存在的范围不同进行划分，可分为宏观、中观和微观投资环境。

①宏观投资环境是从整个国家角度考察的投资环境，一般需要通过国与国之间的比较才能正确地予以评价，它所包含的各种因素通常都为国外投资者所重视。尤其是东道国的政局和政策的稳定程度、国民经济管理体制、国民经济增长速度、生产力发展水平、涉外法律规章制度、社会思想文化观念等，往往是国外投资者首先要考虑的宏观投资环境因素。

②中观投资环境又可分为地区投资环境与行业投资环境。

地区投资环境是指一定投资区域内的自然、经济、社会条件，如地区对外开放程度、地区经济发展及生产力水平、地方政府的管理水平和办事效率、地区基础设施状况、地区技术和劳动条件、地区自然资源条件等。

行业投资环境是指一定行业中有关投资的外部条件，如行业发展规模及水平、行业产品的市场容量及竞争状况、行业优惠政策与限制政策、行业的发展趋势以及本行业与其他行业的相关情况等。

③微观投资环境又称企业内部环境，是指进行投资活动的具体场所的自然、经济、社会条件，如门店进行营业所需的营业场地、库房、设备、运输车辆，供货商的条件、资金状况、门店管理水平、员工素质等，都是直接影响门店投资效益的重要因素。

上述投资环境三大层次之间有密切的内在联系。一方面，宏观投资环境制约着中观、微观投资环境，宏观投资环境中的某些因素及其所导致的问题，会相应地在中观和微观投资环境中得到体现；另一方面，中观、微观投资环境又是构成宏观投资环境的基础，它们会在不同程度上影响和改变宏观投资环境。

(3) 按投资环境存在的内容不同进行划分，可分为社会经济环境、物质技术环境、自然地理和资源环境。

①社会经济环境又分为社会政治环境和经济环境两部分。社会政治环境包括社会政治制

度及其稳定性、社会结构、意识形态、风俗习惯等要素；经济环境包括经济结构与发展水平、经济体制生产要素供应、吸收外资的条件和情况等要素。

②物质技术环境主要包括交通运输和通信设施，煤、电、气、水的供应状况，福利设施等要素。

③自然地理和资源环境包括地理位置、地质、水文、气候、资源状况等要素。

此外，按投资者对外部因素控制能力的不同，可将投资环境因素划分为无法控制因素、局部可控因素、完全可控因素三大类；按投资运行阶段不同可分为投资的投入环境、使用环境和回收环境；按投资的国别不同可分为国内投资环境和国际投资环境等。

（二）门店开发投资环境的特征

一个门店要获得生存和发展，首先要能够适应环境，而适应环境首先必须了解和认识环境。正确把握投资环境的主要特征，是系统地认识、评价和完善投资环境的前提。门店的投资环境分为不同种类、不同层次，归纳起来门店的投资环境主要具有如下特征：

1. 综合性

投资环境是个由众多因素以一定的结构和方式相互联系、相互制约、相互作用而构成的一个多维、多元、多变量、多层次的综合性系统。

在这个环境的众多因素中，有些因素对投资的流向、规模、方式的选择和投资效益的提高起决定作用，有些则起到次要作用。在投资环境的综合系统中，各子系统之间及每一系统内部各因素之间，有时会存在着某些对立和冲突，抵消主要因素的作用。因此，我们在分析与利用这种环境时，就必须从整体出发，根据整个环境的状况而不是其中的某一方面进行决策；在分析一种环境因素时，必须同时考虑它同其他因素的相互影响，做到统筹兼顾，寻求最佳组合，注意实现系统的综合最优化，从而为提高投资效益创造良好的外部条件。正所谓"牵一发而动全身"，说的是局部对整体的影响。

2. 区域性

区域经济的存在是产生投资环境区域性特点的基础。区域经济是社会劳动分工的空间表现，是随着科学技术进步和社会劳动生产力的发展而发展起来的。由于各地区发展生产的有利条件不同，逐渐形成了具有不同主导产业的区域经济。区域经济具体表现为地区经济间各种差异。在不同的区域内进行投资，其投资环境必然体现该区域的特点。我国疆域广大，各个经济特区、沿海开放城市与广大内陆地区，其投资环境都带有不同区域的明显特点。

3. 动态性

构成投资环境的诸多因素及其评价标准都不是一成不变的，而是随着时间的推移会不断发展变化。

投资环境系统本身的状况处于不断运动和变化之中，有些因素会逐步改善，有些因素则会逐步恶化。引起变动的原因如下：

（1）自然界本身的变化和发展，如资源、气候条件、生态环境等的自然演变。

（2）人为的干预，如交通和通信设施的增加、社会服务的加强、产业结构的调整等。

（3）社会条件的变化，如政治体制的改革、优惠政策的实施、办事效率的提高。

这些因素的变动会不断排列组合出新的投资环境，从而对投资活动产生不同影响。

衡量投资环境的价值尺度也会随着时代的发展变更而调整，有些因素会因此而变得越来越重要，有些因素的地位则相对下降。

投资环境的这种动态性，要求投资者克服僵化的思维方式，不仅要全面考虑投资环境的现状，而且要分析和预测未来若干年投资环境的可能变化，以便作出科学的决策。

4. 差异性

同一投资环境，对不同项目的投资会有不同的影响，产生不同的吸引力，也就是说投资环境是一个具有部门、行业和项目差异性的"感应场"。

一个既定地区的投资环境，对某些项目的投资可能极为有利，而对另外一些项目可能会不利。有的投资环境适合于低耗能企业投资，有的投资环境适合于劳动密集型产业投资，有的投资环境则适合于技术知识密集型产业投资。在当今世界上，要找出一个适合所有项目的投资环境实际上是不可能的。了解投资环境的这种差异性，便于投资者根据一定地域投资环境的特点，有针对性地安排投资项目，最大限度地发挥各地的优势，以取得最大的投资效益。随着商业经济的发展，与过去相比，门店投资的规模和投向都发生了极大的变化。总的趋势是：投资规模越来越大、投资区域越来越广，跨地区、跨国投资的现象越来越多，这就更需要了解掌握投资环境的特征，尽量避免和减少"因水土不服"而造成的投资损失。

把投资环境的诸多因素划分为不同的环境体系，绝不是无所谓的文字游戏，其意义首先就在于告诉决策者，投资环境是一个由多种因素构成的整体，所以，不应将它简单地视为一种或几种环境因素，不应根据某一方面或某几方面的环境因素来判断整体投资环境的优劣，而应将"软环境"和"硬环境"结合起来，将国际环境与国内环境结合起来，将投资者的需求与授资者所能满足的程度结合起来，对投资环境进行整体的考察，这样才能在投资环境的坐标上选定自己的位置。

（三）门店开发投资环境分析的内容

作为门店投资开放项目而言，在研究分析投资环境时，需重点调查分析的主要内容如表 2-1 所示。

表 2-1 门店开发重点分析内容

内容	项目	具体说明
市场环境调查分析	政策法令的相关分析	政府的相关政策法令，包括价格、财政、税收等对零售及其他服务业的影响
	经济情况的调查分析	国家的经济发展整体状况、居民收入状况、商品或服务供求状况等
	人口调查分析	人口状况、当前社会问题、社会发展态势等
	自然环境调查分析	气候、资源、交通等
	社会时尚调查分析	社会流行、社会时尚及其变化态势
市场环境调查分析	科技状况调查分析	新技术在行业的应用现象和态势
	竞争状况调查分析	竞争者数量、竞争自身经营状况、竞争手段等
消费行为调查分析	消费者需求调查分析	需求类型、需求满足状况等
	消费者购买动机调查分析	消费者购买动因、消费心理的详细了解
	消费者门店选择调查分析	选择购物地点的标准、习惯等

（四）门店开发投资的评价方法

投资环境评价是一个复杂的综合系统，要作出准确评价具有相当难度。至今为止，对投资环境的评价还未形成一种规范的模式，现存的各种方法都有自己的特点与不足。国外投资环境评价方法主要有冷热图法、等级尺度法、道氏评估法、多因素和关键因素评估法、相似度法、国家风险评级法和综合评价法。下面仅简单介绍道氏评估法和多因素评估法。

1. 道氏评估法

道氏评估法是美国道氏化学公司根据自己在海外投资的经历提出的。该种方法将海外投资的风险分为两类。

第一类是"正常企业风险"，或称为"竞争风险"。例如，自己的竞争对手可能生产出一种更好的产品，或者竞争对手的生产技术更先进、生产成本更低产品价格也就越低廉等。任何一种基本稳定的企业环境中都存在这一类风险。

第二类是"环境风险"，即某些可以使企业环境本身发生变化的经济、政治和社会事件。

因此，道氏评估法把影响投资环境的因素按其形成的原因和作用范围分成两部分：企业从事生产经营的业务条件；有可能引起这些条件变化的主要压力。

道氏评估过程包括：第一，评估影响企业业务条件的诸因素；第二，评估引起变化的主要压力因素；第三，在前两步的基础上，进行有利因素和假设条件汇总，从中挑出8~10个在某个国家的某个项目能获得成功的关键因素；第四，在确定各关键及其假设条件后，可以提出四套项目预测方案。第一套是根据未来7年中各关键因素"最可能"的变化而提出的预测方案；第二套是假设各关键因素的变化比预期的好而提出"乐观"预测方案；第三套假设各关键因素的变化比预期的差，而提出的"悲观"预测方案；最后一套是各关键因素的变化最坏可能导致公司"遭难"的预测方案。在各预测方案提出后，请专家对某一套方案可能出现的概率进行预测。

道氏评估法是为个别投资者进行国际投资提供一个实用性很强的评价东道国投资环境的方法。这种方法同样对于我们进行门店开发的可行性仍然具有很强的指导意义。

2. 多因素评估法

多因素评估法和关键因素评估法是两个前后关联的评估方法。多因素评估法是把投资环境因素分为11类，即政治环境、经济环境、财务环境、市场环境、基础设施、技术条件、辅助工业、法律制度、行政机制效率、文化环境、竞争环境。每一因素又由一系列子因素构成。在评价时先对各因素的子因素作出综合评价，然后据此对该类因素作出最优、良好、中等、可用、很差的判断，最后按下列公式计算投资环境总分：

$$投资环境总分 = \sum w_i(5a + 4b + 3c + 2d + e) \qquad (2-1)$$

式中，w_i——第 i 类因素权重；

a, b, c, d, e——第 i 类因素被评为最优、良好、中等、可用、很差的百分比，且 $a+b+c+d+e=i$（$i=1, 2, \cdots, 11$）。对于 a, b, c, d, e，不同的人会作出不同的级别判断。

投资环境总分取值为1~5，越接近5，说明投资环境愈佳；反之，越接近1，则说明投资环境愈劣。

四、门店开发投资的资金筹集

门店开发的可行性研究中经济评价是核心,而投资估算是经济评价工作的基础。投资估算是决定门店是否建设、银行能否贷款的依据,其准确程度将直接影响门店投资的经济效益。而投资多少,即投资规模的大小将决定门店的规模、档次及今后的经济效益。

(一)门店开发投资的总构成

因门店的类型、规模、经营方式不同,其所需资金数量相差很大。如建一个上万平方米的大型门店和开一家几十平方米的小店所需投资有天壤之别;门店自己建业还是租用他人物业所需资金也不同;连锁门店是否建配送中心,是否独立开店,还是加盟到他人旗下等不同情况,所需投资的结构、数量及计算方法都不同。

门店投资项目的总投资是指拟建项目全部建成、投入营运所需的费用总和。建成一个门店并正常营业,必须具备足够的资产。把建设门店的各类资产分为4大类,即固定资产、流动资产、无形资产、递延资产。在项目的可行性研究和经济评价中,对投资项目总投资的估算,主要是对项目所需的固定资产投资、流动资产投资、无形资产投资和递延资产投资的估算。

门店开业前筹资,主要是为了自身的兴起和发展,因而筹集资金的规模和效率必须与门店的规模和经营目标相吻合。各类门店由于经营性质的不同和组织形式的差别,对资金的需要量也不同,但基本标准都是使资金的筹集量与需求量达到平衡,既要防止因筹资不足而影响门店的正常开业经营,又要避免因筹资过剩而降低筹资效益。为达到这一目的,首先应将门店筹备期间所需资金的种类进行细分估算,然后在此基础上确定合理的资金需要量和筹集量。

(二)固定资产的投资

固定资产是指企业使用期限超过1年的房屋、建筑物、机器、机械、运输工具以及其他与生产、经营有关的设备、器具、工具等。不属于生产经营主要设备的物品,单位价值在2 000元以上,并且使用年限超过两年的,也应当作固定资产。固定资产是企业的劳动手段,也是企业赖以生产经营的主要资产。固定资产投资额是开始建设到建成为止的这段时间里面用于购置和形成固定资产的投资额。

实际工作中,门店的固定资产采用经济用途和使用情况相结合的形式分为以下几类:

(1)房屋及建筑物。房屋是指经营用门店、餐厅、游艺厅、康乐室、车库、仓库、办公室等,以及安装在房屋内部、同房屋不可分割的各种附属设备,如电梯、水暖设备、卫生设备等。这里所说的建筑物是指房屋以外的其他建筑物,包括门店的天桥、回廊、蓄水池、围墙、栅栏以及美化门店环境的亭台楼阁、小桥流水等环境设施。

(2)机器设备。机器设备是指用于门店经营服务的厨房设备、通信传真和复印设备,用于生产或传送电力、热力、风力的各种机器设备,以及具有独立用途的各种工作用具(如工程部的装修设备)、检测仪器(如测空调出风口用的风速计等)。

(3)交通运输工具。交通运输工具是指用于经营服务和门店内部运输的各类载人和运货的交通运输工具,如客车、卡车、轿车等。一切作为运输交通设备组成部分的附属装置,例如其中的桌椅、音响设备等。

(4) 办公设备。办公设备是指用于经营管理方面所使用的办公设备。

(5) 电器及影视设备。电器及影视设备是指用于门店经营服务或管理用的计算机及其网络设备、电冰箱、空调、电视机、摄影机、放映机等。

(6) 文体娱乐设备。文体娱乐设备包括卡拉 OK 机等。

(7) 其他设备。其他设备是指不属于以上各类的其他经营管理用的固定资产。

(三) 固定资产投资的构成

门店的固定资产投资是购建门店所需各类固定资产所花费的投资,固定资产投资的费用构成见图 2-1。

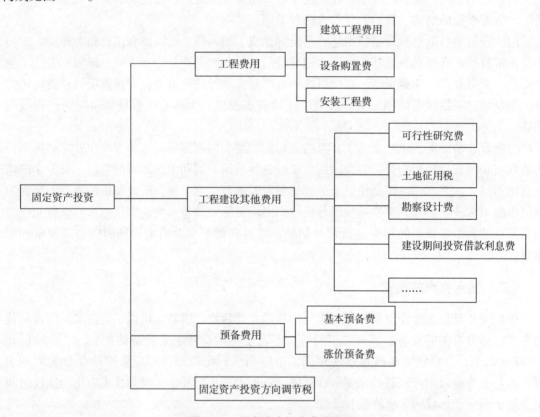

图 2-1 固定资产投资费用构成

从图 2-1 可以看出,固定资产投资主要包括工程费用、工程建设其他费用、预备费和固定资产投资方向调节税四大项费用。

1. 工程费用

项目的工程费用是指直接形成固定资产的工程项目费用。工程费用按照不同的用途又可分为建筑工程费、安装工程费及设备购置费。

(1) 建筑工程费主要包括各种房屋建筑工程费用,各种用途的设备基础费用,为施工而进行的各项准备工作所发生的费用。

(2) 安装工程费主要包括各种机械设备的安装工程费用,为测定安装工作质量对设备进行试运行工作所发生的费用。

（3）设备购置费主要包括购置或自制达到固定资产标准的设备、工具、器具的费用。

2. 工程建设其他费用

工程建设其他费用主要包括可行性研究费、土地使用税、勘察设计费、研究试验费、临时设施费、投资借款利息、工程质量监测费、征地安置与补偿费以及单设建设管理单位的管理费等。

3. 预备费用

项目的预备费包括基本预备费和涨价预备费。

4. 固定资产投资方向调节税

固定资产投资方向调节税是指应缴纳投资方向调节税的投资项目，按规定税率和固定资产投资额来计算的税。其计税依据为固定资产投资项目实际完成的投资额，其中，更新改造项目为建筑工程实际完成的投资额，它是按单项工程分别确定适用的税率并缴纳（外商投资企业的固定资产投资，不征收投资方向调节税）。征收固定资产投资方向调节税主要是为了贯彻国家产业政策，控制投资规模，引导投资方向而征收的一种调节税。需要说明的是，对一些用投资借款建设的项目，应同时计算包括建设期借款利息和不包括建设期借款利息；而在计算项目的现金流量时，则不予计算。

固定资产投资一般是在项目投资决策之前的项目建议书阶段和可行性研究阶段对项目建设费用的预测和估计。为了合理确定并有效地控制项目的建设工程造价，提高投资效益，必须保证投资估算的准确性和精准度。

（四）流动资产投资

流动资产是指可以在1年或长于1年的一个营业周期内变更或加以运用的资产，包括现金、银行存款，短期投资、应收及预付款和存货等。流动资产投资是指为形成投资项目所需流动资产而垫付的流动资金。流动资产是门店拥有的各项资产中最具流动性，或称变现能力最强的资产，其投资前对流动资产投资的估量准确与否及在营业中运用是否合理和恰当，直接影响到门店的经济效益和经营成败。

1. 流动资产投资分类

流动资产可分为现金、门店的短期投资，应收及应付款项、存货。

（1）现金。

这里所讲的现金（包括银行存款）实质上就是我们熟悉的货币资金。由于现金是唯一能够转化为其他任何类型资产的资产，门店里各项经济业务大都须经过现金收支这一过程。在一个门店所拥有的各项资产中，现金是最具有流动性（即变现能力）的一项资产。作为标准的支付手段，门店需要用现金去支付经营过程中发生的各项费用开支，如购置资产、偿还债务等。要求门店必须维持充足的现金量，以保证门店资产的顺利周转，维持正常的经营活动。

（2）门店的短期投资。

门店的短期投资是指门店购入各种能随时变现或转让的债券或股票等有价证券，获取一定的利息或股利收益的行为。在经营过程中，门店利用闲置资金进行短期投资，主要根据有价证券的以下三种形式而有所区分。

①债权性证券，如国库券，企业债券等。它表明投资者对被投资者拥有的债权，即到期收回本金及定期收取利息的权利。

②权益性证券，如股票等。它表明投资者对被投资者权益所拥有的所有权，即投资者可实现资本增值的权利。

③混合性证券，如可调换公司债和优先股股票等，既具有债权性质又具有权益性质。

（3）应收及预付款项。

应收及预付款是指门店所拥有的将来收取货币资金或得到商品和劳务的各种权利。根据《企业会计准则》，应收及预付款项一般包括以下方面：

①应收账款。应收账款是指门店在其正常经营过程中，因赊销商品或劳务而形成的应收款项，如客户赊销商品，便形成门店的应收账款。一般来说，应收账款的回收期限不应超过1年或长于1年的一个营业周期。应当注意的是，应收账款不包括各种非销售活动形成的应收款，如应收认股款等。

②应收票据。应收账款所反映的债权关系如果以指定的票据形式如汇票等出现，则称为应收票据。所以，应收票据实际上是应收账款的另外一种形式。

③其他应收款。其他应收款是剔除应收账款和应收票据以外的其他各种应收款项，如备用金、存入保证金、应收利息及应收认股款等。

④预付款项。主要是指按照购货合同规定预付给供应商的货款。

⑤待摊费用。待摊费用是指门店已经支出，但应由本期和以后各期分担的，且分摊期限在1年以内的各项费用，如预付保险金、预付报刊订阅费、固定资产修理费等。

（4）存货。

存货是指门店在经营过程中为销售、生产或耗用而储存的商品、成品、半成品以及各类原材料、燃料、包装物和低值易耗品等。根据门店业的特性，门店存货的内容与生产性企业会有所不同。根据新制度规定，门店存货主要包括各种原材料、燃料、物料用品、低值易耗品、商品等。

①原材料。原材料是指经过加工制作后能成为一种食品或其他用途物品的主要实体的各种原料、材料，以及用于维修门店机电设备、运输设备及房屋建筑物等专用的各种维修材料，如鸡、鸭、鱼、肉等食品原料，茅台酒、威士忌、可口可乐等饮料，油、盐、酱、醋等调料，汽车零配件和水暖、电器照明、电机维修器材等。

②燃料。燃料是指在门店经营过程中用于燃烧发热，或为各种交通运输工具消耗用的各种燃料，如汽油、柴油、煤等。

③物料用品。物料用品是指除原材料、燃料、商品以外的门店经营服务用品，如各种宣传材料、清洁用品、包装用品和办公用品等。

④低值易耗品。低值易耗品是指单位价值未达到规定限额，或者使用年限不到1年的不能作为固定资产的各种物品，如工具及管理用品等。在门店中使用的一些高价值易损坏的玻璃器皿，亦可包括在低值易耗品的范围内，以有利于其价值的尽快收回。

⑤商品。商品是指门店购入的用以在门店出售的各种物品。

2. 流动资产管理的原则

包括总部和门店分级负责、合理设置库存、分类指导的原则。

（1）总部和门店分级负责的原则。

①总部配送到各门店的商品由总部设置总账控制管理,在进入门店以前,一切损失由总部负责;门店自行采购的商品,由门店自行管理,商品在店内被盗或短缺由门店负责。

②对低值易耗品的管理,总部可规定在一定价值内的单件商品由门店经理批准购买,超过此价值的商品由总部统一购买或总部批准后由门店购买。

(2) 合理设置库存管理的原则。

①对进入连锁企业配送中心的商品加强管理,加快对各门店的配送,减少装卸损失,减低商品损耗率。

②对进入各门店的商品加强管理,统一管理店堂和后场的商品。原则上讲,门店不设库房,后场只设一定面积用于临时摆放上架销售前的商品,但目前由于配送功能发挥不到位,大多数门店仍有小型仓库,而要按照"二八"比例原则对商品结构进行调整,对骨干商品的经营要形成系列化,保证不脱销断档。

(3) 分类指导的原则。

①总部对各门店的流动资产进行分类指导,总部要对各门店的订货数量、品种进行检查审核,总部要定期督促各门店及时根据销售情况调整商品结构。

②总部有责任督促各门店对超过保质期的商品进行清理,并在规定的商品范围和期限内由总部负责处理。

3. 无形资产投资

无形资产是指门店长期使用而没有实物形态,能够在门店经营中长期发挥作用的权利、技术等特殊资产,一般包括专利权、商标权、著作权、非专利技术、土地使用权、商誉等。无形资产投资是指为取得投资项目所需的无形资产而发生的投资支出。无形资产作为一种资产形式,具有其自身的价值。而门店获得无形资产的途径大体有三个:

(1) 购入无形资产,如从其他单位购入专利权等,包括投资转入的无形资产。

(2) 自创无形资产,如企业自身摸索出的配方和制作经验等非专利技术。

(3) 外单位投资转入。

4. 递延资产投资

门店除了固定资产流动资产无形资产以外,还有一种递延性质的资产。它是指不能计入当年损益,应当在以后年度分期摊销的各种费用,其中包括开办费,经营租赁方式租入的固定资产改良支出,以及对原有固定资产进行装修、装潢等的净支出等。

(1) 开办费是指企业在筹建期间所发生的费用,包括筹建期间人员工资、培训费、办公费、差旅费、印刷费、注册登记费以及不应计入固定资产和无形资产购建成本的汇兑净损益、利润及其他支出。开办费自投产营业之日起分期摊入管理费用,摊销期不短于5年。

(2) 以经营租赁方式租入的固定资产改良支出,按照有效租赁期限和耐用年限短的原则分期摊销。

(3) 固定资产的装修、装潢净支出,按装修、装潢后固定资产的使用年限分期摊销。

五、门店开发项目经济评价

(一) 经济评价的含义与原则

1. 经济评价的含义

投资项目的经济评价是采用一定的方法和经济参数,对项目投入的产出各种的因素进行研究，分析计算对比论证工作。项目经济评价是通过建立科学、实用的经济评价方法和评价参数，对拟建项目从技术上、经济上进行全面的、综合的分析、论证、比较，以评价项目建设方案技术上、经济上的可行性。

一般的投资项目经济评价分为财务评价和国民经济评价两个层次，包括财务经济、国民经济评价、不确定性分析、方案比较四个方面的工作。

财务评价是指在国家现行财务制度和价格体系的条件下从项目财务角度分析、计算项目的财务盈利能力和清偿能力，以判断项目的经济可行性。国民经济评价是从国家整体角度分析、计算项目对国民经济的净贡献，以判断项目的经济合理性。而门店的经济评价则侧重于财务评价和不确定性评价。

2. 经济评价的原则

经济评价应遵循以下原则：

（1）动态分析和静态分析相结合，以动态分析为主。

（2）定量分析和定向分析相结合，以定向分析为主。

（3）宏观效益分析和微观效益分析相结合。

（4）价值量分析和实物量分析相结合，以价值量分析为主。

（5）预测分析和统计分析相结合，以预测分析为主。

（6）全过程经济效益分析和阶段性效益分析相结合，以全过程分析为主。

（二）门店开发财务评价的含义和程序

1. 门店开发财务评价的含义

门店开发财务评价是投资项目经济评价的重要组成部分，是指在国家现行财务制度和价格体系制度的条件下，计算项目内的效益和范围，编制财务报表，计算评价指标，分析项目的盈利能力，清偿能力等财务状况，以考察项目为主在财务上的可行性。门店开发财务评价内容主要包括门店财务盈利能力分析、门店清偿能力分析两个方面。

（1）财务能力盈利分析是计算项目财务项目财务效益、考察项目的盈利水平。投资项目建立后，作为一个相对独立的经济实体，其盈利情况是投资者非常关注的，项目的盈利水平能否达到设立目标值或国家规定的基准收益率，是项目成立的最基本的条件。

（2）清偿能力分析主要是考察计算期内各项项目的财务状况和偿债能力。除项目资本金外，建立项目一般都要借入相当数量的资金。项目对这部分的负债清偿能力，不仅投资者关心，债权人更为关心，项目的清偿能力是债权人提供贷款的重要决策依据。因此，清偿能力分析是财务评价中的主要内容之一。

2. 门店开发财务评价程序

（1）分析和估计财务的基础数据，主要包括对项目的总投资、资金筹措方案、总成本费用、销售（营业）收入、销售税金和销售利润以及其他与项目有关的财务数据进行鉴定分析和测算。

（2）编制财务基本报表。财务基本报表是根据财务基础数据填列的，同时又是计算反映项目盈利能力、清偿能力的技术经济指标的依据。在财务评价中，核心工作是编制财务评价报表，或者说整个财务评价工作是围绕财务评价报表进行的。项目评价报表分为两类，一类是基本报表，另一类是辅助报表。基本报表有现金流量表、损益表资金来源与运用表、资产负债表等四种；辅助报表包括固定资产投资估算表、流动资金估计表、投资计划与资金筹措表、主要产出物和投入物使用价格依据表、固定资产折旧估算表、无形及递延资产摊销估算表、总成本费用估算表、销售收入和税金估算表、还本付息计算表等。

（3）计算分析财务效益指标，即依据指标基本报表计算各项评价指标及财务比率，进行各项财务分析。如根据现金流量表计算投资回收期、财务净现值、财务内部收益率指标。

（4）进行不确定性分析，通常包括敏感性分析、盈亏平衡分析、概率分析等。

（三）项目盈利能力分析

财务盈利能力分析主要是计算财务内容收益率、财务净现值、投资利润率、投资利税率、资本金利润率等评价指标。

1. 投资利润率

投资利润率是指项目达到正常生产能力后的一个正常年份的年利率总额与项目总投资的比率，是考察项目盈利能力的静态指标。如果项目生产期内各年的利润总额相差较大时。应计算生产期年平均利润总额与项目总投资的比值。其计算公式为：

$$投资利润率 = \frac{年利润总额或年平均利润总额}{项目总投资}$$

$$项目总投资 = 固定资产投资 + 投资方向调节税 + 建设期利息 + 流动资金$$

财务评估时，要将投资利润率与行业平均投资利润率对比，以判别项目单位投资盈利能力能否达到本行业的平均水平。

2. 投资利税率

投资利税率是指项目达到设计生产能力后的一个正常份的年利税总额或项目生产期内的年平均利税总额与项目总投资的比率。其计算公式为：

$$投资利税率 = \frac{年利税总额或年平均利税总额}{项目总投资}$$

$$年利税总额 = 年销售收入 - 年总成本费用$$

$$年利税总额 = 年利润总额 + 年销售税金及附加（息税前利润）$$

在财务评价时，将投资利税与行业平均利税率对比，以判别项目单位的贡献水平是否达到本行业的平均水平。

3. 资本金利润率

资本金利润率是指项目达到正常生产能力后的一个正常生产年份的年利润总额或项目生产期内年平均利润总额与资本金的比率，它是反映投资项目的资本金的赢利能力。其计算公式为：

$$资本金利润率 = \frac{年利润总额或年平均利润总额}{资本金}$$

4. 销售利润率

销售利润率是指项目建成营业后年平均利润总额与年平均销售额的比率。其计算公式为：

$$销售利润率 = \frac{年平均利润总额}{年销售额}$$

5. 投资收益率

正常年份的净收益与总投资之比称为投资收益率,它是反映项目或方案获利能力的一个指标,以此来评价项目或方案的优劣和是否可取。这里的净收益包括利润和固定资产折旧两部分。因为虽然折旧是固定资产磨损的补偿,但其真正的投入并不是在日后被计入成本之时,而是在项目投资前固定资金投资时。因此,当折旧在各年计入成本时,国家和企业得到的却是现金收入,它和利润一起,都是国家和企业当年的真正利益。

投资收益率计算公式为:

$$投资收益率 = \frac{年利润总额 + 年折旧额}{投资总额}$$

6. 投资回收期

投资回收期是指一个建设项目从开始投入生产年算起,到用每年的净收益将初始投资全部回收时所需要的时间,其单位通常用"年"表示。计算投资回收期时,根据是否考虑资金的时间因素,可分为静态投资回收期(不考虑时间因素)和动态投资回收期(考虑时间因素)。所求得的投资回收期,应与部门或行业规定的标准投资回收期进行比较。若设实际投资回收期为 T,标准投资回收期为 T_0,则:

当 $T < T_0$ 时,则可在规定的投资回收期限之前回收投资,项目可行;

当 $T > T_0$ 时,项目不可行。

(四) 项目清偿能力

门店项目清偿能力分析,主要是考察项目计算期内财务成财务状况和偿还能力。常用的主要指标有固定资产投资国内借款偿还期、资产负债率、流动比率和速动比率等。

固定资产投资国内借款偿还期是指在国家财政规定及门店项目具体条件下,以项目投产后可用于还款的资金偿还固定资产投资国内借款本金和建设期利息(不包括用自有资金支付的建设期利息)所需要的时间。其计算公式为:

$$I_d = \sum_{t=1}^{P_d} R_t \qquad (2-2)$$

式中,I_d——固定资产投资国内借款本金和建设期利息之和;

P_d——固定资产投资国内借款偿还期(从借款开始年算起,当从投产年算起时,应予注明。)

R_t——第 t 年可用于还款的资金,包括利润、折旧、摊销及其他还款资金。

国内借款偿还期可由资金来源与运用表及国内借款还本付息计算表直接推算 1 年表示,其计算公式为:

$$国内借款偿还期 = 借款偿还后开始出现盈余年份数 - 开始借款年份 +\\ (当年偿还款额/当年可用于还款的资金额)$$

如果项目涉及外资,则其国外借款部分的还本付息,应按已经明确的和预计可能的借款偿还条件(包括偿还方式及其偿还期限)来计算。

当借款偿还期满足贷款机构的要求期限时,即认为项目有清偿能力。

(五) 项目不确定性分析

项目不确定性分析需要对影响项目经济评价结论较大的因素(即不确定性因素)进行

分析，并判断这些因素的变化对项目经济评价结论的影响程度，判断项目决策所面临的风险大小，从而使项目经济评价的结论更科学。

项目不确定性分析的作用，首先在于使我们了解不确定因素在一定范围内变化时，对项目经济效益指标的影响程度，从而了解项目经济评价结论的可靠程度以及项目风险的大小。其次，项目不确定性分析可以使我们了解哪些因素的变化对项目的评价结论影响最大，从而使我们可以有目的地采取有效的对策，限制这些因素对项目经济效益的不利影响。最后，项目不确定性分析是进行项目多方案评选、确定项目建设方案的重要依据。

项目不确定性分析通常包括盈亏平衡分析、敏感性分析和风险分析。下面主要介绍盈亏平衡分析。

1. 盈亏平衡分析

盈亏平衡分析，通常又称为量本利分析或损益平衡分析，它是根据投资项目在正常年份的产销量、成本费用、产品销售单价和销售税金等数据，计算和分析产销量、成本和利润三者之间的关系，从中找出三者之间联系的规律，并确定项目成本和收益相等时的盈亏平衡点的一种分析方法。在盈亏平衡点上，投资项目既无盈利，也不亏损。通过盈亏平衡分析可以看出投资项目对市场需求变化的适应能力。

应用盈亏平衡分析法进行盈亏分析的关键问题是找出门店开发项目的盈亏平衡点，即利润为零时的业务量。

盈亏均衡点又称为保本点，是待建连锁门店必须实现的最低销售额（业务量）。如果达不到该指标，表明该连锁门店没有建立的必要，必须放弃或另择他点，否则必须使销售额增加或使费用率下降。

盈亏平衡点分析的公式为：

$$销售收入 = 总成本$$

其中，总成本 = 变动成本 + 固定成本

若利用函数图像来表示，如图 2-2 所示。

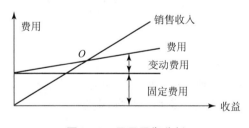

图 2-2 盈亏平衡分析

图 2-2 中点 O 为盈亏平衡点，达到 O 点利润为零，超过 O 点盈利，没有达到为亏损，图 2-2 形象地表示了企业的赢利目标。

2. 经营安全率计算法

计算公式为：

$$经营安全率 = \left(1 - \frac{损益平衡点销售额}{预期销售额}\right) \times 100\%$$

这一比例是衡量连锁店个门店经营状况的重要指标，一般测定的标准为：安全率 30% 以上为优秀店；20%~30% 为优良店；10%~20% 为一般店；10% 以下为不良店。

由于盈亏平衡分析法反映上述关系，因此它在投资决策中的主要用途是：

（1）在给定产品售价和变动成本的条件下，可以确定生产或销售多少产品（业务量）可以达到保本，即确定利润为零的企业销售水平，由此，也确定企业在实现目标利润时的销售水平。

（2）在预计销售量、售价、变动成本和固定成本已定的条件下，可以确定盈亏平衡点和预期利润，从而确定企业经营的安全程度。

（3）在销售量、成本和目标利润已定的条件下，确定企业产品的售价。

（4）在销售量、售价和目标利润已定的条件下，确定产品的变动成本和固定成本。

（5）当市场需求量、原材料价格、产品售价等各种要素发生变化时，可用此法进行不确定分析。

任务二　门店可行性分析报告的撰写和设计

一、可能性分析报告的规范格式

（一）封面

一般要反映可行性分析报告的名称、专业研究编写机构名称及撰写报告的时间三个内容。

（二）摘要

摘要是用简洁明了的语言概要介绍项目的概况、市场情况可行性分析研究的结论及有关说明或假设条件，要突出重点，假设条件清楚，使阅读人员在短时间内能全面了解报告的精要。有的专家主张不写摘要，因为可行性研究报告事关重大，阅读人员应理性仔细全面阅读。

（三）目录

由于一份可行性分析报告少则10余页，多则数10页，为了便于写作和阅读，必须将报告的前后关系、假设条件及具体内容条理清楚地编写成目录。

（四）正文

正文是可行性分析报告的主体，一般来说，应包括以下内容。

1. 项目概括

主要包括：项目名称及背景，项目开发所具备的自然、经济、水文地质等基本条件，项目开发的宗旨、规模、功能和主要技术经济指标，委托方、被委托方，可行性研究的目的，可行性研究的编写人员，编写的依据，编写的假设和说明。

2. 市场调查和分析

在深入调查和充分掌握各类资料的基础上，对拟开发的项目的市场需求及市场供给状况进行科学的分析，并作出客观的预测，包括开发成本、商圈分析、顾客群分析、选址分析、内外部装饰装修分析、资金利润分析等。

3. 规划设计方案优选

在对可供选择的规划方案进行分析比较的基础上，优选出最为合理、可行的方案作为最后的方案，并对其进行详细的描述。包括选定方案的建筑布局、功能分区、市政基础设施分布、建筑物及项目的主要技术参数、技术经济指标和控制性规划技术指标等。

4. 开发进度安排

对开发进度进行合理的安排，可以按照前期调研、方案设计、方案实施、正式开店等阶段安排好开发项目的进度。作为大型开发项目，由于建设期长，投资额大，一般需要进行分期开发，同时需要对各期的开发内容作出统筹安排。

5. 项目投资估算

对开发项目所涉及的成本费用进行分析评估。门店开发主要涉及房屋租金、员工费用、设备费用等。估算的精度没有预算那样高，但需力争和未来开发事实相符，提高评价的准确性。

6. 项目资金筹集方案及筹资成本估算

根据项目的投资估算和投资进度安排，合理估算资金需求量，拟定筹资方案，并对筹资成本进行计算和分析。投资巨大的，必须在投资前做好对资金的安排，通过不同的方式筹措资金，减少筹资成本，保证项目的正常进行。

7. 项目财务评价

依据国家现行的财税规定、现行价格和有关法规，从项目的角度对项目的盈利能力、偿债能力和外汇平衡等进行分析，也是考察项目财务可行性的一种方法。具体包括在项目的预售预测，在成本预测基础上编制预计损益表、预计资产负债表、预计财务现金流量表、债务偿还表、资金来源与运用表，以及进行财务评价指标和偿债指标的计算，如财务净现值、财务内部收益率、投资回收期、债务偿还期、资产负债率等，以考察投资的效果。

8. 不确定性分析和风险分析

主要包括盈亏平衡分析、敏感性分析和概率分析等内容，通过对影响投资效果的社会、经济、环境、政策、市场等因素进行分析，了解各种因素对项目的影响性质和程度，为项目运作过程中对关键因素进行控制提供可靠依据。同时根据风险的可能性，为投资者了解项目的风险大小及风险来源提供参考。

9. 可行性研究的结论

根据对相关因素的分析和各项评价指标数值，对项目的可行性与否作出明确的结论。

10. 研究人员对项目的建议

对项目中存在的风险和问题提出建议，对建议的效果作出估计。

（五）附图

一份完整的可行性报告包括的附图有项目位置图、地形图、规划红线图、设计方案平面图，有时也包括项目所在地区的城市规划总图。

二、可行性分析报告范例

英派斯健身俱乐部门店开发可行性分析报告

一、封面

```
英派斯健身俱乐部门店开发
可行性分析报告




委托单位：××××××
撰写单位：×××××
负责人：×××
成员名单：××××××
完成时间：×××年××月
```

二、摘要

本报告是对英派斯健身俱乐部开店的可行性分析的成果。随着经济的发展和生活水平的提高，人们对健康的需求越来越强烈，这是健身俱乐部生存发展的社会经济基础，文化的传播、健身技术的进步是健身俱乐部发展的技术条件。柳州市的健身活动不断增多，政府强调全民健身运动，各种健身机构不断涌现，健身需求不断丰富，这是健身俱乐部建设的社会基础。根据网络调查得知，柳州市2/3以上的居民经常参与健身活动。

健身俱乐部选择了25~45岁，中等收入以上，都市白领、商务人士及高校学生为特征的细分市场为目标市场，又以单身白领和高校大学生为主。

柳州市有10多家休闲娱乐中心，但比较专业的健身机构只有6家，这些健身机构远远不能满足民众需求。经过SWOT分析，英派斯健身俱乐部门拟建在柳州市鱼峰区人民医院附近。

门店布局策略：英派斯健身俱乐部门店面积大约5 000m^2，采用"套餐式"课堂营销策略、"进驻写字楼"营销策略、英派斯特制餐饮营销策略、身心俱佳营销策略、VIP会员营销策略、人性化关怀服务营销策略，广告、会员制等推广策略，以及买一送一的课程推广、创新非价格竞争策略。

门店的财务分析显示1年内保本，2年盈利，3年上升到新台阶。

三、目录

略。

四、报告正文

（一）企业概况

英派斯健身俱乐部是实行会员制的"全国连锁、一卡通"的健身会所，秉承"健康里、生命力"的经营理念。本俱乐部拥有专业的健身器械，包括电脑跑台、有氧健身自行车、登山机等一流的专业力量器械。

本俱乐部为会员开设了最全面、时尚的课程，包括健身操、专业器械训练，大型有氧跑台、动感单车健身训练，肚皮舞、瑜伽、拉丁操、爵士舞、踏板操、街舞培训，省级私人教育服务，瑜伽8人小团体课，居家教师培训，户外瑜伽训练，大众化的球类训练等。

丰富的课程让顾客能更自由地选择和灵活地安排。会员可根据自身的需求选择适当的课程，可以在拥有丰富经验的专业健身教练的指导下进行有氧和无氧训练。教练会根据每个人的不同的身体条件及要求，打造一份科学、系统的健身计划，进行系统的跟踪指导。燃烧的运动音乐，将震撼每一个充满活力的运动细胞和热爱健康的生命。

英派斯健身俱乐部在硬件上追求舒适和完善，在服务上追求温馨和完美，在销售上面向工薪阶层。力量与柔美的结合，健康与品位的象征，一切为顾客的健康服务，让顾客体验难以抗拒的魅力。俱乐部定期组织会员开展各种联谊活动，让顾客在健身过程中相互交流、结识朋友，使顾客的锻炼不再枯燥和烦恼，努力为顾客创造一个优雅、舒适、温馨、愉快的健身环境。

（二）市场环境分析

1. 宏观环境

（1）经济环境。当前我国已经从温饱型社会转向小康型社会，恩格尔系数也越来越小，人们的消费支出从购买食物转变为用于服装、娱乐、保健和教育的支出增加。健身俱乐部的发展在此基础上会有一个更美好的前景，未来的市场潜力无穷。

（2）文化环境。随着经济的发展，人们的生活习惯在不断地变化，健身文化迅猛地渗透到中国人的生活里。人们有了"花钱买健康"的意识，健康生活理念已经越来越深入人心。健身俱乐部已成为人们实现健康生活的最佳途径。

（3）技术环境。科技的发展为人们塑造较好体型成为现实。健身测试仪器可以很好地测试出一个人的各项身体数据。通过制订合理的健身计划，科学、有效地帮助健身者在短时间内达到较为显著的效果。科技方便了人类，可以想象，以后会有更多种类的健身器械投入使用。健身俱乐部的发展依托于科技的发展。

2. 微观环境

企业的营销活动的微观环境要素主要是对企业活动过程和结果有直接影响的各种要素，这些要素主要包括：

（1）企业。目前整个市场有着各种各样的健身机构，各个不同的健身机构都有自己不同的人员配置，并拥有多家分店。但是总体来说，各个分店之间的联系却不是特别紧密。然而要想让整个企业有组织地发展下去，必须充分利用好各分店、各部门的人力资源，做好优质资源的调配，让各分店、各部门形成一个整体，通力合作，为顾客提供高效的服务。

（2）市场营销渠道机构。目前市场上的健身企业多是采用客户上门咨询、实行会员制的方式。不同于一般的物质性产品，健身企业营销过程中省略掉了中间商这一环节，这样有利于企业的集中管理。但也有不利的一面，即营销相对消极，只能靠宣传吸引消费者上门。所以对于健身行业来说，宣传是至关重要的一个环节。

（3）竞争者。竞争对手主要是本土的健身俱乐部，其规模不大，设备、设施都一般，管理和营销力度不强，并且差异化不大。

（4）社会公众。越来越多的消费者意识到健身的重要性。进健身俱乐部健身作为新的休闲方式正为人们所接受，电视、报纸、杂志对健身房的报道日渐增多，人们对健身房器材和健身项目不再陌生。到健身房的人群以 20～45 岁为主，其中以女士为多，明显呈现中青年化的特点。

3. 地区行业概括分析

随着近年来国民生活水平的提高，柳州市的白领阶层大量涌现，人们纷纷加入健身俱乐部，感受着新鲜时尚的健身方式。简单、直观、分散的室外健身已经不能满足他们的要求，他们需要有专业的场地、器械和行之有效的锻炼效果以及有专业教练指导的健身，渴望得到更多的健身知识。

柳州市的健身俱乐部都有自己独特之处，精美的课程、专业的教练、独特的指导都吸引了更多的消费者。柳州市的健身俱乐部大量涌现将会带动柳州市的健身市场，这个日益庞大的市场将会产生巨大的效益。

社区健身俱乐部成了发展趋势之一，社区健身俱乐部与社区有着密不可分的关系。从中国的城市发展轨迹来看，大部分市民越来越集中在社区生活。同时随着生活水平的提高以及健身观念的普及，住在社区的市民越来越关注自己的生存状态和健康状况。在许多社区，是否拥有健身俱乐部已经成为社区品质高低的新标尺。除了市场需求外，健身俱乐部开在社区，业主、俱乐部、物业和地产商都是赢家，这是健身俱乐部进入社区的社会基础。

在柳州市的健身行业中，既有独立的健身中心也有连锁加盟的形式，但是总的发展趋势是后者。前者的服务、器材和环境质量都不如后者，连锁加盟形式的品牌优势已经深入人心。本地健身俱乐部分散化且规模不大，外商进入柳州少。

4. 地区市场需求情况调查和预测

中国经济景气监测中心调查数据显示：67.9% 的城市居民喜欢体育运动，71.4% 的城市居民通过电视关注体育运动，32.9% 的城市居民在体育服装上有支出，30.2% 的城市居民在体育书、报、刊上有支出；7.2% 的城市居民购买过体育赛事门票。网上调查得知柳州市居民的情况基本上和调查数据一致，说明柳州市的市场需求与别的城市差异不大。

（三）规划设计方案优选

公司通过招投标活动，在 5 份竞标企业中，选择南方智慧盈名顾问公司的标书（策划方案）。方案包括目标市场确定、竞争者研究、门店选址分析、门店布局与功能分区、市政基础设施分布、建筑物及项目，以及主要技术参数、技术经济指标和控制性规划技术指标等。

1. 消费者分析

健身俱乐部选择了 25～45 岁，中等收入以上，都市白领、商务人士及高校学生为特征的细分市场为目标市场，又以单身女白领和高校大学生为目标客户。

（1）单身女白领。

单身女白领一般都具有高等教育学历和高收入，条件优越，有稳定的收入、体面的工作，生活环境舒适优雅。这一目标市场中的顾客被认为是国民中最自由、最富有的阶层，她们有钱有闲，没有家庭羁绊，购买力强，被称为"青年贵族"。她们有独立的经济收入，没有过多的负担，加上年轻好动、思想开放，她们的消费最能表现时尚潮流。她们追求健康的生活，需要健康健美的体魄，注重休闲的生活方式，注重朋友之间的交往。但平时繁忙的工作使她们的压力大，烦躁易怒，而下班以后重复无趣的生活让她们变得孤单，健身俱乐部可以成为她们锻炼、健身、休闲减压、社交的场所。

（2）高校大学生。

高校大学生的消费能力越来越强，主要呈现以下几个特点：

①实用：当代大学生消费的基本特点。从大学生的消费状况分析，不论大学生的基本生活消费如衣食住行消费，还是大学生学习消费中的学费、书杂费、电脑费，都有浓厚的实用色彩。

②多样：当代大学生消费的重要特征。大众文化消费市场是影响大学生消费文化多样性的重要因素。青年人总是引领消费市场的最新潮流。大学生在属于自己的私人空间和时间内不大喜欢参加集体性的活动，大学生消费个性化的表现是最新型青年文化运动的显著特点。

③前卫：时尚的选择。大学生消费前卫的特征主要表现为追求品牌、崇尚权威、追求新颖，体现个性及理性。

总之，我们选择单身女白领和大学生作为目标市场。

2. 门店的竞争状况调查分析

柳州市有10多家休闲娱乐中心，比较专业的健身机构只有6家，但这些健身机构远远不能满足人民的需求。

（1）柳州首家大型专业健身俱乐部——动岚健身俱乐部：占地面积2 000多 m^2，坐落在柳州市东环路口屏山大道环东商场。动岚健身俱乐部以其专业的健身规划和经营管理著称，率先将欧美风格器材引入柳州市场，给柳州市的健身业以强劲的冲击。

（2）海格力斯健身会所：作为柳州市健身项目最齐全、场地最大的健身会所，海格力斯健身会所一直致力于倡导全民健身，力求通过完善的服务使每一位会员都达到健身目标。

（3）海伦健身俱乐部：作为柳州市最早的健身俱乐部，发展至今，在健美和健身方面取得了显著的成绩和专业荣誉，奠定了柳州市健身行业排头兵的地位。海伦健身俱乐部以"科学，健康，专业"及个人优质服务为宗旨，让会员享有专业服务和优越品质。

根据调查，除了以上的健身俱乐部外，还有很多同质化的小型健身娱乐中心，其共同点是项目不全、服务不周到、环境不太好，营销战略比较传统，服务不够人性化。

3. 门店选址分析

英派斯健身俱乐部门店拟建在柳州市鱼峰区人民医院附近。

（1）优势分析。

①地段优越。该地段处于柳州市政治、经济、文化中心，是柳州市的核心区域，规划起点高。

②交通发达。道路状况优良，交通便利，公交线路四通八达。

③商业设施配套完善。餐饮、娱乐、购物场所众多，金融、医疗、教育机构环境围绕，商业设施配套完善。

④人气旺。

⑤潜力巨大。本区域内存在较大的健身需求。

⑥区域内市场较为活跃,具有巨大的投资价值。

(2) 劣势分析。

①竞争将异常激烈,周边有多个在建、待建健身项目,应密切关注。

②附近健身房对本项目的目标客户造成了一定的分流。

③人们对本区域内的五星商厦和工贸商场附近认知度较大。本俱乐部如何吸引人气,做到商业价值的最大化有一定难度。

(3) 机会分析。

①本区域属于政府的重点规划区域,政府关注度高,规划起点高,必然带动房地产市场的升温,从而这里的人流量会增多。

②高新区的发展带来巨大的机遇。应抓住有利时机介入市场,以超前的决策意识,以科学的态度研究"供给—需求",抢占先机。

(4) 风险。

①市场因素。柳州市健身房逐年增加,健身业同质化较为严重,大量的相似产品同时出现在市场上,使消费者很难看到差异性,影响了消费者购买决策。

②竞争压力。项目周边有多个在建、待建健身项目。市场供求量巨大,档次较高,将给本项目带来较大的市场压力。

(5) 综合分析。

从市场调研结果分析,本项目优势和劣势明显,机会和风险并存,唯一的办法就是尊重市场,适应市场,顺应消费者的心理,整合与项目有关的各种要素,创造出具有超前性、差异性、引导性和适用性的产品,以合理的成本、利润,达到科学的"投入产出比",使项目实现最佳的市场价值。

4. 门店布局与功能区分

柳州英派斯健身俱乐部门店面积大约 $5\ 000m^2$,分为室内和室外两个区域,室内面积 $3\ 000m^2$ 左右,室外面积 $2\ 000m^2$。

(1) 健身器械区。特点是面积要大,视觉效果要好,高度有 4m 以上,通风效果要好,能在不开排风扇的情况下空气能够自动流通为最佳,面积为 $800\sim1\ 000m^2$。

(2) 操房。面积 $300\sim350m^2$,高度要求在 280cm 以上,通光环境好,光线好。

(3) 瑜伽房。特点是要安静,光线相对较暗,不受其他音乐的干扰,能保持绝对安静,面积为 $250\sim300m^2$。

(4) 武道馆。对位置没有很大的要求,通风即可,面积 $200\sim250m^2$。

(5) 动感单车房。靠窗,面积 $100m^2$ 左右。

(6) 洗浴间以及洗手间。面积 $300\sim400m^2$。

(7) 休闲区。顾客在运动完的时候需要一个可以休息的地方。能够选在靠窗位置为佳。内部摆设要简单,但要有品位、高雅、舒适,面积 $350\sim400m^2$。休闲区内部可以供应各种饮料、各种健康的水果。这一部分运营较好的话,利润可以高达 $200\%\sim300\%$。休闲区可设一个运动服饰专卖店,销售各种运动服装、运动鞋、健身手套、运动毛巾等。

(8) 办公室等。

(9) 室外球类球场。

(10) 停车场。要有足够停车位。

该门店布局的优势是既有室内活动场地也有室外活动场地和服务区,让顾客根据喜好进行选择,达到身心锻炼的最佳水平。

5. 建筑物及项目的主要技术参数

门店建筑是一栋16层的商住两用楼房,其中地下两层是俱乐部健身用房。在一层的西部有一个15m宽的门面房作为门店的接待大厅。可以在门面房上面安置门店的招牌,招牌长15m、高3m、黄底黑字、艺术动感字体。另外包括电源、排风、水压、下水、卫生间、电梯等技术参数。

6. 技术经济指标

门店具体的技术经济指标见表2-2。

表2-2 门店技术经济指标

序号	经济指标	面积数值/m²	所占比例/%	说明
1	总面积	5 000	100	
2	室外面积	2 000	40	
3	室内面积	3 000	60	
4	器械区	1 000	20	
5	操房	400	8	
6	瑜伽房	300	6	
7	武道馆	300	6	
8	休闲区	400	8	
9	动感单车区	100	2	
10	洗浴间	400	8	
11	办公室	100	2	
12	室外停车场	1 000	20	
13	室外球场	1 000	20	

7. 规划技术指标

由于英派斯健身俱乐部是租赁物业,规划技术指标略。

（四）开发进度安排

项目总开发时间为6个月,具体进度见表2-3。

表2-3 项目开发进度

序号项目	内容	进度安排/(月、日)	注意事项	说明
1	市场调查	1.1—1.15	仔细认真	
2	物业谈判	1.16—1.31	降低成本	
3	投资筹资分析	2.2—2.30	及时到位	

续表

序号项目	内容	进度安排/(月、日)	注意事项	说明
4	门店设计	3.1—3.31	时尚大气	
5	门店装修	4.1—5.1	隐蔽工程	
6	招聘培训	4.1—5.1	技能与品德	
7	设备采购	5.1—1.15	性价比	
8	设备安装调试	5.15—5.31	万无一失	
9	各项验收	6.1—6.15	消防等安全	
10	试运营	6.16—6.30	总结经验	

（五）项目投资估算

（1）租金：50万元。
（2）装修：100万元。
（3）加盟费、保证金、品牌费：50万元。
（4）设备：110万元。
（5）人员前期工资10万元。
（6）办公用品：10万元。
（7）日化洗涤产品：1万元。
（8）品牌推广宣传：50万元。
总计381万元。

（六）项目资金筹集方案及筹资成本估算

（1）股东出资：500万元。
（2）银行贷款300万元。年利息20万元左右。

（七）项目财务评价

项目财务评价即盈亏平衡分析，具体见表2-4。

表2-4 项目财务评价

序号	类别	项目	换算内容	经营期计算/天	说明
1	固定成本		设备折旧费	×元	
2			店面租金	×元	
3			装修	×元	
4			工资	×元	
5	固定成本		工商管理费	×元	定额收费
6			电话费	×元	
7			办公用品费	×元	

续表

序号类别		项目	换算内容	经营期计算/天	说明
			每天固定成本合计：A		
8		变动成本	税收/人	每人平均×元	
9			水电费/人	每人平均×元	
10			卫生日化用品费/人	每人平均×元	
11			其他意外费用/人	每人平均×元	
每人平均收费×变动成本＝利润/每人					
每天固定成本÷每人利润＝人数B					
每天按人数B来计算保本					
健身房有一系列智能化、手动化的各类健身设备					
每件设备开始后，按60分钟算一次。早6点到24点，每天提供18小时服务					
智能化设备可以同时为3个人提供健身服务					
经办人： 审核人： 日期：					

（八）不确定性分析和风险分析

这里的不确定性分析主要包括：经济危机导致收入水平下降，柳州市行业结构调整失业人数增多，恐怖活动、打架、灾害等。

风险分析包括：健身方式转变，竞争对手打击，经营思路落后，管理不善等。

（九）门店开发可行性结论

柳州市休闲养身体育业发展前景是机遇和挑战并存，而柳州市的休闲养身体育业发展具备一定的市场基础，在广西地区有一定的区位优势，因此，要拓展柳州市的休闲养身健身业市场，就要及时抓住机遇，善于迎接挑战。

通过综合整体分析，结合当前柳州市情况看，健身行业具有良好的发展前景，得到良好的投资回报是毋庸置疑的。总之，项目可行。

（十）附录

略。

项目小结

可行性研究是任何投资都要进行一项工作。作为连锁企业的开发，虽然有标准店铺可以借鉴，但鉴于不同的影响因素，这项工作同样是必要的环节。可行性研究对门店开发所需的资金、商业业态的选择、店址选择、商圈、建设规模、经济效益和社会效益的预测，可以提供投资决策的科学依据。门店经济评价是核心环节，包括开店项目的财务评价和不确定性分析。财务评价的关键是对门店开发相关的财务指标的评价，而不确定性分析则包括盈亏分析、敏感分析和风险分析。门店开发报告的主要因素就是影响开店的指标，要针对这些指标进行综合分析，认真论证，并给出两个以上的备选方案，以便作出最好的选择，能够获得最大的利润。

强化练习

一、单项选择题

1. 下面不属于连锁门店可行性分析的是（　　）。
   A. 商业业态选择和评价　　　　　　B. 消费者购买行为和购买方式
   C. 企业 CIS 的设计方式　　　　　　D. 评价项目建成后的经济效益
2. 调查研究主要从业内和现场两个方面展开，以下属于业内调研范畴的是（　　）。
   A. 城市年鉴　　　B. 商圈调研　　　C. 消费者调研　　　D. 问卷调研
3. 下面属于宏观环境分析的是（　　）。
   A. 企业所在的行业情况　　　　　　B. 供应商的情况
   C. 消费者情况　　　　　　　　　　D. 自然人文情况
4. 投资环境系统本身的状况处于不断运动和变化之中，有些因素会逐步改善，有些因素则会逐步恶化。不是引起变动的因素是（　　）。
   A. 人为改变环境　　　　　　　　　B. 政治体制改革
   C. 交通状况的改善　　　　　　　　D. 消费者工资收入的变化
5. 道氏评估法把海外投资项目的风险分为（　　）。
   A. 竞争风险和环境风险　　　　　　B. 竞争风险和资金风险
   C. 资金风险和环境风险　　　　　　D. 环境风险和社会风险
6. 以下不属于固定资产的是（　　）。
   A. 机器设备　　　B. 办公设备　　　C. 专利技术　　　D. 文娱设备
7. 流动资产是指可以在 1 年或长于 1 年的一个营业周期内变更或加以运用的资产，以下不属于流动资产的是（　　）。
   A. 现金　　　　　B. 银行存款　　　C. 存货　　　　　D. 人员工资
8. 一般资产负债率大于（　　）时，说明资不抵债，视为已达到破产的临界值。
   A. 50%　　　　　B. 100%　　　　　C. 150%　　　　　D. 200%
9. 清偿能力分析指标是指（　　）。
   A. 投资回收期　　　　　　　　　　B. 投资回报率
   C. 流动比率　　　　　　　　　　　D. 财务内部收益率
10. 以下是影响盈亏平衡分析的因素是（　　）。
    A. 价格　　　　　B. 投资　　　　　C. 销售政策　　　D. 供应商供货

二、多项选择题

1. 以下属于投资环境中的软环境是（　　）。
   A. 政治　　　　　B. 社会　　　　　C. 经济　　　　　D. 供应商
   E. 管理素质
2. 门店的投资环境主要具有（　　）特征。
   A. 综合性　　　　B. 区域性　　　　C. 动态性　　　　D. 差异性

E. 多样性
3. 建设门店的各类资产分为（　　）。
A. 固定资产　　　B. 有形资产　　　C. 流动资产　　　D. 无形资产
E. 递延资产
4. 流动资产可分为（　　）。
A. 现金　　　　　B. 门店的短期投资　C. 应收账款　　　D. 存货
E. 应付款项
5. 无形资产是指门店长期使用而没有实物形态，能够在门店经营中长期发挥作用的权利、技术等特殊资产，具体包括（　　）。
A. 专利权　　　　B. 商标权　　　　C. 著作权　　　　D. 非专利技术
E. 土地使用权

三、思考题

1. 简述连锁门店开发的决定因素。
2. 连锁门店开发的投资构成有哪些？
3. 如何有效进行新开门店的经济评价？
4. 连锁门店开发的可行性分析包括哪些内容？
5. 什么是新开门店的经营安全率？如何计算？

实训任务

请结合项目一中的实训任务，针对你开设的连锁企业撰写门店开发可行性分析报告。

（一）实训内容

1. 门店开发的环境分析

从宏观和微观两个方面分析，并描述该项目的优势和市场机会，根据环境分析预测市场发展前景。

2. 门店开发的技术可行性分析

说明成员技术经历和技术水平，描述成员拥有的技术资源和目前能够实现的途径。

3. 市场可行性分析

说明实际经营过程中能够采用的营销策略，如何通过产品、价格、渠道、促销进行营销整合。

4. 经济可行性分析

说明项目的盈利能力，并说明项目的主要盈利方式和项目盈利手段。说明项目的财务资金使用情况，能够利用资产负债表、现金流量表、利润表说明项目目前的经营状况，并说明项目投资回收情况。

要求：

（1）字数要求：5 000字。

（2）行文要求：按照基本论文格式。

（3）内容要求：按照实训内容撰写。

（二）实训引导

结合本项目任务二进行说明和分析。

案例分析

关于 A 住宅区开设日用食品超市可行性研究报告概要

一、市场前景分析

（1）日用百货、食品生鲜是老百姓日常基本消费品、必需品，市场前景广阔。基本消费的增长要符合恩格尔系数规律。据国家统计局统计，近几年人们的基本消费额的增长速度平均保持在 5% 以上。日用消费品属于需求价格弹性和收入价格弹性小的一类商品，故在竞争格局基本确定的情况下，市场需求风险不大，更不存在政治风险。

（2）A 住宅区是不断发展中的中高档住宅区，住户收入水平在深圳居民中属于中上阶层，人均月收入在 3 000 元以上。以 A 住宅区为中心，半径 1.5km 的商圈内常住人口和流动人口达 5 万人，每人每月以购买 500 元日常消费品为基准，若有 40% 的消费者在本超市消费，则月销售额可达到 $50\,000 \times 500 \times 0.4 = 10\,000\,000$（元）。

（3）地理位置优越，公路交通便利，环境布局合理。

（4）竞争环境宽松，目前 A 住宅区仅有一家小型超市，消费潜力远未开发，不足以形成威胁，商圈内居民区稠密。如做得成功可吸引外围人口来超市消费。

二、经营面积

以 1 500m^2 为宜。

三、投入产出分析

（一）固定成本

1. 年租金

单位面积月租金设为 60 元/m^2，年租金为：

单位面积月租金 × 12 × 经营面积 = $60 \times 12 \times 1\,500 = 108$（万元）

2. 基本装修年摊销额

以 5 年折旧的期限计：$100/5 = 20$（万元）

3. 收银系统年摊销额

以 5 年折旧的期限计：$10/5 = 2$（万元）

4. 货架年摊销额

以 5 年折旧的期限计：$15/5 = 3$（万元）

5. 冷柜年折旧

以 5 年折旧的期限计：6 万元

6. 空调系统年折旧

以 5 年折旧的期限计：3 万元

7. 水电费

设月水电费为 8 万元，年水电费为 96 万元

8. 人员工资

业务人员及管理人员工资：4 000×12×15＝72（万元）

营业人员工资：1 200×12×20＝28.8（万元）

9. 办公设备及用品

办公设备及用品按五五摊销法计入当年成本：5/2＝2.5（万元）

10. 不可预见费

20万元

合计：361.3万元

（二）变动成本

变动成本主要是产品进货成本，包括经销成本、代销成本、租赁方式的成本。

总的变动成本按销售额的85%计算。

（三）年平均利润

年平均利率为15%。

（四）保本销售额

年固定成本（F）＋年总变动成本（V）＝保本销售额（Q）

即 $F+V=Q$

$F+Q\times 85\%=Q$

$Q=F/0.15=361.3/0.15=2\,408.7$（万元）

每日保本销售额：2408.7/365＝6.6（万元）

四、利润概算

（一）年销售额

10×365＝3 650（万元）

1. 年利润额

年毛利－固定成本＝3 650/1.17×15%－361＝107（万元）

2. 税后利润

年利润总额×85%＝91（万元）

应交税金：销项税－进项税＋所得税＝530－450＋16＝96（万元）

（二）经营方式

（1）可考虑租房经营，亦可以考虑与房产商合作经营，这样更能减少经营风险。

（2）销售方式以现代超市的自选方式为主，结合送货、电话购物、网上购物方式。

（3）商品采购方式采用在代销、联营基础上的代销、经销、联营、租赁等多种方式相结合，以备供货商选择。

（4）货款支付方式可采用月结和定额结算方式，辅之以购销和专柜方式。

（5）积极开展促销活动，包括媒体宣传、中奖、买×送×、部分商品季节性活动打折、加强购物的服务功能等促销方式。

（三）结束语

超市经营的成功取决于店址、固定成本的大小、商品的组合、价格分类定位、促销手段、服务体系、商品成本等多种因素。

另外，上述计算利润的方式是一种标准计算法。实质上，大多数商家相当部分收益还来自促销、水电费、条码费、租赁费等。

如与房地产商合作经营则风险更小。

问题：

1. 你认为该可行性研究报告分析论证是否充分？所得结论是否正确？
2. 请对本案例提出修改意见。

项目三

商圈调查与分析

学习目标

知识目标

1. 了解商圈内涵、构成及分类；
2. 熟悉商圈调查的内容；
3. 掌握商圈调查分析的方法。

技能目标

1. 会设计商圈调查问卷，进行商圈调查；
2. 运用商圈调查分析的方法进行商圈分析；
3. 会撰写商圈调查分析报告。

能力目标

培养学生与人沟通、团队合作、社会实践、文案写作的能力。

案例导入

张涛大学毕业后，总想做点什么，在对学校周边调研后，他发现开一家洗衣店是一个不错的选择，离学校最近的洗衣店大概有3公里，在学校半径5公里的范围内，洗衣店只有2家。学校有在校生4.5万人，平均每人3天洗一件衣服，洗一件衣服3块钱，一天就有4.5万元的收入。如此赚钱的生意，估计没有什么比这更好的选择了。但是，张涛仍然疑惑，真是这样的吗？真的能赚这些钱吗？是不是有什么是没有考虑到的呢？

思考：
1. 张涛要开洗衣店，首先他研究了什么？
2. 结合张涛的案例思考一下什么是商圈？

3. 讨论一下，张涛认为没考虑到的东西是什么？

对拟开店周围的环境、城市结构、消费者生活状况等商圈内情况展开调查是经营一个门店必须的前期工作，经营者不能忽视商圈的现状与商圈的调查。商圈调查与分析的目的主要在于：第一，通过商圈调查与分析，确定此商圈是否具有开店的可行性，即确定门店开发的目标商圈；第二，通过商圈调查与分析，准确识别市场地理位置上的特点，作为具体地址的参考。在对商圈进行调查分析前，有必要了解商圈的内涵、构成及分类等基本知识，这样在实际调研中，才能准确把握商圈调研的内容。

任务一　认识商圈

要有好的店址，必须对商圈进行全面调查分析。在对商圈进行调查分析前，有必要了解商圈的内涵、构成及分类等基本知识，这样在实际调研中，才能准确把握商圈调研的内容。

一、商圈及商圈构成

商圈理论最早是由德国地理学家克里斯泰勒在20世纪30年代提出的，即商品和服务中心地理论。该理论的要点是：以中心地为圆心，以最大的商品销售和餐饮服务辐射能力为半径，形成商品销售和餐饮服务的中心地。

商圈（trading area）也称零售交易区域，是指以零售商店所在地为中心，沿着一定的方向和距离扩展，吸引顾客的辐射范围。简言之，就是零售商吸引其顾客的地理区域，也就是来店购买商品的顾客所居住的地理范围。通常，在店铺附近居住或工作的人群来店购物的可能性大，距离店铺越远来店购物的可能性越小。这个含义可以做三点理解：第一，商圈是一个具体的区域空间，是一个大致可以界定的地理区域；第二，商圈是一个具体的销售空间，同时又是一个具体的购买空间，而且这个地理区域很容易在地图上标示出来；第三，商圈内各种销售辐射力和购买向心力构成了一个类似物理学中"场"的"商业场"，各种商业活动就是在这个商业场中进行。

商圈按距离店铺的远近分为核心商圈、次级商圈和边缘商圈三部分（见图3-1）。

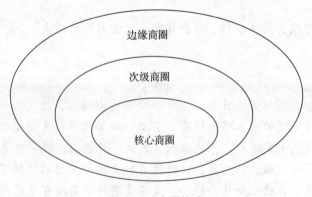

图3-1　商圈构成

（一）核心商圈

核心商圈（primary trading area）又称为主要商圈，这是最接近商店并拥有高密度顾客群的区域，通常商店的55%～70%的顾客来自核心商圈。

(二) 次级商圈

次级商圈（secondary trading area）又称次要商圈，位于主要商圈之外、顾客密度较稀的区域，包括商店15%～25%的顾客。此区域消费者的购买能力与邻近的商圈往往会有重叠，因此该区域的消费者往往是店铺重点争取的顾客。

(三) 边缘商圈

边缘商圈（fringe trading area）指位于次要商圈以外的区域，在此商圈内顾客分布最稀，为总顾客数的5%～10%，商店吸引力较弱，规模较小的商店在此区域内几乎没有顾客。店铺的营销手段不易在此产生有效作用，所以营销工作一般不会把这部分消费者纳入竞争范围。

为了便于分析，可以以店铺为圆心，以周围一定距离为半径规定范围作为商圈设定考虑的因素。一般来说，通常以店铺为中心，500m半径范围被认定为核心商圈；半径为1～2km范围被认定为次级商圈。但大型的购物中心，其商圈范围要大得多，要界定一个购物中心的商圈还是需要进行具体商圈调查法分析而定。

一般来说："核心商圈保基本（生活必需品），次级商圈靠服务，边缘商圈靠特色。"所以，合理规划市场布局，消除市场建设中的盲目的重复建设是减少"空壳"市场的一项重要措施。在经济活动中，不同的市场的商圈会呈现重叠、交叉等现象。这里既有市场的互补关系，也有市场的替代与共存关系。商圈的相交或重叠如果功能定位相同会构成直接的竞争，从而分割交易量，使市场经营效益下降。但也有相当多的实例表明，竞争会形成一种共生关系，使市场具有更强的渗透力和影响力，共同构造出一个大商圈。因此，合理规划市场布局有利于市场的健康发展，形成科学、合理的市场商业网络，整合统一市场，减少市场建设中的盲目性，只有这样才能使商圈势力得到进一步的拓展。

二、商圈的分类

(一) 按商圈的商业活动形态划分

商圈形态是进行商圈分析的基础。一般而言，商圈形态具体可分为以下6种。

1. 商业区

商业集中的地区，其特色为商圈大、流动人口多，各种商店林立、繁华热闹。其消费习性具有快速、流行、娱乐、冲动购买及消费金额比较高等特色。

2. 住宅区

住宅区住户数量至少1 000户以上。其消费习性为消费群稳定，讲究便利性、亲切感，家庭用品购买率高。

3. 文教区

其附近有一所或以上的学校，其中以私立学校和补习班集中区较为理想。该区消费群以学生居多，消费金额普遍不高，但休闲食品、文教用品的购买率高。

4. 办公区

指办公大楼林立的地区。其消费习性为时间稳定、集中便利性、在外就餐人口多、消费水平较高。

5. 工业区

工业区的消费者一般为工厂管理者及打工一族，消费水平较低，但消费总量较大。

6. 混合区

分为住商混合区、住教混合区、工商混合区等。混合区具备单一商圈形态的消费特色，一个商圈内往往含有多种商圈类型，属于多元化的消费习性。

（二）按商圈中商家的关系划分

从商业区域间相互关系的角度来看，商圈可以分为互补型商圈、竞争型商圈和独立型商圈。

1. 互补型商圈

此商圈内商家经营的商品存在着互补性。建立在消费连锁反应的心理之上，消费者进入商圈内的任何一家专业商店，均有可能去别的专业商店，这是一种品种错位现象。如广州的几大商圈都有各自的集聚能力，地域的独占性和不同的市场特色、市场定位，使它们从总体上产生了互补关系，增强了整个广州商业的辐射功能。广州市北京路商圈以深厚的传统城市精华为特色，中华广场路商圈以时尚化、个性化为特色，环市东商圈则以品牌专卖和高档消费为特色，天河商圈以多层次多样化为特色，上下九商圈以大众消费为基础。

2. 竞争型商圈

每个商圈都有自己的商圈层，相邻的商圈之间，必然存在着次级商圈层和边缘商圈层之间的交叉重合现象。处于一种竞争型商业环境中，在此类商圈里的商家大多经营同类型商品，在价格、品牌、服务等方面展开竞争。在信息化时代，还会出现地域上不相邻的两个商圈，也会在网上进行商业的竞争和交锋，这些都是竞争性的表现。对于竞争型商圈，政府应该积极引导，支持它们在一个合理的范围内进行竞争，而不是无节制恶性竞争，否则将导致两败俱伤。

3. 独立型商圈

商圈之间由于各种原因，导致相互之间没有影响，形成独立的两个商圈。引发此现象的主要原因是两个商圈分布的都是某一类特定商品的经营网点，这些商品属性不同并无多少关联，导致商圈彼此互相独立。例如服装市场形成的商圈与家用电器市场形成的商圈之间影响力就很微弱。除了空间绝对距离外，交通的状况也可能导致商圈之间并无关联，许多自然和人为的地理障碍，如山脉、河流、桥梁、铁路等会截断商圈的界限，使得空间相邻的商圈和平共存。当然，商圈之间绝对没有关联是不可能的，只不过这种关联性相对于商圈本身的空间扩散性来讲微不足道。

（三）按商圈的辐射范围划分

1. 都市型商圈

都市型商圈是指商业高度密集、经营服务功能完善、服务辐射范围为超广域型的商业中心或商业集聚功能区，是最高等级的城市商业"中心地"。

（1）区位特征：位于城市中心区、主要交通枢纽、历史形成的商业集聚区。

（2）功能特征：行业齐全，功能完备，形成购物、餐饮、旅游、休闲、娱乐、金融、商务的有机集聚。

(3) 商业特征：商业网点相当密集，市场最具活力，商业最为繁华，辐射力极强。

(4) 业态特征：业态齐全，资源配置合理，市场细分度深，选择余地大。

2. 区域型商圈

区域型商圈是指商业中度集聚、经营服务功能比较完善、服务范围为广域型的地区商业中心地和集聚区。

(1) 区位特征：位于居民集聚区、交通枢纽、商务集聚区。

(2) 功能特征：功能比较齐全，区域辐射有时比较明显。

(3) 商业特征：商业网点比较密集，结构合理，业态多样，能基本满足区域内居民的购物、餐饮、休闲、娱乐和商务活动需要。

3. 社区型商圈

社区型商圈是指商业一定程度聚集，主要配置居民日常生活必需品的商业行业和生活服务业的商业集聚区，是最基本的商圈。

4. 特色型商圈

特色商圈是城市未来发展的着眼点和趋势之一，主要指具有浓厚文化氛围、风情特色等能够增强人气、带动区域辐射和集聚能力，吸引消费者购买意识的商业休闲功能集聚区。

四种商圈基本情况如表3-1所示。

表3-1 四种商圈基本情况

商圈	服务对象	属地类型	需求类型	服务人口/人	商业规模面积/m^2	基本设施与业态
都市型	国内外及本市消费者	超广域型	综合型	30万~50万	30万	大型百货店、都市型购物中心、专业店、专卖店、休闲娱乐等
区域型	本地区及外来消费者	广域型	综合型	20万	10万	购物中心、百货店、文化娱乐、餐饮等
社区型	本地区居民	属地型	必备型	5万	2.5万	大型超市、便利店、医药店、菜市场、餐饮、服务等
特色	国内外及本市消费者	超广域型	补充型	20万	根据功能而定	餐饮、旅游纪念品、古玩一条街、文化娱乐等特色店铺

课堂讨论：通过课堂学习，总结一下商圈共有几种类型？我们周围是否存在商圈？若存在，请说明是什么类型。

三、影响商圈的因素

商圈规模的大小对于店铺的开发经营具有决定性的影响。店铺的内部因素和外部因素都会影响到商圈规模。其中，内部因素主要包括店铺的商品经营种类、经营规模、经营特征等；外部因素主要包括竞争店铺的位置、顾客的流动性、交通地理状况等。

（一）影响商圈的内部因素

1. 店铺经营商品的种类

一般而言，经营传统商品、日常用品的店铺吸引顾客的区域范围较小，商圈范围小；经营非常用品，如技术性强的商品、特殊性（专业）商品等的商店则相反，吸引顾客的能力强，商圈范围广。

2. 店铺的经营规模

随着店铺经营规模的扩大，它所提供的商品和服务的种类越来越多，因此可以吸引更广泛区域的消费者前来购物。也就是说，其商圈也在随之扩大。然而商圈范围虽因经营规模而增大，但并非成比例增加。当店铺增大到一定规模时，再继续扩大经营规模，商圈范围也不会扩大。

3. 店铺的经营特征

经营同类商品的两个店铺即便同处一地的同一条街道，其对顾客的吸引力也会有所不同，相应的商圈规模也不一样。经营灵活、商品齐全、服务周到，在顾客中留有良好形象的店铺，顾客竞争力强，自然商圈规模相对也会较其他同行业店铺大。

4. 店铺的主体设计

主要包括店铺所在楼层构成及配置，吸引顾客的设施状况，如停车场停车位的多少以及其所处位置等。

课堂讨论：根据课堂所学及你的经验，你认为商品经营品种数量和商圈选择一般是什么关系？

（二）影响商圈的外部因素

1. 店铺的促销手段

店铺可以通过广告宣传开展公关活动，或利用人员推销与营业推广活动等扩大知名度和影响力，吸引更多的次级商圈以及边缘商圈的顾客慕名光顾，以此来扩张店铺商圈范围。

2. 竞争店铺的位置

相互竞争的两点之间距离过近，会使得两店之间存在有较大部分潜在顾客，造成顾客流的分散。因此，一般而言，两店距离越大，各自的商圈也越大；但也会有相互竞争的店铺相邻而设，顾客因为有了较多的机会比较、选择而被吸引过来，出现商圈反而由此扩大的现象。

3. 人口流动性

人口流动是指在交通要道、繁华商业区、公共场所过往的人口。流动人口是此地区店铺的主要顾客来源，是构成边缘商圈内顾客流的基础。一个地区的流动人口越多，在这一地区经营的店铺可以"捕获"的潜在顾客就越多。

4. 交通地理状况

交通地理条件与商圈规模密切相关。在商业繁华地带，交通条件发达，人口流动性强，有大量的潜在顾客，因而商圈范围也就越大；反之，店铺设在交通偏僻地区，顾客主要是分布在店铺附近的居住人口，其商圈范围一般较小。在这种情况下，店铺只能根据自己的实力创造出独有的经营特色来吸引远方顾客，从而扩大自己的商圈。

任务二　商圈调查

商圈调查是一个非常重要的问题，不同类型的商圈、不同层次的商圈，适合于不同的业态和不同的经营方式。商圈调查是一项需要科学态度和科学方法的工作。

一、商圈调查作用与意义

（1）了解竞争对手的经营状况和销售策略，制订本店的销售服务策略。零售店为取得竞争优势，广泛采取了非价格竞争手段，如改善形象、完善服务、加强与顾客的沟通等，这些都需要经营者通过商圈调查与分析，掌握客流性质，了解顾客需求，采取针对性的经营策略，赢得顾客信任。

（2）商圈调查可以预估商店坐落地点可能交易范围内的消费人群、流动人口量等人口数据，并通过消费水准等消费资料预估营业额。通过商圈调查与分析，可以帮助经营者明确哪些是本店的基本顾客群，哪些是潜在顾客群，在力求保持基本顾客群的同时，着力吸引潜在顾客群，制订积极有效的经营战略。

（3）可以帮助开店者了解预选门市坐落地点所在商圈的优缺点，从而决定是否为最适合开店的商圈。在选择店址时，应在明确商圈范围、了解商圈内消费分布状况及市场、非市场因素的有关资料的基础上，进行经营效益的评估，衡量店址的使用价值，按照设计的基本原则，选出适宜的地点，使商圈、店址、经营条件协调融合，创造经营优势。

（4）可以使经营者了解店铺位置的优劣及顾客的需求与偏好，作为调整商品组合的依据，也可以让经营者依照调查资料制订明确的业绩目标。通过商圈调查与分析，制订市场开拓战略，不断延伸触角，扩大商圈范围，提高市场占有率。

课堂讨论：在商圈调研的过程中，必须考虑客流量、交通状况、店址周围的便利性、竞争状况和消费者的消费变化。除此之外，还需要考虑别的什么因素？另外请思考：你认为商圈内只有你一家门店好？还是周围有很多门店好？说明你的理由。

二、商圈基本情况调查

（一）查阅资料

最省时省力的基本情况调查主要是查阅地区统计年鉴，到信息中心查阅地区状况资料、企业自身统计资料等，主要有以下内容。

第一，人口分布，常住人口、临时居民人口数量，流动趋势，人口密度等。

第二，居民生活活动区域情况，如交通状况、产业结构状况、地理地势状况和居民消费习惯等。

第三，以地区中心地段为中心扩展的经济区、经济开发区等商圈的划定情况以及商业区域开店的密度和竞争趋势。

连锁店在开店前必须对开店计划中的商圈轮廓做仔细调查、认真分析才能作出最后决定。

(二) 选址前的特定市场调查

调查项目分为商业区域环境调查、市场特性调查、竞争互补效应调查和人居情况调查。这4项内容的调查内容、采取的手段和方法如表3-2所示。

表3-2

项目	调查内容	使用方法和手段	查阅参考资料
商业区域环境调查	开店的位置及周围的地形、地势、交通状况、基础设置状况	步行,到现场实地查看;查看本区域地图、航空拍照图片、城市规划图和住宅规划用地情况	航空地图;城市规划设计图,地图比例:1∶25 000,1∶500 000
市场特性调查	市场状况包括零售店分布密度、占地面积、业种类别、人口稀疏度、居民收入平均水平、商业圈内大型连锁店特性及外延发展商业街情况	查阅商业经营资料、商业经营发展潜能的分析报告等,运用数学推算法算出商圈发展前景	本地区商业统计汇编和商业发展报告,城市、乡镇统计资料,税务统计资料,消费动向报告
竞争互补效应调查	商圈内各店竞争情况,连锁店之间的互补能力强弱情况	实地考察商圈内商店的营业面积、商品种类、最大客流量和停车位等情况	本地区商业统计年鉴、有价证券报告书、商业企业发展报告、报纸、杂志、网上资料等
人居情况调查	该地区人口统计资料,城乡人口分布状况、收入水平、消费习惯与消费水平、居民生活运动空间等多种因素调查	查阅本地区人口情况资料、消费者支出情况统计资料等	本地区人口调查报告、家庭消费指标统计资料、消费动向报告等

三、商圈调查的步骤

案例

麦当劳的商圈调查及商圈地图

麦当劳市场目标的确定需要通过商圈调查。在考虑餐厅的设址前必须事先估计当地的市场潜能。

一、确定商圈范围

麦当劳把在制订经营策略时确定商圈方法称作绘制商圈地图法。商圈地图的画法首先是确定商圈范围。一般说来,商圈范围是以这个餐厅中心,以1~2km为半径,画一个圆,作为它的商圈。如果这个餐厅设有汽车走廊,则可以把半径延伸到4km,然后把整个商圈分割为主商圈和副商圈。

商圈的范围一般不要越过公路、铁路、立交桥、地下道、大水沟,因为顾客不会越过这些阻隔到不方便的地方购物。

商圈确定以后，麦当劳的市场分析专家便开始分析商圈的特征，以制订公司的地区分布战略，即规划在哪些地方开设多少餐厅为最适宜，从而达到通过消费导向去创造和满足消费者需求的目标。

因此，商圈特征的调查必须详细统计和分析商圈内的人口特征、住宅特点、集会场所、交通和人流状况、消费倾向、同类商店的分布，对商圈的优缺点进行评估，并预计设店后的收入和支出，对可能净利进行分析。

在商圈地图上，最少要注上下列数据：餐厅所在社区的总人口、家庭数；餐厅所在社区的学校数、事业单位数；构成交通流量的场所（包括百货商店、大型集会场所、娱乐场所、公共汽车站和其他交通工具的集中点等），餐厅前的人流量（应区分平日和节假日），人潮走向；有无大型公寓或新村；商圈内的竞争店和互补店的店面数、座位数和营业时间等；街道的名称。

二、进行抽样统计

在分析商圈的特征时，还必须在商圈内设置几个抽样点，进行抽样统计。抽样统计的目的是取得基准数据，以确定顾客的准确数字。

抽样统计可将一周分为三段：周一至周五为一段；周六为一段；周日和节假日为一段。从每天的早晨7时开始至午夜12点，以每两个小时为单位，计算通过的人流数、汽车和自行车数。人流数还要进一步分类为男、女、青少年、上班和下班的人群等，然后换算为每15分钟的数据。

三、实地调查

除了进行抽样统计外，麦当劳还要对顾客进行实地调查，或称作商情调查。

实地调查可以分为两种：一种以车站为中心，另一种以商业区为中心。

同时还要提出一个问题：是否还有其他的人流中心。答案当然应当从获得的商情资料中去挖掘。以车站为中心的调查方法可以是到车站前记录车牌号码，或者乘公共汽车去了解交通路线，或从车站购票处取得购买月票者的地址。以商业区为中心的调查需要调查当地商会的活动计划和活动状况，调查抛弃在路边的购物纸袋和商业印刷品，看看人们常去哪些商店或超级市场，从而准确地掌握当地的购物行动圈。

通过访问购物者，调查他们的地址，向他们发放问卷，了解他们的生日。然后把调查得来的所有资料一一载入最初画了圈的地图。这些调查得来的数据以不同颜色标明，最后就可以在地图上确定选址的商圈。

应该说，正因为麦当劳的选址坚持对市场的全面资讯和对位置的评估标准的执行，才能够使开设的餐厅，无论是现在还是将来，都能健康稳定地成长和发展。总结麦当劳的经验，我们可以把商圈调查的程序大致分为划分商圈、绘制商圈简图、选择抽样点及抽样时间、收集资料以及商圈分析与确定五个步骤。

（一）划分商圈

划分商圈又称为商圈范围的确定，它涉及商圈布局技术方法。商圈范围的划分因行业类别而定。如果是便利店，其核心商圈多为50m，次级商圈为50~150m，边缘商圈为150~

250m。如果是大型商城，其商圈的估算可用车程计算。

商圈基本上是无形状的，为了方便计算，一般事前可用圆形或地形来推算商圈。但如有以下情况的限制时，可作为商圈范围的划分点。

(1) 商圈半径以500m为限；
(2) 马路的分界，凡是超过40m宽道路四线道以上或者中间有隔栏分离的主要干道；
(3) 铁路、平交道的隔离：因马路、平交道的隔离，使人们的交通行动受阻而划分成两个不同的商圈；
(4) 高架桥、地下通道阻隔：因高架桥、地下通道的阻隔，使人潮流动不易而划分成两个不同的商圈；
(5) 大水沟阻隔；
(6) 安全岛阻隔；
(7) 单行道阻隔；
(8) 人潮走向：由于人潮走向的购物习惯与人潮流动的方向，使该区形成一个独立的商圈。

(二) 绘制商圈简图

其目的在于能从整体上了解所调查商圈的范围与面貌。通常，在绘制简图时需要标示以下地貌。

(1) 标出半径500m简图；
(2) 重要建筑物及楼别，如办公楼、商业楼等；
(3) 著名商店以及影响生活形态的地段特征，如戏院、百货大楼等；
(4) 竞争店或同性质店的位置；
(5) 人潮汇聚地段的商店群以及大型聚客场所，如超市、娱乐区等；
(6) 与本企业连锁店有互补作用的门店；
(7) 政府的重要行政中心；
(8) 车站、加油站、学校、停车场、市场、公园等特定族群汇集的场所；
(9) 街道的行进方向，如单行道方向等。

(三) 选择抽样地点与抽样时间

一般而言，商圈调查可以选择以下的抽样地点。

(1) 办公人口或上班族汇集的地点，这也是未来适合设店的地点；
(2) 人潮走向汇聚地点；
(3) 固定人口较集中流动的地点；
(4) 可能形成未来商店群的地段；
(5) 预订3~4个抽样点，其中尽量有一个抽样点为同性质的门店。

选择抽样时间主要为以下几点。

(1) 将一周分为两段，即周一至周五为一段，周六、周日及法定节假日为一段；
(2) 从早晨7点至零点，每两小时细分为一个小段；
(3) 以每15分钟为一个计算单位，计算抽样点的实际经过行人、非机动车及机动车数量；

（4）将抽样计算人数转变为两小时为单位的人潮流动数（例如，以15分钟实际经过的行人数为Y，则两小时内的行人流动数为Y×8），然后将其计入人潮流动抽样调查表。表3-3是人潮流动抽样调查表。

表3-3 人潮流动抽样调查表

抽样时间：　　年　　月　　日　　星期　　　　　　　　　　　　单位：15分钟/次

区域	甲			乙			丙		
时间分类	A	B	C	A	B	C	A	B	C
07:00-09:00									
09:00-11:00									
11:00-13:00									
13:00-15:00									
15:00-17:00									
17:00-19:00									
19:00-21:00									
21:00-24:00									

注：①甲、乙、丙代表三个不同的商圈。
②A表示行人，B表示机动车，C表示非机动车。
③只统计有购买能力的人。

（四）收集信息资料

商圈探讨中需要收集的信息主要包括固定人口数、人口密度、人口增加率、日夜人口数、年龄、教育程度、收入、交通状况、建筑种类等，这在前面"商圈调查的内容"中已做具体介绍，在此不予赘述。

（五）商圈分析与确定

在对商圈进行了详细的调查并收集到相关资料之后，接下来就要对预选商圈做深入的分析。通过商圈分析，连锁企业在该区域内选择一个最适合的商圈作为自己的目标商圈。

任务三　商圈分析

一、商圈分析的含义以及作用

（一）商圈分析的含义

商圈分析是指经营者在实地调查的基础上对商圈的构成情况、特点、范围及影响规模变化的因素进行研究分析，为选择店址、制订和调整经营方针和策略提供依据。

（二）商圈分析的作用

1. 商圈分析是门店合理选址的基础工作

门店在选择店址时，总是力求以较大的目标市场，来吸引更多的目标顾客，这首先就需要经营者明确商圈范围,了解商圈内人口的分布状况以及市场、非市场因素的有关资料,在此基础上,进行经营效益的评估,衡量店址的使用价值,按照设址的基本原则,选定适宜的地点,使商圈、店址、经营条件协调融合,创造经营优势。

2. 商圈分析是门店制订竞争经营策略的重要前提

在日趋激烈的市场竞争环境中,价格竞争手段仅仅是一方面,同时也是很有限的,门店在竞争中为取得优势,应广泛地采取非价格竞争手段,诸如改善商店形象,进行企业形象设计与策划,完善售后服务等。这些都需要经营者通过商圈分析,掌握客流来源和客流类型,了解顾客的不同需求特点,采取竞争性的经营策略,投顾客之所好,赢得顾客信赖,也即赢得竞争优势。

3. 商圈分析是门店制订市场开拓战略的重要条件

一家门店的经营方针、策略的制订或调整,总要立足于商圈内各种环境因素的现状及其发展趋势。通过商圈分析,可以帮助经营者明确哪些是本店的基本顾客群,哪些是潜在顾客群,力求在保持基本顾客群的同时,着力吸引潜在顾客群,制订市场开拓战略,不断延伸经营触角,扩大商圈范围,提高市场占有率。

4. 商圈分析是门店减少资金占用的重要手段

连锁门店在开发新门店时会出现一定的资金问题,这主要是因为新开门店时流动资金占用多,要求资金周转速度快。门店的经营规模受到商圈规模的制约,商圈规模又会随着经营环境的变化而变化,当商圈规模缩小时,而门店的经营规模仍维持原状,就有可能导致企业的一部分流动资金的占压,影响资金周转速度,降低资金利润率。

二、商圈分析的内容

(一) 选址研究

选址研究主要包括以下 9 个内容。

(1) 人口规模及特征:人口总量和密度;年龄分布、平均教育水平;拥有住房的居民百分比;居民总的可支配收入,人均可支配收入;职业分布;人口变化趋势,以及到城市购买商品的近邻农村地区顾客数量和收入水平。

(2) 劳动力保障:管理层的学历、工资水平;管理培训人员的学历、工资水平;普通员工的学历与工资水平。

(3) 供货来源:运输成本;运输与供货时间;制造商和批发商数目;可获得性与可靠性。

(4) 促销:媒体的可获得性与传达频率;成本与经费情况。

(5) 经济情况:主导产业;多角化程度;项目增长;免除经济和季节性波动的自由度。

(6) 竞争情况:现有竞争者的商业形式、位置、数量、规模,现有竞争者的营业额、营业方针、经营风格、经营商品、服务对象;所有竞争者的优势与弱点分析;竞争的短期与长期变动,饱和程度。

(7) 商店区位的可获得性:区位的类型与数目;交通运输便利情况、车站的性质、交通连接状况、搬运状况、上下车旅客的数量和质量;自建或租借店铺的机会大小;城市规划;规定开店的主要区域以及哪些区域应避免开店。

（8）法规：税收，执照，营业限制；最低工资法；规划限制。

（9）其他：租金；投资的最高金额，必要的停车条件等。

（二）消费者研究

（1）消费者购买行为和习惯。这包括购买场所选择、优先购物场所、购物频率、单次消费金额、分类消费金额、交通工具。

（2）消费者满意度研究。消费者对目前商圈的满意度，对不同商家的评价和喜好度。

（3）消费者购买力研究。

（三）客流量分析

通过在一定时期的定点监测，统计出不同时段经过店址的人流总数、不同性别人数、不同年龄人数、进店人数等人流量指标，进而分析客流量差异、客流量时间点分布、客流类型、客流规律等。

（四）市场评估

（1）城市经济指标。包括人口、国内生产总值、社会消费品零售总额。

（2）居民经济指标。包括人均可支配收入、人均消费支出、恩格尔系数。

（3）其他经济指标。

（五）竞争对手分析

（1）竞争者经营情况。包括经营规模、产品结构。

（2）竞争者 SWOT 分析。包括竞争者的经济效益和发展计划等。

（六）自身分析

主要包括商品因素、经营特征、经营规模、经营品种、广告及促销手段、经营业绩预测、物业管理、月租金、房产适用性分析等。

三、商圈定位分析

商圈定位的主要决策依据是：商圈区域性质；人口与购买力；消费特点；购物的便利性；交通条件；地方经济环境，竞争环境，环境障碍；发展趋势等。因此，在定位决策之前，应先做好以下分析。

（一）商圈辐射力分析

根据顾客前往商圈内零售店所需的时间和所走的路程，可以分别选择现在商圈内，不同地点的主要从事日用品销售的商店（如大型超市），从事选择品销售的商店（如各种专卖店），从事耐用品销售的商店（如大型百货店）各一两家，按照表 3-4 可以分别确定这三类商店的商圈范围。显然，它们的范围很不相同。我们可将这三类商店的商圈范围进行综合，得出商圈的半径即辐射范围。

表 3-4　顾客前往商圈内零售店所需的时间及路程概表

交通工具	日用品商店（超市）	选择品商店（专卖店）	耐用品商店（百货店）
步行	500~800m	20分钟内可以到达	20分钟内可以到达
骑自行车	150~1800m	20分钟内可以到达	20~40分钟内可以到达
汽车	300~3500m	20分钟内可以到达	20~40分钟内可以到达

（二）商圈引客效应分析

也就是分析商圈对顾客的吸引力大小。首先要进行商圈人口规模的估算，这可以用静态指标和动态指标来分别表示。商圈的顾客来源可分为以下三部分：

（1）居住人口。是指居住在商圈范围内零售店附近的常住人口，这部分人口具有一定的地域性，是核心商圈内的基本顾客群。他们忠诚度较高，消费场所比较固定。

（2）工作人口。是指工作地点在商圈内零售店附近的人口，这部分人口中不少人利用上下班时间就近购买商品，他们也是商圈的基本顾客。商圈内工作人口越多，潜在的顾客数量就愈多，商圈规模就越容易扩张。

（3）流动人口。是指在商圈交通要道、商业繁华地区、公共活动场所过往的人口。这部分人口也是商圈主要顾客，是构成商圈节假日人流的基础。流动人口选择消费场所的随意性较大，忠诚度较低，但较易接受销售广告的影响。

商圈静态人口规模指标包括居住人口和工作人口。这两个指标可以采用当地人口统计数据，它反映了该商圈潜在的消费需求量。商圈动态人口规模指标则可用流动人口来反映。这可以通过对商圈内不同地点客流量的观察来统计。平常日均客流量与节假日日均客流量反映现在商圈实际消费需求量（两者平均之后可得平均每日客流量）。客圈引客效应指数计算公式为：

$$商圈引客效应指数 = \frac{平均每日客流量 \times 人均每次购买额}{(商圈内居住人口 + 工作人口) \times 人均每次购买额}$$

$$= \frac{平均每日客流量}{商圈内居住人口 + 工作人口}$$

那么，商圈引客效应指数越大，商圈吸引力越大，如果指数大1，则说明该商圈已成为该市中心商圈或区域中心商圈。商圈内客流量统计分析则可以通过以下数据的观察来获得：

（1）平日、周末、节假日客流量差异、客流量时点分布；

（2）商圈内十字路口客流量、主街道客流量、商场客流量、车站客流量；

（3）客流规律（客流目的、速度、滞留时间）。

（三）商圈向心力分析

商圈向心力是指商圈内各种零售业态满足顾客需求的程度。每个商圈顾客构成都不同，而每一顾客群都有特定的消费特征。只有了解商圈不同顾客群的特点，才能掌握其消费倾向，从而设立适应这些消费者需求的零售商店，以得到最好的布局效益。所以向心力分析须先进行顾客消费心理及行为研究，这可以通过问卷调查来摸清商圈的人口特征。问卷调查内容包括：

①人口性别；②年龄分布；③文化程度；④职业分布；⑤人口变化趋势；⑥人均可支配

收入;⑦消费习惯;⑧每次购物消费水平;⑨家庭结构;⑩是否能够接受大多数商店的定价。

通过分析,可以找出该商圈主要顾客群所需商品类型、价格、款式等各种特征。

商圈向心力分析的第二步是进行商圈业态结构、分布及经营状况分析,各种业态饱和度分析。根据主要顾客群的消费习惯,进行不同业态零售企业的聚集与饱和度对比分析,同种业态商店的聚集与饱和度分析,不同行业商业服务业的聚集与饱和度分析(比如零售业与餐饮、服务、娱乐、健身、图书以及邮电、银行的聚集)。

还可以通过以下问题的调查来摸清该地区商家、企业的总体构成及分类结构:商家、企业主和物业公司对从商环境的看法和评价,对客流量的看法和评价,对商圈顾客来源、消费习惯和行为特征的认识,对该商圈主要商业特色的认可度,对该商圈未来商业格局的认识,对该商圈整体商业配套服务的需求程度及合理化建议。

零售商店的饱和程度通常用饱和指数来衡量。饱和指数是通过潜在需求和实际供给的对比,来测量特定商圈某类零售商店每平方米的潜在需求。其计算公式为:

$$\frac{某商圈某类商品}{零售饱和指数} = \frac{某商圈购买某类商品的潜在顾客 \times 某商圈最大顾客平均每周购买额}{某地区经营同类商品商店的营业总面积}$$

一般来说,饱和指数高,意味着该地区竞争相对缓和,零售潜力大;而饱和指数低,则意味着竞争相对激烈,零售潜力小。

商店的档次与业态有一定的关联性,因此消费水平将直接影响到业态的选择。通常大型超市提供大量的大众消费廉价商品,而SHOPPINGMALL则汇聚了诸多流行和时尚,需要一定的消费能力去支撑。通过主要消费群的消费水平、行为与商圈业态结构、饱和度对比分析,可以明确该商圈商店定位是否与消费者需求相吻合,差别在何处,以便科学制订商圈定位策略。

(四)商圈发展潜力分析

商圈发展潜力与零售商的营销能力密切相关。如果零售商不能满足目标消费者的需求,消费者就会转移到能够提供较好商品、价格、服务或更方便的附近地区的零售商那里购物,或通过其他途径购物,这就会降低该商圈的客流量,减少零售店的盈利。因此,尽量减少本商圈购买力外流,是增加商圈需求的有效途径。

商圈发展潜力一是可以通过购物指数来反映。可以分别选择商圈内和商圈外的家庭调查并计算。

(1)调查并计算商圈内消费者每月在本地与到其他商圈商店购物的货币比例。

(2)调查并计算商圈外消费者每月在当地与到本商圈商店购物的货币比例。

商圈发展潜力二是可以通过调查商圈商誉来反映。一个商圈内众多商家不欺诈,不售假货,保证质量,价格公道,服务热情,售后服务周到,才能有良好的信誉,从而建立商圈品牌。

商圈发展潜力还可以用商圈内同业态商家竞争方式来评价。许多商家竞争不是将精力放在差异化服务和差异化产品上,而是打价格战。这种同业态商店之间的恶性竞争,不仅使彼此效益缩水,还可动摇消费者对商圈市场的基本信心,从而无法发挥商圈的集聚效应,无法扩大商圈规模。

总之,通过以上调查与分析,可以摸清商圈的优势与劣势,业态组合是否合理,业态之间是否具有优势互补，从而为定位策略提供可靠的依据。

四、商圈调查研究的主要方法

不同行业有不同的问题，同一行业也有不同的问题，所以需要设计不同的商圈研究方案。商圈研究没有一个定式，需要具体问题具体对待，本着"服务客户"的原则，连锁企业应及时与客户沟通，让客户参与到方案的设计中来，深入、准确、有效地进行商圈分析研究。

（一）商圈调查数据的采集方法

1. 类推法

通过类推现存门店的商圈状况来确定拟开设分店的商圈范围。具体讲，就是根据店铺特性、选址特性、购买习惯、各种统计分析以及商圈特性等项目，推定诸条件接近现有分店的地区。也就是说，从现有分店的商圈状况来预测、设定拟开分店的商圈。

此方法虽说是在各种数据的基础上推出的结果，但是由于数据中缺少了竞争店铺的相关资料，只能适用于具有丰富开店经验的经营者。

2. 地理信息系统法

地理信息系统是以地理空间为基础，采用地理模型分析方法，提供多种空间和动态的地理信息，是一种为地理研究和地理决策服务的计算机技术系统。其基本功能是将表格型数据（无论它来自数据库、电子表格文件或是直接在程序中输入）转换为地理图形显示，然后对显示结果浏览、操作和分析。其显示范围可以从洲际地图到非常详细的街区地图，显示对象包括人口、销售情况、运输线路以及其他内容。

商圈确定也可以利用此系统，将区域内的地理状况、人口结构、竞争店铺，以及附近的公园、学校等公共设施的位置、道路情况、最近车站等数据输入，通过系统分析开设新店铺的商圈位置。这样，即使没有丰富开店经验的经营者也可以迅速地进行商圈的分析、判断。

3. 市场调查法

市场调查法不依赖于现有的数据，而是通过市场情况的实地调查确定商圈。市场调查法又分为抽样调查法与询问调查法两种形式。

（1）抽样调查法是在该商圈内，设置几个抽样点作为对当地商圈的实地了解和评估。抽样的主要目的是了解主要人流的走向、人口和住户数、交通状况等。

（2）询问调查法是一种由经营者以询问的方式向顾客了解情况、收集资料的调查方法。可以通过直接询问、电话询问、问卷邮寄询问、留置问卷询问等方式进行。这是一种常用的方法，通过这种方法取得的数据比较准确。

4. 单纯划分法

这是最简单的一种方法，也就是通过多种渠道，把收集到的顾客地址标注出来，绘制成简图。然后把简图最外围的点连接成一条封闭的曲线，该曲线以内的范围就是商圈所在地。简图需要标示出商圈东南西北大方向的位置，以及在此区域内的竞争店、人员集中的地段、大型集会场所等，道路、街巷也应该标示出来。此外，人流的走向、公共汽车站等也不能忽视。

这种方法一般仅适用于原有店铺想获取本商圈资料时使用，其最大的缺陷是设定出来的商圈是有界限的。

（二）商圈研究的主要方法

1. 定性研究方法

商圈研究的定性调查方法包括小组座谈会、专家意见法、深度访谈和现场观察法等。

2. 定量研究方法

商圈研究的定量调查方法包括入户访问、定点访问以及电话访问等。

3. 数据分析技术

商圈研究所采用的数据分析技术为相关分析、判别分析、对应分析等。

4. 机会分析技术

包括 SWOT 分析、竞争分析、业态成长模式分析等。

（三）商圈研究的主要模型

1. 雷利法则

在划定商圈方面，美国学者威廉·雷利（Willian J. Reilly）1929 年提出了一套法则，称为"零售引力法则"，也称"雷利法则"。雷利认为，商圈规模由于人口的多少和距离商店的远近而有不同，商店的吸引力是由最邻近商圈的人口和里程距离两方面发挥作用。雷利法则的基本内容是：在两个城镇之间设立一个中介点，顾客在此中介点可能前往任何一个城镇购买，即在这一中介点上，两城镇商店对此地居民的吸引力完全相同，这一地点到两城镇商店的距离即是两商店吸引顾客的地理区域。

此法则用公式表示如下：

$$D_y = \frac{d_{xy}}{1 + \sqrt{\frac{p_x}{p_y}}}$$

式中，D_y——表示 y 城镇商圈的限度；

p_x——表示 x 城镇人口；

p_y——表示 y 城镇人口；

D_{xy}——城镇 x 和 y 的里程距离。

例题：

商圈的划分以 15km 为最远，1km 为最近，如图 3-2 所示。

（1）若 A 地区有 25 万人，是本地区最大的区域，B 地区有 2.5 万人，距离 A 地区 15km，则：

$$D_A = \frac{d_{AB}}{1 + \sqrt{\frac{p_B}{p_A}}} = \frac{15}{1 + \sqrt{\frac{25\,000}{250\,000}}} = 11.4 \text{ (km)}$$

说明 A 地区吸引 B 地区方向顾客的商圈范围是 11.4km。

（2）若 C 地区有 5 万人，距离 A 地区 12km，则：

$$D_A = \frac{d_{AC}}{1 + \sqrt{\frac{p_C}{p_A}}} = \frac{12}{1 + \sqrt{\frac{50\,000}{250\,000}}} = 10.5 \text{ (km)}$$

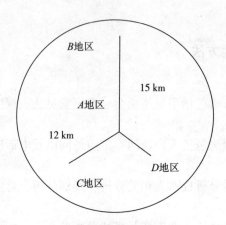

图 3-2 商圈大概范围图

说明 A 地区吸引 C 地区方向顾客的商圈范围是 10.5km。

（3）若 D 地区有 3 万人，距离 A 地区 9km，则：

$$D_A = \frac{d_{AD}}{1+\sqrt{\frac{p_D}{p_A}}} = \frac{9}{1+\sqrt{\frac{30\,000}{250\,000}}} = 6.7 \text{（km）}$$

说明 A 地区吸引 D 地区方向顾客的商圈范围是 6.7km。

通过计算和图 3-2 可以估算出 A 地区能够吸引 B、C、D 地区方向的顾客范围，因为 A 地区处于区域的中心地带，处于商业中心，大型连锁店、购物中心都集中于此，住在此中心方圆 15km 以内的居民为了买到自己喜爱的商品，宁可乘车到此。

根据雷利法则计算的结果显示，A 地区具有很强吸引力的是人口优势，A 地区聚集着大量的、商品品种繁多的连锁店或购物中心和商业服务中心，它们的存在基本上与人口中心协调一致。商圈规模越大，业种的数目、商业性服务项目和商品的种类越繁多，使得该地区商业发展前景凸显，具备了吸引更多的顾客到该中心购物的潜在能力。

2. 新零售引力法则

新零售引力法则是第二次世界大战之后，各国在经济恢复时期商业发展带来的产物，它由美国学者康维斯（Paul Converse）提出。新零售引力法则与雷利法则的不同在于，前者说明在一个城市中间地带的两个商业区或商店的竞争关系，后者表示在相互间有明确竞争关系的两个城市间其商业经营的比率关系。无论在哪个区域，顾客对商品的需求不同，购买行为的差异性也不同。例如，雷利的零售引力法则的计算中不考虑生鲜商品与耐用商品的储存周期，康维斯的新零售引力法则考虑了这个不能忽视的经营问题，其计算公式为：

$$\frac{B_A}{B_B} = \frac{P_A}{P_B} \times \frac{4}{D}$$

式中，B_A——城市 B 的购买力被城市 A 吸引的比率；

B_B——城市 B 购买力的比率；

P_A——城市 A 的人口；

P_B——城市 B 的人口；

D——A、B 两个城市间的距离；

4——惯性因素值。

康维斯的新零售引力法则的关键是确立了一个惯性因素值，它由 $\frac{B_A}{B_B} = \frac{P_A}{P_B} \times \left(\frac{X}{D}\right)^2$ 来推算 B_A、B_B、H_B、D 的值，最后再计算出 X 的值。雷利法则和康维斯的新零售引力法则是根据美国某个州的连锁店运营情况来计算的，我们要应用这两个法则来运算商店吸引顾客的能力，就要考虑中国的实情，即根据城市、乡镇商店经营的不同因素，计算时将式中两个城市的人口换成两个待考察商店的面积。实际上，零售店在其他条件相同的情况下，商店面积与其吸引力成正比。

例如，城市 B 购买力的比率是45%，城市 A 的人口是1 000 000人，城市 B 的人口是480 000人，A、B 两个城市间的距离是14km，计算城市 B 的购买力被城市 A 吸引的比率 B_A。

根据公式：$\frac{B_A}{B_B} = \frac{P_A}{H_B} \times \frac{4}{D}$

$$B_A = \frac{P_A}{H_B} \times \frac{4}{D} \times B_B = \frac{1\ 000\ 000}{480\ 000} \times \frac{4}{14} \times 45\% = 0.27$$

即城市 B 的购买力被城市 A 吸引的比率是27%。

3. 赫夫法则

赫夫法则是美国零售学者戴伟·赫夫于20世纪60年代提出的在城市区域内商圈规模预测的空间模型。赫夫法则是从不同商业区的商店经营面积、顾客从住所到该商业区或商店所花的时间及不同类型顾客对路途时间不同的重视程度这三个方面出发，来对一个商业区或商店的商圈进行分析。赫夫认为，一个商店的商圈取决于它的相关吸引力，商店在一个地区，以及其他商店在这个地区对顾客的吸引力能够被测量。在数个商业区（或商店）集中于一地时，顾客利用哪一个商业区（或商店）的概率，是由商业区（或商店）的规模和顾客到该区（或商店）的距离决定的，即一个商店对顾客的相关吸引力取决于两个因素：商店的规模和距离。商店的规模可以根据营业面积计算，距离为时间距离和空间距离。大商店比小商店有较大的吸引力，近距离商店比远距离商店更有吸引力。

赫夫法则的数学模型是：

$$P_{ij} = \frac{S_j/T_{ij}^\lambda}{\sum_{j=1}^{n} S_j/T_{ij}^\lambda}$$

式中，P_{ij}——i 地区的消费者在 j 商业区或商店购物的概率；

S_j——j 商店的规模（营业面积）或 j 商业区内某类商品总营业面积；

T_{ij}——i 地区的消费者到 j 商店的时间距离或空间距离；

λ——通过实际调研或运用计算机程序计算的消费者对时间距离或空间距离敏感性的参数；

S_j/T_{ij}^λ——j 商店或 j 商业区对 i 地区消费者的吸引力；

$\sum$——同一区域内所有商业区或商店的吸引力。

五、商圈分析的步骤与结论

（一）商圈分析的步骤

商圈分析的步骤一般可分为以下几步。

第一步是确定资料来源，包括销售记录分析、信用证交易分析、邮政编码分析、调查等。

第二步是确定调查的内容，包括购物频率、平均购买数量、顾客集中程度。

第三步是对商业圈的三个组成部分进行确定。

第四步是确定商圈内居民人口特征的资料来源。

第五步是根据上述分析，确定是否在商圈内营业。

第六步是确定商店的区域、地点和业态等。

（二）商圈分析的结论

商圈分析的结论包括：

（1）门店应设在何处？何阶段适合开业？

（2）门店的商品组合应是什么形式？

（3）顾客的形态主要是哪种类型？

（4）租金状况。

（5）聚会场所。

任务四　撰写商圈调查分析报告

商圈调查分析报告是连锁企业总部在企业店铺开发策略的指导下，对某一个预开店铺或已经开发的店铺的商圈进行调查所形成的为经营决策提供依据的书面报告。它是商圈调查结果的具体体现。

一、撰写程序

（一）开展调查，收集资料

1. 第一手资料收集

通过市场实地走访、观察等调查形式，对产品或店铺开发进入的商圈（地区）环境进行实地调查，收集有关资料。

2. 第二手资料收集

查找产品或店铺开发指向的市场和企业的营销信息、系统报表、销售报表、财务报表、经营计划等资料。

（二）营销环境分析

对收集的城市、市场、商圈、消费者、竞争者、企业状况等各项资料进行系统整理，予以正确分析。从繁杂的材料、数据中把握住商圈调研的客观状况，为门店选址提供参考。

（三）商圈调研报告撰写准备

1. 了解撰写内容和结构

报告内容要求以前期的市场调研为分析基础，对商圈的人口数、客流量、车流量、聚客力、竞争状况等进行客观、准确的分析。调查报告的结构一般分为封面、前言、目录、正文和附录五个部分。

2. 案头资料及时准备

报告撰写要有写作资料,要把收集到的市场资料、小组讨论资料、个人分析意见及时汇总起来,整合为连锁门店商圈调查报告所需的材料。

3. 撰写时间合理安排

基本写作资料一旦具备,需要安排时间完成初稿,再经过整体修改、校对;设计封面,撰写前言、目录,整理应列的附录;最后打印装订,一份完整的商圈调研分析报告就完成了。这些撰写环节都需要一定时间,因此要求合理安排,小组成员要求明确分工,相互配合,前后衔接,保证在规定的期间内完成任务。

(四) 报告撰写内容

商圈调查分析报告的具体内容包括以下几部分。

1. 调查的背景

包括连锁企业的发展形势、连锁企业的扩张战略、连锁企业的开店策略、国家的政策背景、店铺所处行业的发展前景等。

2. 调查的目的

主要包括有关商圈范围的资料、商圈性质的资料、商圈结构和商圈经济水平的资料,为开店决策和经营提供依据。

3. 商圈调查的内容与因素

即前面讲述的商圈分析的要点。

4. 商圈调查的方法与资料处理方法

主要有观察法、经验法、直接询问法、间接调查法、对手分析法、专家判断法、雷利法则等。数据处理包括资料的统计分组、频数分布与累计分布和绘制统计图。

5. 报告的结果

篇幅较长,要按一定的逻辑顺序提出紧扣调研目的的一系列结果,主要包括数据结果(如消费水平)、现象结果(如汽车的档次、住宅类型)、政策结果(导向问题)、趋势结果(威胁与前景)等。

6. 结论与建议

主要是提出肯定或否定的意见,针对意见提出下一步应采取的举措或思路。

二、报告撰写格式

(一) 封面

封面需要做规范性设计,需要标明"报告题目","小组名称,成员姓名、所属专业班级"和"报告日期"。

(二) 前言

(1) 交代报告撰写背景。

(2) 说明报告撰写的必要性。商圈调研分析报告是店铺选址的重要依据，店铺选址对门店经营成败影响至关重要，要求从企业战略角度说明报告撰写的必要性。

(3) 交代报告撰写的组织情况。主要交代报告撰写人员及分工和具体的组织活动。

（三）目录

通过目录可以让人们对分析报告有个概括的了解，应包括各章次标题，要求列出二级标题。

（四）正文

正文是分析报告的主体部分。这部分内容为所要论述的主要事实和观点，包括介绍调研活动的目的、相关背景、时间、地点、人员、调查手段、活动内容、经验体会、理性思考、问题和建议，以及对调研活动中得到的结论的详细叙述。

（五）结束语

结束语包含对整个调研活动进行归纳和综合而得到的收获和感悟，也可以包括调研过程中发现的问题，并提出相应的解决办法。

（六）参考文献

参考文献是调研报告不可缺少的组成部分，它反映了报告的取材来源、材料的广博程度和材料的可靠程度，也是对他人知识成果的承认和尊重。

（七）附录

对于某些不宜放在正文中，但又具有参考价值的内容可以编入调研报告的附录中，例如调研问卷、访谈记录、调研心得、调研照片等。

项目小结

本项目是围绕连锁门店开发选址的前期工作商圈的调查与分析进行学习的。首先介绍了商圈的概念、构成，说明了确定商圈的作用以及影响商圈的因素；接着介绍了商圈调查的作用、内容，重点讲述了商圈调查分析的方法以及商圈调查结果的评析；最后介绍了撰写商圈调查报告的程序及格式要求，这是学生需要重点掌握的技能。

强化练习

一、单项选择题

1. 商圈是指商店吸引消费者的（　　）。
   A. 空间范围　　　　B. 程度　　　　C. 能力　　　　D. 时间范围

2. 我们称以店铺坐落点为核心，辐射周围，吸引顾客购买的区域为商圈，那么，在某个区域内店铺大多经营服装，这种商圈称为（　　）。
   A. 互补型商圈　　　　　　　　　　B. 专业型商圈

C. 独占型商圈 　　　　　　　　　　　　D. 综合型商圈

3. （　　）是指经营者在实地调查的基础上对商圈的构成情况、特点、范围及影响规模变化的因素进行研究分析，为选择店址、制定和调整经营方针和策略提供依据。
   A. 商圈调查　　　B. 选址分析　　　C. 商圈分析　　　D. 选址调查

4. 根据雷利法则，计算一下 Q 连锁店的选址位置。A 城与 B 城之间距离 30km，A 城有 500 万人，B 城有 200 万人，AB 城之间有 C、D、E、F 四个区域，分别到 A 城的距离是 5、10、15、20km。适合选址的区域应是（　　）。
   A. C　　　　　　　B. D　　　　　　　C. E　　　　　　　D. F

5. （　　）是通过在一定时期的定点监测，统计出不同时段经过店址的人流总数、不同性别人数、不同年龄人数、进店人数等人流量指标。
   A. 客流类型分析　　B. 客流量分析　　C. 顾客分析　　　D. 市场分析

6. 主要商圈包含了顾客总数的（　　），是最靠近超市的区域，顾客在总人口中所占的比例最高，每个顾客的平均购货额也最高，并且很少与其他商圈产生重叠。
   A. 0　　　　　　　B. 15%～25%　　　C. 55%～75%　　　D. 75%～100%

7. （　　）是指商业高度密集、经营服务功能完善、服务辐射范围超广域型的商业中心或商业集聚功能区，是最高等级的城市商业"中心地"。
   A. 区域型商圈　　B. 社区型商圈　　C. 都市型商圈　　D. 特色型商圈

8. 商业集中的地区，其特色为商圈大、流动人口多，各种商店林立、繁华热闹，属于（　　）商圈。
   A. 工业区　　　　B. 商业区　　　　C. 办公区　　　　D. 混合区

9. 一家水果店在某区域内想开设分店，经过数据调研发现，该地区潜在顾客为 14 万人，每人每周在果品商店平均消费 8 元，该地区有果品商店 10 家，经营总面积 17.5 万 m^2，根据世界通行的市场饱和度系数（IRS）算法，该地的市场饱和度系数为（　　）。
   A. 10　　　　　　B. 6.4　　　　　　C. 0.52　　　　　　D. 11.2

10. 根据上题的计算结果，说明该水果店是否可以进入该区域。（　　）
    A. 可以进入
    B. 不可以进入
    C. 可以进入，但需判定企业优势
    D. 不可以进入，因为企业饱和度系数太小

二、多项选择题

1. 商圈一般由（　　）部分组成。
   A. 核心商圈　　　B. 外缘商圈　　　C. 次级商圈　　　D. 边缘商圈
   E. 中心商圈

2. 商圈的顾客来源可分为（　　）。
   A. 家庭人口　　　B. 居住人口　　　C. 工作人口　　　D. 流动人口
   E. 上学人口

3. 影响商圈的内部因素是（　　）。
   A. 店铺经营商品的种类　　　　　　　B. 店铺的经营规模
   C. 店铺的经营特征　　　　　　　　　D. 人口流动性
   E. 店铺的主体设计

4. 商圈调查数据的采集方法是（　　）。
A. 观察法　　　　　B. 类推法　　　　　C. 地理信息系统法　　D. 市场调查法
E. 单纯划分法
5. 按商圈中商家的关系划分，商圈可分为（　　）。
A. 区域型商圈　　　B. 互补型商圈　　　C. 竞争型商圈　　　　D. 特色型商圈
E. 独立型商圈

三、思考题

1. 简述商圈研究的主要方法。
2. 简述商圈分析的内容。
3. 商圈研究的主要模型有哪些？
4. 商圈分析的步骤可分为哪几步？
5. 商圈调查报告的具体内容包括什么？

实训任务

一、制作调研问卷

任务：对沈阳市某大型超市或商场进行商圈调研，设计一份商圈调研问卷。
目的：主要了解商圈，并以此为依托，解决案例中张涛的困惑。
内容：调研的内容包括周围居民的消费习惯、消费倾向等。
结构：调研问卷的标准结构是"抬头＋主体内容＋结语"。
问卷设计技巧。
问题：通过问卷设计，你是否清楚了验证问题的设置方法？你还有哪些更好的方法？
附：调研问卷样例（详见附录一）

二、撰写商圈调查分析研究报告

任务：以前期沈阳大型超市或商场商圈调研收集的资料及查阅的资料为素材，撰写商圈调查分析报告。
目的：了解并掌握商圈调查的要点和方法，通过对某连锁企业超级市场进行商圈调查及商圈分析，学会应用商圈调查和分析的各种方法，并会撰写商圈调查分析报告。
内容：商圈调研报告的正文内容包括调查的背景、调查的目的、商圈调查的内容与因素、商圈调查的方法与资料处理方法、报告的结果、结论与建议等。分析的结论应包括门店应设在何处，何阶段适合开业；门店的商品组合应是什么形式；顾客的形态；租金状况；聚会场所等。
结构：调研报告的结构："封面＋前言＋目录＋正文＋结束语＋参考文献＋附录"。

案例分析

肯德基的商圈调查和选址

作为国际餐饮巨头，肯德基值得探讨和深入研究的地方太多了，这里我们来了解一下它的选址策略。

地点是饭店经营的首要考虑因素，餐饮连锁经营也是如此。连锁店的正确选址，不仅是其成功的先决条件，也是实现连锁经营标准化、简单化、专业化的前提条件和基础。因此，肯德基对快餐店的选址非常重视。选址决策一般采用两级审批制，通过两个部门的专门委员会的审批，一个是地方公司，另一个是总部。其选址成功率几乎是百分之百，这是肯德基的核心竞争力之一。

（一）商圈的划分与选择

1. 划分商圈

肯德基计划进入某城市，就先通过有关部门或专业调查公司收集这个地区的资料。有些资料是免费的，有些资料需要花钱去买。把资料收集和买齐了，就开始规划商圈。

商圈规划采取的是记分的方法，例如，这个地区有一个大型商场，商场营业额在1 000万元算1分，5 000万元算5分；有一条公交线路加多少分，有一条地铁线路加多少分。这些分值标准是多年平均下来的一个较准确经验值。通过打分把商圈分成好几大类，以北京为例，有市级商业型（西单、王府井等）、区级商业型、定点（目标）消费型，还有社区商务两用型、旅游型等。

2. 选择商圈

选择商圈即确定目前重点在哪个商圈开店，主要目标是哪些。在商圈选择的标准上，一方面要考虑餐馆自身的市场定位，另一方面要考虑商圈的稳定度和成熟度。餐馆的市场定位不同，吸引的顾客群不一样，商圈的选择也就不同。例如马兰拉面和肯德基的市场定位不同，顾客群不一样，是两个"相交"的圆，有人吃肯德基也吃马兰拉面，有人可能从来不吃肯德基专吃马兰拉面。马兰拉面的选址也当然与肯德基不同。而肯德基与麦当劳市场定位相似，顾客群基本上重合，所以在商圈选择方面也是一样的。可以看到，有些地方同一条街的两边，一边是麦当劳，另一边是肯德基。商圈的成熟度和稳定度也非常重要。比如规划局说某条路要开，在什么地方设立地址，将来这里有可能成为成熟商圈，但肯德基一定要等到商圈成熟稳定后才进入，例如说这家店三年以后效益会多好，对现今没有帮助，这三年难道要亏损？肯德基投入一家店要花费好几百万元，当然不冒这种险，一定是比较稳健的原则，保证开一家成功一家。

（二）聚客点的测算与选择

1. 确定商圈内最主要的聚客点

例如，北京西单是很成熟的商圈，但不可能西单任何位置都是聚客点，肯定有最主要的聚集客人的位置。肯德基开店的原则是：努力争取在最聚客的地方和其附近开店。过去古语说"一步差三市"。开店地址差一步就有可能差三成的买卖。这跟人流动线（人流活动的线路）有关，可能有人走到这，该拐弯，则这个地方就是客人到不了的地方，差不了一个小胡同，但生意差很多。这些在选址时都要考虑进去。人流动线是怎么样的，在这个区域里，人从地铁出来后是往哪个方向走等，这些都派人去掐表，去测量，有一套完整的数据之后才能据此确定地址。比如，在店门前人流量的测定，是在计划开店的地点掐表记录经过的人流，测算单位时间内多少人经过该位置。除了该位置所在人行道上的人流外，还要测马路中间的和马路对面的人流量。马路中间的只算骑自行车的，开车的不算。是否算马路对面的人流量要看马路宽度，路较窄就算，路宽超过一定标准，一般就是隔离带，顾客就不可能再过来消费，就不算对面的人流量。肯德基选址人员将采集来的人流数据输入专用的计算机软件中，就可以测算出在此地投资额不能超过多少，超过多少这家店就不能开。

2. 选址时一定要考虑人流的主要动线会不会被竞争对手截住

因为人们现在对品牌的忠诚度还没到"我就吃肯德基看见麦当劳就烦"，好像还没有这种情况。只要你在我跟前，我今儿挺累的，我干吗非再走那么100米去吃别的，我先进你这儿了。除非这里边人特别多，找不着座了我才往前挪挪。但人流是有一个主要动线的，如果竞争对手的聚客点比肯德基选址更好的情况下那就有影响。如果是两个一样，就无所谓。例如北京北太平庄十字路口有一家肯德基店，如果往西100米，竞争业者再开一家西式快餐店就不妥当了，因为主要客流是从东边过来的，再在那边开，大量客流就被肯德基截住了，开店效益就不会好。

3. 聚客点选择影响商圈选择

聚客点的选择也影响到商圈的选择。因为一个商圈有没有主要聚客点是这个商圈成熟度的重要标志。比如北京某新兴的居民小区，居民非常多，人口素质也很高，但据调查显示，找不到该小区哪里是主要聚客点，这时就可能先不去开店，当什么时候这个社区成熟了或比较成熟了，知道其中某个地方确实是主要聚客点才开。为了规划好商圈，肯德基开发部门投入了巨大的努力。以北京肯德基公司而言，其开发部人员常年跑遍北京各个角落，对这个每年建筑和道路变化极大，当地人都易迷路的地方了如指掌。经常发生这种情况，北京肯德基公司接到某顾客电话，建议肯德基在他所在地方设点，开发人员一听地址就能随口说出当地的商业环境特征，是否适合开店。

问题：

1. 肯德基在选址前做了什么样的调查与分析？这样的调查与分析对选址有什么重要意义？
2. 进行商圈调查需要调查哪些内容？
3. 如何进行商圈的调查与分析？
4. 商圈调查分析报告怎么写？

项目四

连锁门店选址分析

学习目标

知识目标

1. 了解连锁门店店址选择的原则、过程;
2. 熟悉连锁门店店址选择的策略与技巧;
3. 掌握连锁门店选址评估的指标。

技能目标

能够根据所学,进行连锁门店选址分析及评估。

能力目标

培养学生具备门店选址规划与分析的能力。

案例导入

7—11便利店的选址

在日本的零售业中,便利店作为一种追求便捷的优质服务的商业形式,一直占据着举足轻重的地位。而在这一新型零售业态中,7—11便利店可以说是鹤立鸡群,俨然成为世界便利店的楷模。7—11公司卓越的店铺和商品管理是它经营的最大特点和优势,也是其生存发展的基石。良好的店址选择是其店铺开发过程中首要的和最需重视的要素,店址选择的失误将直接导致店铺运作的低效率和投资损失。因此,选址历来是7—11店铺管理中十分重要的内容。

便利店店铺开发过程中主要考虑四个因素:一是店址;二是时间;三是备货;四是快速(不需要加工)。在店址的选择上,7—11公司考虑的一个基本出发点是便捷。从大的方面来讲,就是要在消费者日常生活的行动范围内开设店铺,诸如距离居民生活区较近的地方、上班或上学的途中、停车场附近、办公室或学校附近等。总的来说，7—11 公司特别注意在居民住宅区内设立店铺，而且在决定店铺位置的时候，非常注意避免在下述地点建店，即道路狭窄的地方、停车场小的地方、人口狭窄的地方以及建筑物过于狭长的地方等。

思考：
1. 7—11 便利店在选址时考虑了哪些因素？
2. 讨论一下，7—11 便利店选址时没考虑到的因素是哪些？
3. 结合 7—11 便利店的案例，思考连锁门店应该怎样进行选址分析？

在确定了目标商圈之后，接下来的工作就是在目标商圈内挑选一处适宜的地方开店。由 7—11 便利店的选址经验可以看出，连锁门店在店址的选择过程中首先要根据选址原则在商圈内拟定几处备选店址，然后再对这几处备选店址进行全方位的综合分析，根据评价参数科学地确定最终店址。

业内有句名言："门店最重要的是什么，第一是选址，第二是选址，第三还是选址。"可见选址对于连锁企业的重要性。连锁门店选址是经营者的一项长期投资，如何选址关系着门店未来的经济效益和发展前景。

任务一　认识门店选址工作

一、连锁门店选址的重要性

据统计，连锁门店店址选择对开店成败的影响力可达 70%。在西方国家，连锁门店的开设地点被视为开业前所需的主要资源之一，因为特定的开设地点决定了连锁店可以吸引有限距离或地区的潜在顾客的多少，也决定了可以获得销售收入的高低，从而反映出开设地点作为一种资源的价值大小。店址选择的重要性主要表现在以下几点。

（一）店铺地址选择是企业的战略决策行为

连锁店的店址无论是租赁还是购买，一旦确定就需要大量的资金投入，而且当外部市场或社会环境变化时，它不能像人、财、物等其他经营要素一样可以灵活调整，它具有长期性、固定性的特点。因此，在对门店地址做选择时要深入调查，周密考虑，妥善规划。

（二）店铺地址选择是对市场定位的选择

连锁店的店址在很大程度上决定了店铺的客流量、顾客的购买力、顾客的消费结构、店铺对潜在顾客的吸引力等。企业的店址选择得当，就意味着其享有"地利"优势。在同行业商店之间，如果在规模相当、商品构成和经营服务水平基本相同的情况下，好店址必然享有较好的经济效益。

（三）店铺地址选择反映了服务理念

店址选择要坚持方便顾客的原则，以节省顾客的购买时间，并最大限度地满足顾客的需要,否则将失去顾客的信赖与支持,企业也就失去了生存的基础。

(四) 店铺地址是制订经营战略及目标的重要依据

不同的地区有不同的社会环境、人口状况、地理环境、交通条件、市政规划等特点,它们分别制约着其所在地区的顾客来源、特点,以及连锁店对经营的商品、价格、促进销售活动的选择。

二、连锁门店选址的原则

(一) 便利原则

便利原则包括顾客利用便利与企业货物配送便利两方面内容。具体来说,一方面要方便顾客购物,满足顾客就近购买的要求,并且地理位置上要方便顾客的出入;另一方面要方便商品配送。连锁店要达到规模效应,如何降低运输成本、保证各连锁店的商品供应极为关键。因此,连锁门店选址要求符合以下条件。

1. 交通方便

公交车、地铁车站附近人群流动性强,是过往人流的集中地段;如果是交通枢纽,则该地段的商业价值更高。一般来说,顾客步行不到 20 分钟的路程可以到达的连锁店是最好的。

考虑到企业货物配送,在门店位置上的选择应尽可能地靠近运输线,这样既节约了成本,又利于确保及时组织货物采购与供应。

另外,要注意城市规划对交通设施的影响。如街道开发计划、道路拓宽计划、地铁、轻轨、高速公路、高架公路建设计划,区域开发现划等,都对未来的交通条件产生影响。企业必须及时捕捉、准确把握其发展动态。

2. 有"聚集效应"

方便顾客随机购物的人群聚集场所,如商业街、影剧院、公园等,这些地方容易吸引休闲娱乐的人,是门店开业的较佳地点。

但是,此种地段往往地价高、投资大、竞争性强,所以一般只适合大型综合商场或有鲜明个性的专业点发展,并非适合所有商场经营。

(二) 最大效益原则

衡量门店选址优劣的标准是门店的经营效益,因此门店的选址一定要有利于经营。

1. 商业活动频率高的地区

一般商业中心、闹市区等所谓的"寸金之地",商业活动频繁,营业成绩容易提高。相反,在一些冷僻的街道开店,人迹稀罕,营业业绩很难提高。

2. 人口密度高的地区

在人口密集的地方,消费者光顾连锁店的频率相对较高,生意自然好做。另外,由于此地段的人口流量大,需求较稳定,因此销售额也较有保证,并且很容易培养忠实的消费者群。

3. 客流量多的街道

连锁店处在客流量大的街道上,进入门店购物的顾客就相对较多。但是,在设店时要考虑街道哪边的客流量大，还要考虑到一些地形或交通的影响等。

（三）发展原则

门店选址还要考虑到今后连锁企业的发展需要，因此在选址时要注意以下两点。

1. 有利于特色经营

不同行业的商业网点设置，对地域的要求有所不同。门店在选址时，必须对消费心理、行业特点、消费者行为等因素进行综合考虑后才能确定门店的所在地点，以达到创立本企业特色和优势，树立企业形象的目的。

2. 有利于新店开设，提高市场占有率

门店在选址时不仅要分析当前的市场形势，而且要从长远角度考虑是否有利于扩大企业规模，是否有利于开发新门店，是否有利于提高市场占有率等问题。

课堂讨论：如何进行门店选址？

三、连锁门店选址的过程

连锁门店店址的选择，是综合考虑各种影响因素的结果。要使选择在各个方面都令人满意，在客观上往往不容易做到，因此选择合适的区域及地点要在对各种因素的利弊做一平衡后才可确定。连锁门店选址要经过以下程序：确认前提条件；店址区域位置选择；寻找最佳结合点；选定具体地点。

（一）确认前提条件

所谓确认前提条件，就是综合考虑各种相关因素，制订企业的分店选址标准。

1. 明确自己的经营范围和经营定位

选择门店位置之前，首先要明确自己的经营范围和经营定位。如果经营的是日化、副食等快速消费品，就要选择在居民区或社区附近；如果经营的是家具、电器等耐用消费品，就要选择在交通便利的商业区。此外，还要考虑目标消费群体，是主要面向普通大众消费群体还是主要面向中高阶层消费群体，简单地讲就是要选择能够接近较多目标消费群体的地方。通常情况下，大多数门店适合选择在人流量比较大的街区，特别是当地商业活动比较频繁、商业设施比较密集的成熟商圈。

2. 制订合适的开店策略开店策略

可以从经营、商圈、立地、销售四个方面进行综合选择，首先应分析经济环境、政府政策和消费环境等动态因素，再制订适合企业自己的开店策略。

（二）店址区域位置选择

以目标顾客为中心，设想目标顾客的可能去处，往往可以发现有助于经营成功的契机。例如，经营日用品的超市可以选择新的住宅小区，最好在闹市区或专业街上。依据目标顾客的需要进行这样的划分，一个城市里可供选择的区域就缩小了。当然，可以根据房地产开发商的产品定位，确定目标顾客群，再确定自己是否适合在此开店。

（三）落实最佳结合点

绘制出上述重心区域简图，在图上标明朝向、竞争店、互补店、主要商事机构、人流汇集走向、交通要道、居民区等相关因素。然后挑选对本企业、周边环境最重要的几大因素进行比较，选出拟开分店核心商圈所在的位置，这显然是"缩小包围圈"的过程。

（四）选定具体地点

在上述重点区域，根据上一步骤分析的结果寻找几处作为样本，进行实地调查，了解客流量及客流运动方向、人口及家庭数量、交通状况，从而决定拟开门店的最佳位置。

任务二　连锁门店选址分析

一、连锁门店店址选择的类型

在适应人口分布与流向情况、便利广大顾客购物、扩大销售的原则指导下，绝大多数门店都将店址选择在城市中心繁华地带、人流必经的城市要道和交通枢纽、城市居民住宅区附近以及郊区交通要道、村镇和居民住宅区等地区。从而形成了以下四种类型的商业群。

（一）城市中央商业区

这是全市最主要、最繁华的商业区，云集着许多著名的百货商店和各种专业商店、豪华的大饭店、影剧院和办公大楼。在一些较小城镇，中央商业区也是这些城镇的唯一购物区。

（二）城市交通要道和交通枢纽的商业街

这是大城市的次要商业街。这里所说的交通要道和交通枢纽，包括城市的直通街道，地下铁道的大中转站等。这些地点是人流必经之处，在节假日、上下班时间人流如潮，店址选择在这些地点就是为了便利来往人流购物。

（三）城市居民区商业街和边沿区商业中心

城市居民区商业街的顾客，主要是附近居民，在这些地点设置连锁门店是为了方便附近的居民就近购买日用百货、杂品等。边沿区商业中心往往坐落在重要的铁路车站附近，规模较小。

（四）郊区购物中心

在城市交通日益拥挤、停车困难、环境污染严重的情况下，随着私人汽车数量的大量增加、高速公路的发展，一部分城市中的居民迁往郊区，形成郊区住宅区。为适应郊区居民的购物需要，不少连锁门店在郊区住宅区附近设店，形成了郊区购物中心。

二、连锁门店店址区域位置选择

连锁门店店址区域位置的选择是指门店应该设在哪一个区域，即选择哪一级的商业区域商业群。那么作为一个具体的门店应选择哪一类商业群，就应充分考虑顾客对不同商品的需求特点及购买规律。顾客需求的商品一般可分为三种类型。

（一）日常生活必需品

顾客普遍、经常需求的商品即日常生活必需品。这类商品同质性大，选择性不强，同时价格较低，顾客购买频繁。在购买过程中，求方便心理明显，希望以尽可能短的路程、花尽可能少的时间去购买。所以，经营这类商品的门店应最大限度地接近顾客的居住地区，设在居民区商业街中，辐射范围在半径300m以内，步行以10~20分钟为宜。

（二）周期性需求的商品

顾客周期性需求的商品。对这类商品，顾客是定期购买的。在购买时，一般要经过广泛比较后，才选择出适合自己需要的商品品种。另外，顾客购买这类商品一般是少量的，有高度的周期性。因此，经营这类商品的门店宜选择在商业网点相对集中的地区，如地区性的商业中心或交通要道、交通枢纽的商业街。

（三）耐用消费品及顾客特殊性需求的商品

耐用消费品多为顾客一次购买、长期使用的商品，购买频率低。顾客在购买时，一般已有既定目标，在反复比较权衡的基础上再作出选择。

特殊性需求的商品购买的偶然性大、频率低，顾客分散。所以经营这些类别商品的门店，商圈范围要求更大，应设在客流更为集中的中心商业区或专业性的商业街道，以吸引尽可能多的潜在顾客。

三、连锁门店店址选择的具体分析

在同一个区域内，一家门店可能会有好几个开设地点可供选择，但有些地点对某种门店来说，是最佳的开设地点，而对另一种门店来说，就不一定是最满意的开设地点。因此，一个新设门店在做好区域位置选择以后，还要切实考虑多种影响和制约因素，然后再对店址的具体地点作出选择。

（一）分析交通条件

交通条件是影响连锁门店店址选择的一个重要因素，它决定了企业经营能否顺利开展以及顾客购买行为能否顺利实现。

1. 从企业经营的角度来看

（1）在开设地点或附近，是否有足够的停车场所可以利用。绝大多数大型连锁门店设计的停车场所与售货场所面积的比率为4:1。

（2）商品运至门店是否方便。这就要考虑可供门店利用的运输动脉能否适应货运量的要求并便于装卸，否则当运货费用明显上升的情况下，会直接影响到门店的经济效益。

2. 从方便顾客购买，促进购买行为顺利实现的角度看

（1）设在边沿区商业中心的连锁门店，要分析与车站、码头的距离和方向。一般距离越近，客流越多，购买越方便。开设地点还要考虑客流来去方向，如选在面向车站、码头的位置，以下车、船的客流为主；选在邻近市内公共车站的位置，则以上车的客流为主。

（2）设在市内公共汽车站附近的连锁门店，要分析公共车站的性质，是中途站还是始

终站,是主要停车站还是一般停车站。一般来说,主要停车站客流量大,连锁门店可以吸引的潜在顾客较多。中途站与始终站的客流量无统一规律,有的中途站的客流量多于始终站,有的始终站的客流量多于中途站。

（3）要分析市场交通管理状况所引起的有利与不利条件,如单行线街道、禁止车辆通行街道、与人行横道距离较远都会造成客流量在一定程度上的减少。

（二）分析客流规律

客流量大小是影响连锁门店成功的关键因素。客流包括现有客流和潜在客流。连锁门店选择开设地点总是力图处在潜在客流最多、最集中的地点,以使多数人就近购买商品,但客流规模大,并不总是带来相应的优势,应做具体分析。

1. 分析客流类型

一般连锁门店客流分为三种类型。

（1）自身的客流,是指那些专门为购买某商品的来店顾客所形成的客流,这是连锁门店客流的基础,是连锁门店销售收入的主要来源。因此,新设连锁门店在选址时,应着眼评估自身客流的大小及发展规模。

（2）分享客流,是指一家店与邻近店形成客流的分流,这种分享客流往往产生于经营相互补充商品种类的门店之间,或大店与小店之间。如经营某类商品的补充商品的门店,在顾客购买了这类主力商品后,就会附带到邻近补充商品门店去购买供日后进一步消费的补充商品;又如邻近大型店的小店,会吸引一部分专程到大店购物的顾客顺便到毗邻的小店来。不少小店依大店而设,就是利用分享客流。

（3）派生客流,是指那些顺路进店的顾客所形成的客流,这些顾客并非专门来店购物。在一些旅游点、交通枢纽、公共场所附近设立的门店主要利用的就是派生客流。

2. 分析客流目的、速度和滞留时间

不同地区客流规模虽然可能相同,但其目的、速度、滞留时间各不相同,要做具体分析,再选择最佳地址。如在一些公共场所附近,车辆通行干道,客流规模很大,虽然也有人顺便或临时购买一些商品,但客流目的不是为了购物,同时客流速度快,滞留时间较短。

3. 分析街道两侧的客流规模

同样一条街道,两侧的客流规模在很多情况下,由于交通条件、光照条件、公共场所设施等影响而有所差异。另外,人们骑车、步行或驾驶汽车都是靠右行,往往习惯光顾行驶方向右侧的门店。鉴于此,连锁门店开设地点应尽可能选择在客流较多的街道一侧。

4. 分析街道特点

选择连锁门店开设地点还要分析街道特点与客流规模的关系。交叉路口客流集中,能见度高,是门店的最佳开设地点;有些街道由于两端的交通条件不同或通向地区不同,客流主要来自街道一端,表现为一端客流集中,纵深处逐渐减少的特征,这时候店址宜设在客流集中的一端;还有些街道,中间地段客流规模大于两端,相应地,店址设置中间地段就更能吸引潜在顾客。

（三）分析竞争对手

连锁门店周围的竞争情况会对经营的成败产生巨大影响,因此对连锁门店开设地点的选择必须要分析竞争对手。一般来说，在开设地点附近如果竞争对手众多，连锁门店经营需要独具特色，才会吸引大量的客流，促进销售增长，增强店誉，否则与竞争对手相邻而设，将难以获得发展。

当然，连锁门店的地点还是应该尽量选择在门店相对集中且有发展前景的地方，经营选购性商品的连锁门店尤其如此。

另外，当店址周围的门店类型协调并存，形成相关门店群时，往往会对经营产生积极影响，如经营相互补充类商品的门店相邻而设，在方便顾客的基础上，可扩大各自的销售业绩。

（四）分析地理特点

选择连锁门店开设地点时，应分析地理特点，要选择能见度高的地点设店，即连锁门店尽量临街而设，并尽可能选在两面或三面临街的路口，增强能见度，并可多设出入口，多设临街宣传橱窗。

（五）分析城市规划

连锁门店开设地点的选择要分析城市建设的规划，既包括短期规划，也包括长期规划。有的地点从当前情况分析是最佳位置，但随着城市的改造和发展将会出现新的变化而不适合设店；反之，有些地点从当前情况来看不是理想的开设地点，但从规划前景看会成为有发展前途的新的商业中心区。因此，企业经营者必须从长远考虑，在了解地区内的交通、街道、市政、绿化、公共设施、住宅及其他建设或改造项目的规划的前提下，作出最佳地点的选择。

最后，经营者还要对连锁门店的未来效益进行评估，主要包括平均每天经过的人数，来店光顾的人数比例，光顾顾客中购物者的比例，每笔交易的平均购买量等。根据这些调查和分析，经营者就可作出连锁门店的开设地点和开业的决策了。

任务三　连锁门店选址的策略和技巧

连锁店选址既要有宏观的打算，又要有细节要求，可以划分为战略选址与战术选址两大类。

一、战略选址

也称为大选址，指的是在大的框架上思考问题。连锁企业应该将门店的选址作为一个长远的战略性课题来研究。目前，人人讲决胜终端，终端竞争也就是连锁企业门店的竞争，已经成为连锁企业面临的一个核心问题，也是其未来发展的趋势，所以在选址的过程中一定要具备长远的眼光，讲求策略才行。

（一）成行成市策略

相关店铺的聚集有助于提高相同目标消费者群的关注，人们一想到购买某商品就会自然而然地想起这条街，比如北京的西单、王府井等。因此，选择同类服装中知名度较高的品牌比较集中的商业区，消费者的购买目标很明确，这样既能提升店铺的形象，又有助于提高店铺人气。

根据城市中环境、商圈、街道要素的不同和客层定位不同，在店铺选址时，要根据客层的定位和品牌的定位确定店铺地址。选址地点要和品牌定位相协调，应该有不怕跟着对手一起走的魄力，甚至要和对手联合起来，共同合作，创造市场，这在当前"租金太贵"的条件下，不失为一剂变通的"良方"。

（二）小城市开大店，抢占"第一原则"

人们往往容易记住世界上最高的山，却很少有人会对第二高的山记忆深刻。

"第一原则"在营销中无处不在，如购买去屑洗发水会立刻想到"海飞丝"，这是因为"海飞丝"在进入中国市场时，第一个推出了去屑的概念。又如谈到"九牧王"，就会想到"专业西裤"，这都是"第一原则"与品牌定位紧密结合的成功案例。

中国加入WTO后引起国内市场竞争的变化，国外的二、三线品牌纷纷进入国内，它们进入中国后首先占领的是大城市市场，而相对于大城市品牌的日渐饱和，小城市会成为未来重要的争夺位置。根据"第一原则"，在国外品牌进入小城市之前，如果能够把握机会，把店铺开在小城市，就等于稳健迈出决胜终端的第一步。同时，小城市具有租金优势，在投入额不变的情况下，在小城市开店，店铺面积更大，一是更能直观有效地集中顾客的注意力，吸引顾客光临；二是店铺的入口也相对较宽，顾客容易进入店内，并且能够容纳较多顾客，这样成交的机会就越大。当然，在小城市开大店，还应该考虑与城市的规格相协调。

（三）大城市开旗舰店或多开店策略

小城市开大店，抢占"第一原则"为店铺运营提出了新的思路，而在大城市中的选址和开店应该运用怎样的战术呢？那就是大城市开旗舰店或多开店。同一品牌在同一条步行街一口气开五六家店是现在比较流行的做法，这样的案例不胜枚举：石家庄的中山路有6家"真维斯"店铺，天津滨江道有5家"应大"专卖店，"耐克"在长春最旺的一条街有4家店，贵阳的一条街的150米之内有2家"肯德基"……

大城市多开店策略迎合了大城市的特点和消费者的购物心理：大城市店多，信息丰富，消费者喜欢比较同类商品后再进行购买。同一品牌在一条街上连开几家店，就形成了品牌的"大造势"，强化了品牌在消费者心目中的印象，增加了成交的概率。常见的多开店的方式，以位置错落、相互呼应为宜。

总之，终端店铺选址是一项系统而缜密的工程，宏观上，区域经济、收入水平、居住区规划、导入人口质量等发展趋势都应是考虑的因素。此外，店铺所在道路的风格、店铺的类型都是"旺铺"的构成条件，应综合考量。

二、战术选址

战术选址也称为小选址，主要关注的是店铺具体位置的选择问题。选择好的位置，又能在好的位置上开大店，自然是连锁企业门店开发的最佳效果。但是，位置选好后，调查客流主体是否是目标客户群体也非常重要的，客户不对称，位置再好也没有实际意义。

（一）错层分布的门店位置处理

我们经常看到街上的错层铺面，如图 4-1 所示。店铺外面是马路，B 系列店铺比 A 系列店铺向街面多出了一截。一旦有错层，位置的选择就特别关键。

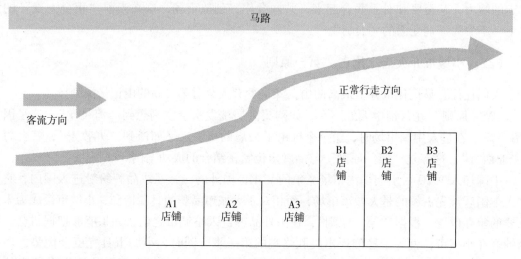

图 4-1　错层分布的门店示意图

在图 4-1 中，若客群主流是从左到右的话，A3 店铺就很不利。如果 A3 店铺的门面再不够宽（3~4m），再加上门前距离和马路之间比较宽，那么 A3 店铺就会遇到因为门前马路过宽而留不住人的问题。马路是一个主通道，人们的行走习惯会往 B 类店铺方向偏斜而去。所以，这时候 A3 店铺为了提高门前客流的进店率，可采用以下几种对策。

对策一：视觉拉动策略

这从研究消费者的行走路线（动线）来入手：消费者主流是从左到右，会趋向于转向 B 类店铺的往上走的流向。这时为了提升进店率，可以考虑在错层的位置做一个形象广告箱，如图 4-2 所示，第一时间抓住消费者的视觉。

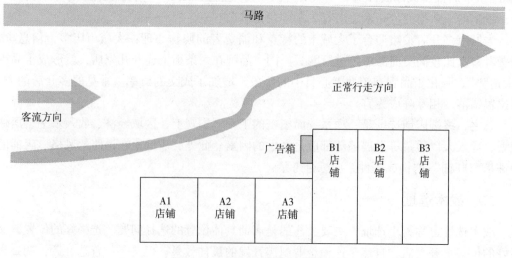

图 4-2　视觉拉动策略示意图

有了醒目、形象的广告牌，就能第一时间抓住顾客的视线，并让他或她产生联想和好奇，产生要进这家店铺看一看的想法。

研究表明，商业街上75%的顾客是闲逛型的，他们开始逛街时精力充沛，可能一家一家地逛，但逛累了之后便挑选着逛，所以这时可以通过一些有视觉冲击力的广告、灯光设计等吸引顾客的眼球，激发顾客的入店兴趣。在此例中，如果能在这幅广告箱下边再有一个大大的箭头指向你的店铺A3，那么效果会更好。

对策二：动线卡位，强行改向

除了利用这堵墙之外，还可以在客流行进路线的必经之地设一个休息座椅，或置放一个太阳伞（见图4-3），或者在此处放一些绿色植物等。

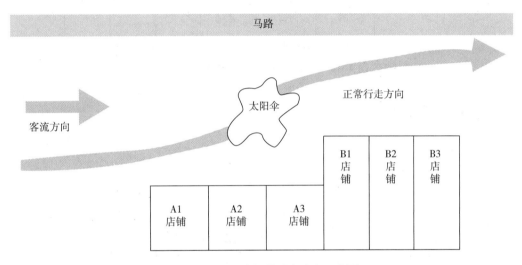

图4-3 利用卡位使顾客改向示意图

这样做有两大好处：

第一，它们将会改变客人行进的路线，使客人在座位或物件的阻挡下偏向店铺的方向行走，这会更加接近A3店铺。如果店铺的门头不够宽，再用一些摆放在门边的陈列物来抓住顾客的眼睛，摆得越近，越容易吸引顾客进店。第二，来来往往的客人走累了，就希望寻求一个休息、歇脚的地方，如果有人在这里坐着或停下休息，你门口的人气会很旺；而且顾客会更多地看到你的广告牌，看到你的店头，看到你的部分陈列商品。

对策三：水到渠成，暗示引导

还可以采用心理暗示法和引导法，即在借层处用很粗的彩色笔或油漆在地面上画一个比较宽的箭头（见图4-4）。例如，宜家家居在地上用黄颜色箭头标明顾客的行走路线，我们发现多数的顾客在宜家店逛的时候总会按照标明的路线走，因为你帮顾客作出了路线选择。

或者可以考虑在店铺门前铺一块颜色鲜亮的、漂亮的地毯（见图4-5）。当顾客走到这里，可能就顺着地毯走了进来。

同样的道理，如果反方向而行的话，一样可以采取上面的方法。如图4-6所示。在人流要转弯的位置画一个大的箭头，来引起客人的注意，或者和前面一样铺块地毯，同样可以把客人吸引到店铺的位置。

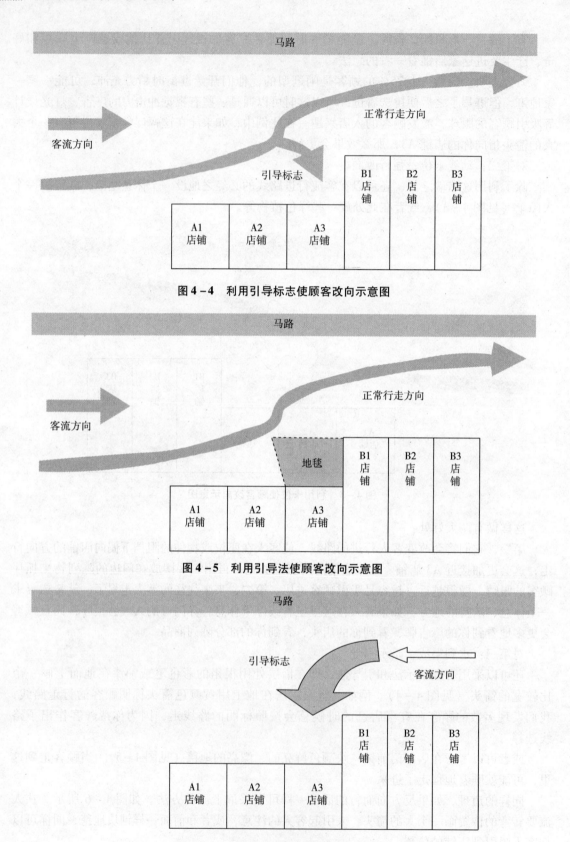

图4-4 利用引导标志使顾客改向示意图

图4-5 利用引导法使顾客改向示意图

图4-6 用引导标志吸引逆向客流示意图

另外，还要注意一点，在计算同样的人流量时，要具体分析在 B 类卖场门口和在 A 类店铺门口的情况。因为门口的过道如果过窄，在同样人流量的情况下，就会变得拥挤，人流通过的速度就会加快，如图 4-7 所示。A1 店铺和 B1 店铺如果是同样的面积和同样的门头，A1 店铺相对会比 B1 店铺好一点。因为 A1 店铺门前的过道较宽，而 B1 店铺门前较窄。按照常规的理论，一旦过道过窄，人就会拥挤，那么行进的速度就会变快。所以在这种情况下，相对来说，A1 店铺的位置会更好一点。

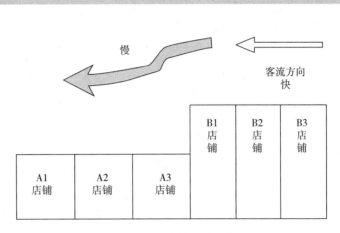

图 4-7　门前过道的宽窄对人流的影响示意图

但如果 A1 店铺旁边还有 C1 店铺、C2 店铺，那么中间的 A1 店铺、A2 店铺、A3 店铺在整体感觉上就会比较好一些，如图 4-8 所示。尤其是 A2 店铺，因为相比较两边的 C1、C2 店铺和 B1、B2、B3 店铺来说，A2 店铺的门前过道比它们都要宽。客流无论从哪个方向走到这儿，速度都会放缓，加上视野的开阔带给人的感觉也会不一样，所以这时候 A2 店铺的位置就可能变得非常有利。如果中间的店铺再增加几个，就会发现，越是中间的位置越好，因为这个位置更容易留住人。

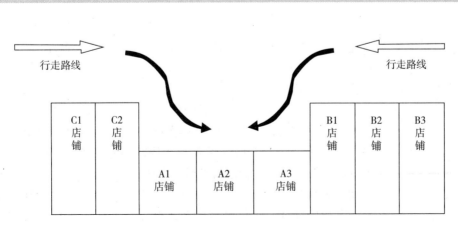

图 4-8　中间位置相对较好示意图

2. 巧妙处理断和连的情况

有一种情况需要我们注意，那就是断和连的情况。选择店铺时最好选择连在一起的位置，但往往会出现如图4-9所示的A3店铺和B1店铺断开的情况：一条马路把本来连在一起的店铺割断的时候，如果主流人群沿着A1、A2的方向走，客人往往走到A3店铺的时候，就会出现改变行进路线方向的可能，即很有可能被对面的C1店铺漂亮的装修所吸引，也有可能被D1店铺漂亮的陈列所吸引。所以，这时作为处于四个角上的店铺，都要特别注意考虑如何来吸引顾客。

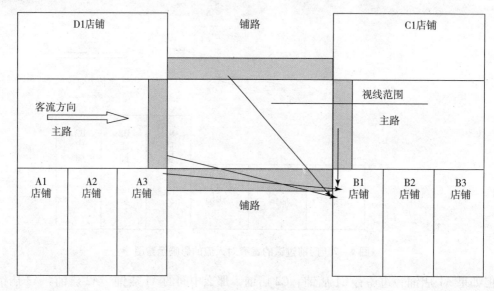

图4-9 巧妙处理断和连的情况示意图

例如，B1店铺就要对正对客流的墙面和橱窗或正面的墙面和橱窗进行适当包装，即图4-9箭头所示的位置。同样，对于C1店铺和D1店铺也是一样。除了两面墙要注意包装之外，往往一些优秀的店铺经营者还会有更好的做法：他们宁可把店铺切除一角，这样，不仅仅门庭变得开阔了，而且更容易把门头做得漂亮一些，从而聚集人气。另外，切除斜面以后，如果能将整体的店面形象进行包装一下，对任何一个点上的视觉效果都会非常好，看起来会更大气。

3. 店铺形状要选好

除了以上所述之外，还有特别重要的一点，就是店铺形状的选择。店铺的形状简单归纳一下，有U形、N形、C形、A形、H形等，如图4-10所示。

下面我们分别介绍一下如何处理这几种情况。

首先是U形卖场。因为它像英文字母U，所以我们称其为U形卖场。还有一种店铺叫N形卖场，属于瘦长形。比U形卖场进深浅，但是比N形卖场宽的卖场，我们称作C形卖场。还有，就是形状比较奇特、面积不规则的卖场，叫A形卖场，这种卖场门头很大，但越往里越小，像英文字母里的A。另外，梯形卖场也属于形状不规则的卖场。

在这几种卖场里面，相对来说哪种卖场会比较好呢？有人会认为C形卖场好，因为门头宽，门头越宽越容易抓住客户的视线，也就是吸引客人的注意力；也有人会认为N形卖场好，因为N形卖场里进深，方便放货品；还有些人认为U形卖场好；等等。

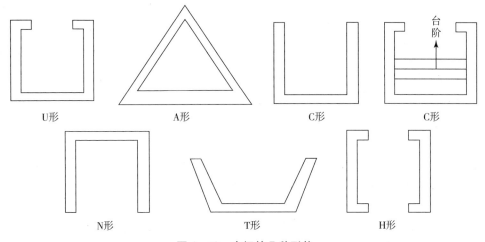

图 4-10 卖场的几种形状

但是,实验结果告诉我们,在这几种卖场里面,往往 U 形卖场会更好一点。因为 U 形卖场比较容易布局。C 形卖场虽然门头宽,容易引起客人的注意,但是很不利于内部的布局。H 形卖场则太深,往往会出现客人不住里走的问题。A 形卖场不好布置,需要很费一番心思才行。H 形卖场虽然两头都临街,但它不图人,亦不图财,所以在选择卖场的时候要尽量避免。

另外,要注意的就是,卖场里面尽量不要出现有台阶的情况。有的卖场里面分两层,后面一层比前面一层要高,走到一半还要跨两个台阶再上一层,这两节台阶往往使里面的区位成了一个"死区"。

4. 选择卖场,门前台阶越少越好

在选择卖场的时候,要尽量选择门口台阶比较少的,最好是没有台阶的,这样使门前显得宽广。台阶对卖场的影响是很大的,一般情况下,如果台阶在 5 级以上,就会出现一些难以预料的问题。众所周知,上海徐家汇是个很好的商业旺铺位置,但在最大的港汇广场门前的人流量并不多,这是什么原因呢?原来那儿有一个 20 多级的台阶横在了客人的脚下。

为了更明确地看到这一布局及其他们所做的改善,现画图示意,如图 4-11 所示。

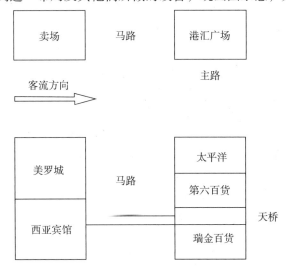

图 4-11 港汇广场的布局示意图

如图 4-11 所示，在港汇广场周围有太平洋、美罗城、东方商厦等商场，太平洋旁边是第六百货，形成了一个大商圈。港汇广场则占据着最大的一个位量，它在前面留出来一个特别开阔的广场，人流量本来应该不少，但因为这里有太多级的台阶，人们要爬上去，很不方便。于是，他们在这里装了一部手扶电梯，客人在行走中，无意中就沿着手扶电梯上去了。接着，他们又进行了一个特别重要的改革，那就是在下面把地铁与商场贯通。大家都知道，地铁的客流量非常大，打通以后，就可以直接把地铁的客流量引向广场。

有时候，一个天桥往往就会改变客流的方向，如图 4-11 所示。在美罗城旁边有一个西亚宾馆，它的对面是第六百货和瑞金百货。在它们中间架一座天桥，就可以把美罗城一边的人群引过来。聪明的经营者就会在这个位置装两部自动手扶电梯，目的是使两边人流的互动，通过人流的互动来改变客流量和他们的进店率。如果没有这座天桥，人们有可能就会越过卖场。所以，像这样的细节部分，都是我们在选址的时候要特别注意的。

以上所讲的是店铺选址的一些基本原理，即如何利用人们行走的一些习惯，并以此提醒我们通过一些行之有效的方法来改变一些现有的状况。当然，最重要的是我们一定去实地考察。总之，选店址是一件非常重要的工作，它是我们做好生意的第一步，因为对于终端零售而言，店铺的位置永远是第一位的。

三、连锁门店选址的技巧

（一）根据经验选址的技巧

1. 黄金地段选址

例如，在市区或在繁华地段选址开设店铺，不要因高房租退却，要认真分析投入资金所能带来的收益。一般而言，只要开店选址正确，高投入是会带来高回报的。

当然，高租金增加了经营成本，势必会增加门店的经营压力和风险，因此必须仔细核算后再决定。

2. 繁华地段并不是唯一选择

并非所有的繁华地段都是开店的黄金地段，因为有的地方表面上看车水马龙，但不一定是人流聚集的好地方。这也正是不少在闹市的门店却不如在小巷的门店生意繁盛的重要原因所在。

符合开设门店构想的地址就是好地址，即不管位置是否在繁华区，只要能使生意兴隆的地方就是好门店，就是正确的选址。

3. 门店方位的重视

门店方位是指门店正门的朝向，这与当地气候有关，并受到朝向、日照程度、日照时间等因素的影响。比如，在南方门店的正面最好不要向西，因为中午有数小时的阳光直射门朝西的门店，会使得门店内气温升高，顾客不愿入内，而安置空调会增加耗电量，加大经营成本。

4. 其他技巧

（1）选择有预期性的地址，即不久的将来会由冷变热，而且目前还没有被看好的地址。

（2）选择靠近大公司、大企业街道的一边。

（3）选择靠近人口会增加的地区。

（4）选择经营方向相辅相成的店铺做邻居。

（5）选择地址时，应重视店铺所在建筑提供的销售、展示、储藏等设施是否符合经营要求。

(6) 在同一街道两侧选择店铺门面，以客流量多、可见度高、交通不易堵塞的位置为佳。

(7) 有时不一定选择一个街道最旺的那个地点，也可以选择一般的地点，多租几个店面。这最适用于有经济实力、开大中型规模商店的连锁企业。

（二）根据地段选址的技巧

1. 商业街的选择

商业经营中，在某一条街道或地点集中经营同一类商品，称为商业街。由于这里店铺云集，竞争激烈，而且商品品种齐全。因此，顾客既可以在这里方便地购物，又可以在这里得到相对优质的服务。

但是需要注意的是，并非所有的这种情况都适合"成行成市"，对于家电、家具、电脑、时装、饰品等，顾客往往比较后才购买，而经营日常用品等使用频率高的商品则恰恰相反。

2. 拐角与三岔口的选择

两条街交叉或拐角处是比较理想的门店开设地，因为拐角处具有两大优势：一是可以增加橱窗陈列的面积，以吸引较多的过路人光顾本店；二是可以通过两个以上的入口方便顾客入店。其一般的做法是，选择交通流量大的一面作为正门。

3. 临街的选择

选择经营场地的先决条件之一是人多的地方。而且，一般来讲，临街门面越大，陈列的商品越丰富，就越容易引起过路人的注意，营业额相应地也就越高。

（三）根据区域选址的技巧

1. 在小巷内

在小巷内开设门店，最关键的是要使店铺具有独特的风格。这种风格既可以表现在店铺招牌、外观装饰的独具一格，也可以表现在经营品种丰富或经营方式和服务方式上的创新。总之，一定要使经营的店铺新颖、有创意。

2. 在学校附近

在学校附近开设门店，一般经营业绩稳定。由于主要服务的对象是学生，因此店铺所经营的商品要符合当今学生的口味，价位相对低廉。在学校附近开店的风险主要在于寒暑假期间的客源问题。

3. 在办公区

这里的办公区指的是公司比较集中的地段。在这里开设门店，其主要消费的对象为上班族，而他们的消费时间一般为中午短暂的休息和用餐以及上下班的途中。因此，门店应考虑离办公室要近，或考虑设在下班的路线上等。

4. 在写字楼里

目前，写字楼里经营的多是美容、精美饰品、按摩、高档用品等，其目标顾客就是白领阶层。生意最好的时段也为中午休息时间。如果能做到经营的商品具有一定的档次，或是有特点的品类，开出自己的特色一样可以赢得丰硕业绩。

任务四　连锁门店选址的评估

店址评估与连锁门店经营的成败关系很大，所以，店址评估是开店前的必要工作。前些年,外国连锁门店店址评估大多是靠经验和直觉来判定,因此每个人评估的结果可能不一样。这些年,连锁门店店址评估越来越注重科学、完备的标准和方法。在评估过程中,应尽可能根据前期工作总结对评价标准进行数据化、定量化处理,将人为干扰的因素减至最低。

一、店址评估标准的确定

备选店址一旦确定,就需着手进行评估,选址与评估工作由连锁总部统一计划和实施。评估应该具体,首先是要确定评估项目,其次是进行定量化评估,最后作出相关分析并选定店址,这是一系列的标准化流程。连锁门店评估是一项非常复杂的工作,涉及连锁企业营运部、物业部、发展部、行管部等多个部门,每个部门运用各自的专业知识对连锁门店备选地址设定具体评估标准,主要包括商圈状况、交通条件、设备设施、建筑结构等(见表4-1)。

表4-1 店址评估项目

评估部门	部门分值	评估项目	项目分值	项目明细
营运部	100	商圈状况	30	所处商圈级别、相邻商业项目,与商圈标志性建筑的步行距离
		交通条件	15	相邻道路数量、交通管制情况、100m内公交线路数量、顾客到达的便利性
		面积及楼层	15	标准符合度、楼层,一层面积占比、实用面积占比,与竞争对手面积比较
		建筑结构	15	出入口、垂直通道、柱间距、商场几何形状、大型设备井位置
		外观形象	10	门头及店招牌尺寸及高度、观察角度,外立面店招牌独立性、外立面装饰
		场地	10	面积、使用的独立性、后场场地
		其他	5	租赁物业发票提供、水电费发票提供、交房时间
物业部	100	设备、设施	70	供电、供水、监控设备,广播设备,自动卷闸门、中央空调、电梯、消防设备
		基础装饰、装修	30	建筑面积、建筑结构、顶部状况、地面状况、柱面以及墙面和楼道状况、卫生间状况
发展部、行管部	100	房屋产权	60	产权证、土地证、是否是转租等
		合同法律条款	30	条款总体情况、违约条款情况
		合同附件	10	签约手续、租赁区域平面图、广告位、店招牌位、消防合格证、电梯及扶梯合格证等

二、店址评估表的建立

应根据店址评估项目进行细化及量化,建立店址评估表。按照评估部门划分,分成营运部关于店址评估的细则、物业部关于店址评估的细则、发展部及行管部关于店址评估的细则。

(一)营运部店址评估细则

营运部关于店址评估的细则共计100分,具体分为商圈状况、交通条件、面积及楼层、建筑结构、外观形象、场地、其他部门,每一个评估项目又有项目明细和明细分值,具体见表4-2。

表4-2 营运部关于店址评估的细则

评估项目	项目分值	项目明细	明细分值	评分标准	标准分值	项目得分
商圈状况	30	所处商圈级别	10	市级核心商圈	10	
				市级次商圈	8	
				区级商圈	6	
				社区商圈	4	
				非商圈	0	
		相邻商业项目(200m范围内)	10	大型百货商场	10	
				中型及经营较好的百货商场	8	
				中小型专业店	6	
				零星商铺	4	
				大型著名综合超市	0	
		与商圈标志性建筑的步行距离	10	100m以内	10	
				100~300m	8	
				300~500m	5	
				500~800m	2	
				800m以上	0	
交通条件	15	相邻道路数量	4	相邻2条主干道以上	4	
				相邻1条主干道,1条一般道路	3	
				相邻1条主干道	2	
				不邻主干道	0	
		交通管制	5	2条相邻道路机动车均可双向行驶	5	
				有1条相邻道路机动车可双向行驶	4	
				相邻道路机动车单向行驶	2	
				相邻道路机动车禁止通行	0	
		100m内公交线路数量	3	5条以上	3	
				3~5条	2	
				1~2条	1	
				无	0	
		顾客到达的便利性	3	便利	3	
				需绕过少量障碍物	2	
				需绕过多个障碍物	0	

续表

评估项目	项目分值	项目明细	明细分值	评分标准	标准分值	项目得分
面积及楼层	15	标准符合度	3	与标准面积相差10%以内	3	
				与标准面积相差10%~20%	2	
				与标准面积相差20%以上	0	
		楼层	4	1层	4	
				1层及-1层	3	
				1层及2层	2	
				3层及4层	0	
		1层面积占比	4	1层面积占总面积的30%以上	4	
				1层面积占总面积的15%~30%	3	
				1层面积占总面积的10%~15%	2	
				1层面积占总面积的10%以下	0	
		实用面积占比	2	实用面积占比80%以上	2	
				实用面积占比70%~80%	1	
				实用面积占比60%~70%	0.5	
				实用面积占比60%以下	0	
		与竞争对手面积比较	2	较竞争对手店面规模大	2	
				与竞争对手店面规模相当	1	
				较竞争对手店面规模小	0	
建筑结构	15	出入口	3	非相邻出入口在3个（含）以上，宽敞且货物和员工均有独立通道	3	
				非相邻出入口2个，宽敞且货物和员工均有独立通道	2	
				非相邻出入口2个，无货物和员工独立通道	1.5	
				非相邻出入口1个，宽敞且货物和员工均有独立通道	1	
				非相邻出入口1个，货物和员工无独立通道	0	
		垂直通道	3	每层都有2部以上自动扶梯，另有独立商场用坡道梯	3	
				每层仅有2部自动扶梯	2	
				每层有1部自动扶梯，另有独立商场用步行梯	1	
				每层只有商场用步行梯	0.5	
				无垂直通道	0	

续表

评估项目	项目分值	项目明细	明细分值	评分标准	标准分值	项目得分
建筑结构	15	柱间距	4	8m以上	4	
				6~8m	2	
				6m以下	0	
		商场几何形状	3	规则	3	
				较不规则	2	
				很不规则	0	
		大型设备井位置	2	位于商场角落,商场通透性好	2	
				位于商场中后部,通透性一般	1.5	
				位于商场中间,通透性差	0	
外观形象	10	门头及店招牌宽度	2	30m以上	2	
				20~30m	1.5	
				10~20m	1	
				10m以下	0	
		门头及店招牌高度	2	5m以上	2	
				5m	1.5	
				5m以下	1	
		观察角度	2	4面	2	
				3面	1.5	
				2面	1	
				1面	0.5	
		外立面店招牌独立性	2	只有我一家	2	
				需与另一家共用	1	
				需与另两家共用	0	
		外立面装饰	2	成色较新,用材较好	2	
				成色较旧,用材一般	1	
				有大面积破损	0	

续表

评估项目	项目分值	项目明细	明细分值	评分标准	标准分值	项目得分
场地	10	面积	4	大于标准化场地面积较多	4	
				基本符合标准化场地面积	2	
				小于标准化场地面积较多	0	
		使用的独立性	4	独立使用	4	
				2家共用	2	
				多家共用	0	
		后场场地	2	较大	2	
				较小	1	
				无	0	
其他	5	租赁物发票提供	1.5	全额提供租赁费发票	1.5	
				部分提供租赁费发票	1	
				不提供发票	0	
		水电费发票提供	1.5	全额提供增值税发票	1.5	
				部分提供增值税发票	1	
				不提供发票	0	
		交房时间	2	与计划开店时间相符	2	
				迟于计划开店时间半年以内	1	
				迟于计划开店时间半年以上	0	
合计	100		100			

以上为除价格以外商务条款的评分标准，租赁费用没有包括在内，因为价格本身就是绝对量化的因素，不需要进行评分。另外，价格是一个相对比较灵活的因素，需要随着双方谈判的不断深入才能达成一致，而且房租水平的高低与整个城市的租金水平及租赁物所处的区位有关。

（二）物业部店址评估细则

店址评估中有关物业方面的评估总分为100分，主要分为两个方面：一方面是设备、设施的评估，占70%；另一方面是基础装饰、装修方面的评估，占30%。每一个评估项目都有具体的项目明细和评分标准。

1. 设备、设施

设备、设施方面的评估细则及评分标准见表4-3，总评分共100分，实评分＝所得分×70%。

表4-3 设备、设施评估细则

评估项目	项目分值	项目明细	明细分值	评分标准	标准分值	项目得分
供电	25	整体电容量	10	电容量完全符合商场需要	10	
				电容量不符合商场需要,但可以增容	5	
				电容量不符合商场需要,也不能增容	0	
		电气设备新旧程度	5	电气设备是全新的,能够正常投入使用	5	
				电气设备整体良好,只需作小部分改动	4	
				电气设备大部分需调整,或每一层只有总电源,而没有分支电源	3	
				电源没有到各楼层,需从配电房拉电缆到各楼层	2	
		供电控制主动性	3	电源可自行控制	3	
				电源由业主控制	1	
				电源由其他租户控制	0	
		相关设备检查、检验证明	2	相关设备检查、检验证明齐全	2	
				没有相关设备检查、检验证明或有很少一部分	0	
		电费计量设备的合理性、准确性、独立性	5	商场照明和设备用电都能单独计量,没有供用电分摊,并且不承担电力损耗,业主提供增值税发票	5	
				商场照明可以单独计量,供用电及设备用电以计表数按面积分摊,并且承担5%以下的电损,业主提供增值税发票	3	
				商场照明可以单独计量,公用电及设备用电以使用功率按面积分摊,并且承担5%以上的电损,业主不能提供增值税发票	1	
供水	5	便利性	3	商场每层用水都能到位,水压正常	3	
				商场水源没有到位,还需另接水源	0	
		计量准确性、独立性、合理性	2	商场每层用水都能单独计量,并且准确,不承担损耗	2	
				商场每层用水按面积分摊,并要承担损耗	0	
监控设备	5	设备新旧程度	3	主机、摄像头、云台、录像机工作正常,图像清晰,商场所有安全通道都能保证有监控点	3	
				监控系统不能正常工作,图像清晰度较差,部分通道口无监控	0	
		控制主动性	2	监控系统可自行控制	2	
				监控系统由业主控制	0	

续表

评估项目	项目分值	项目明细	明细分值	评分标准	标准分值	项目得分
广播设备	5	设备新旧程度	3	主机及喇叭工作正常，音质较好	3	
				主机及喇叭不能正常工作，音质较差	0	
		控制主动性	2	播音系统可自行控制	2	
				播音系统由业主控制	0	
自动卷闸门	5	设备新旧程度	5	自动卷闸门起落正常，卷闸门无破损	5	
				自动卷闸门起落不正常，卷闸门破损严重	0	
中央空调	15	中央空调主机	5	主机是全新设备或连续使用2年以内	5	
				主机连续使用1年后停滞时间在1年以上，或连续使用5年以内	3	
				主机连续使用超过5年	0	
		管道	3	管道全部安装到位，保温较好，无破损，内壁干净	3	
				管道部分没有安装到位或保温破损严重，内壁腐蚀严重	0	
		变风量机组	3	变风量机组较新，外部无锈蚀，电机及送风噪声小，每个风口的风量较大	3	
				变风量机组锈蚀严重，或电机无法运转，每个风口的风量较小	1	
		循环水泵	2	水泵较新，水流量较大，电机工作正常，无漏水现象，各阀门都能正常开关	2	
				水泵漏水严重，电机声音异常或不能启动，阀门锈蚀严重，不能正常开关	0	
		冷却塔	2	冷却塔工作正常，表面无锈蚀，内部填料较新，电机能正常工作，无异常声音	2	
				冷却塔表面锈蚀严重，内部填料破损严重，电机工作异常或不能启动	0	
电梯	10	电梯设备完整性	5	商场内的扶梯和货梯齐全	5	
				商场内扶梯或货梯部分缺少，需要增加	3	
				没有扶梯和货梯，全部需要增加	0	
		设备检查、验收证明	2	电梯设备的检查和验收证明齐全，验收证明有效	2	
				电梯设备的检查和验收证明需重新办理	0	
		设备新旧程度	3	设备是全新的，停滞时间不超过1年，或电梯自安装起连续使用2年以内	3	
				设备是全新的，停滞时间在1年以上，或电梯自安装起连续使用5年以内	2	
				电梯使用时间已超过5年，或电梯使用1年后停滞时间超过1年	1	

续表

评估项目	项目分值	项目明细	明细分值	评分标准	标准分值	项目得分
消防设备	30	消防验收、检验情况	4	有消防验收合格报告和年检合格报告	4	
				无消防验收合格报告和年检合格报告	0	
		设备的配套情况	6	商场内有烟感报警系统	1	
				商场内有消防栓系统	1	
				商场内有防排烟系统	1	
				商场内有防火区及建筑物的构造图	1	
				商场内有消防方面的相关联动设施、设备	1	
				商场内有喷淋系统	1	
				备注：高层建筑物必须有消防电梯		
		设备使用年限	3	设备使用1年以上	3	
				设备使用3年左右	2	
				设备使用5年以上	1	
		设备的独立性	5	消防控制室在商场控制区域内，并且该主机只供商场单独使用	5	
				消防控制室由业主控制，系统由多家单位使用，但商场可在控制室内设商场内部电话便于联系	3	
		设备的运行情况及维护情况	4	各项消防设备运行正常而且维保单位定期对系统进行检查	4	
				各项消防设备运行正常但无维保单位	3	
				设备使用多年，系统勉强可以运行	2	
				消防系统瘫痪	1	
		建筑设计是否符合开店要求	4	建筑物是钢筋混凝土框架结构，可任意分割	4	
				建筑物是钢结构	3	
				建筑物是木结构	2	
		商场内有无单独的安全疏散通道及其他消防辅助设施	4	商场内有2个以上安全通道，并且有安全出口及消防疏散指示标志、应急照明系统、灭火器材	4	
				商场内有2个以上安全通道、安全出口但无任何消防辅助设施	2	

2. 基础装饰、装修

基础装饰、装修方面的评估细则及评分标准见表4-4，总评分共100分，实评分=所得分×30%。

表 4-4 基础装饰、装修评估细则

评估项目	项目分值	项目明细	明细分值	评分标准	标准分值	项目得分
建筑面积	10	每层实用面积	10	得房率（实用面积/建筑面积）乘以分数		
建筑结构	10	柱间距	10	柱间距8m以上	10	
				柱间距6~8m	7	
				柱间距6m以下	3	
建筑结构	20	层高	20	层高4m以上	20	
				层高3~4m	14	
				层高3m以下	6	
顶部状况	20	吊顶	8	矿棉板吊顶	8	
				石膏板吊顶	7	
				其他吊顶	6	
				裸顶刷乳胶漆	5	
				毛坯	2	
		顶部完好率、平整度	6	顶部平整度好，无破损，无须整改	6	
				顶部平整度一般，局部破损，需整改	3	
				局部平整度差，大部分破损，需整改	1	
		装修年限	6	1年内新装修	6	
				已装修1~3年	4	
				已装修3~5年	2	
				已装修5年以上	1	
地面状况	20	地面装修	8	地砖	8	
				水磨地面	6	
				复合地板	4	
				毛坯	0	
		装修年限	6	一年内新装修	6	
				已装修1~3年	4	
				已装修3~5年	2	
				已装修5年以上	0	
		完好率、平整度	6	地面平整度好，无破损，无须整改	6	
				地面平整度一般，局部破损，需整改	3	
				地面平整度差，大部分破损，需整改	0	

续表

评估项目	项目分值	项目明细	明细分值	评分标准	标准分值	项目得分
柱面、墙面、楼道状况	10	柱面、墙面、楼道状况	10	柱面、墙面、楼道刷乳胶漆	10	
				柱面、墙面、楼道毛坯	7	
				柱面、墙面、楼道装修需拆除	0	
卫生间状况	10	装修年限	2	1年内新装修	2	
				已装修1~3年	1	
				已装修3年以上	0	
		顶、地、墙状况	2	顶、地、墙装修较好，无须改造	2	
				顶、地、墙装修一般，需改造	1	
				顶、地、墙装修差，需拆除	0	
		上下水是否畅通	3	有上下水，畅通	3	
				有上下水，不畅通	2	
				无上下水，需重新铺设管道	0	
		卫生洁具及配套设施状况	3	卫生洁具齐全、崭新	3	
				卫生洁具不齐全、陈旧，需改造	2	
				卫生洁具无法使用，需重新安装	0	

（三）发展部、行管部店址评估细则

发展部、行管部对店址评估总分为100分，主要分为三个方面：房屋产权部分评估，占60%；合同法律条款部分评估，占30%；合同附件评估，占10%。每一个评估项目都有具体的项目明细和评分标准，具体见表4-5、表4-6、表4-7。

表4-5　房屋产权部分评估细则

评估项目	项目分值	项目明细	明细分值	评分标准	标准分值	项目得分
产权证	50	产权证是否能提供原件	35	能够提供原件	35	
				因抵押等原因无法提供原件	10	
				无合理理由无法提供原件	0	
				在签约前无法提供原件，在签约后能提供原件	5	
		产权证地址与合同地址是否一致	5	完全一致	5	
				基本一致	3	
				不一致，但能解释清楚	2	
				不一致，不能解释清楚	0	

续表

评估项目	项目分值	项目明细	明细分值	评分标准	标准分值	项目得分
产权证	50	产权证面积与租赁面积是否一致	5	完全一致	5	
				基本一致	4	
				产权证面积略少于租赁面积	3	
				产权证面积明显少于租赁面积	0	
		产权证产权人名称与出租方名称是否一致	5	完全一致	5	
				有区别，但能解释清楚	4	
				有区别，但不能解释清楚	0	
土地证	10	土地证是否能提供原件	4	能够提供原件	4	
				因抵押等原因无法提供原件	2	
				无合理理由无法提供原件	0	
				在签约前不能提供原件，在签约后能提供原件	1	
		土地证地址与合同地址是否一致	2	完全一致	2	
				基本一致	2	
				不一致，但能解释清楚	1	
				不一致，不能解释清楚	0	
		土地证面积与租赁面积是否一致	2	完全一致	2	
				基本一致	2	
				土地证面积略少于租赁面积	1	
				土地证面积明显少于租赁面积	0	
		土地证所有权人名称与出租方名称是否一致	2	完全一致	2	
				有区别，但能解释清楚	1	
				有区别，并且不能解释清楚	0	
转租房屋	-10	有转租手续	-10	按我公司标准文本	0	
				未按我公司标准文本，但符合我公司要求	0	
				未按我公司标准文本，不符合我公司要求	-10	
		无转租手续	-10	无任何转租手续	-10	
			-5	无转租手续，但有其他相关材料证明可以转租	-5	

续表

评估项目	项目分值	项目明细	明细分值	评分标准	标准分值	项目得分
委托租赁	-10	有委托手续	-10	按我公司标准文本	0	
				未按我公司标准文本，不符合我公司要求	-10	
				未按我公司标准文本，但符合我公司要求	0	
		无委托手续	-10	无任何委托手续	-10	
			-5	无委托手续，但有其他相关材料证明可以租赁	-5	
建房手续	-10	有建房手续	-10	建房手续齐全，能提供原件	0	
				有部分建房手续，能提供原件	-3	
				有部分建房手续，但仅能提供部分复印件	-7	
				建房手续不齐全，仅能提供部分复印件	-10	
		无建房手续	-10	无建房手续	-10	
其他产权资料	-10	房管部门登记资料	-10	能提供原件	0	
				不能提供原件	-10	
		租赁许可证	-10	能提供原件	0	
				不能提供原件	-10	
出租方	-10	产权人是否为个人	-3	为个人	-3	
				为非个人	0	
		是否为共有产权	-3	为共有产权	-3	
				为非共有产权	0	
		产权人是否为国有企业	-3	为国有企业	-3	
				为非国有企业	0	
		出租方资信情况	-10	资信良好、实力较强	0	
				资信一般，实力一般	-2	
				资信一般，实力较弱	-5	
				资信较差，实力较弱	-8	
				资信、实力有严重问题	-10	
				出租方濒临破产	-10	

续表

评估项目	项目分值	项目明细	明细分值	评分标准		标准分值	项目得分
租赁房屋	-10	承租区域是否独立	-3	独立		0	
				非独立		-3	
		是否房产开发项目	-10	全部未出售		0	
				部分已出售，但承担部分未出售		-5	
				部分已出售，承租部分也已有部分出售		-10	
		是否是单一建筑	-5	是单一建筑		0	
				非单一建筑		-5	
		是否有原承租户	-5	有原承租户		-5	
				没有原承租户		0	
抵押情况	-10	未被抵押	-3	没有任何抵押记录		0	
				有抵押记录，但在承租前已撤销抵押		-3	
		已被抵押	-10	抵押银行未提供材料		-10	
				已按我公司标准提供材料		-2	
				未按我公司标准提供材料	但提供的材料完全符合要求	-2	
					提供的材料基本符合要求	-5	
					提供的材料不符合要求	-10	

表4-6 合同法律条款部分评估细则

评估项目	项目分值	项目明细	明细分值	评分标准	标准分值	项目得分
条款总体情况	20	有否采用我公司标准文本	10	完全采用	10	
				基本采用	8	
				部分采用	6	
				少部分采用	4	
				完全未采用	0	
		有无重大遗漏的条款	2	有	0	
				无	2	
		有无必须修改的条款	3	有，且较多	0	
				有，但不多	1	
				无	3	

续表

评估项目	项目分值	项目明细	明细分值	评分标准	标准分值	项目得分
条款总体情况	20	有无对我公司不利的条款	3	无	3	
				有，但不多	1	
				有，且较多	0	
		有无重大遗漏条款	2	无	2	
				有，但不多	1	
				有，但较多	0	
违约条款情况	10	对方违约条款	7	逾期交房的违约责任	2	
				逾期提供设施的违约责任	1	
				违约解除合同的违约责任	2	
				其他违约责任	2	
		我方违约条款	3	逾期付款的责任	2	
				其他违约责任	1	

表4-7 合同附件材料评估细则

评估项目	项目分值	项目明细	明细分值	评分标准	标准分值	项目得分
合同附件	10	签约手续	2	完全符合要求	2	
				不完全符合要求	1	
				不符合要求	0	
		租赁区域平面图	2	与租赁区域一致	2	
				与租赁区域有差别	1	
				未提供租赁区域平面图	0	
		广告位	1	清晰、明确	1	
				不清晰、不明确	0	
		店招牌位	1	清晰、明确	1	
				不清晰、不明确	0	
		消防合格证	2	完全符合要求	2	
				不完全符合要求	1	
				不符合要求或无法提供	0	
		电梯及扶梯合格证	2	完全符合要求	2	
				不完全符合要求	1	
				不符合要求或无法提供	0	

项目小结

本项目是围绕连锁门店开发店址的确定内容进行学习的。首先介绍了连续门店店址选择的重要性、作用与原则；接着从连锁门店店址选择的类型、连锁门店店址区域位置选择、连锁门店店址选择的三个方面对连锁门店选址问题进行了分析；然后描述了连锁门店店址选择的技巧与程序；最后介绍了连锁门店选址的评估，包括店址评估标准的确定和店址评估表的建立两部分内容。店址评估表涉及营运部店址评估细则、物业部店址评估细则和发展部、行管部店址评估细则。

强化练习

一、单项选择题

1. 下面选址属于选址禁忌的区域有（   ）。
   A. 写字楼　　　　B. 办公区　　　　C. 坡路　　　　D. 文教区
2. 在小巷内开设门店，最关键的是（   ）。
   A. 使店铺具有独特的风格　　　　B. 价格低廉
   C. 专业化经营　　　　D. 开展促销活动
3. 在南方门店的正面最好不要朝向（   ），因为中午有数小时的阳光直射门店。
   A. 东　　　　B. 南　　　　C. 西　　　　D. 北
4. 绝大多数大型连锁门店设计的停车场所与售货场所面积的比率为（   ）。
   A. 5:1　　　　B. 4:1　　　　C. 3:1　　　　D. 2:1
5. 方便顾客随机购物的人群聚集场所，如商业街、影剧院、公园等，这些地方容易吸引休闲娱乐的人，是门店开业的较佳地点，这是门店选址的（   ）原则。
   A. 便利原则　　　　B. 聚集效应　　　　C. 发展原则　　　　D. 效益原则
6. 经营（   ）的门店宜选择在商业网点相对集中的地区，如地区性的商业中心或交通要道、交通枢纽的商业街。
   A. 日常生活必需品　　　　B. 周期性需求的商品
   C. 耐用消费品　　　　D. 顾客特殊性需求的商品
7. （   ）是指那些顺路进店的顾客所形成的客流，这些顾客并非专门来店购物。
   A. 自身的客流　　　　B. 分享客流　　　　C. 派生客流　　　　D. 附加客流
8. 选择同类服装中知名度较高的品牌比较集中的商业区，消费者的购买目标很明确，既能提升店铺的形象，又有助于提高店铺人气，属于（   ）策略。
   A. 成行成市　　　　B. 多开店策略　　　　C. 集聚策略　　　　D. 造势策略
9. 实验结果告诉我们，在下面几种卖场里面，往往（   ）卖场会更好一点。

A.　　　　　　　　　　　　　　　　B.
C形　　　　　　　　　　　　　　　U形

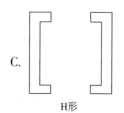
C.
H形

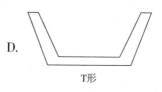
D.
T形

10. 进行门店店址评估时，首先是要确定（　　），其次是进行定量化评估，最后作出相关分析并选定店址，这是一系列的标准化流程。
　　A. 评估指标　　　　B. 评估标准　　　　C. 评估项目　　　　D. 评估部门

二、多项选择题

1. 连锁门店选址的原则是（　　）。
　　A. 便利原则　　　　B. 最大效益原则　　　C. 发展原则　　　　D. 方便商品配送
　　E. 遵守法律法规
2. 下面哪些属于战略选址？（　　）
　　A. "成行成市"策略　　　　　　　　　　B. 视觉拉动策略
　　C. 小城市开大店，抢占"第一策略"　　　D. 动线卡位、强行改向策略
　　E. 大城市开旗舰店或多开店策略
3. 优良店址应该具备的条件是（　　）。
　　A. 未来10年以上的持续经营力　　　　B. 规模性的目标顾客群存在
　　C. 进出畅通的道路　　　　　　　　　　D. 方便顾客购买
　　E. 交通便利
4. 以下哪些区域选址符合最大效益原则？（　　）
　　A. 商业活动频率高的地区　　　　　　　B. 学校附近
　　C. 人口密度高的地区　　　　　　　　　D. 工厂附近
　　E. 客流量多的街道
5. 连锁门店店址选择的商业群有哪几个？（　　）
　　A. 城市中央商业区　　　　　　　　　　B. 城市交通要道和交通枢纽的商业街
　　C. 人口密度高的地区　　　　　　　　　D. 城市居民区商业街和边沿区商业中心
　　E. 郊区购物中心

三、思考题

1. 简述连锁门店选址的过程。
2. 如何进行连锁门店选址分析？
3. 简述连锁门店店址选择的技巧。
4. 举例阐述你对连锁门店店址选择策略的理解。
5. 怎样对连锁门店选址进行评估？

实训任务

假设你有资金支持，准备开一家蛋糕店，请以小组为单位，通过门店选址调研，作出

选址规划,并通过选址评估表备选门店地址进行分析。

任务:以商圈调研收集的资料及查阅的资料为素材,进行选址分析,得出结论,撰写选址分析报告。

目的:了解连锁门店店址选择的原则、过程;熟悉连锁门店店址选择的策略与技巧;掌握连锁门店选址评估的指标。能够根据所学,进行连锁门店选址分析及评估。培养学生具备门店选址规划与分析的能力。

内容:选址分析过程包括:首先,对连锁门店的区域位置进行分析;其次,对门店选址的具体因素进行分析;最后,对门店选址进行评估。

结构:选址分析报告的结构:"封面+前言+目录+正文+结束语+参考文献+附录"。

案例分析

爵士牛排店选址的启示

爵士牛排来自中国台湾,是国际著名的餐饮品牌,于2003年首次登陆岛城厦门。厦门爵士牛排餐饮有限公司秉执"真情、服务、用心、品质"的经营理念,大力开拓餐饮市场,并加强企业的科学管理,创造了西餐行业经营管理的新模式。爵士牛排目前已在全国各大中型城市开设多家分店。

每一行业加盟店的顾客对象都是不同的消费群体;而加盟者一定要知道自己的顾客是属于哪一类型,哪一地点能吸引哪些消费者,做到心中有数,才不会盲目选择,爵士牛排等连锁企业在选址方面做得很成功。下面是不同区域和消费者关系的一些分类,可作参考。

一、选择符合加盟店性质的设店区域

(一)位于居民区的门店

爵士牛排厦门市江头南路64号店的选址。这些地区只能吸引狭小范围的顾客,适合经营一些消费者选择性不强而又经常需求的日常生活用品的行业,如便利店、超级市场、小食店等。经营这类商品和服务的门店要尽量接近顾客,如以顾客步行的距离计算,一般选择半径在300米之内,步行10~20分钟的辐射范围为宜。

(二)位于商店街的门店

爵士牛排扬州市文昌中路521号店(肯德基和必胜客中间)的选址。由于该地区的顾客来自不同地方,且这些人的目的性很强,就是为了购物,所购买的多是挑选性较强的商品,故这个区域适合经营一些较为高档的商品,如服装、电器、钟表及餐厅等。

(三)位于繁华商业中心的门店

爵士牛排泉州市晋江青阳海滨路(爱尔兰音乐酒吧旁100m)同兴大厦店的选址。这些地区租金极贵,故绝对不适宜经营小本生意,而适宜经营一些价格较高,顾客需要考虑再三才决定购买的高档消费品,如珠宝首饰、钢琴及高级家具等。

所以,并不是越繁华的地方越适合开店,要看你经营的加盟店是什么性质。你经营的若是一家时装店,最好设在人来人往的闹市中;相反,家庭用品薄利多销,顾客对象多为一般家庭,故没有必要设在闹市区。即使你经营的加盟店在甲地和乙地都可以设店,生意相差无几,但甲地和乙地的租金可能相去甚远,加盟者若盲目选择在旺地开店,则必须付出多几倍

的租金，怎么会有预期的利润呢？

二、分析潜在顾客数量和客流规律

所有的人都是消费者，很自然也是门店的潜在顾客。加盟者在选择店址时必须了解当地的人口总数、人口密度、人口增长情况、人口年龄结构等。国外调查资料表明，现代化的超级市场几乎有50%的顾客来自门店250m内的区域。因此，在考虑一家超级市场的可能地点时，一般都要求在计划地点500m半径范围内，必须有1万人定居。人来人往的地方当然有利设店，但并非只是人多经过的地方才适于开店，还应分析一下是哪些人来往，客流规律如何。首先，要了解过往行人的年龄和性别，例如有些过路者是儿童，他们可能是快餐店的顾客，但不会是服装店的顾客；其次，要了解行人来往的高峰时间和低谷时间；最后，要了解行人来往的目的及停留时间。

在商业集中的繁华区，客流一般以购物为主，特点是速度缓慢、停留时间长、流动时间相对分散，因此，可以把那些经营挑选性强的商品的门店设在这里，如服装店等。有些地区虽然有相当规模的客流量，却多属非商业因素，如车站、码头、学校、公共场所等，其客流的主要目的不是为了购买商品，购物是顺便为之。有些地区的客流一般速度较快，停留时间短，流动时间比较集中，因此可以把那些经营挑选性不强和携带方便的商品的门店设在这里，如烟酒副食店、冷饮店、快餐店等。

三、分析交通地理条件

交通的便利性也是选址要考虑的重要因素之一。方便的交通要道，如接近车站、码头以及公共汽车的停车站，由于行人来往较多，客流量大，具有设店的价值；交叉路口的街角，由于公交车四通八达，能见度高，也是设店的好位置。但有些地区，其道路中间隔了一条很长的中央分向带或栏杆，限制行人、车辆穿越，这样则会影响设店的价值。

连锁经营中，店址的选择关系着加盟店未来的经济效益和发展前景。对于不同的行业，开店选址的方法有所区别。两个同行业同规模的门店，即使商品构成、服务水平、管理水平、促销手段等方面大致相同，但仅仅由于所处的地址不同，经营效益就可能有较大区别。爵士牛排连锁企业发展定位明确，加盟店生意由于前期店面的选址正确，成长性高。并不是越繁华的地方越适合开店，要看经营的加盟店是什么性质。选址不仅要考虑选择符合加盟店性质的设店区域，还要分析潜在顾客数量、客流规律和交通地理条件。

讨论：

1. 爵士牛排是如何选址的？
2. 爵士牛排选址方面有哪些可取之处及不足之处？并提出改进建议。

项目五

CIS 设计

学习目标

知识目标

1. 了解导入 CIS 应遵循的原则；
2. 熟悉 CIS 含义及构成要素；
3. 掌握企业理念识别 MI，企业行为识别 BI，企业视觉识别 VI。

技能目标

1. 会设计企业理念识别 MI、行为识别 BI、视觉识别 VI；
2. 培养市场分析的能力；
3. 会撰写 CIS 策划书。

能力目标

培养学生与人沟通、团队合作、社会实践、文案写作的能力。

案例导入

尼西索公司的形象定位

日本尼西索公司在第二次世界大战结束时只有 30 多名职工，生产雨衣、游泳帽、卫生带、尿垫等多种产品，品种繁多，由于缺乏明确的形象定位，生产经营状况极不稳定。"二战"后，经济的恢复和发展为企业带来了契机。有一次，尼西索公司的董事长多川博在考虑市场定位时看到了一份日本的人口普查报告，得知日本每年大约有 250 万名婴儿出生。多川博想，如果每个婴儿用两条尿垫，一年就需要 500 万条。如果能够出口，市场就更大了。于是，尼西索公司把企业及产品定位于"尿垫大王"上，放弃了一切与尿垫无关的产品，最后靠明确的形象定位占得日本 70% 以上的婴儿尿布市场，成为名副其实的"尿垫大王"。

思考：
1. 企业如果缺少明确的定位会如何？
2. CIS 是指什么？包括哪些要素？
3. 如何设计企业的 CIS？

任务一　认识 CIS

一、CIS 含义

CIS（Corporate Identity System）是企业的统一化系统。20 世纪 80 年代作为一套"品牌管理体系"引入国内，是当今企业管理对内对外文化、形象的基础理论，是狭义的"品牌"理论的实有构成部分，也是一种拥有对内对外两面性的"标准"或"规则"，通过对理念、行为、视觉三方面进行标准化、规则化，使之具备特有性、价值性、长期性、认知性的一种识别系统的总称，可译为"企业统一化系统""企业自我同一化系统""企业识别体系"。

CIS 是一种现代企业经营战略，它并非一蹴而就，它经历了一个从 CI 到 CIS 的演进过程。CI（Corporate Identity）意即企业识别，其最初只是一种统一企业视觉识别，为提高企业产品知名度，进而达到 CIS 策划扩大销售目的的手段。CI 的出现，是工业时代企业的大量涌现，以及相应的激烈市场竞争的结果。早在 20 世纪初，意大利企业家密罗·奥利威蒂在伊布里亚开设工厂生产打字机。为了提高自己产品的竞争力，他一方面重视企业标识的设计，并使其商标不断完善；另一方面他还开设了托儿所，以此举提升企业形象。1914 年，德国著名建筑学家比德贝汉斯受聘为德国 aeg 电器公司的设计顾问，并为其进行了统一的商标、包装、便条纸和信封设计，这为统一企业视觉起到了积极作用。这些商标、标识统一设计虽还不能视为严格意义上的 CI 设计，但却可以看作 CI 视觉识别的雏形。

CIS 的正式兴起，当以 1956 年美国计算机巨人 IBM 引领 CIS 的创举为标志。CIS 正式发轫于 20 世纪 40—50 年代的美国。在此期间，美国先后有三家企业采用 CIS 设计，他们分别是 CBS 公司、IBM 公司和西屋电器公司，其中以 IBM 公司的标志设计最为著名。因此，有人将当时 IBM 公司导入 CIS 计划视为 CIS 创立的标志。

CIS 的导入使很多企业取得了良好的经营业绩，如克莱斯公司在 20 世纪 60 年代初，一下子把市场占有率提高了 18%；1970 年可口可乐公司导入了 CIS，改造了世界各地的可口可乐标志，结果在世界各地掀起了 CIS 的热潮。

20 世纪日本紧随美国潮流，20 世纪 60—70 年代引入并发展了 CIS，发展和强化了"理念识别"，不仅创造了具有自己特色的 CIS 实践，而且对 CIS 的理论作出了贡献。

20 世纪 80 年代前后，CIS 传入东南亚，中国港台地区在 20 世纪 70 年代末导入 CIS 也取得了一定的成就。

中国改革开放以来，市场经济的发展，许多企业也渐渐重视并导入 CIS，中国出现了许多 CIS 策划、设计等专业公司，为企业导入 CIS，为提高企业的竞争力作出了贡献。

二、CIS 在中国的发展历史

中国 CIS 发展历史划分为三个时期：引进期、推广期和成长期。

（一）引进期

引进期起源于 1988 年 8 月太阳神集团公司首开先河成功导入 CIS 战略，时间可划分到 1994 年。引进期以"粤货名牌"独领风骚为标志，当时大批广东民营企业、乡镇企业纷纷引进开发 CIS，以新产品上市创立名牌为目标，通过 CIS 策划自创品牌。除了太阳神集团公司，还有健力宝、TCL、科龙、美的、万家乐、华帝、康佳、三九等公司，出现了全国"饮珠江水，用广东货"现象。CIS 在中国成为征战市场一大行销利器，企业开始普遍关注 CIS 魔力。CIS 所显示出的市场开拓力，开始令企业家感到惊讶，同时更令设计界、新闻界、公关界等有关社会组织感到新奇，来自各方面的关注、宣传、炒作、研讨、推动，一时间，中国大地沸沸腾腾，掀起了一阵 CIS 热浪。

（二）推广期

推广期从 1995 年开始到 2000 年。这一时期的 CIS 成果，不如第一时期显著与快捷，但其蕴含的历史意义却更为深刻。正泰、德力西、康奈、人民、报喜鸟、吉尔达、庄吉、奥康、红蜻蜓等一大批中国驰名品牌，彻底改变了消费者对温州产品的偏见。CIS 潮流开始向东部较发达沿海地区和内地推广开去。日本和中国台湾、香港地区等 CIS 策划设计人士纷至沓来。宝钢、杉杉、嘉陵、中国电信、国际航空、建设银行、茅台、海尔、新飞、七匹狼、联想等集团企业开始抓质量，塑品牌。企业开始由 CIS 初期以视觉为主导的"表象性 CIS"走向深入，更注重整体形象的提升与重塑、经营理念（MI）和行为规范（BI）的全面导入。

（三）成长期

成长期从 2001 年开始。CIS 开始向纵深发展。其典型特征是以品牌为导向和核心，将导入 CIS 的着力点集中在建立和培育国际知名品牌，实施品牌战略，提高市场竞争力这一主线上。中国加入 WTO 后 CIS 发展方向也同国际化"品牌导向"接轨。

1. 企业识别系统（CIS）构成要素

基本上有五个方面构成：

（1）企业的理念识别（Mind Identity，MI）；
（2）企业行为识别（Behavior Identity，BI）；
（3）企业视觉识别（Visual Identity，VI）；
（4）企业听觉识别（Audio Identity，AI）；
（5）企业环境识别（Environment Identity，EI）。

2. CIS 五个构成要素的作用

（1）理念识别，让你的企业高瞻远瞩，
（2）行为识别，让你的管理井井有条，
（3）视觉识别，让你的品牌独具一格，
（4）听觉识别，让你的连锁事业辉煌，
（5）环境识别，为你的品牌建立区隔。

三、CIS 构成要素

(一) 企业理念识别 (MI)

企业理念识别 (Mind Identity, MI) 是 CIS 的基本精神,是企业识别系统和生存发展的动力,是一个企业在生产经营活动过程中的经营理念、经营信条、企业使命、企业目标、企业哲学、企业文化、企业风格、企业座右铭、企业精神和企业战略、广告、员工的价值观等的统一化。换言之,企业理念是企业在开展的生产经营活动中的指导思想和行为准则,它包括企业的经营方向、经营思想、经营道德、经营作风和经营风格等具体内容。

"让一切自由连通"体现了中国联通可以满足人们渴望与外界自由沟通的愿望,帮助人们随时随地,以多种方式进行联络和获取信息的功能需求 (见图 5-1)。

图 5-1 中国联通标识

中国联通各公司的企业理念识别是:

"三新两点"——新机遇、新挑战、新市场;服务只有起点,满意没有终点。

放我的真心在您的手心;

自信、诚信;用心、创新;

网内存知己,天涯若比邻。

"艰苦坚实、诚信承诺、实干实效"——以艰苦的作风打拼坚实的企业基础,以诚实的信念承诺一流的企业服务,以实干的精神创造高效的企业业绩

"三学二创一开拓":学政治、学文化、学技术;创企业经济效益,创电信一流服务;灵活经营,开拓发展新思路。

IBM 的标识如图 5-2 所示。

图 5-2 IBM 标识

（二）企业行为识别（BI）

企业行为识别（Behavior Identity，BI），包括对企业内部和对企业外部两部分：对企业内部包括对干部的教育、员工的教育（如服务态度、接待技巧、服务水准、工作精神等）、生产福利、工作环境、生产效益、废气物处理、公害对策、研究发展等；对企业外部包括市场调查、产品开发公共关系、促销活动、流通政策、银行关系、股市对策、公益性、文化性活动等。

企业的行为识别几乎涵盖了整个企业的经营管理活动。不同的企业，在内涵上又有所不同，如银行业重视外观形象和社会形象，销售企业重视外观形象和市场形象等。在企业行为中能直接作用到公众，形成公众的印象与评价的因素，主要分为7种形象24项因素，包括：

(1) 技术形象：技术优良，研究开发力旺盛，对新产品的开发热心。
(2) 市场形象：认真考虑消费者问题，对顾客服务周到；善于宣传广告，消费网络完善，有很强的国际竞争力。
(3) 公司风气形象：清洁，现代感，良好的风气，和蔼可亲。
(4) 未来性形象：未来性，积极形象，合乎时代潮流。
(5) 外观形象：信赖感强，稳定性高，企业规模大。
(6) 经营者形象：经营者具有优秀的素质。
(7) 综合形象：一流的企业，想购买此公司股票，希望自己或子女在其公司工作。

企业的行为识别偏重于行为活动的过程，消费者对其的认识也需要一定的时间，而且随着时代的变化，企业的行为识别内容也在不断地进行调整，以符合整体CIS系统的变革。

麦当劳、真功夫的公益广告牌见图5-3、图5-4。

图5-3 麦当劳公益广告牌

图5-4 真功夫公益广告牌

（三）企业视觉识别（VI）

企业视觉识别（Visual Identity，VI）是运用视觉传达设计的方法，设计系统符号，突出企业精神。一般包括基本设计、关系应用、辅助应用三个部分。

基本设计包括企业名称、品牌标志、标准字、标准色、企业造型、企业象征图案、企业宣传标语、口号、吉祥物等。

关系应用包括办公器具、设备、招牌、标识牌、旗帜、建筑外观、橱窗、衣着制服、交通工具、包装用品、广告传播、展示陈列等。

辅助应用，如样本使用法，物品使用规格及其他附加使用等。

在CIS所有活动中，VI效果最直接，在短期内表现出的作用也最明显，统一的VI设计可以在企业对外宣传和企业识别上获得最有效最直接的具体效果，也正因为如此，很多人把视觉识别（VI）等同于CIS，甚至把VI等同于"企业形象"。在此，希望读者能引起注意。在企业视觉识别（VI）中，视觉识别的设计是论证VI成功的关键。一个良好的设计应该能具有以下几个要素：

（1）要能反映企业的理念识别（MI）基本特征；
（2）能反映企业基本经营性质；
（3）视觉设计必须容易辨认，记忆，具有系统性及严格区别于其他同类企业；
（4）视觉设计必须符合美感，赏心悦目，能被绝大多数人接受并能引起他们的好感。

可口可乐、味千拉面、耐克、李宁等企业的标识见图5-5~图5-8。

图5-5　可口可乐标识

图5-6　味千拉面标识

图5-7　耐克标识

图5-8　李宁标识

课堂讨论：味千拉面、李宁的视觉识别设计（VI）有什么特点？

（四）企业听觉识别（AI）

企业听觉识别（Audio Identity，AI）是根据人们对听觉记忆比较后得到的一种CI方法，是通过听觉刺激传达企业理念、品牌形象的系统识别。2011年，由著名音乐人刘彪研究完善了AI的系统性，并开始逐步推广到企业当中。很多产品的系列电视广告片，其背景音乐或者主题音乐，甚至语音、语调、语感、语速都有着惊人的相似，作为观众或听众，只要一听到这种音乐或者话语，甚至不必去看画面，就会想到大约又是某某商品在做广告了。与视觉识别的比较，听觉刺激在公众头脑中产生的记忆和视觉相比毫不逊色，而且一旦和视觉识别相结合，将会产生更持久有效的记忆。

企业听觉识别（AI）的构成包括五个方面。

1. 主题音乐

这是企业的基础识别，主要包括企业团队歌曲、企业形象歌曲。前者主要用于增强企业凝聚力，强化企业内部员工的精神理念；后者则主要用于展示企业形象，向外部公众展示企业风貌，以此增强公众的信任感，如郑州亚细亚的《亚细亚之歌》。

2. 标识音乐

这是主要用于广告音乐和宣传音乐中的识别音乐，一般是从大企业主题音乐中摘录出高潮部分，具有与商标同样的功效。如麦当劳的广告音乐"更多的选择、更多的欢笑，就在麦当劳"。

3. 主体音乐扩展

这是从高层次出发来展示企业形象，通过交响乐、民族器乐、轻音乐等来进行全方位的展示。

4. 广告导语

一般是在广告语中的浓缩部分，以很简洁的一句话来体现企业的精神，以凸现企业的个性。

5. 商业名称

商业名称要求简洁上口，能体现企业理念。例如保健品企业命名为"健康久久"，让人一听名称就对企业理念、经营业务有所认识。

（五）企业环境识别（EI）

企业环境识别（Environment Identity，EI），全称为Environment Identity System，也称环境统一化。环境识别是企业的"家"，是对人所能感受到的组织环境系统实行规范化的管理。企业环境识别（EI）包括企业内部环境识别和企业外部环境识别。

1. 企业内部环境识别

（1）门面是否标明单位名称、标志展示；

（2）通道是否美观、实用，是否有宣传设施；

（3）楼道、室内的指示系统管理；

（4）配套家具、设施的风格、质量、价格；

（5）智能化通信设施；

(6）空气清新度；
(7）安全设施。
2. 企业外部环境识别
(1）环境艺术设计；
(2）生态植物、绿地；
(3）雕塑、吉祥物；
(4）建筑外饰，如广告、路牌、灯箱；
(5）组织环境风格与社区风格的融合程度。
企业环境识别（EI）策划的要求：
(1）根据企业理念策划；
(2）根据企业的特征、企业文化、企业行业特色做文章；
(3）根据公众需求、公众的方便性和习俗文化制订；
(4）要注意环境建设应以文化为主，不要比排场、比花钱、比高档装修，有文化才能有特色、有风格、有品位。

四、实施 CIS 战略的目的

（一）提高知名度

一个企业的名字在社会大众、消费者心目中有多大份额，它的产品的使用率有多高，很大程度上取决于该企业的知名度。一个企业知名度高，它的产品就易被认可，就有可能在市场竞争中取胜。CIS 战略的实施，正是为了提高企业的知名度。它通过一系列同一化、整体化、全方位的理念识别、行为识别、视觉识别的运用和反复植入，在社会公众中造成强烈印象。

（二）塑造企业形象

企业形象是潜在性的销售额，是无形的资产，良好的企业形象会给企业带来不可估量的社会效益和经济效益。消费者使用该企业的产品时感到放心、满意。企业发行的股票在证券市场上极为抢手，企业对劳务市场上的人才有吸引力，社会各行各业与该企业的合作会更有信心。而实施 CIS 的目的，正是在于通过内外部综合性的经营努力和视觉系统的整合，以达到社会和顾客对企业产生良好的印象和意识，以便使环绕企业的经营环境转变为有利于该企业的经营条件，最终使该企业在市场竞争中处于有利地位，不断扩大市场占有率和取得更好的效益，对内达到增强企业员工对本企业的认同感。

（三）培养员工精神

企业员工是企业构成的基本要素之一，是企业活动的主体和企业行为的承担者，是企业中人的因素的具体体现。CIS 战略通过它的理念识别，导入更加成熟的经营方针和经营理念、思想，经标语、座右铭、企业风格、经营策略传递出去，着重塑造企业员工的理念意识。这样，员工就能明确意识到自己是这个集体中的一员，在心理上会形成一种对群体的"认同感"和"归属感"，员工形成了密不可分的群体，强化了企业的存在价值。

（四）明确企业主体

CIS 通过物质环境、时空环境、信息环境及视觉识别的同一性、独特个性传达给社会公众，使社会公众能够了解、识别企业，从而接受企业及企业的产品。

CIS 的最终目的是统一的，又是最简单明了的，就是实现企业的利润最大化。企业的生存和发展，不管采取何种竞争手段，其最终目的都是为了获取最佳的经济效益和社会效益。CIS 作为一种经营管理方法，最终的目的也是为了实现企业的利润最大化的目标。

在 MI、BI、VI 三者之中，具有以下的结构层次关系：

理念识别（MI）是 CIS 的中心和依据，企业经营理念和企业战略的确定是实施 CIS 战略的关键，理念的优劣直接关系到企业的发展方向及未来的前途，完善而独特的理念识别是 CIS 的依据。作为企业的动态系统的行为识别（BI）是理念识别（MI）的具体表现，而且也直接关系到视觉识别（VI）这一以静态为特征的视觉传达系统。

五、CIS 战略的作用

（一）塑造企业形象

企业 CIS 战略，它把企业形象视为一种无形资源要素，这是企业形象战略得以实现的根基。随着社会信息化的到来，科技出现了社会化和一体化的发展趋势，由技术所导致的产品及服务质量方面的差异被大大缩小了，大众型消费向个别型消费过渡，市场已转变为买方市场，商业竞争已成为综合能力的竞争，只有借助于综合优势，并采用科学信息的传达手段，充分了解市场，才能把握主动。

企业 CIS 战略是企业形象的差别化战略，特别强调信息传达的效率化、标准化和统一化的差别，并使企业产品的使用者及相关者明确企业的社会定位及存在意义，并加以认同，使企业的视觉符号如企业标志、名称、商标、色彩等被公众认识、依赖，并产生好感。

企业 CIS 战略成功的关键是企业对理念的开发、提供和自主化认同，这也是形成 CIS 系统中的核心 MI 的关键所在。

企业的 CIS 战略也是一种全方位的传达体系，是一种需企业全员经营的战略。企业在导入 CIS 的过程中，必须由自己的力量来完成企业理念的提供和开发工作，动员企业员工的力量。

在企业信息传达的媒体方面，要扩大到所有与企业有关的媒体上进行信息的传达。企业 CIS 战略是企业的一个长期的战略，不是一蹴而就的行为，必须设计出一种可控制并能实际操作和检查改进的机制。

在企业 CIS 战略中，所要建立的企业识别系统就其实质来说就是企业文化系统，它既有理念的支持（企业的价值观），也有企业的行为规范（行动识别），同时也有表现理念及其配合行动的视觉符号系统（视觉识别 VI）。

CIS 战略作为建立企业形象的有效途径，是一个完整的、科学的、可操作和可控制的系统化战略体系。实施 CIS 战略，进行企业形象策划，不但能促进企业产品的销售和提高服务质量，而且还能提升企业整体形象和经营管理水平，使企业组织在各方面发生积极变化，促进企业经济效益和社会效益全方位提高。

企业形象是消费者、社会公众以及企业内部员工和企业的相关部门与单位对企业、企业行为、企业的各种活动成果能给予的整体评价与一般认定。这种形象必然是企业形象的系统性表现。实施 CIS 战略的根本目的是树立具有独特个性的，为自身和社会大众认同的企业形象，并给企业带来经济效益和社会效益。从这个意义上，可以说 CIS 战略就是企业建立和维护良好形象的一个系统工程。

作为一个企业的企业形象，它有着其自身的显著特点，主要表现在以下几个方面。

第一，它具有整体性。它是由企业内部的诸多因素构成的统一体和集中表现，是一个完整的有机整体。

第二，它具有社会性。企业形象是企业公众对企业综合认识的结果，绝不是人们对某个企业的个别因素的认识结果，而是综合多方面的因素形成的，是不以人的意志为转移的社会现象。它还受一定社会环境和影响和制约，不可能脱离赖以生存和发展的社会和自然条件而独立存在。

第三，它具有相对的稳定性。一个企业的形象一旦在公众的心目中形成，便表现为相对的稳定性，一般很难改变，即使企业发生变化，这种变化很难马上改变企业已存在的形象模式。因为公众是倾向于原有企业已存在的形象，这是公众心理定式作用的结果。因此，相对稳定的良好的企业形象有利于企业利用其稳定特点开展经营管理活动，可以借助已存在的有利条件为企业创造更大的经济效益和社会效益。

第四，它具有对象性。企业形象作为人们对企业综合性认识是一种总的印象，反映出其主观性的特点，但社会大众的思维方式、价值观、利益观、审美高度等的不同，使得他们对企业形象的认识途径、认识方法都有所不同。

第五，它具有可变性。虽然企业形象具有相对稳定性的特点，但这种稳定性是相对的，随着企业内部因素和外部环境的改变，企业形象也会随之发生变化。只要变化足够大，时间足够长，并且这种变化正好是公众注目和关心的，那么，公众对企业的态度和舆论就会发生巨大的变化。

第六，它具有传播性。企业形象可以通过各种传播渠道从某一类公众传送给另一类公众。这一特征为企业形象策划达成自身的目的提供了理论依据。

第七，它具有偏差性。企业形象在传播中常会出现和客观实际不符的情形：企业形象超前或滞后于企业现实。出现偏差，是由于公众获得某一企业信息不充分所致，由于信息不充分，人们就主要从某些方面去臆测，导致出现偏差现象。

第八，它具有创新性。企业形象是发展的，随着消费者的价值观和消费需求的更新，对企业形象也提出了创新的要求，所以企业形象具有把创新、继承、延续有机地结合起来的特征。

CIS 作为建立企业形象的有效途径，是一个完整的、科学的、可操作的和可控制的系统化战略体系。CIS 的综合性特点，基本体现在其整体性上，在企业理念（MI）的指导下，BI 作为企业的实际行动，VI 则全方位、全媒体地以各种方式传播企业的信息，公众可以在企业的整个社会性活动当中，以多种渠道、多个角度、不同方式、不同形式获得企业信息，而各种企业信息的共同性和互补性又起到了树立形象的效果。公众最直观的读取企业的 VI，因此实施 CIS 战略要注意企业的视觉符号系统与企业的经营理念、经营活动的内在一致性，并尽力设计出易被大众所接受的视觉符号。

一旦建立起良好的企业形象,企业就有了长期受益的无形资产。CIS 强调系统性、科学性,还需制订强有力的推广计划与实施方案,这样才能发挥 CIS 的对企业形象的建立所起的作用。

(二) 弘扬企业文化

企业文化是 20 世纪 80 年代企业管理思想的产物,并被人们所公认为是现代企业管理的有效模式。企业文化作为企业的一个特殊化群体存在样式,它的生存和发展方式,具体体现为企业整体的思想、心理和行为方式,通过企业的生产、经营、组织和活动而表现出来,其中企业理念居于主体地位。企业文化是经过企业成员集体创造、享用、认同、继承和更新的。因此,在内部具有共性化,同时在外部又具有个性化,不同的企业文化也有不同的类型及模式。

企业 CIS 内部认同的最高目标是建立优秀的企业文化。CIS 体系中的 MI(理念识别)、BI(行为识别),集中地表现了企业的精神、理念、价值观和行为准则。全面地导入 CIS,是以企业对社会市场和企业内部环境的综合分析为依据的,对于企业组织结构与企业文化的存在状况,以及它们之间统一与协调的程度进行深入检查与研究,最终为企业经营者提供一个加强组织机制、提高企业环境适应能力与市场竞争的契机。

企业 CIS 导入的价值在于通过建立企业的共同价值观念与行为准则,为企业的全体员工提供向心力、凝聚力和归属感,并在一定程度上弥补企业文化团体的分离倾向。因此 CIS 导入,必须要以明确的方式表达企业文化的实际意义,使它成为全体员工的共识。另外,还要对企业文化已有存在方式进行全面的重新检查与测试,并在此基础上为企业的决策者提出达到目的的最优规则。

从企业文化的角度看,CIS 中的 MI 主要从四个方面来进行导入。

1. 企业价值观念

企业价值观念是企业经营者和全体成员的最高要求和衡量事物的标准。因此,企业价值观念对于企业的发展具有指导意义,企业价值观念对于企业的经济、技术因素和组成因素是有支配作用的。企业价值观念不是孤立存在的,它体现在企业的生产、经营、组织、生活等一切活动中,通过企业的经营思想、企业精神、企业道德、企业目标反映出来。企业价值观念应能代表成员的主导价值观,或者能够把成员的价值取向吸引和统一到企业价值观体系中来。

2. 企业经营思想

企业经营思想是指企业经营的指导思想和方法论。具体体现为经营环境的适应和开发、经营资源的利用、经营组织机制和多种制度的运用等。主要包括企业的社会责任感、企业的效益观念、系统观念等。

3. 企业精神

企业精神是在企业长期经营活动中形成的,代表企业价值观和广大成员的意愿,反映企业目标和方法,是具有推动企业发展的一种意识和精神力量。一般通过一些精练、浓缩、富于哲理又简洁明快的语言表现出来。

4. 企业道德

企业道德是在一定社会制度、文化形式、道德形态下,调整企业之间、企业与成员个人之间及成员与成员之间的行为规范的总合。

六、导入 CIS 应遵循的原则

（一）战略性原则

CIS 导入是长期的过程。如果 CIS 一经确定，就要成为整个企业运作的重要依据，不能随意更改。

（二）民族化原则

应具备民族特色。各个国家的各个企业要突出自己的民族化特色。俗话说"十里不同风，百里不同俗"，各企业要有自己的民族化特色。

（三）个性化原则

CIS 的系统特征是个性化。每个企业就是唯一的有个性的企业，不能与其他企业雷同。

（四）社会化原则

企业作为社会中的一分子，必须坚持企业根本利益与公众利益的一致，要能得到社会大众的认同，这样才能使企业得到良好的发展。

（五）系统性原则

CIS 是一个系统工程，CIS 设计应从企业经营理念、宗旨、行为规范和视觉识别等方面进行。

（六）同一性原则

CIS 设计时一定要突出同一形象，使得企业的理念识别（MI）、企业行为识别（BI）、企业视觉识别（VI）、企业听觉识别（AI）、企业环境识别（EI）要同一性。

（七）规范性原则

企业的 CIS 设计时应符合规范，不能轻易更改各个系统。

（八）操作性原则

CIS 设计要具备可操作性，只有具备了可操作性，CIS 才能广泛应用。如失去了应用的价值，那么就会成为纸上谈兵，不能发挥出 CIS 的效用。

七、CIS 系统导入与实施

（一）CIS 系统的导入

如何有效导入 CIS 是企业面对的问题。面临着激烈的竞争，许多企业纷纷导入企业识别系统（CIS），希望能建立独特鲜明的企业风格与形象，来提升企业的竞争力。在导入 CIS 的过程中，普遍存在一个现象，便是想要导入的企业，大部分只着重于视觉的更换，而忽略了企业体制的改革，因而遭遇许多阻力，无法达到预期目的而功亏一篑的案例比比皆是。大部分企业在遴选 CIS 公司时，只要求提出视觉计划而忽略整体规划，在实施时才发现困难重重，对企业本身及专业公司，都造成许多无谓的困扰甚至演变成纠纷，不仅一般企业有此问题，许多知名企业都先后遭遇这一问题。

对企业而言，所谓 CIS 的导入，不仅是视觉的包装，而是通过整体规划与视觉设计，凸显企业的风格，其中包括经营理念的理清与确立、沟通与共识的建立，最后才通过视觉的规划与行动的落实等过程，塑造企业独特的形象而达到整合沟通的效果。也就是说，如果企业未能掌握 CIS 导入的契机，不能进行体制的改革，只不过像在外表镀了一层金，终究会很快褪色。

视觉的规划容易，只要有足够专业设计资源即可完成，更新后很容易展现出与过去截然不同的风貌。但是企业形象的更新，更在于改变过去的服务效率、质量与态度，使其具备现代化企业经营的绩效。而行为的展现，却是需要企业所有成员对企业的经营理念、宗旨、任务有充分的认知与一致的认同，进而产生出符合企业期待与形象的行为，其中必须经过复杂的过程，通常必须经过充分沟通与共识的建立，才能达到效果。要达到这样的目的，完整的教育训练的规划与执行是不可或缺的。

CIS 导入是指结合企业的具体情况，开始推行或再次推行（对以前已实施的 CIS 进行修改和变动）的全过程。CIS 导入是实施 CIS 的关键阶段，它确定了该企业 CIS 的各项基本要素的内容，形成 CIS 执行的关键文件《CIS 手册》，以及全面实施 CIS 的计划。CIS 导入一般要求在一定的计划时间内，保质保量按期完成。

下面罗列了 CIS 导入的一般内容和顺序，CIS 导入必须严格遵守这个顺序进行。但是，对于不同的企业由于自身的特殊性，可能有所不同，企业可根据自身的具体情况仔细推敲决定。它是一项细致的工作，需要企业全体职工和所有部门的共同参与。

（1）确认企业 CIS 导入的"目的"和"计划"被批准，即由企业内部经过多方讨论确定的目的和计划，经企业领导批准实施。

（2）CIS 导入的组织落实，包括以下内容。

①企业内部成立专门负责 CIS 实施的部门和领导机构；

②与帮助实施 CIS 的公司签订合同；

③确定在实施过程中各有关部门的权利和义务。

（3）与 CIS 实施有关的所有部门和人员共同研究确定实施目的、目标，实施方针及有关事宜。

（4）制订导入计划，包括时间进度计划及各个阶段的详细内容。

（5）在事前对形象调查内容、方法、对象的确定，可委托有关机构或自行调查确定，也可进行问卷设计、审查和确定。

（6）实施调查。

（7）再次确认该企业的经营战略、经营方针等。

（8）对调查进行统计分析。

（9）根据调查分析的有关资料，确定或再次确认企业的经营理念的简要表达形式。

（10）把最后确定的"理念"简要表现形式，以报告的形式交付有关部门和职工进行讨论。

（11）调查和收集"理念"的讨论结果。

（12）与企业最高领导确定用简要形式表现的企业理念。

（13）以理念为核心，系统检讨行为识别（BI）和视觉识别（VI）实际的有关问题。

（14）由专业设计单位和设计师进行视觉设计和行为设计。

（15）由设计者对视觉识别（VI）要素（企业名称、标志、标准色、标准字等）部分的一个或几个方案进行说明，并形成报告。

（16）将视觉识别（VI）要素的图案和报告，在企业内部进行展示和讨论。

（17）对设计进行事前实验，邀请企业内外部有关人员在看完展示后填发问卷和进行统计分析。

（18）总结讨论和事前实验结果，对方案进行确定、修改或重新设计。

（19）对设计完成的企业名称和标志到工商行政管理部门进行法律确认并登记注册。

（20）结合该企业特点，确定视觉识别（VI）"应用设计"应包括的内容。

（21）对视觉要素设计进行确认，向设计者提供应用设计的内容、项目和要求。

（22）对行为识别（BI）设计者提供的设计和报告进行讨论、修改和确认。

（23）确定有关行为识别（BI）中有关要素的设计和策划的内容、项目和要求。

（24）对完成的全部设计进行审核和最后确定。

（25）进行《CIS 手册》的设计和印刷。

（26）研究确定对企业内外的 CIS 传达、宣传计划。

（27）对 CIS 应用设计的有关内容进行制作。

（28）实施对内宣传计划。

（29）实施对外宣传计划。

（30）根据最初实施情况，进一步制订全面实施方案。

（31）全面实施 CIS。

以上内容和工作顺序对于具体的企业应认真审核，并结合该企业实际情况加以修改、增减和完善。

（二）CIS 系统的实施

CIS 全面实施是指根据 CIS 导入制订的计划和内容，进行全面执行和推广，它是 CIS 全面落实和获得效果的阶段，是一个长时间、需要严格管理的阶段。全面实施 CIS 主要包括以下工作。

1. 企业管理理念和战略的实施

当企业理念与企业战略制定出来之后，一项必不可少的重要工作就是企业内外对自己的企业理念与战略认识与了解，这一点意义重大。为什么有些企业在导入 CIS 之后并没有看到多少成效，一个最根本的原因就是它未能使企业理念与企业战略深入企业内外所有有关组织和有关人员中。所谓有关组织和有关人员，主要包括消费者、股东、金融界、供应商及中间商、政府有关职能部门、社区、大众传播媒介、企业内部员工及员工组织等。

全面实施的目的在于使企业内外的所有有关组织及人员都明了该企业在"干什么"和

"为什么而干",从而能够获得"认同",进而获得一种亲和力与心理上的共鸣,只有这样,企业的理念与战略才能真正发挥它应有的作用。

2. 促进企业主体性的形成

CIS 全面实施,就是用理念真正促进企业主体性的形成,而不是停留在抽象的表现形式上,这一问题我们在分析企业理念表现形式一节已有详细论证。

理念主体性、统一性是需要付出长期、艰苦的努力才可能真正实现的。理念统一性实现的一个重要特点是,它非常类似"宗教"的形式,它不仅要不断地灌输、教育,更重要的是靠具体的事实对抽象理念"解释",靠故事、靠人,尤其是企业管理者的身体力行逐步形成的。当然,理念推广必须通过多种形式,而不是简单的教条式的说教形式。

3. 将视觉识别全方位地应用

CIS 全面实施一开始的重要工作之一,就是将设计出的视觉识别(VI)全方位地应用。每个企业都有外部标志,但企业是否已引进 CIS 的一个很大区别,就是系统的视觉识别(VI)全方位地应用。这里所谓全方位,是指一切必须运用和可以利用的地方与场合,这对加强识别记忆有重要意义。

在 CIS 全面实施中,必须强调企业标志、标准字、标准色等要素的使用标准和方法;必须严格按照《CIS 手册》实施,任何变形或特殊使用,要经过严格的审批制度。

4. 规范企业行为

这是商业企业主体性的外在表现,它是一个动态识别过程。在 CIS 全面实施中我们应做好以下几个方面的工作。

(1) 根据"行为识别原则"具体制订或修改完善企业的各项规章制度,并严格执行。

(2) 通过培训和教育规范领导与职工的行为。

(3) 根据《CIS 手册》完善内部工作环境。

(4) 重新制订或修改职工的提拔与奖励制度,以及生活福利分配制度。

(5) 全面实施企业的经营战略、经营方针和政策。

(6) 全面重视企业经营管理水平和部门职工的素质的提高。

(7) 重新制订或完善对消费者利益保护的制度和措施。

(8) 重新制订或完善对所在社区的行为原则。

(9) 规范企业与有关企业、机构与人员交往的态度和行为准则。

(10) 根据《CIS 手册》完善服务环境和购物环境。

(11) 保证日常的对外公共关系活动和广告活动的一致性。

(12) 加强对社会公益事业的支持。

(13) 认真策划和实施加强形象识别的重大公共关系、广告和促销活动等。

CIS 全面实施与企业经营管理是相互交叉和相互包容的,导入和实施 CIS 作为商业企业形象的切入点的一个重要意义在于:可以使企业的经营战略的实施条理更清楚,有更强的操作性。

课堂讨论:小组讨论印象深刻的 CIS 系统。构思虚拟公司并命名,初步设计 CIS。

任务二　企业理念识别 MI

案例

迪士尼全称为 The Walt Disney Company，取名自其创始人华特·迪士尼，是总部设在美国伯班克的大型跨国公司，主要业务包括娱乐节目制作、主题公园、玩具、图书、电子游戏和传媒网络。皮克斯动画工作室、惊奇漫画公司、试金石电影公司、米拉麦克斯电影公司、博伟影视公司、好莱坞电影公司、ESPN 体育、美国广播公司（ABC）都是其旗下的公司（品牌）。

1955 年创立的加州迪士尼乐园位于南加州 Orange County Anaheim，是全世界第一个建立的迪士尼乐园，面积 207.2 公顷，至今已有 60 多年的历史了。巴黎迪士尼乐园的开业正好赶上了欧洲严重的经济衰退。巴黎迪士尼门票 42.25 美元，比美国的还高。巴黎迪士尼宾馆房间一晚 34 美元，相当巴黎最高档宾馆。也正因如此，欧洲游客远比美国游客要节省得多。很多人都自己带饭，不住迪士尼宾馆。例如，一名来自法国南部名叫柯琳（Corine）的游客就是典型的"不花钱"的代表，她与丈夫以及 3 个孩子在巴黎迪士尼乐园游玩了 3 天之后，迪士尼公司很快发现，乐园宾馆的平均入住率降到了 50%。客人们不愿意停留更多的时间、花费更多的钱在这些昂贵的商品与服务上。我们可以将巴黎迪士尼乐园最初的定价策略称为"撇脂定价法"（Skimming Pricing，SP）。

其他的一些经营不当与预计错误也给迪士尼公司带来了伤害，其中最主要的是文化因素。一项不准在乐园内饮酒的规定使得欧洲人很为不满，因为他们把在午餐与晚餐时喝酒视为一种习惯。（这项规定不久就被废除了。）迪士尼公司原以为星期一游客会少一些，而星期五则会多一些，并为此相应地安排了员工，但情况却恰好相反。迪士尼公司还发现游客人数有高峰期与低谷期，高峰期每天的游客人数要比低谷期的人数多出 10 倍。因此，在淡季时公司就需要解雇一定数量的员工，而这又违反了法国严格的劳动法律。

管理人员说，听说欧洲人不吃早餐，因此缩小了餐馆规模，"结果每一个人都要早餐，我们在只有 350 个座位的餐厅里提供 2 500 份早餐，就餐队伍排了近一公里。"

思考：
1. 在巴黎迪士尼乐园开业的第一年里，哪些因素导致乐园经营业绩不佳？
2. 迪士尼为什么在法国会遭到冷遇？

一、企业理念识别（MI）的含义

企业理念识别（MI）是 CIS 的基本精神，是企业识别系统和生存发展的动力。

企业理念，连锁企业经营的观念，或称指导思想，它属于思想、意识的范畴。企业理念是企业在开展生产经营活动中的指导思想和行为准则。连锁企业理念识别的核心包括经营信条、企业精神、座右铭、企业风格、经营战略策略、广告、员工的价值观。

（一）企业使命

企业使命是企业理念识别（MI）的基本出发点，是企业不竭的原动力。企业只有树立了明确的使命后，才能满足企业中所有成员的自我实现的需求层次，不断地激发所有人员的工作热情，提高创造力。只有这样，才能赢得公众们的理解与支持，使企业焕发出勃勃生机。

（二）经营哲学

经营哲学是企业经营最基本的政策和价值观，是企业所有人员进行人际交往和企业对内、对外活动中所遵循的价值标准和指导的原则。经营哲学是企业文化的具体体现。经营哲学是在生产经营中不断提炼总结出来的，具有可实用性的特征。

（三）行为准则

行为准则是企业要求内部所有员工在企业生产经营的活动中需要遵守的一系列的行为的标准和企业的规章、制度等具体的工作要求。例如员工考勤制度、员工劳动规定、工作规范、相关企业纪律要求等。

（四）工作领域

工作领域具体包括了企业在国家规定的何种行业中开展生产经营活动，如国家的支柱产业、传统产业、新兴产业、战略性新兴产业、现代服务业、高端智能产业等。企业使命、经营哲学、行为准则、工作领域都属于理论范畴，只有做到这些方面，才能真正地发挥出企业理念的作用。

例如，海尔的企业理念是"真诚到永远"，沃尔玛的企业理念是"永远让顾客买到最便宜的商品"。

长城钢厂的企业理念中，企业宗旨是"以振兴中华为己任，把最优秀的产品贡献给社会主义现代化建设事业……"，长钢人的灵魂是"理想、纪律、负责献身"，企业道德规范总要求是"为人民服务，尽社会责任，做'四有'职工，当'五爱'公民"等。

MI 所针对和解决的是：

一是如何构建符合企业整体发展战略要求的个性化价值体系。

二是如何将企业精神文化与众不同地有价值地表现出来，得到内部员工的认可并规范自己的行为，同时得到消费者和社会大众的认同。

二、企业理念识别的统一性和特殊性

（一）统一性

企业理念识别的统一性是指企业的内部与外部的企业理念识别（MI）必须一致，否则不能称为统一性。

（二）特殊性

企业理念识别的特殊性是指企业的内部与外部的企业理念识别是独立存在的，即特殊的。世界上没有相同的两片树叶，否则不能称为特殊性。

（三）连锁企业理念识别是 CIS 系统的核心

连锁企业理念识别是整个 CIS 系统中最重要的部分，既表示了企业识别的标志，又确立了整个企业是否存在凝聚力,是否有发展力。

三、企业核心价值观的影响因素

(一)模范员工的价值观

以郭明义、王进喜为例来说明模范员工的价值观。

案例

"爱心使者"郭明义

郭明义是辽宁鞍钢集团一位普通工人,他只是铁矿管理人员,1996年至今,任齐大山铁矿生产技术室采场公路管理员。妻子是医院高级护士,本来家庭生活并不困难,但为了帮助别人,全家人过着清贫的生活。在他不到40平方米的家中,没有一件像样的家具,就连上大学放假回家的女儿也只能睡在临时搭的床上。

他15年里每天提前2小时上班,16年间为失学儿童、受灾群众捐款12万元,20年来55次无偿献血,挽救了数10人的生命。

他追求纯粹,做好事不求人知,矢志不渝地追求真善美。他坚信奉献使人快乐、助人使人幸福,数10年如一日地用自己的博大爱心、满腔热血铸就了人间大爱,被誉为"爱心使者""雷锋传人"。

郭明义被评为全国第三届道德模范。郭明义当选全国总工会兼职副主席。

案例

一不怕苦二不怕死的铁人王进喜

1960年春,正当我国遭受严重自然灾害的时候,一声春雷,传来了我国发现大庆油田的喜讯。遵照毛主席和中央的决策,我国石油战线集中优势兵力,在大庆展开一场规模空前的石油大会战。就在这个时候,铁人王进喜,从玉门率领1205钻井队,千里迢迢赶来大庆。

王进喜的名言是:"宁可少活20年,拼命也要拿下大油田。"

在油田开发建设过程中,王进喜和大庆石油职工一起,面对"头上青天一顶,脚下荒原一片"的恶劣环境,发扬一不怕苦二不怕死的精神,战胜困难,勇往直前,不断取得了油田会战的伟大胜利。

(二)企业家的价值观

以张瑞敏、诺德史顿为例来说明企业家的价值观。

张瑞敏"砸冰箱"

海尔集团创立于1984年,当时是一个亏空147万元的集体小厂。"砸冰箱"的故事改变了这家不知名小厂的命运。1985年12月的一天,时任青岛海尔电冰箱总厂厂长的张瑞敏收到一封用户来信,反映工厂生产的电冰箱有质量问题,张瑞敏带领管理人员检查了仓库,发现仓库的400多台冰箱中有76台不合格。张瑞敏随即召集全体员工到仓库开现场会,问大家怎么办。当时多数人提出,这些冰箱是外观划伤,并不影响使用,建议作为福利便宜点儿卖给内部职工。而张瑞敏却说:"我要是允许把这76台冰箱卖了,就等于允许明天再生产760台、7600台这样的不合格冰箱。放行这些有缺陷的产品,就谈不上质量意识。"他宣布,这些不合格的冰箱要全部砸掉,谁干的谁来砸,并抡起大锤亲手砸了第一台。

"砸冰箱"砸醒了海尔人的质量意识,砸出了海尔"要么不干,要干就要争第一"的精神。在1988年的全国冰箱评比中,海尔冰箱以最高分获得中国电冰箱史上的第一枚金牌。在海尔的发展中,质量始终是海尔品牌的根本。如今,海尔冰箱已经成为世界冰箱行业中销量排名第一的品牌,海尔集团已经成长为世界第四大白色家电制造商。

诺德史顿的英雄式服务

在成长缓慢的零售业界中,有一家公司在过去10年间营业额增加7倍(20亿美元以上),利润(9 000万美元)也稳定成长,店铺效率是行业平均水平的两倍。这家公司的名称是诺德史顿(Nordstorm)公司,是美国零售业中最受人瞩目的企业。

诺德史顿公司原本是1963年起以西雅图为中心,逐渐发展起来的一家皮鞋及女装的专卖店。1971年股票开始上市,由5人委员会形成的领导阶层持有半数的股份。

这家公司使顾客满意的经营理念的例子不胜枚举。

有一名女士在一个月之后,拿了一对已经坏了价钱是20美元的耳环到店里来。结果这位女士当场又拿到一对新的耳环。一名商人在一年前买了一双皮鞋,后因为穿着太紧要求商店修理,结果他拿到的是一双新的皮鞋。

通常退货都需要收据或合适的理由,使用过的东西更不大可能退换。然而,诺德史顿公司的服务态度是不问任何理由,提供对方退款或者是交换的服务。

对于准备马上穿着去参加重要会议的顾客,店员们会主动将新衬衫熨好。对于忙着试穿衣服的顾客提供餐饮服务。对于找不到合适商品的顾客,除了向其他商店调货之外,另以七折优惠出售。对于无法亲自上门的顾客,或者是转机空隙只能在机场试穿的顾客,店员会把西服、皮鞋等产品直接送到顾客面前试穿。寒冬期间,主动帮顾客发动引擎暖车,替停车在其他停车场的顾客支付停车费。

诸如此类英雄式的服务行为,在诺德史顿公司被视为是理所当然的事。所以他们的店员被视为是随时寻找服务机会的"超人"以及"女超人"。

有一名商人对诺德史顿公司的名气感到怀疑，因为他所购买的两套旅行用西服，一直到出发前还没有送达，这位商人于是暗自认为诺德史顿公司也并不如传说中的那样完美无缺。

但是当他抵达旅馆之后，发现他所订购的两套西服随同一封道歉函和价值25美元的三条领带已经由货运公司送达旅馆。

另有一名商人写信给诺德史顿公司负责人约翰，要求修改西服。约翰立刻亲自带了一套新的西服以及一名裁缝抵达这名商人的办公室，而且修改之后的那套西服也一起免费送给这名商人。

有一名老年妇女要买一条不会被轮椅钩住的披巾。店员找遍店里的商品，还利用假日到其他店里去询问，结果还是找不到合适的商品。最终，这位店员自己用毛线织了一件披巾送给那位顾客。

以上是该公司充分利用时间和金钱来创造顾客满意的实例。

诺德史顿公司每一名店员手边都备有常客的个人资料，包括姓名、住址、电话号码、西服尺寸、款式、喜欢的颜色、生日以及其他纪念日等。店员根据这些信息，通知顾客感兴趣商品的进货时间，或者赠送纪念品等，此外，店员还可以利用顾客选购商品的时间，参考手边资料，建议顾客搭配一些其他的商品。购买之后的感谢函上并附有商品的使用说明。

顾客对价格最为敏感。诺德史顿公司的店员不但人数比其他商店多，库存量也比其他商店大。在价格方面，维持与其他商店相抗衡的水平，但是也随时注意避免造成价格竞争或者是因价格竞争导致的经营不稳定，所以绝没有顾客以200美元购买的一条裙子突然降价为120美元的事情。

顾客通过有形的事物来评价无形的服务。所以诺德史顿公司的店面非常讲究气氛，许多店里一楼都特地安排演奏者弹奏背景音乐。

干劲、财务、企业家精神外加亲切感，被视为是诺德史顿公司优秀业务员的品质。如果在营业额、外表态度、顾客服务、目标价格等各种行动准则上接受一次以上警告的售货员，最好是另谋高就。

课堂讨论：谈谈你对诺德史顿公司店员英雄式服务的看法。
你认为我国连锁企业实施英雄式服务的主要障碍是什么？

（三）社会的价值观

企业是社会经济组织，企业领导者和员工无一不是成长和工作、生活在社会环境之中，他们的价值观以及企业价值观也就自然而然地受到社会的制约和影响。在社会价值观中，国家价值观和民族价值观的影响最为突出。

核心价值观：核心价值观对企业的决策和企业行为有着决定性的影响，因此成为企业文化理念中最为重要的内容之一，很多企业甚至把文化管理称为"基于价值观的管理"。

四、连锁企业理念的设计

（一）连锁企业远景设计

设定连锁企业的远景是对连锁企业的未来远大目标、发展的意义的确认（见图5-9），是企业的根本生存之道,也称为连锁企业的愿景。连锁企业的存在是否对社会发展具有意义,是否为我国供给侧改革有重大贡献,都可以通过连锁企业远景来设置。

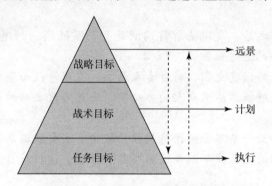

图5-9 连锁企业目标与愿景分类

例如,麦当劳公司的企业远景:占领全球的食品业,在全球范围内处于统治地位。微软公司的企业远景:要使每个家庭、每张桌子上都有一台电脑;同时,他们使用微软的软件。

1. 确认连锁企业目的

确认连锁企业目的是确认连锁企业为什么而存在。一般说来,有什么样的连锁企业目的,就会有什么样的发展理念。科学的发展理念会促使连锁企业发展得更成功,而不科学的发展理念会驱使连锁企业走向衰败。

2. 明确连锁企业使命

明确连锁企业使命是指要将连锁企业的经营哲学具体实施,良好地反映连锁企业的目标和责任。在连锁企业理念的指导下,连锁企业要明确生产经营活动的方向、方法、目标与责任。

天津达仁制药的企业理念

天津达仁制药的宗旨:选料必求地道,炮炙必求其精。

达仁精神:敢于拼搏争第一,勇于创新增效益,遵纪守法爱集体,振兴中药重信誉。

达仁目标:振兴中药,造福人民。

纵览我国的企业,企业传统中的"艰苦奋斗""艰苦创业""爱厂如家""厂兴我荣,厂衰我耻"等内容是被使用得最多的。

(二)连锁企业经营宗旨设计

1. 经营宗旨可操作

连锁企业的经营宗旨要具体落实可行,具备可操作性且能够做到,或者经过努力后可以达成。

2. 经营宗旨有目标

连锁企业的经营宗旨要有目标。这个目标是指与现实有一定的差距,必须经过努力后才能成功达到的目标。

3. 经营宗旨不断提升

连锁企业的经营宗旨要有不断提升的效应，这对于提升连锁企业的形象十分有利。

案例

日本松下集团的"自来水哲学"

日本松下电器公司的创始人松下幸之助在世界企业界被誉为"经营之神"，他用一代人的时间使一个家族企业发展壮大，成了世界顶级大型企业集团。

一个炎热的夏天，松下幸之助走在大阪天王寺附近的街上时，看到了一个拉车人正用嘴对着别人家的水龙头津津有味、心安理得地喝着冰凉的自来水。他立刻想到：自来水是经过加工的饮用水，不是免费的，可拉车人未经主人同意就擅自喝了。究其原因就在于自来水是有价值的生活必需品，通过大量生产加工后使造价很低，也就没有人去阻止这个拉车人的行为了。这个简单的场景引起了松下幸之助的进一步思考：如果把冰箱、电视等都变成了人们的生活必需品，经过大量生产，它们的价格也会降低。而大批量生产和低价格销售，不仅可使企业获得生存发展的利润，还满足了人们不断提高生活质量的要求。

"自来水法则"的确立，坚定了松下幸之助实施低价策略的决心和信心，由此确立了松下电器公司的低成本战略，即通过大规模生产，制造低价格的优质产品来满足千家万户的日常需要。

松下幸之助这种朴素的经营理念，正与现代经济理论中的"规模效益"理论相吻合。而更为可贵的是，"自来水法则"中包括了报效社会的思想，这在"以和为贵"的日本传统社会引起了消费者的广泛赞同。今天，"社会利益"已经成为现代经营管理理论关注的热点，重温松下幸之助倡导的理念，我们能很好地体味到优秀企业文化关乎企业的长期战略和持久的生命力。

（三）连锁企业经营方针设计

连锁企业的经营方针是连锁企业运营管理中的基本准则。每个企业都有着各式各样的经营方针。在设计连锁企业经营方针时，必须依据自己企业所属于的行业，具有倾向性地设计连锁企业经营方针，可以突出不同的因素设计。

1. 要突出行业的特点

设计连锁企业经营方针时要突出行业的特点，比如，设计不同的业态的连锁企业经营方针时要强调不同方面。连锁专业店、连锁专卖店、连锁超市在设计时要强调服务热情、周到，而连锁酒店在设计时要强调舒适、温馨，运输行业在设计时要强调准时与安全到达。

2. 要突出经营方针的引导性

连锁企业经营方针设计时要突出经营方针的引导性。经营方针属于经营宗旨在现实中的具体体现，可以说是连锁企业经营的行为规范，因此，在设计时应突出经营方针的引导性。

3. 要符合社会大众的期待

连锁企业经营方针设计时要符合社会大众的期待，要了解当今最新的社会大众诉求，符合当今的社会大众心理预期。不仅要站在连锁企业经营者的立场来设计，更要站在社会大众的立场来设计,或者在两者之间找到相对平衡点。这对于许多连锁企业,特别是服务行业的连锁企业来说是十分重要的。

4. 要注重企业的长期发展

任何连锁企业经营方针设计时都要注重企业的长期发展,任何企业都不希望像流星一样转瞬即逝。那么在连锁企业经营方针设计时应制订出科学合理的长期发展方针。

(四)连锁企业经营价值观设计

连锁企业经营价值观的设计是连锁企业的文化具体体现,主要包括目的观、竞争观、道德观、服务观、质量观、人才观等。

案例

建设银行企业文化展示

建设银行理念:献身建设,共享成就,服务社会,繁荣国家。

建设银行愿景:始终走在中国经济现代化的最前列,成为世界一流银行。

建设银行使命:为客户提供更好服务,为股东创造更大价值,为员工搭建广阔的发展平台,为社会承担全面的企业公民责任。

建设银行座右铭:时时保持敬业精神,处处维护客户利益。

建设银行核心价值观:诚实,公正,稳健,创造。

建设银行理念:

(1) 经营理念——以市场为导向,以客户为中心。

(2) 服务理念——客户至上,注重细节。

(3) 风险理念——了解客户,理解市场,全员参与,抓住关键。

(4) 人才理念——注重综合素质,突出业绩实效。

建设银行作风:勤奋严谨,求真务实。

建设银行员工座右铭:时时敬业,处处真诚,事事严谨,人人争优。

建设银行员工警言:我的微小疏忽,可能给客户带来很大麻烦;我的微小失误,可能给建行带来巨大损失;贪欲、失德、腐败必然给自己、亲人和建行带来耻辱。

建设银行宣传用语(口号):中国建设银行,建设现代生活;与客户同发展,与社会共繁荣;善建者行;中国建设银行,植根中国,服务全球;给客户一个完美的服务,给社会一个真挚的回馈,给员工一个创造的空间;中国建设银行,建设现代中国,创造美好未来;哪里有建设的热土,哪里就有"建行人"的足迹;中国建设银行,建设中国人的希望,构筑现代人的理想。

(五)连锁企业精神设计

在我们日常生活中,连锁企业精神提炼的思路一般是由爱国主义精神、集体主义精神、个人利益服从于集体利益、大众创业、万众创新的精神、乐于奉献的精神、自我牺牲精神得来的。

在连锁企业精神设计时应遵循员工对本企业的形象、地位和风气的认知,体现出企业的优秀传统。员工对本企业的发展命运是否抱有远大理想和期待。

【典型案例剖析】

请大家分析下面的企业哲学哪个提炼得好?
"以科学捍卫公正"(国家司法鉴定中心)
"德报人类,力创未来"(德力西电器)
"共创、共进、共赢"(山东钢铁)
"诚启美好未来"(济南高新)
"朝气、和气、正气、大气"(中国石油西气东输)
"跨域陆海,追求无限"(中国石化大陆架油气)
"致远者·天瑞"(天瑞房地产)
"民熙物阜,丰裕城乡"(民丰银行)

案例

"掉渣儿烧饼"的流星命运

2005年3月,江城武汉开始刮起一股"掉渣儿烧饼"风。随后,小小的"中国式比萨"横扫了全国包括北京、上海等在内各大城市的大街小巷。但到2006年年初,"掉渣儿烧饼"已风光不再:以武汉为例,昔日长队购买的景象一去不复返,大多数店面门可罗雀;各加盟店纷纷退出;个别门店甚至打起了1.5元/个的降价牌(原价是2元/个);更具讽刺意味的是,作为特色小吃的"掉渣儿烧饼",竟沦落到被武汉有名的小吃一条街——户部巷所"驱逐"的境地。"掉渣儿烧饼",曾经像流星一样耀眼,却又像流星一样转瞬即逝。其一兴一衰背后的原因何在?通过追踪调查"掉渣儿"烧饼的流星命途,我们或许能从中得到一些启示。

一、流星闪耀:"掉渣儿烧饼"的扮靓策划

烧饼本不是什么新鲜事物,然而毕业于湖北工学院(今为湖北工业大学)生物工程专业的晏琳却能把一个小小烧饼迅速做大,香遍各大城市。归纳其成功的原因,主要有三点:独特卖点+特许加盟+"软文"宣传。

(一)"土得掉渣儿"+"土家风味"=极具特色的产品概念

"掉渣儿烧饼"的首战告捷很大程度归功于它起了一个好名字。总部从"视觉""嗅觉"和"味觉"三个方面对一个普通的产品进行了包装。这么一来,小小的烧饼迅速从主食升级到休闲食品的行列,身价也翻番。

1. 视觉方面

"掉渣儿烧饼"与传统烧饼在制作工艺上并没有太大差别。所不同的是,"掉渣儿烧饼"添加了肉馅,并且肉馅涂抹在烧饼表层。表面的肉料易掉渣,"掉渣儿"之名正缘于此。烧饼与肉料的组合,为"掉渣儿烧饼"赢得了"中国式比萨"的美誉。比传统烧饼稍大,因此大多数消费者认为2元的售价比较实在。在外观上,"掉渣儿烧饼"表面呈金黄或棕黄色,容易引起人们的食欲。其产品包装也独具匠心,醒目的牛皮袋包装吸引了众多消费者的眼球。这个成本仅一角左右的包装袋,在兜起渣儿的同时也起到了品牌宣传的

作用。门面是用竹子、木条和簸箕装修的，尽管简单朴实，但这种返璞归真的设计如同现代都市中的另类，老远就能吸引住消费者的眼球。相比传统烧饼的小作坊式的路边摊，"掉渣儿烧饼"显然更胜一筹。

2. 嗅觉方面

"掉渣儿烧饼"的"七里香"是吸引顾客最为直接的方式，因为嗅觉最容易引发食欲。人们追寻着这股扑鼻而来的独特香味来到店前，自然就加入了争购的行列。

3. 味觉方面

"掉渣儿烧饼"以土家风味著称。其实，很少有人知道正宗的土家口味是怎样的。但"掉渣儿烧饼"较重的口味迎合了大多数，尤其是年轻人的需求。经过高温烘烤后，肉馅中的油脂渗出，使面饼吃起来口感更加酥软爽口，并且油而不腻、口味浓香。

（二）特许加盟："超强人气"+"公司承诺"=愿者上钩

短短三个月（2005年7—9月），"掉渣儿烧饼"人气一路飙升，门店达到39家（其中直营店4家，加盟店35家）。调查发现，其主要动力来自"掉渣儿烧饼"独创的"超强人气+公司承诺"的特许加盟模式。街头长队人气旺，行人受好奇心驱使也纷纷加入，于是队伍越排越长，人气也越集越旺。而"公司承诺"则再推了一把。总部打出承诺"一天可卖出1 500个烧饼，35天收回成本"，投资者们再也抵挡不住此般诱惑，纷纷掏出了加盟费。

（三）"软文"宣传：为市场扩张推波助澜

在对"掉渣儿烧饼"总部的调查中，我们了解到该公司除了2005年9月在城市T频道做了近一个月的车载广告外，没有投入其他的广告宣传。可能是2005年6月《楚天都市报》刊登的一篇名为《白领丽人的烧饼梦》的文章。自那以后，武汉乃至全国的各大媒体开始对这一事件进行报道，尤其到2000年9月达到顶峰。《楚天都市报》还开通热线和短信留言，鼓励市民参与讨论"掉渣儿烧饼"何以大行其道的问题。于是就这样，小小"掉渣儿烧饼"被推向公众，吸引了众多市民慕名前来品尝。

二、流星陨落："中国式比萨"陷入市场困境

从2006年年初开始，"掉渣儿烧饼"在武汉开始走下坡路。首家店的建立（导入期）—22家加盟店（成长期）—39家店面的全盛（成熟期）—加盟店开始纷纷退出（衰退期）。如今，加盟总部开始转战技术转让市场，这意味着其招商加盟已经告一段落。为什么"掉渣儿烧饼"逃脱不了它的流星宿命？

（一）总部：草率扯起加盟大旗

1. 产品设计缺陷

小小的烧饼并没有多少技术含量，不论对其进行何种产品概念包装——"土家"也好，"掉渣"也好，烧饼终究只是一个烧饼。产品技术含量低，直接导致被诸如"掉渣""掉渣渣""土掉渣"等的相继模仿，使得"掉渣儿"品牌形象难以脱颖而出，竞争乏力。此外，由于其产品过于单一，且没有后续升级产品跟进，不能适应消费者口味的变化。而不能满足消费者需求的直接后果就是消费人群的迅速减少。

2. 盲目连锁

在连锁加盟的可行性上，根据国家《商业特许经营管理办法》，"掉渣儿烧饼"当时

并不具备特许经营的资格。其在不熟悉国家政策环境的情况下,就盲目加盟连锁,最终导致官司接连缠身。在加盟门槛设置上,由于项目的启动资金不高,3万元加盟费和1万元的保证金,一般的中小投资者都拿得出来。再加上加盟总部对加盟店店主和店员资质、店铺选址要求、营业面积等都没有严格的限制,导致加盟商的素质、能力参差不齐,因此也很难保证店面的一致性和规范性。在加盟速度控制上,"掉渣儿烧饼"自身扩张过快,以致后劲不足。加盟总部追求眼前利益,没有注重品牌长足发展,把培育品牌形象的黄金时间用来招商加盟,导致没有在消费者中形成稳固的品牌形象,最终竞争失利。

3. 自我管理能力不足

总部急速扩张带来了店与店之间的竞争、品牌形象受损等诸多问题。而要维护一个近40家门店的加盟体系的正常运作,健全的管理制度和完善的日常管理与监督非常重要。然而,总部一心只想如何招收加盟商,忽略了对整个加盟体系的运营管理。原本能力不高的加盟商,又缺乏总部的支持和统一管理,当然会陷入困境。例如,总部推出第二代新品——"马打滚"和"泡椒软饼"遭受市场冷遇后没有了下文;眼下,加盟店的日子越来越艰难,总部却没有及时采取积极有效的措施帮助他们渡过难关,甚至后来总部干脆弃加盟商于不顾,以技术转让开拓省外市场。

(二)李鬼:抢食加盟市场

跟风店多,仿冒的加盟总部也多。上网随便一搜,就能搜到很多关于"掉渣儿烧饼"招商加盟或技术转让的热帖和网页。"掉渣儿烧饼"的秘方曾一度在网上被贱卖到几十元,另外还有技术培训光盘等出售。一时间,眼疾手快的人们纷纷瞅准这一市场,欲分得一杯羹。然而,市场容量就那么大,"掉渣儿烧饼"抢食的人却越来越多。如此一来,"掉渣儿烧饼"的价格劣势限制了其进一步扩张。最为严重的是,消费者被这顷刻间出现的众多的品牌混淆了视线。笔者曾经调查过三家"李鬼",了解到在他们那里只需要缴纳学费1 500~2 000元(根据人数、是否下岗等还可以打折),花2天时间就可获得所有配方和技术。甚至到了后来,连"宫廷桃酥王""江西桃酥王"以及一批蛋糕店也开始兼营各种名称的"掉渣儿烧饼"了。

(三)加盟者:短视的投机者

1. "捞一桶就走"的加盟商

这一类加盟者一般有一定本钱,但往往眼光短浅,只是追求短期利润的快速增长。哪里赚钱且见效快就往哪里投资,先捞得第一桶金再说。由于经商多年,他们对市场有着敏锐的洞察力。一旦发现市场有萎缩趋势迹象,他们便会马上抽资退出,寻找下一个可供加盟的项目。

2. "赚一点就行"的加盟商

绝大多数加盟者属于这一类。与上一类人相比,他们没有那么多本钱。投资的目的往往是想赚一点钱,以维持生计。这一类的加盟主最为典型的就是下岗工人,他们的本钱有时是向亲戚朋友七拼八凑来的,打算赚了钱再慢慢还债。因此,除非是完全无利可图,这一类投资者一般会在这个项目上维持比较长的时间。但我们调查发现,由于总部没有把集中采购得到的优惠直接转让给加盟店(总部把在市场上以5元/千克就可批发购得的肉馅以11.8元/千克售给加盟商)。为了降低成本,有的加盟商竟绕过总部,自购肉馅。如此一来,既破坏了"游戏规则",又难以保证产品的质量;更糟的是,一旦加盟商纷纷自行采购，总部的规模经济体系将濒临崩溃。

3. "玩一把心跳"的加盟商

还有少数加盟商自己就是老板，投资此行并不纯粹为了赚钱，而是想涉足一个新领域。或者说他们也在模仿，因此出现了诸多加盟店私下进行"技术转让"的现象。虽然在《加盟手册》中会有相应的条款限制，但在利益的驱使下，这些加盟商也愿意铤而走险，尤其是加盟招商赚的钱比自己卖烧饼要快得多的时候。总部发展加盟商，而加盟商又发展自己的下线，从这个有趣的现象中，我们似乎可以看到传销的影子。

（四）消费者：尝鲜之后的分流

调查发现，消费者的初次购买动机大体相同："看到很多人排队，也想前去尝尝新鲜。"所以随着其新鲜感的退去，市场必然出现衰落势头。

1. 理智型的流失

大多数消费者新鲜感过后，在选购前会更多地考虑产品的口味、卫生甚至是营养健康等。据我们的调查，消费者对"掉渣儿烧饼"的口味评价并不高：有近60%的受访者认为"掉渣儿烧饼"味道一般；有50%以上的人购买不超过3次，且购买时间多集中在2005年9月。可见在理性消费观念的驱动下，这类人群重复购买烧饼的比例愈来愈少。

2. 情感型的游离

另一部分消费者仍会继续购买，但是他们购买的对象并不固定。也就是说，他们不一定是"掉渣儿烧饼"的忠实消费者。这是因为，市场上过多过滥的"掉渣儿烧饼"的品牌，冲淡了消费者的品牌意识，即他们并不在意哪一家是所谓正宗的，哪一家是仿冒的。因此，"掉渣儿烧饼"并没有形成一批忠实的顾客群，而只能加入混乱的市场大流中参与无差异竞争。

三、如何能成为百年老店

（一）从产品策划到品牌培育

对于小吃连锁加盟体系，是否只有设计高技术含量的产品才能防止对手模仿跟风呢？未必。有高技术门槛固然好，但加盟体系的核心竞争力主要还在于品牌。简单的商业模式很容易被克隆，而成熟的品牌是不易被模仿的。今天的很多特许企业之所以"命"不长久，是由于大量同类化的不规范加盟的存在：企业品牌与产品被大量复制，但往往复制又走了形。这样势必会降低品牌在消费者心目中的形象，进而导致企业业绩下滑，甚至有可能走向消亡。

因此，企业在建立初期，首先应该培育自己的品牌，再采用加盟形式扩张。到那时，已经拥有了一群忠实顾客的企业不必再担心被人仿冒。这里我们可以借鉴"肯德基"的经验：其刚进入中国时主要采用直营形式，待在消费者中树立起稳固的品牌形象后再放手给加盟商来做。现在，即使"麦肯姆"炸出跟"肯德基"一样的鸡腿，"肯德基"也不会惊慌。

（二）从加盟招商到网络管理

总部应对其加盟商提供及时有效的后续服务。总部和加盟店之间非隶属关系，而应是一种互利合作、共求发展的关系。如果加盟店经营成功，则可以帮助总部提高品牌的知名度和美誉度，增强品牌的感召力，使特许经营体系进一步发展扩大；如果加盟店经营失败，会使特许体系难以生存和发展，品牌贬值。因此双方需要共同努力，精诚合作，以共赢为目标。

（三）从合同管理到法律约束

连锁小吃的创立者应该先备足法律功课，学会使用法律工具。

首先，要依法约束他人的行为，保障自身合法权益。比如，在品牌管理方面，宜先申请专利，再开店，否则只能像"掉渣儿烧饼"那样被跟风者仿冒，眼睁睁地看着大好的市场惨遭蚕食。

其次，也要依法约束自己的行为。比如，在授权经营方面，要注意时机的把握，根据相关法律条款确定自己是否有特许经营的资格。否则，像晏琳那样被人告上法庭，得不偿失。因此，约束自己的行为也是保障自己的权益，二者并不矛盾。

（四）从流星企业到百年老店

如今很多加盟连锁的创建者本身动机就不纯，有的甚至只想借特许加盟这种运作模式敛财，这样的企业是注定无法长久的。因此，加盟体系的创建者应从长远发展的角度考虑如何做大做强，而不能单纯追求短期利润的快速增长，轻视了长久的品牌推广和战略发展。否则，类似"掉渣儿烧饼"这样极具潜力项目的火爆只能是一时的，也许成就了几个或10几个招商者，但肯定无法成就像"肯德基""麦当劳"那样具有世界影响力的准百年老店或者超百年老店。

任务三　企业行为识别 BI

案例

狗不理包子的起源

"狗不理"始创于1858年。清光绪年间，河北武清县（今为武清区）有一农家，40岁喜得贵子，为求平安，取名"狗子"，期望像小狗一样好养活。狗子14岁来天津学艺，在一家蒸食铺做小伙计，由于心灵手巧又勤奋学艺，练就一手好活。狗子不甘寄人篱下，自己摆起包子铺。他以水馅半发面做的包子，口感柔软、鲜香不腻，形以菊花，色香味形都独具特色，引得十里百里的人都来吃包子，生意十分兴隆。狗子忙得顾不上跟顾客说话，这样一来，吃包子的人都说"狗子卖包子不理人"，日久天长，人们都叫他"狗不理"。当年，袁世凯在天津操练新军，将"狗不理"包子带入皇室，敬献慈禧。太后膳毕龙颜大悦，说："山中走兽云中雁，腹地牛羊海底鲜，不及狗不理包子香矣。"从此"狗不理"名声大振。

狗不理包子在塑造产品形象时，充分利用了 CIS。通过 CIS，对狗不理包子餐饮文化进行了充分的表现，为狗不理包子形象起到了良好的作用。

一、企业行为识别（BI）概念

企业行为识别，英文表述为 Behavior Identity，简称 BI。这是企业所有工作者行为表现的综合，企业制度对所有员工的要求及各项生产经营活动的再现等。企业行为识别是以企业精神和经营思想为内蕴动力，显现出企业内部的管理方法、组织建设、教育培训、公共关系、经营制度等方面的创新活动,最后达到塑造企业良好形象的目的。企业行为识别是企业理念识别系统的外化和具体表现,是一种动态的识别形式,通过各种行为或活动对企业理念进行表达、实施的过程。

连锁企业理念要得到有效的实施,必须要科学构建和明确连锁企业的行为主体,不仅要确定门店的组织形式,建立健全门店的组织架构,还要使各个部门能合理有效地划分,科学有效地进行科学化管理。企业行为识别是一种动态的识别形式,它通过各种行为或活动将企业理念执行、实施。在企业行为识别系统中,企业主体特征是最基本的基础性因素。企业的行为包括的范围很广,它们是企业理念得到贯彻执行的重要体现领域,包括企业内部行为和企业市场行为两个方面。各种行为只有在企业理念的指导下规范、统一,并有特色,才能被公众识别认知、接受认可。

通过企业内部的制度、管理与教育训练,使员工行为规范化;企业在处理对内、对外关系的活动中,体现出一定的准则和规范,并以实实在在的行动体现出企业的理念精神和经营价值观;通过有利于社会大众和消费者认知、识别企业的有特色的活动,塑造企业的动态形象,并与理念识别、视觉识别相互交融,树起企业良好的整体形象。

二、企业行为识别(BI)构成

通过对企业实际状况调查,制定出企业理念之后,应通过企业整体的活动识别、视觉识别在实践中贯彻企业理念。如果说 MI 是想法,那么 BI 是做法。BI 有对内、对外两个活动:对内就是建立完善的组织管理、教育培训、福利制度、行为规范、工作环境、开发研究等来增强企业内部的凝聚力和向心力;对外则通过市场营销、产品开发、公共关系、公益活动等来表达企业理念,取得大众认同,树立形象。

(一)企业内部识别系统

企业内部识别系统包括企业内部环境营造、员工教育、员工福利、废物处理、环境保护对策、员工行为的规范化等。强化公司内部的凝聚力和向心力有各种活动方式,大体有如下几类。

(1)关心员工的生活、利益、前途(见图 5-10)。

图 5-10 关心员工的生活、工作和利益

(2)企业内部宣传教育。

(3)培训。主要有公司报告、员工手册、公司内部、内部培训、公司内部的活动(见图 5-11)等几种方式。

图 5-11 员工开早会

（4）公司歌曲。

（二）企业外部识别系统

企业外部识别系统包括市场调查、产品开发、服务水平、广告活动、公共关系、促销活动、公益文化活动等。

企业外部活动策划企业通过外部活动向社会公众传达企业形象，提升企业认识度，主要包括以下几种方式：

（1）市场调查：通过市场调查了解消费者的购买心理，对公司的建议和意见，通过改进提高公司的水平。

（2）市场营销：市场营销是个动态的过程，也是企业经营重要的而且是面向大众的过程，因此设计好营销中的促销、广告，组织好新闻发布会等对展示企业形象大有好处。

（3）公共关系：公共关系和公益活动是在提升企业形象起极重要的作用，是现代企业竞争的有效手段。

（4）新品的开发：新产品的推出是公司展示自己形象和理念的大好机会，企业只有不断开发新产品才能在市场中立足（见图 5-12、图 5-13）。

图 5-12 新推出的 177 路公交车

图 5-13 全聚德推出新品烤鸭

三、企业行为识别（BI）内容

企业行为包括的范围很广，企业行为是企业理念得到贯彻执行的重要体现领域，包括企业内部行为和企业市场行为两个方面。内部行为有员工选聘行为、员工考评行为、员工培训行为、员工激励行为、员工岗位行为、领导行为、决策行为、沟通行为等。企业市场行为包括企业创新行为、交易行为、谈判行为、履约行为、竞争行为、服务行为、广告行为、推销行为、公关行为等。上述各种行为只有在企业理念的指导下规范、统一，并有特色，才能被公众识别认知、接受认可。

（1）技术形象：技术优良，研究开发力旺盛，对新产品的开发热心。
（2）市场形象：认真考虑消费者需求，对顾客服务周到，善于宣传，消费网络完善，有很强的国际竞争力。
（3）公司风气形象：清洁，现代感，良好的风气，和蔼可亲。
（4）未来性形象：未来性，积极形象，合乎时代潮流。
（5）外观形象：信赖感稳定性高，企业规模大。
（6）经营者形象：经营者具有优秀的素质。
（7）综合形象：一流的企业，想购买此公司股票，希望自己或子女在其公司工作。

案例

王永庆法则

台湾台塑总裁王永庆在多个场合多次反复强调这样一句话："节省1元钱等于净赚1元钱。"他的这个思想被台塑集团员工奉为经典，并为国内外企业管理者称为"王永庆法则"。

赚钱要依赖别人，节省只取决于自己。在现实生活中，我们大多看重的是财富的创造，对于节俭似乎注意不够，有时甚至认为这是小家子气。殊不知，节俭也是理财的一部分。学会了节俭每一分不必花费的钱，你也就学会了对财富的运用和创造。

四、连锁企业行为识别（BI）设计

（一）连锁企业内部行为设计

1. 工作环境规范化

连锁企业内部的工作环境要规范化，不仅包括硬环境还包括软环境。硬环境是指物理环境，指办公室环境、自然环境、营销环境等。软环境指人文环境，包括领导风范、精神风气、竞争环境等。

2. 企业内外的人力资源管理活动

企业内外的人力资源管理活动在不同国家、不同行业和不同企业会表现出不同特点，是着手解决相关问题，探索不同管理模式的决定性因素，并找出内在的、外在的原因和影响因素的活动。企业人力资源管理模式的特点在于管理人力资源，要在企业管理方案的基础上以培养人才为主。进行人力资源管理时，要结合人的情绪将其系统化成为类型；对人力资源的

使用时，应采取有限进入和内部晋升的模式；在人员激励方面上，应实行物质保障和精神鼓励相结合。

3. 员工行为规范化

员工行为规范化指道德规范、仪容仪表与着装规范、举止规范、语言规范等。

4. 员工管理行为

员工管理行为包括门店员工培训、门店员工工作设计、员工行为设计等。行为系统建立的原则包括立足长远、以诚取信、内外兼顾、广泛传播、防微杜渐。

5. 企业内部文化性活动

企业内部文化性活动包括企业的运动会、宣传活动等。

蝴蝶效应和海恩法则

一、蝴蝶效应

蝴蝶效应指一件表面上看来毫无关系、非常微小的事情，可能带来巨大的改变。此效应说明，事物发展的结果，对初始条件具有极为敏感的依赖性，初始条件的极小偏差，将会引起结果的极大差异。

美国气象学家爱德华·诺顿·罗伦兹（Edward Norton Lorenz）1963年在一篇提交纽约科学院的论文中分析了这个效应。一个蝴蝶在巴西轻拍翅膀，可以导致一个月后美国得克萨斯州的一场龙卷风。

蝴蝶效应的复杂连锁效应，每天都可能在我们身上发生，如著名心理学家、哲学家威廉·詹姆士所说："播下一个行动，你将收获一种习惯；播下一种习惯，你将收获一种性格；播下一种性格，你将收获一种命运。"

二、海恩法则

海恩法则是德国飞机涡轮机的发明者德国人帕布斯·海恩提出一个在航空界关于飞行安全的法则，海恩法则指出：每一起严重事故的背后，必然有29次轻微事故和300起未遂先兆以及1 000起事故隐患。海恩法则强调两点：一是事故的发生是量的积累的结果；二是再好的技术，再完美的规章，在实际操作层面，也无法取代人自身的素质和责任心。

（二）企业对外识别活动

1. 客户业务交往行为规范

客户业务交往行为规范指企业的业务拓展人员在同客户交往的过程中从塑造企业形象的角度出发应遵守的行为规范。

2. 制订服务规范

制订服务规范是指企业应制订出符合企业服务规范的制度和章程。

3. 企业公共关系行为规范

企业公共关系行为规范是企业行为系统的主要内容。任何一个企业都不是孤立的客观存在，通过公共关系活动，不仅可提高企业的知名度，还可以提高企业的美誉度。

4. 建立信息沟通网络

建立信息沟通网络是指一群人建立和保持联系，以便相互沟通的一种形式。几乎每个人在组织中都会参与网络之中，成为其中的一员。沟通网络有助于管理者获得信息，也有助于管理者和员工搞好人际关系。网络的核心是一些有实权的人物，这些人物可能是名正言顺的领导者，也可能是一些地位低而作用大的"影子人物"。沟通网络方式有正式和非正式两种。

五、BI 效用分析

（1）条件分析。
（2）目标设定。
（3）培训计划。
（4）检查督导。
（5）奖惩制度。

班组标准化岗位行为

一、工作内容与要求

（1）贯彻执行上级及车间关于标准化工作的方针、政策，建立企业标准体系，提高标准化管理水平。

（2）协助有关人员做好制订、修订、执行技术标准、管理标准、工作标准的工作。

（3）建立健全标准资料档案，对技术标准、管理标准和工作标准实执统一编号管理。

（4）会同有关人员做好技术标准、管理标准和工作标准的审查、申报工作。

（5）负责标准的贯彻执行情况，做好标准化信息反馈工作。

二、责任与权限

（1）对班组标准化定升级工作负有责任，有权对本班组的标准执行情况及标准化定升级工作进行了解和调查，提出建设性意见。

（2）对负责范围内的企业标准制修订工作、采用国际标准和国外先进标准、开展产品标准认证工作负责。

（3）对责任范围内的标准化工作质量负责，有权进行业务指导并提出奖惩建议。

（4）执行标准化委员会指令，保证制修订标准的完整、齐全，有权对本班组有关的标准提出修改意见。

三、检查与考核

（1）班组长负责检查与考核标准化岗位人员的工作。

（2）按检查与考核标准中相关的标准，结合工作内容与要求，每月检查考核一次。

(3) 按工作标准完成任务，给予奖励。
(4) 工作成绩突出，视情况予以表扬或嘉奖。

> 案例

公司员工行为规范

一、岗位规范

（一）从上班到下班

1. 上班

(1) 遵守上班时间。因故迟到和请假，必须事先通知，来不及的时候必须用电话联络。

(2) 做好工作前的各种准备。

(3) 铃一打就开始工作。

2. 工作中

(1) 工作要做到有计划、有步骤、迅速踏实地进行。

(2) 遇有工作部署应立即行动。

(3) 工作中不谈闲话。

(4) 工作中不要随便离开自己的岗位。

(5) 离开自己的座位时要整理桌子，椅子半位，以示主人未远离。

(6) 长时间离开岗位时，接电话或接待客人时，事先应拜托给上司或同事。椅子全部推入，以示主人外出。

(7) 打开计算机传阅文件，网上查看邮件。

(8) 不打私人电话。不从事与本职工作无关的私人事务。

(9) 在办公室内保持安静，不要在走廊内大声喧哗。

3. 办公用品和文件的保管

(1) 办公室内实施定置管理。

(2) 办公用品和文件必须妥善保管，使用后马上归到指定地方。

(3) 办公用品和文件不得带回家，需要带走时必须得到许可。

(4) 文件不能自己随意处理，或者遗忘在桌上、书柜中。

(5) 重要的记录、证据等文件必须保存到规定的期限。

(6) 处理完的文件，根据公司指定的文件号随时归档。

4. 下班时

(1) 下班时，文件、文具、用纸等要整理，要收拾桌子，椅子归位。

(2) 考虑好第二天的任务，并记录在本子上。

(3) 关好门窗，检查处理电器，关闭电源开关。

(4) 需要加班时，事先要得到通知。

(5) 下班时，与同事打完招呼后再回家。

（二）工作方法

1. 接受指示时

（1）接受上级指示时，要深刻领会意图。

（2）虚心听别人说话。

（3）听取指导时，做好记录。

（4）遇到疑点必须提问。

（5）重复被指示的内容。

（6）重复指示的时候，首先从最高层上司的指示开始。

2. 实行时

（1）充分理解工作的内容。

（2）遵守上司指示的方法和顺序，或视工作的目的而定。

（3）实施决定的方案时，需要别的部门的人协助时，要事先进行联络。

（4）备齐必要的器具和材料。

（5）工作经过和结果必须向上司报告。

（6）工作到了期限不能完成时，要马上向上司报告，请求提示。

（7）任务实施时，遇到疑问要和上司商量。

（8）检查指示的内容和实施的结果是不是一致。

3. 报告时

（1）工作完后，马上报告。

（2）先从结论开始报告。

（3）总结要点。

（4）写报告文书。

（5）根据事实发表自己的意见。

4. 工作受挫的时候

（1）首先报告。

（2）虚心接受意见和批评。

（3）认真总结，相同的失败不能有第二次。

（4）不能失去信心。

（5）不要逃避责任。

（三）创造工作愉快氛围

1. 打招呼

（1）早上上班时要很有精神地对同事说"早上好"。

（2）在公司内外，要和客人、上司、前辈打招呼，同样他们也会和你打招呼。

（3）开朗而有精神地同别人打招呼，会让整个公司气氛很活跃、有生气。

2. 努力愉快地工作

（1）工作中思想要活跃。

（2）通过工作让自己得到锻炼成长。

（3）为他人愉快而工作。

（4）相互理解、信任，建立同事间和睦关系。

3. 互相交谈

（1）如果人们聚在一起，常会有引起个人烦恼、个人解决不了或者决定不了的事情，为了找到好的解决方法，大家应经常在一起互相讨论交谈。

（2）"三人行必有我师"。有问题时一个人搞不明白，很多人在一起商谈就明白了。互相讨论时，可以从不知到知。使自己明白不足，从而确定出好的意见和想法。

（3）从互相讨论变为互相帮助。根据讨论大家互相制约、互相理解，人与人将产生新的关系。在集体中，要有勇气敢于发表意见。

4. 健康管理

（1）保证睡眠，消除疲劳。

（2）为了消除体力疲劳，缓解工作压力，应适当参加体育活动。

（四）因公外出

（1）因公外出按规定逐级办理外出手续，无特殊原因不可电话、口头捎话请假。

（2）因公外出时需向同事或者上司交代工作事宜，保证工作衔接。

（3）因公在外期间应保持与公司的联系。

（4）外出归来及时销假，向上司汇报外出工作情况。

（5）外出归来一周内报销旅差费。

二、形象规范

（一）着装、仪容

1. 着装：统一、整洁、得体

（1）服装正规、整洁、完好、协调，无污渍，扣子齐全，不漏扣、错扣。

（2）在左胸前佩戴好统一编号的员工证。

（3）上班时必须穿工作服。

（4）衬衣下摆束入裤腰或裙腰内，袖口扣好，内衣不外露。

（5）着西装时，打好领带，扣好领扣。上衣袋少装东西，裤袋不装东西，并做到不挽袖口和裤脚。

（6）鞋、袜保持干净、卫生，鞋面洁净。在工作场所不打赤脚、不穿拖鞋、不穿短裤。

2. 仪容：自然、大方、端庄

（1）头发梳理整齐，不染彩色头发，不戴夸张的饰物。

（2）男职工修饰得当，头发长不覆额、侧不掩耳、后不触领，不留胡须。

（3）女职工淡妆上岗，修饰文雅，且与年龄、身份相符。工作时间不能当众化妆。

（4）颜面和手臂保持清洁，不留长指甲，不染彩色指甲。

（5）保持口腔清洁，工作前忌食葱、蒜等具有刺激性气味的食品。

（二）举止

举止文雅、礼貌、精神。

（1）精神饱满，注意力集中，无疲劳状、忧郁状和不满状。

（2）保持微笑，目光平和，不左顾右盼、心不在焉。

（3）坐姿良好。上身自然挺直，两肩平衡放松，后背与椅背保持一定间隙，不用手托腮。

(4) 不跷二郎腿，不抖动腿。椅子过低时，女员工双膝并拢侧向一边。

(5) 避免在他人面前打哈欠、伸懒腰、打喷嚏、抠鼻孔、挖耳朵等。实在难以控制时，应侧面回避。

(6) 不能在他人面前双手抱胸，尽量减少不必要的手势动作。

(7) 站姿端正。抬头、挺胸、收腹，双手下垂置于大腿外侧或双手交叠自然下垂；双脚并拢，脚跟相靠，脚尖微开。

(8) 走路步伐有力，步幅适当，节奏适宜。

三、语言规范

（一）会话

会话要亲切、诚恳、谦虚。

(1) 语音清晰，语气诚恳，语速适中，语调平和，语意明确言简。

(2) 提倡讲普通话。

(3) 与他人交谈，要专心致志，面带微笑，不能心不在焉、反应冷漠。

(4) 不要随意打断别人的话。

(5) 用谦虚态度倾听。

(6) 适时搭话，确认和领会对方谈话内容、目的。

(7) 尽量少用生僻的专业术语，以免影响与他人交流的效果。

(8) 重要事件要具体确定。

（二）自我介绍

(1) 公司名称、工作岗位和自己的姓名。

(2) 接待公司外的人可递送名片。

(3) 根据情况介绍自己的简历。

（三）文明用语

(1) 严禁说脏话、忌语。

(2) 使用"您好""谢谢""不客气""再见""不远送""您走好"等文明用语。

四、社交规范

（一）接待来访

接待来访要微笑、热情、真诚、周全。

(1) 接待来访热情周到，做到来有迎声、去有送声，有问必答、百问不厌。

(2) 迎送来访者，主动问好或话别。设置有专门接待地点的，接待来宾至少要迎三步、送三步。

(3) 来访办理的事情不论是否对口，不能说"不知道""不清楚"。要认真倾听，热心引导，快速衔接，并为来访者提供准确的联系人、联系电话和地址，或引导到要去的部门。

（二）访问他人

(1) 要事先预约，一般用电话预约。

(2) 遵守访问时间，预约时间5分钟前到达。
(3) 如果因故迟到，提前用电话与对方联络，并致歉。
(4) 访问领导，进入办公室要敲门，得到允许方可入内。
(5) 用电话访问，铃声响三次未人接，过一段时间再打。

（三）使用电话

(1) 接电话时，要先说"您好"。
(2) 打电话应简洁明了。
(3) 不要用电话聊天。
(4) 使用他人办公室的电话要征得同意。

（四）交换名片

(1) 用双手递接名片。
(2) 接过名片后确定姓名正确的读法。
(3) 拿名片的手不要放在腰以下。
(4) 交换名片时不要忘记简单的寒暄。

（五）保守商业秘密

(1) 员工有履行保守公司商业秘密的义务。
(2) 不与家人及工作无关的人谈论公司商业秘密。
(3) 使用资料、文件必须爱惜，保证整洁，严禁涂改，注意安全和保密。
(4) 不得擅自复印、抄录、转借公司资料、文件。如确属工作需要摘录和复制，凡属保密级文件，需经公司领导批准。

五、会议规范

(1) 事先阅读会议通知。
(2) 按会议通知要求，在会议开始前5分钟进场。
(3) 事先阅读会议材料，做好会议准备工作，针对会议议题汇报工作或发表自己的意见。
(4) 开会期间关掉手机，不会客，不从事与会议无关的活动，如剪指甲、交头接耳等。
(5) 遵从主持人的指示。
(6) 必须得到主持人的许可后方可发言。
(7) 发言简洁明了，条理清晰。
(8) 认真听别人的发言并记录。
(9) 不得随意打断他人的发言。
(10) 不要随意辩解，不要发牢骚。
(11) 会议完后向上司报告，按要求传达。
(12) 保存会议资料。
(13) 公司内部会议，按秩序就座，依次发言。发言时，先讲"××汇报"，结束时说"××汇报完毕"。
(14) 保持会场肃静。

六、安全卫生环境

（一）安全工作环境

（1）所有工作岗位都要营造安全的环境。
（2）工作时既要注意自身安全，又要保护同伴的安全。
（3）提高安全知识，培养具备发生事故和意外时的紧急管理能力。
（4）爱护公司公物，注重所用设备、设施的定期维修保养，节约用水、用电、易耗品。
（5）应急电话：市内伤病急救120，市内火警119，市内匪警110。

（二）卫生环境

（1）员工有维护良好卫生环境和制止他人不文明行为的义务。
（2）养成良好的卫生习惯，不随地吐痰，不乱丢纸屑、杂物。办公室内外不得吸烟。
（3）如在公共场所发现纸屑、杂物等，随时捡起放入垃圾桶，保持公司的清洁。
（4）定期清理办公场所和个人卫生。将本人工作场所所有物品区分为有必要与没有必要两类。有必要的物品依规定定置管理，没有必要的清除掉。

七、上网规定

（1）在工作时间不得在网上进行与工作无关的活动。
（2）不得利用互联网从事危害国家安全、泄露国家机密等活动，不得侵犯国家的、社会的、集体的利益和公民的合法权益，不得从事违法犯罪活动。
（3）不得利用互联网制作、复制、查阅违反宪法和法律、行政规定以及不健康的信息。
（4）不得从事下列危害计算机网络安全的活动：
①对计算机信息网络功能进行删除、修改或者增加。
②对计算机信息网络中储存、处理或者传输的数据和应用程序进行删除、修改或者增加。
③制作传播计算机病毒等破坏程序。

八、人际关系

（1）上下关系：尊重上级，不搞个人崇拜；从人格上对待下级，营造相互信赖的工作气氛。
（2）同事关系：不根据自己的理解对待同事；以温暖的心关心同事，与同事和睦相处，营造"同欢乐，共追求"的氛围。
（3）尊重他人：肯定、赞扬他人的长处和业绩，对他人的短处和不足要容忍，或提出忠告，形成明快和睦的气氛。
（4）相互合作：意见和主张不一致时，应理解对方的立场，寻找能共同合作的方案。
（5）禁止派别活动：不允许在工作单位中以地缘、血缘、学校等组成派别。

九、心灵沟通

（1）虚心接受他人的意见。

（2）不要感情用事。

（3）不要解释错误。

（4）真诚地对待他人。对他人有意见应选择合适的时机和场合当面说清，不要背后乱发议论。

（5）不要看他人的笑话。在公众场合出现他人有碍观瞻或有违公司规定的行为时应及时善意地提醒。

（6）对领导的决策和指示要坚决执行。有保留意见的，可择机反映，但在领导改变决策之前，不能消极应付。

（7）不要胡乱评议领导、同事或下级，更不能恶语伤人。

（8）公司内部设公开栏、公告栏以及公司在局域网上开辟公务公开、金点子及公司建设等栏目，定期发布各种公司动态、业务活动、规章制度等信息，让员工及时了解公司的业务发展和变化情况，并提出意见和建议。

本规范为试行，不妥或不全面的待修改或补充。解释权归公司综合部。

任务四　企业视觉识别 VI

太阳神的视觉识别系统

VI 设计包括多方面的内容，具体到每一方面的操作都有其准则和要求，如品牌命名、商标的使用、企业标准字、标准色的配合等。有许多成功的案例以资借鉴。我们仅以中国最早导入 CI 的成功企业——太阳神为例说明企业视觉识别在 CI 战略中的重要作用。

太阳神集团公司原是一家规模不大的乡镇企业，直到 1988 年，其产值也仅有 520 万元，但到 1990 年产值急增到 4 000 多万元，1991 年骤增到 8 个亿，1992 年竟达到 12 亿元。其惊人的发展速度正是得益于企业形象策划的神奇作用。

"当太阳升起的时候，我们的爱天长地久……"伴随着这悠扬雄壮、充满激情与活力的歌声，一轮象征着生命、力量和健康的初升朝阳，被一个艺术化了的"人"字托起，由红、黑、白三种色彩构成的"太阳神"标志映入人们的眼帘。这是太阳神的一则广告，整个广告中没有华丽的辞藻，更没有省优、部优、国际金奖的吹嘘，甚至对太阳神的产品都只字未提，但其巨大的视觉冲击力却给每一位消费者都留下了深刻的印象。

在 VI 设计中，公司决定用"太阳神"命名新成立的集团企业，并决定实施"三位一体"的 CI 战略，用公司名称涵盖产品特征，企业名称、商标、品牌都以太阳神为名。

太阳神标志以简练、强烈的圆形和三角形构成基本定格。圆形象征太阳，代表健康、美味的商品功能与企业经营理念；三角形则具有稳定、向上的含义，代表企业永远充满活力，稳定前行的精神。太阳神的人字造型，则体现了企业团结向上的意境和以"人"为中心的服务与经营理念；红、白、黑三种纯正而分明的色彩形象，强烈的色彩反差，体现了企业不甘于现状、奋斗开拓的心态，同时给人以强烈的视觉冲击力。

企业视觉识别在应用要素方面，太阳神以基本要素为基础，对产品包装、办公用具、展示陈列以及标志物等方面进行了统一设计，尤其是在广告传播上，始终以全新的太阳神形象出现在社会公众眼前，令人耳目一新。

太阳神的 VI 设计虽然丰富多彩，但始终围绕着企业宗旨和经营理念，强调以人为本，以市场为导向，充分体现了 VI 的设计理念。同时在实施 VI 的过程中，还配之以听觉识别（AI）和企业文本识别（TI），如太阳神的"企业歌"及其他音乐构成，太阳神的元旦献词和企业学术论文、报告文学等。

太阳神以其出色的 VI 设计给公众留下深刻的印象，迅速赢得了消费者的认同，成功地叩开了市场大门。

MI 是指导思想，BI 是实际行动，应掌握对内、对外识别活动。一套优秀的视觉识别设计系统在许多时候都能产生强烈的视觉冲击力，它能栩栩如生地表达企业的理念，极大地提升企业或产品的形象。

一、VI 概念

企业视觉识别（Visual Identity，VI）是企业所独有的一整套识别标志，它是企业理念外在的、形象化的表现。运用视觉传达设计的方法，设计系统符号，突出企业精神。

企业视觉识别是 CIS 系统中最具传播力和感染力的层面。连锁企业形象的视觉识别，是将 CI 的非可视内容转化为静态的视觉识别符号，以无比丰富的、多样的应用形式，在最为广泛的层面上，进行最直接的传播。

企业视觉识别是企业形象的静态表现，也是具体化、视觉化的传达形式。它与社会公众的联系十分密切，影响最广，是企业对外传播的一张脸。这张脸是否生动感人，关键在于对其内容的设计。

企业视觉识别是企业所独有的一整套识别标志，它是企业理念的外在的、形象化的表现，理念特征是视觉特征的精神内涵。企业视觉系统是企业形象识别系统的具体化、视觉化，它包括企业标志、企业名称、企业商标、企业标准字、企业标准色、象征图形、企业造型等。根据专家的研究，在信息社会中，企业的视觉识别系统几乎就是企业的全部信息载体。视觉系统混乱就是信息混乱，视觉系统薄弱就是信息含量不足，视觉系统缺乏美感就难以在信息社会中立足，视觉系统缺乏冲击力就不能给顾客留下深刻的印象，如阿迪达斯视觉标志（见图 5-14、图 5-15）。在这个意义上，缺乏了视觉识别，整个 CI 就不复存在。

图 5-14　阿迪达斯标志（一）

图 5-15　阿迪达斯标志（二）

企业视觉识别是 CIS 的识别符号，是企业形象的视觉传递形式，它是最有效、最直接的传递方式（见图 5 – 16）。

图 5 – 16　雀巢咖啡标志

二、VI 设计——企业名称的设计

（一）易读易记原则

SONY 公司原名"东京通信工业株式会社"，在逐渐迈入国际化时，公司创始人盛田昭夫感觉公司全名实在过于冗长，有碍国际化，于是希望能想出能够像 IBM 那样好记又是国际化的名称。盛田昭夫和井深大翻遍了英文字典，最后决定用拉丁文的"Souns"（声音）、英文的"Sunney"（可爱的孩子）组合成"Sonny"，意指以声音起家的可爱顽皮孩子。但"Sonny"在日文词汇里的发音是不吉祥的词汇，最后决定去掉其中一个字母"n"，"Sonny"变成了"Sony"，一个日式的英文字（见图 5 – 17）。

图 5 – 17　SONY 标志

（二）标准色的设计

1. 美国

在美国，一般浅洁的颜色受人喜爱，如象牙色、浅绿色、浅蓝色、黄色、粉红色、浅黄褐色。在美国很难指出那些特别高级的色彩。很多心理学家的调查表明：纯色系色彩比较受人欢迎；明亮、鲜艳的颜色比灰暗的颜色受人欢迎。

2. 巴西

在巴西，棕色为凶丧之色，紫色表示悲伤，黄色表示绝望。他们认为人死好比黄叶落下，所以忌讳棕黄色。人们迷信紫色会给人们带来悲哀，黄色会使人陷入绝望。人们认为紫色和棕黄色是患病的预兆。另外，还认为深咖啡色会招来不幸，所以，非常讨厌这种颜色。在巴西，曾有过这样失败的例子，日本向巴西出口钟表，因在钟表盒上配有紫色的饰带，由于紫色被认为是不吉利的颜色，因而不受欢迎。

2. 法国

法国人对色彩富有想象力，对色彩研究与运用十分讲究。法国人喜爱红、黄、蓝等色。视鲜艳色彩为时髦、华丽、高贵，鲜艳色彩备受欢迎。在法国东部地区，男孩流行穿蓝色衣服，少女穿粉红色衣服。

4. 日本

日本人喜爱红、白、蓝、橙、黄等色，禁忌黑白相间色、绿色、深灰色。习惯上，红色被当做吉庆幸运的颜色，如红小豆饭、红白年糕，或系在礼品上的红白硬纸绳，节日里高大建筑物垂下的竖幅语式红色灯笼，以及庆祝77大寿时，穿在和服外面的红色无袖短褂等，都带有节庆的意思。

在日本，给初生婴儿穿的衣服要用黄色，给病人做的被子要黄棉花，这是自古以来就有的风俗，这是因为黄色被认为是阳光的颜色，可以起到保温的作用。

在日本，蓝色意味着年轻、青春或小孩子，表示将走向社会，开始生活。白色是表示纯真和洁白的颜色。在日本，神官和僧侣穿白色的衣服，给人以洁净感。自古以来，在表示身份地位的色彩中，白色曾是作为天子服装的颜色。

三、VI要素

（一）基本要素

（1）企业名称。

（2）企业品牌。

（3）标准色。

（4）企业图案。

（5）标准字等。

（二）应用要素

（1）事务用品。

（2）办公设备。

（3）室内装潢。

（4）建筑外观。

（5）标牌旗帜。

（6）产品。

（7）广告媒体。

（8）服装服饰。

（9）交通工具。
（10）其他标志物。

世界著名企业 VI 设计如图 5-18~图 5-21 所示。

图 5-18 良品铺子标志

图 5-19 苹果公司标志

图 5-20 联想手机标志

图 5-21 惠普标志的变更

四、连锁企业视觉设计的基本原则

（1）风格统一性。充分传递企业理念。
（2）强化视觉冲击。
（3）强调人性化。个性原则：企业视觉设计必须满足人们心理情感，以情动人。

（4）增强民族个性，尊重民俗。不同的国家、不同的地域都有不同的文化，因此视觉识别设计必须传递民族的个性。

（5）员工参与原则：VI 开发要充分让员工参与，这样便于激发积极性和认同感。

（6）符合审美规律。艺术性原则、个性原则。简洁、抽象、动态原则。

（7）法律原则。要严格管理企业形象，并要符合高标准、知识产权法律规范的要求。

海尔的 VI 设计

海尔的第一代识别是象征中德儿童的吉祥物海尔图形。第二代企业识别是以"大海上冉冉升起的太阳"为设计理念的新标志，中英文标准字组合标志以及"海尔蓝"企业色，这个阶段中企业名称简化为"青岛琴岛海尔集团公司"，产品品牌也同步过渡为琴岛海尔品牌，实现企业与产品商标的统一。1993 年，海尔将第二代识别中图形标志去掉，将企业名称简化为海尔集团，将英文 Haier 作为主识别文字标志，集商标标志、企业简称于一身，信息更加简洁、直接，在设计上追求简洁、稳重、信赖感和国际化。为了建立长期稳固的视觉符号形象，以中文海尔及海尔吉祥物与 Haier 海尔组合设计作为辅助推广。

五、连锁企业视觉设计的基本程序

VI 的设计程序可大致分为以下四个阶段。

（1）准备阶段：在准备阶段要做好相关准备工作。

（2）设计开发阶段：设计开发阶段包括基本要素设计、应用要素设计。

（3）反馈修正阶段：反馈修正阶段为在 VI 设计基本定型后，还要进行较大范围的调研，以便通过一定数量、不同层次的调研对象的信息反馈来检验 VI 设计的各个细部。

（4）编制视觉设计手册：编制 VI 手册是 VI 设计的最后阶段。

六、连锁店企业形象设计与开发

（一）基本与应用设计

1. 连锁企业标志

连锁企业标志分为连锁企业标志和产品标志两种。

连锁企业标志具体包括以下内容：

（1）企业名称标准字。

（2）品牌标准字。

（3）企业标准色。

（4）企业标语。

（5）专用字体。

2. 连锁企业标志设计应遵循的原则

无论是哪一种形式的标志设计都应遵循以下原则：

（1）标志设计应能集中反映连锁企业的经营理念，突出连锁企业形象。

(2) 标志设计应结合连锁企业的行业特征和产品特征。

(3) 标志设计应符合时代的审美特征。

（二）设计与开发

(1) 设计开发委托方式。

(2) 设计开发作业分配方式。

(3) 设计开发程序。

连锁企业大娘水饺标志的变更如图 5-22 所示。

图 5-22　大娘水饺标志的变更

案例

企业 CI 设计报告

一、中国茶企业的发展简况

中国是茶文化的发源地，但作为茶叶大国，茶行业的发展却不尽如人意：产量位居世界第一，产值却只位列世界第四，世界认知度不高；行业集中度低；同质化明显；迄今为止，还没有一个风靡全球的茶业品牌……拥有数千万从业人口的中国茶行业该如何发展，是业界一直以来关注的焦点话题。对此，业内人士一致认为，中国茶行业要壮大，打造品牌是必由之路。

二、CI 设计内容

CI 是以塑造企业形象为主，彻底掌握视觉设计系统的一种技法。因此，以往所做的调查、企划，最后若不能以开放视觉的方式来表现，将失去意义。视觉识别系统的设计主要以企业标识、标准字、标准色、象征图形、吉祥物等为基础，设计企业的各种内外形象，如用品（文具、名片、信笺、信封等）、车辆外观、建筑物造型、厂区布置、环境设计、办公室装饰、户外招牌、广告媒介、员工制服、产品品牌及包装等，组成视觉识别手段，并将信息向外传达，从而立竿见影地树立起一个良好的企业形象。其中企业标志从某种意义上说，它已变成了企业的重要符号形象。企业标志是代表企业整体的标志，对生产、销售商而言，它是指商标的图案，包括抽象性的标志、具体性的标志和字体标志。

标准字包括企业名称标准字和品牌标准字，企业名称标准字通常是指公司企业的正式名称，以中文和英文两种文字定名，有的全称，有的可略称。如"股份有限公司"可略称为"有限公司"。企业名牌标准字，原则上以中文及英文来设定，是代表公司企业产品的品牌。

企业的标准色，一般是用来象征企业的指定色彩，如富士胶卷的绿色、柯达的黄色等。它通常采用一到三种色彩为主，也有采用多种颜色的色彩体系。另外在视觉识别系统的设计时，还要考虑标语和企业专用字体两个要素。企业标志、企业色彩等这些外化的形式构成了企业的现代图腾，可展示企业的具体形象和精神形象。法国著名的雪铁龙汽车公司，它的产品商标从功能主义出发，采用齿轮折线作标志注册定型。随着产品的性能改变，这个标志又根据空气动力学的特征加以改进，同产品的发展形成了一致性，它使雪铁龙汽车无论从产品到标志都更具有现代感。

保持企业标志的一贯性和连续性有利于强化企业固有形象。德国大众汽车的重要系列产品奥迪汽车，在初创时期它的标志是四连环，由于产品质量上乘，性能良好，奥迪轿车成为世界的名牌产品，但其依然使用初创时的四环形象标志，而没有用大众公司的标志。这样做使企业的产品赋予了强烈的个性，明确有别于大众公司的同类产品，提高了产品竞争力。

对想要设计 CI 的企业而言，在开始前，经营者和相关部门主管、员工，首先必须建立共识。"好的开端就是成功的一半"。如何在企业内建立 CI 的共识呢？第一步是广泛地搜集情报，接着是经营者和相关人员就必须达成下列三个基本共识：

第一，CI 应该和企业本身产生同一性、统一性，因为它和企业经营理念、企业形象的塑造有密切的关系。

第二，CI 是一种塑造良好企业形象的方法，对于企业向外界开展活动有帮助和益处。

第三，CI 和产品识别、品牌识别，尤其和视觉设计的标准化、统一化系统开发有密切的关系。同时，配合整体的视觉识别传达系统，有效地将企业的特性与魅力表现出来，塑造出企业新形象。

万丈高楼平地起。企业形象不是一朝一夕就能塑造出来的，它需要长时间的积累与培育。每个企业的经营理念和方针、企业定位、竞争策略、营销手段都不尽相同，因此，在设计 CI 之前，一般应就 CI 的趋势和观念，在内部对企业的员工做全员的沟通和教育，了解内部员工心目中的企业形象应是怎么样的；在外部再做市场环境的调查和分析，做到 CI 设计的适应性。

CI 是配合企业的长期经营策略，一项整体传达系统的设计性作业，而非临时性、短期性的作业，因此任何企业开发设计 CI，要有一定的动机存在，概括起来主要有：(1) 重新塑造经营理念；(2) 强化企业素质；(3) 实行多角化经营；(4) 开发新产品；(5) 顺应世界潮流；(6) 提高企业员工士气。

CI 设计的实施，对于企业个体而言，无论是在企业的知名度、品牌、商品知名度上与企业整体形象上，都有莫大的帮助。尤其是实行于企业集团，更有相得益彰的综合效益。也就是说，企业可由 CI 的实施，增进大众对企业的认识和好感，进而购买该企业的商品与服务。一般而言，社会大众对一个企业的认识和喜恶感的建立产生过程，视觉识别系统与活动识别系统是社会大众认识企业的途径之一,其他的还包括媒体公开传播报道、亲朋好友的告知,以及与企业的直接、间接接触等。因此,若企业的员工对于企业经营理念认识不清或无法身体力行,CI 的设计实施往往较难产生良好的效果。例如,若企业标榜的经营理念是"服务至上,品质第一",但员工接待客人的态度不够亲切,总机小姐应答电话不礼貌,客户的抱怨没有及时处理,交货延迟、货品有瑕疵、售后服务差等,即使树立再多的标志,穿着统一标准的制服,也没有多大效用。因此,从事 CI 设计活动,必须先从企业的内部员工教育训练做起,让他们认同企业的经营理论与企业文化和价值观,了解社会大众对企业建立企业形象的过程,并有一套管理制度来确保此种精神的发扬。

三、CI 应是 MI、BI 和 VI 的有机统一

由上所述,视觉识别系统(VI)在识别系统(CI)中具有突出的作用,它是企业理念(MI)和行为系统(BI)的外化展现。通过 VI,可以了解到企业的经营理念、经营宗旨、企业文化等,以及在 MI 基础上进行的企业经营活动。企业注重 VI 设计固然重要,因为再好的产品设计、形象设计,如没有广告,没有将信息传播出去,那么无论企业的目标定得多好,设计的产品有多么不同,由于没有人看见或听到,一切努力将白费。VI 向外传播的是展现企业理念和企业经营宗旨的行为,如企业没有这种经营理念和经营宗旨,没有在这种理念和宗旨指导下的企业行为,则就无所谓"VI"了,况且 VI 设计和实施是企业理念和行为的表现过程。

项目小结

本项目是围绕连锁门店开发过程中的 CIS 设计内容来开展的。CIS 是企业形象的识别系统,CIS 设计具有重要意义,它是公众识别企业的信号。

企业形象识别系统(CIS)包括理念识别系统(MI)、视觉识别系统(VI)、行为识别系统(BI)三个子系统。三者相互联系、相互促进、不可分割;三者功能各异、相互配合、缺一不可。

企业形象识别系统的三个子系统共同塑造连锁企业门店的形象,推动连锁企业门店的发展。不同的子系统其构成、特征、作用以及形成途径均有自己的特点。

强化练习

一、单项选择题

1. 下面是美的公司的企业理念的表述:"致力于成为国内家电行业的领导者,跻身全球家电综合实力前五强,使'美的'成为全球知名的品牌。"这段话是说明美的公司的(   )。
   A. 企业哲学　　　　B. 企业精神　　　　C. 企业价值　　　　D. 企业愿景
2. "如烟往事俱忘却,心底无私天地宽。"这是企业道德体系建设中的(   )。
   A. 忠诚　　　　　　B. 无私　　　　　　C. 勤劳　　　　　　D. 遵纪
3. 以下(   )选项不是企业识别系统的构成要素。
   A. VI　　　　　　　B. CI　　　　　　　C. MI　　　　　　　D. BI

4. 各项管理制度、责任制度属于企业识别系统的（　　）子系统。
   A. 企业理念识别　　　　　　　　　　B. 企业行为识别
   C. 企业视觉识别　　　　　　　　　　D. 企业文化识别

5. CIS 的灵魂与核心是（　　）。
   A. MI　　　　　B. VI　　　　　C. OI　　　　　D. BI

6. 凯马特在发展中曾盛极一时，但是1985年后开始尝试多元化经营，经营领域从零售百货转向自己陌生的服装、家电专业业态，公司管理由缺乏经验，连锁门店发展过快，软件和培训跟不上企业的要求，造成凯马特成本上升，加上沃尔玛的竞争让凯马特市场份额越来越萎缩，凯马特的失败，很好地说明了（　　）。
   A. 规模经济是连锁企业一直追求的目标，因此扩张是连锁企业不断前进的表象
   B. 规模扩大、利润摊薄，"反连锁现象"成为超市发展的毒瘤
   C. 成本最低是超市经营的最重要的战略选择
   D. 保存企业实力，发展优势产品和产品群才是企业存在和发展的硬道理

7. 不属于 CIS 子系统的是（　　）
   A. MI　　　　　B. BI　　　　　C. VI　　　　　D. DI

8. 不属于 CIS 的内译功能是（　　）
   A. 凝聚功能　　　B. 规范功能　　　C. 整合功能　　　D. 识别功能

9. CIS 的正式兴起，当以（　　）年美国计算机巨人 IBM 引领 CIS 的创举为标志。
   A. 1955　　　　B. 1956　　　　C. 1957　　　　D. 1958

10. 企业在进行理念开发时，必须遵循的原则不包括（　　）。
    A. 个性化原则　　B. 社会化原则　　C. 间接性原则　　D. 具体化原则

二、多项选择题

1. 与 CIS 有关的学科有（　　）。
   A. 管理学和美学　　　　　　　　　　B. 组织行为学和公共关系学
   C. 企业文化和市场营销　　　　　　　D. 广告学和心理学
   E. 传播学

2. CIS 包括（　　）。
   A. 企业理念识别　　　　　　　　　　B. 企业行为识别
   C. 企业视觉识别　　　　　　　　　　D. 企业听觉识别
   E. 企业环境识别

3. 建立 CIS 导入机构应遵循的原则是（　　）。
   A. 战略性原则　　　　　　　　　　　B. 民族化原则
   C. 同一性原则　　　　　　　　　　　D. 系统性原则
   E. 个性化原则

4. 从企业主动导入 CIS 的角度来看，企业理念实施的阶段主要包括（　　）。
   A. 理念传播　　B. 理念解释　　C. 理念激化　　D. 理念应用
   E. 理念接受

5. 连锁企业视觉识别应用要素的具体内容是（　　）。

A. 事务用品　　　　　B. 办公设备　　　　　C. 室内装潢　　　　　D. 建筑外观
E. 标牌旗帜

三、思考题

1. CIS 的概念。
2. CIS 包括的基本内容。
3. 连锁企业理念识别内容有哪些？
4. 连锁企业行为识别内容有哪些？
5. 连锁企业视觉识别内容有哪些？

实训任务

制作 CIS 手册

目标：
理念充分展现企业、员工、消费者、相关利益群体三者的关系；视觉表示充分展现理念要素和企业名称，并非常简洁；行为表现在员工的礼仪、话术、举止的设计和引导上。

内容：
包括 MI、BI、VI 三部分。

结构：
CIS 手册的标准结构是"抬头+主体内容+结语"。

思考：
通过 CIS 手册设计，你是否清楚了 CIS 手册设计的方法？你还有那些更好的方法？

实训环节：
1. 完成新益农的 CIS 手册设计，字数 5 000 字。
2. 结合案例，为自己的门店设计 CIS，字数 5 000 字。
第一部分——企业竞争现状（字数 2 000 字左右）。
第二部分——MI 设计。
第三部分——VI 设计。
第四部分——BI 设计。

总结：
行文要求：见论文格式；字数要求：5 000 字。

案例分析

星巴克：企业形象策划史上最赚钱的咖啡

星巴克（Starbucks）咖啡公司成立于 1981 年，是世界领先的特种咖啡的零售商、烘焙者和星巴克品牌拥有者。星巴克旗下零售产品包括 30 多款全球顶级的咖啡豆、手工制作的浓缩咖啡和多款咖啡冷热饮料、新鲜美味的各式糕点食品以及丰富多样的咖啡机、咖啡杯等。

长期以来，星巴克公司一直致力于向顾客提供最优质的咖啡和服务，营造独特的"星巴克体验"，让全球各地的星巴克店成为人们除了工作场所和生活居所之外温馨舒适的"第三生活空间"。鉴于星巴克独特的企业文化和理念，星巴克公司连续多年被美国《财富》杂志评为"最受尊敬的企业"。

从一杯杯咖啡开始，星巴克已经改变了世界各地人们喝咖啡的习惯。更了不起的是，它让一种沿街叫卖的商品变成了高档产品。它开创了一种星巴克式的生活方式，这种生活方式在美国内外都正被越来越多的人所接受。星巴克已从昔日西雅图一条小小的"美人鱼"进化到今天遍布全球 40 多个国家和地区，连锁店达到近 1 万家的"绿巨人"。

一、星巴克理念识别系统

（一）目标市场的定位

不是普通的大众，而是一群注重享受、休闲、崇尚知识尊重人本位的富有小资情调的城市白领。

（二）星巴克六大使命宣言

（1）提供完善的工作环境，并创造相互尊重和相互信任的工作氛围；
（2）秉持多元化是我们企业经营的重要原则；
（3）采用最高标准进行采购烘焙，并提供最新鲜的咖啡；
（4）高度热忱满足顾客的需求；
（5）积极贡献社区和环境；
（6）认识到盈利是我们未来成功的基础。

星巴克人认为：他们的产品不单是咖啡，咖啡只是一种载体。而正是通过咖啡这种载体，星巴克把一种独特的格调传送给顾客。咖啡的消费很大程度上是一种感性的文化层次上的消费，文化的沟通需要的就是咖啡店所营造的环境文化能够感染顾客，并形成良好的互动体验。

（三）经营理念

星巴克公司以心对待员工，员工以心对待客人，客人在星巴克享受的不仅是咖啡，而是一种全情参与活动的体验文化。一杯只需价值 3 美分的咖啡为什么在星巴克会卖到 3 美元？星巴克为什么既能为顾客带来期望的价值，又能让企业获得更可观的利润？一个重要的原因就是，星巴克始终坚持"尊重员工，从顾客出发，与员工及客户多赢"的经营理念。

（四）星巴克的诉求

顾客体验是星巴克品牌资产核心诉求。就像麦当劳一直倡导销售欢乐一样，星巴克把典型美式文化逐步分解成可以体验的元素：视觉的温馨，听觉的随心所欲，嗅觉的咖啡香味等。

（五）星巴克的价值观

"星巴克出售的不是咖啡，而是人们对咖啡的体验。"这是星巴克的价值主张。星巴克创造出的"咖啡之道"使每个光临的顾客都有独特的体验。通过咖啡这种载体，星巴克把美国文化中比较细致、中产阶级的一面和特殊的格调传送给顾客，展示了美国生活中轻松友好的一面。

（六）经营定位

1. 第三生活空间

在美国，人们每天例行的人际交谊活动逐渐丧失。星巴克探察出这种趋势，在忙乱、寂寞的都市生活中把咖啡店装点成生活的"绿洲",让附近民众有休憩的小天地、静思的环境和交际的场所,为人们塑造了一个除了家和工作场所之外的"第三生活空间"。

2. 小资体验

顾客认为花费 5 到 10 分钟的时间到星巴克品尝异国情调的咖啡,体验雅皮的感觉,为乏味的日子增添了浪漫情趣。在这里,他们不只是喝一杯咖啡,而是享受喝咖啡的时刻。

3. 始终坚持品质

保证品质,星巴克坚守四大原则:

(1) 拒绝加盟,星巴克不相信加盟业主会做好品质管理。

(2) 拒绝贩售人工调味咖啡豆。星巴克不屑以化学香精来污染顶级咖啡豆。

(3) 拒绝进军超市,星巴克不忍将新鲜咖啡豆倒进超市塑胶容器内任其变质走味。

(4) 选购最高级咖啡豆。做最完美烘焙的目标永远不变。

4. 始终保持风格

星巴克的过人之处在于既创造了统一的外观,同时又加入变化,利用风格体现美感,创造了视觉冲击。星巴克结合不同的地点使每家店都有自己与众不同的特色。但是丰富多彩的视觉享受、浓郁咖啡香味的嗅觉享受、美妙音乐的听觉享受是不变的经典。

二、星巴克视觉识别系统

星巴克的视觉识别标志见图 5-23。

图 5-23 星巴克的视觉识别标志

星巴克的这个标志很有神秘色彩,是根据一幅 16 世纪斯堪的纳维亚 Scandinavia 的双尾美人鱼木雕(版画)图案,设计出的星巴克标志。

标志上的美人鱼像也传达了原始与现代的双重含义:她的脸很朴实,却用了现代抽象形式的包装,中间是黑白的,只在外面用一圈彩色包围。

设计风格严谨,有大家风范。对称的标志造型和对色彩严格的把握,从标志延伸出来的是一个横跨欧亚、覆盖全球的王者形象。

秩序化手法很成熟地应用到设计中来,有秩序、有节奏、有规律、有韵律地构成图形,给人以规整感。

没有抢眼的色彩,却有着丰富的造型,深刻而又含蓄。

星巴克店内的各种视觉识别标志见图 5-24。

图 5-24　星巴克店内的各种标志

三、星巴克行为识别系统

(一) 星巴克的员工教育

星巴克的每一位工作伙伴在每天营运的过程中，就是不断地实践"one cup at time"务实地做一个选择的积极态度，展现"个人责任"改变世界的方法。星巴克的工作伙伴通过每一次和客人在店里相遇的机会与瞬间，创造独一无二的服务与体验价值，承诺用自己的智力、心力和劳力，热情地解决问题，而且绝不争功诿过。

(二) 星巴克的人力资源管理

(1) 文化与理念：星巴克总是把员工放在首位，坚持"员工第一"的理念和价值观。

(2) 员工招聘：星巴克在选员工时，重视人的本质。

(3) 员工培训：核心训练是培训员工具备为顾客服务的理论和技巧。

(4) 薪酬福利制度：薪资锁定在业界前 25%。

(5) 员工激励制度：创新激励、报酬激励、鼓励授权。

(三) 企业广告行为策划

(1) 环境宣传：星巴克以咖啡制作的四大阶段衍生出以绿色系为主的"栽种"；以深红和暗褐系为主的"烘焙"；以蓝色为水、褐色为咖啡的"滤泡"；以浅黄、白和绿色系诠释咖啡的"香气"。

(2) 感官宣传：嗅觉、视觉、听觉、触觉和味觉共同塑造了星巴克咖啡馆浪漫的情调。

(3) 包装宣传：星巴克的美学不仅是借鉴，还融合了自己的风格。不同的标记在基本统一的风格下又显示出其多样性和变化性。

(四) 企业新业务拓展行为策划

星巴克正在着手拓展中国的二线市场，同时试图整合其店铺的所有权，以取代原来的合伙模式。

(五) 企业市场危机拓展行为策划

星巴克里的一系列广泛的变化，从速溶咖啡到撤掉了饮料价格的新菜单板，表明该公司在调整其高端定位以适应经济衰退。公司期待管理层拟出一个应对经济衰退的计划，其中包括努力使星巴克产品看起来更物美价廉一些，并通过削减 5 亿美金的成本来增强投资者们的信心。与此同时，星巴克公司打算开设一系列装修更为高雅的店铺，其首家高雅的店铺正在开设当中，主打传统咖啡饮料。

问题：

1. 星巴克是如何设计 CIS 的？

2. 结合星巴克 CIS 案例，描述 CIS 的构成，并说明各个构成要素系统的内涵及他们之间的关系。

项目六

连锁门店外观设计

学习目标

知识目标

1. 了解连锁门店设计的基本原则和风格;
2. 掌握店名字体和颜色的设计要求,以及字体设计的基本程序;
3. 了解门店店名设计的基本原则;
4. 了解店标设计的作用、分类和原则;
5. 掌握招牌设计的类型和设计技巧;
6. 掌握店门基本类型和设计,了解橱窗的设计基本要求;
7. 了解连锁门店停车场设计的基本要求和周边环境设计。

技能目标

1. 能够遵循门店命名的原则进行门店的命名;
2. 会设计门店店标和门牌;
3. 会设计门店门脸与橱窗;
4. 能进行连锁门店外部环境的设计。

能力目标

培养学生与人沟通、团队合作、系统思考、门店外观设计的能力。

案例导入

大娘水饺的店名设计和店面设计

一、独具特色的品牌设计

大娘水饺始建于1996年4月2日,以中国传统食品水饺为主打产品,融合西式快餐理念，是致力于品质标准化、管理现代化、品牌国际化的中国快餐十佳品牌企业。企业创建时并没有做水饺，而是经营中餐，店的名称叫"常州商厦美食园"，经营并没有特色。企业创始人面对市场问题，从中国传统食品中认真寻找得知，一种食品必须能白天卖了晚上卖、一年四季都能卖，才能获得成功，于是联想到了邻居大娘总会端上自己家擀制的热气腾腾的水饺。开店总要有店名，由于店内雇用东北大娘包饺子，饺子味道鲜美，深受顾客喜爱，于是将"吴大娘"注册成品牌。水饺是北方食品，"大娘"也是北方称谓，起名叫大娘水饺，有一种标新立异的寓意。大娘水饺一炮打响，风靡全国，走向世界。

二、优雅的店堂环境

大娘水饺新颖的店堂环境和店面设计充满个性，它是中国传统文化与国际现代文化的结合，是休闲与快餐的结晶。浓郁的中华民族的审美底蕴与国际化大环境的广阔视角在这里水乳交融，给顾客呈现出独特的艺术气氛。

三、亲切的服务感受

大娘水饺提供两种供餐形式——个性点餐方式与即点即取方式，分别适应闹中取静的休闲顾客和现代都市讲究效率的快节奏生活方式。吃大娘水饺，体会高效与轻松；吃大娘水饺，品味都市新时尚。

思考：
1. 大娘水饺成功的原因是什么？
2. 大娘水饺是如何进行店面设计的？

大娘水饺的成功一方面是市场定位的准确，更重要的是店面设计的成功。店名独特，将中国北方"大娘"尊称应用到连锁店中来，店名标新立异，吸引顾客；店面设计突破了传统中式餐饮风格，店面招牌以红色为主，红白相间，鲜明夺目；店内环境优雅干净，服务人员身着传统服装，将西方快餐和中国饮食文化较好地结合起来。

连锁门店的外部设计关系到连锁店经营的成败。由于它是一种较微观的经营手段，所以，对消费者的影响较大。门店的外部布局具有方便顾客和广告促销的作用，它可以吸引消费者注意门店并进入门店。门店的内部设计和布局也叫店堂布局，它本质是以入口为始点、出口为终点的消费通道。科学的内、外部设计应形成最佳的消费通道，使消费流合理流动，促进消费的连续实现。

任务一　认识连锁门店店面设计

所谓店面，广义上是指商店的迎街面，通常又称为门面。连锁门店的店面对吸引消费者注意、方便顾客和广告促销起着重要作用。如果店面不协调，招牌残缺不全，光顾者肯定不会多，生意自然也会受到很大影响。如何吸引购买者及过路人的注意，就成了店面设计的主要目标。

一、门店店面设计要素

门店外部设计主要是针对店铺或卖场本身所有的实体外观,包括店名、店门、店标、招牌、橱窗和外部环境等要素,如图6-1所示。招牌主要是店名、店标设计的表现,世界上最为知名的招牌就是麦当劳招牌。店门关系到顾客的入口,是引导顾客出入门店的重要连接口;橱窗是以商品为主体,以装饰画面及布景道具为陪衬背景,在特定的空间里巧妙运用商品、道具、灯光、色彩、文字说明、画面等介绍宣传商品的综合陈列舞台。

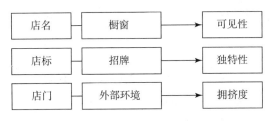

图6-1 门店外部设计因素

可见性是通过外观特征的组合获得的,其目标是使商店外表突出,能吸引顾客的注意力;独特性是指外观与众不同的引人注目之处;拥挤度主要是对外部环境配置的体现,合理地设计周围地区、停车设施等,会减少顾客进出商店的拥挤度,尤其是通过汽车交通工具购物的情况。

二、连锁门店外观设计的原则

(一)美观的原则

外观是连锁门店给人的整体感觉,既能体现店铺的档次、品位,又能体现店铺的个性。店铺在设计外观时,既要考虑到自身经营的商品特色,又要体现出美观。

美观体现在色彩的协调统一、建筑风格与所经营商品的和谐、招牌橱窗等的错落有致、文字的动感醒目等方面,它们往往能给过往的顾客以眼前一亮的感觉。具有形象美和艺术美的外观不仅给顾客视觉的享受,还能刺激他们的消费欲望。

(二)个性的原则

门店设计和布局的主要目的是吸引顾客对店铺的兴趣与关注,进而使顾客产生进店消费的愿望。只有顾客愿意进来,喜欢来,店铺才能顾客盈门。要做到这些,必须在外部造型、建筑装饰、店名、招牌制作、橱窗布置等方面精心设计,使它们符合主要顾客群的"口味",突出自己的个性。例如,朗朗上口的店名,醒目、新颖的店名字体,简洁、明快的标志,有特色的大门,宽敞的店门广场,五颜六色的条幅等。

作为经营者,要从顾客的角度审视自己的店面,思考顾客会以怎样的眼光观察自己的店面。一个商店如果不能从外观上让行人判断出该店是经营什么的,那么店家就是失败的。

(三)安全性原则

连锁门店是人口聚集的地方,也是货物、资金、设备集中的地方,一旦出现安全事故,后果是严重的。店铺外观设计应侧重安全事故的防范和安全撤离，所以店门和安全通道的设计对于连锁企业来说是非常重要的。这里的安全事故主要包括倒塌、火灾、毒气、疾病、地震等。

三、常见的几种店面类型

（一）店面的外观类型

连锁企业的经营业态和经营方式多种多样，其店面外观也不尽相同，一般来说，店面外观有三种类型。

1. 全封闭型

这种类型的店铺面向马路的一侧用有摆设的橱窗或有色玻璃遮蔽起来，入口比较小。经营高级照相机、宝石、金银器等贵重商品的连锁专卖店宜采用这种类型，因为到这里买东西的顾客被限定为一部分人，需要顾客安静、愉快地选购商品，不能随随便便地把顾客引进店内，所以不需要从外面看到店内。

2. 半开放型

这种类型的店铺入口适中，玻璃明亮，入口稍微小一些，从马路上顾客能一眼看到店内，然后被引入店内。这种店铺外观的吸引力是至关重要的，应通过橱窗布置，使橱窗对顾客具有吸引力，尽可能无阻碍地把顾客引导到店内。经营化妆品、服装、装饰品等商品的百货商店采用这种类型比较合适。购买这类商品的顾客预先都有购买商品的计划，其目标是买与自己的兴趣和爱好一致的商品，突然跑进特定商店的例子是很少的，一般是顾客从外边看到橱窗，对商店经营的商品产生了兴趣才进入店内，因而开放度不要求很高，应使顾客在店内可以安静地挑选商品。

3. 全开放型

这是把商店的前面，即面向马路的一侧全开放的类型。没有橱窗，顾客出入方便，没有任何障碍。在我国南方地区，全开放型店铺很常见，而北方则少一些，这是由于南北两地不同的气候条件决定的。这种店面类型适合于出售食品、水果、日杂等的日用品商店、超市。购买这类商品的顾客并不关心橱窗陈列，而是希望直接见到商品和价格，所以不必设置陈列橱窗，应多设开放入口，使顾客可以自由地出入商店，没有任何障碍；前面的陈列柜台也要做得低一些，使顾客在马路上能够很容易看到商店内部和商品。

（二）店面的风格类型

店面的风格指的是店面个性化的外在表现。随着零售行业的竞争日渐加剧，店面的个性化特色起着越来越重要的作用。这里我们主要从店铺内部布局和外观设计的角度来研究店面风格的设计策略。常见的店面风格可以划分为以下五类。

1. 平铺直叙式风格

这是最常见的店铺店面风格类型。在我们日常生活中，经常路过一些店铺，对其店面没有任何印象，这是该店面设计没有特色的结果。

2. 抒情夸张式风格

这种风格的店面相对较多，多用于青少年产品的店面设计或新潮时尚产品的店面设计，其功能是烘托气氛、产生联想、愉悦人们的心情，从而引起人们的好奇，并产生进去看看的欲望。例如，有一个店铺取名"名古屋"，日本有个城市叫名古屋，这个店铺和城市有关系吗？只有进去看看才知道，那么就有了消费的可能。

3. 兼收并蓄风格

这种店铺比较少，因为兼收并蓄有可能丧失特色。例如，乡村风味的店铺却用现代化的灯光设备进行店面设计安装；少数民族风味的店铺除了用少数民族文字外，还用汉字进行产品店面说明，等等。

4. 前卫时尚的风格

这种风格的店铺比较少，主要是青少年产品的店铺，目的是突出店面和产品的个性，张扬个性。例如，军体用品店面用绿色和军人形象作店铺设计；雪亮眼镜店的店面用的是玻璃钢门窗，里外通透，既体现行业特色又时尚无比，其 LOGO 红黑白三色的搭配也是非常重要的时尚要素。

5. 体现科技风格

这种店面风格现在比较常见，在连锁店里，国美、苏宁、大中、中国建行等都是代表。字体方面得体大方、文字简洁，文字以蓝色为主，体现科技元素。小门大店面，充分利用店面广告作用，体现以市场为导向的经营理念。取消橱窗，运用玻璃幕墙，里外透明，体现了企业的阳光服务本质。

四、店面风格设计策略

店面的设计主要包括店名、字体、店标、色彩运用、装饰、门口、台阶、广场、灯箱等内容。所以店面的设计策略应考虑以下方面。

（一）重视经营必须重视门脸

因为门脸是企业经营的外在表现，客户首先看到是企业店面，正是由于店面的吸引力，顾客才产生进入店铺的兴趣；进入店铺后，店内布局的效果会对顾客购买产生影响。所以，店面风格设计的好坏直接关系到店铺对顾客的吸引力。

（二）以目标消费群的审美观进行设计

每一个店面都有自己的目标消费者，以目标消费者的喜好进行店面设计本身就是保持个性的体现。这既是店铺对消费者进行调查、与消费者进行沟通的结果，也是对消费者的尊重。

（三）根据服务内容的行业特点设计

由于人们平时受到文化的影响，往往对某些现象有着基本相同的看法，对行业的认识也有相同的特点。例如，化妆品连锁店的店面应该体现清爽的风格，而鞋店风格应庄重、踏实和简洁。

（四）根据消费对象年龄设计

年龄不同、心理不同，欣赏、观察事物的角度不同。由于人们回顾自己的过去，常常对现实产生想法，因此必须根据年龄设计。例如，婴儿产品的店面应温馨；青少年产品的店面应活泼一些；青壮年产品的店面应庄重、大方，不能用太艳丽的色彩；老年产品的店面应厚重、凝练。

（五）店面设计要有独创性和唯一性

由于店面是消费者识别店铺的最重要标志，因此，店面必须和别的店面有明显的差异，就是说要有个性，并且个性是内外统一的。而且，店面设计的独创性和唯一性同经营的区域有关系。若想在全国发展连锁店铺，则店面必须在全国具有差异性和唯一性。若想成为全球企业，店面设计必须具有全球范围的适应性和差异性。这里的适应性是指店面的风格在世界各地能够被接受。

任务二 设计连锁门店店名

店铺名称十分重要，一个具有高度概括力和强烈吸引力的名称，对消费者的视觉刺激和心理影响都起着重要作用，不仅能给人以美的享受，而且还能吸引顾客、扩大销售，起到第一"推销员"的作用。古代商号都很注重使用吉祥顺利的字眼，来寓意自己的生意。那时的店铺大都冠以顺、广、泰、祥一类的字眼，为的是讨个舒心吉利。现代经营也十分讲究给自己的店铺起个言简意赅、寓意清新、富有特色的店名。作为连锁店，起名也是一个大学问，名字要雅，有潮流感，能打动顾客的心。一个好的店名必须适合其目标顾客的层次，适合其经营宗旨和情调，这样才能为店铺树立美好的形象，增强对顾客的吸引力。

一、店名设计的原则

（一）易读易记原则

易读易记原则是对店名最根本的需求，店名只有易读易记，才能高效地发挥它的识别功能和传播功能。如何使店名易读易记呢？这就要做到以下几点。

1. 简洁

名字单纯、简洁明快，易于和消费者进行信息交流，而且名字越短，就越有可能引起顾客的遐想，含义更加丰富。绝大多数知名度较高的零售店名都是非常简洁的，这些名称多为2或3个音节，如"好又多"超市等店名，简洁明了。

2. 独特

名称应具备独特的个性，力戒雷同，避免与其他店名混淆。如日本索尼公司（SONY），原名为"东京通信工业公司"，本想取原来名称的3个字的第一个拼音字母组成的TTK做名称，但产品将来要打入美国，而美国的这类名称多如牛毛，如 ABC、NBC、RCA、AT&T 等。公司经理盛田昭夫想，为了企业的发展，产品的名称一定要风格独特、醒目、简洁，并能用罗马字母拼写；再有，这个名称无论在哪个国家，都必须保持相同的发音。

3. 新颖

这是指名称要有新鲜感，赶上时代潮流，创造新概念。如柯达（KODAK）一词在英文字典里根本查不到，本身也没有任何含意，但从语言学来说，"K"音如同"P"音一样，能够给人留下深刻的印象，同时"K"字的图案标志新颖独特，消费者第一次看到它，精神常为之一振，这就更进一步加深了消费者对KODAK的记忆。

4. 响亮

这是指店名要易于上口，难发音或音韵不好的字，都不宜用作名称。例如，健伍（KENWOOD）音响原名为特丽欧（TRIO），改名的原因是TRIO音感的节奏性不强，前面"特丽（TR）"的发音还不错，到"O"时，读起来便头重脚轻，将先前的气势削弱了好多。改为KENWOOD后，效果就非常好。因为KEN与英文中的CAN（能够）有谐音之妙，而且朗朗上口，读音响亮。WOOD（茂盛森林）又有短促音的和谐感，节奏感非常强，二者组合起来，确实是一个非常响亮的名字。

5. 高气魄

这是指店名要有气魄，起点高，具备冲击力及浓厚的感情色彩，给人以震撼感。如珠海的海蓉贸易公司为了使其生产的服装打入国际市场、参与世界竞争，公司决定改名。通过对几个方案的比较，最后决定用"卓夫"为产品和公司的名称。"卓夫"是英语"CHIEF"的音译，英文含义为首领、最高级的（名词或形容词）；中文含义为"卓越的大丈夫"。中英文合二为一，演绎出一种高雅、俊逸、不同凡响的风格。正如设计者所言："作为产品，它是高级、高档、高质量的象征；作为企业，它是卓越、领先、超众的代表。"

（二）店铺经营产品属性原则

店名还应该暗示经营产品某种性能和用途。显而易见的问题是，店名越是描述某一类产品，那么这一店名就越难向其他产品上延伸。因此，店主为店铺命名时，勿使用店名过分暗示经营产品的种类和属性，否则将不利于企业的进一步发展。但是，在服装行业，如果服饰店经营的是某一类型服装，面向的是固定的某一阶层顾客，则可以面向顾客而取名，使他们知道店的类型。"淑女屋"就是这样的成功例子。除了体现类型之外，还要体现服饰店的特点。

（三）启发联想原则

它是指店名要有一定的寓意，让消费者能从中有愉快的联想，而不是消极的联想，也就是讨个吉利的名字。但要注意，有时从一种语言看来，它是吉利的名字，而用另一种语言读出来，就会有消极的意义。出现这种情况，如果想进入该地区的市场，就必须改名。

"金利来"远东有限公司创办人曾宪梓曾经专门谈及他的产品"金利来"的确定经过。曾宪梓先生说："要创名牌，先要选好名称。金利来原来叫金狮。一天，我送两条金狮领带给我的一个亲戚，他满脸不高兴。说：'我才不带你的领带呢！金输、金输，什么都输掉了。'原来港话'狮'和'输'读音相似，而我这个亲戚又是一个爱赌马的人，香港赌马的人很多，显然很忌讳'输'字。当天晚上我一夜未睡，为改金狮这个名字我绞尽脑汁。终于将GOLDLION（金狮）改为意译和音译相结合，即GOLD意为金，LION音读利来。这个名字很快就为大家接受，戴领带的各阶层生意人多，谁不希望'金利来'？"

（四）支持标志物原则

标志物是指店铺中可被识别但无法用语言表示的部分，如可口可乐的红色标志，麦当劳醒目的黄色"M",苹果牌牛仔服的缺一块的苹果,以及奔驰的三叉星环等。

当店名能够刺激和维持店铺标志物的识别功能时,店铺的整体效果就加强了。标志物是零售店经营者命名的重要目标,需要与零售店名联系起来一起考虑。当零售店店名能够刺激和维持零售店标志物的识别功能时,零售店的整体效果就加强了。例如当人们听到苹果牌的牛仔服时,立刻就会想起那只明亮的能给人带来好运的苹果,这样,苹果这一零售店在消费者心目中就留下了根深蒂固的印象。

(五) 适应市场环境原则

零售店名对于相关人群来说,可能听起来合适,并产生使人愉快的零售店联想,因为他们总是从一定的背景出发,根据某些他们偏爱的零售店特点来考虑该零售店。但是,一个以前对它一无所知的人第一次接触到这个名字,他会产生怎样的心理反应呢?这就要求零售店名要适应市场,更具体地说要适合该市场上消费者的文化价值观念。零售店名不仅要适应目前目标市场的文化价值观念,而且也要适应潜在市场的文化价值观念。

文化价值观念是一个综合性的概念,它包括风俗习惯、宗教信仰、价值观念、民族文化、语言习惯、民间禁忌等。不同的地区具有不同的文化价值观念。因此,零售店经营者要想使零售店进入新市场,首先必须入乡随俗,有个适应当地市场文化环境并被消费者认可的名称。

不同的国家和地区,在文化上具有很大的差别。如同样的植物或动物,具有不同的象征意义。例如,熊猫在我国乃至多数国家和地区均颇受欢迎,是"和平""友谊"的象征,但在伊斯兰国家或信奉伊斯兰教的地区,消费者则非常忌讳熊猫,因为它形似肥猪。仙鹤在中国与日本都被视为长寿的象征,而在法国则被看成是蠢汉或巫婆的代表。菊花在意大利被视为国花,但拉丁美洲有的国家则视菊花为妖花,只有在送葬时才会用菊花供奉死者;法国人也认为菊花是不吉利的象征。我国菊花牌电风扇如果出口到这些国家,销售前景必然暗淡。

鉴于此,零售店策划者应本着适应性原则,在为商店命名时,要把眼光放远一点,给商店起一个走遍世界(起码被目标市场认可)都叫得响的名字,这样才有利于商店的发展。

(六) 受法律保护原则

零售店经营者还应该注意,绞尽脑汁得到的零售店名一定要能够注册,受到法律的保护。要使零售店名受到法律保护,必须注意以下两点:

(1) 该零售店名是否有侵权行为。零售店经营者要通过有关部门,查询是否已有相同或相近的零售店被注册。如果有,则必须重新命名。美国有一种叫"伊丽莎白·泰勒热情"专卖香水的连锁店,销售业绩非常好,但其连锁专卖店发展到第 55 家时,就被迫停卖。因为它的一个竞争者的产品叫"热情香水",对方向法院起诉。最后"伊丽莎白·泰勒热情"连锁店不得不改弦易张,重新命名,原先的广告促销活动也付之东流了。

(2) 该零售店名是否在允许注册的范围以内,有的零售店名虽然不构成侵权行为,但仍无法注册,难以得到法律的有效保护。零售店经营者应向有关部门或专家咨询,询问该零售店名是否在商标法许可注册的范围内,以便采取相应的对策。

二、店铺命名的方法

店铺的命名对于店家来说，无疑是非常重要的。首先，一个好听、好记、朗朗上口的名字无论如何也会比一个晦涩难懂的名字更易激起人们的购买欲，增加店铺的回客率。其次，一个好的店名就像企业的第一推销员，有时甚至比一个优秀的推销员还重要。此外，一个好店名也有利于其声名的远播。

一般来讲，门店命名的方法有以下几种。

（一）以经营者本人的名字命名

这是一种突出个人信誉的命名方法。比如，"冠生园"食品就是取自老板冼冠生之名，松下电器取自创始人松下幸之助的姓作为企业名称。

（二）以经营者团体命名

这是一种突出集团信誉、体现企业精神的命名方法。在以经营者团体命名的老字号中，北京的"六必居"酱园的命名还有这样一段趣闻：六必居创业之初，重金请宰相严嵩题写店名。当时，店铺有财东6位，严嵩先写了"六心居"三个字，写完后细品，觉得中国自古一盘散沙，各人自扫门前雪，六心未必能居一处，于是又提笔在"心"上添了一撇，便成为"六必居"，使店名又多了一层含义，且自此名扬天下。

（三）结合汉字原理命名

这样的命名往往能使人有融会贯通、回味无穷的感觉。汉字是中国特有的文化，蕴义含蓄、字形优美、变化无穷，以汉字取名，字义上要健康，有现代感、冲击力，品味起来有深度，利于传播，或寄托意愿，或描写特征，或构思独特，或意境深远；音律上要朗朗上口，有韵律美；字形上要有创意性，易于识别，简洁、明快。例如，成都三只耳火锅连锁有限公司的"三只耳"的起名创意源于创始人姓"聂"，取其中文繁体由"三个耳字"组成之结构，古意为"听天、听地、听民声"。今天，"三只耳"诠释着"听天、听地、听民声"和"顺风、顺水、顺口福"的理念。

（四）以地域文化及五行学说命名

比如"平遥牛肉"，"平遥"取自山西省平遥县；"蒙牛"就是"内蒙古牛奶"的意思。

（五）以典故、诗词、历史轶闻命名

这样的命名简明、达观，富有艺术感染力。比如北京的"张一元"茶庄，取自"一元复始，万象更新"的典故，又暗含老板以一元钱起家的经历，简单、明了，易读、易记。而北京的"都一处"烧卖馆的命名更富历史和戏剧性。那是在清乾隆三年，一个山西李姓商人在北京鲜鱼口南街开了家无名酒店，为了在竞争中求生存，他坚持除夕夜照常营业，并坚持了下来。乾隆十七年的除夕，恰逢乾隆帝从通州微服私访归来，人困马乏，转遍京师唯见这家酒店灯火通明，生意兴隆，便入店饮酒，一尝之下大为赞赏，忙问酒店字号，伙计答

曰"尚无名号"。乾隆感慨地说："这时候不关门的酒店，京都只有你们一处了，就叫'都一处'吧。"回宫后，乾隆御笔亲题"都一处"店名，并制成虎头牌匾送于李姓酒店。自此，"都一处"誉满京城，从一个无名小店一跃成为京师名店。

（六）以英文等外文的谐音命名

这往往会给人一种时尚、前卫、新潮的感觉。而且国际性品牌，最好用中英文发音接近、意义好的词，有发音类似意义好的也可以。比如，"雅戈尔"便是"Younger"（年轻的、青春的）的谐音。

（七）以丑极生美的辩证美学思想命名

这是一种以丑的形式来映衬美的实质，使企业特征突出、影响深刻的命名方式。比如天津的"狗不理"，其名巧用"肉包子打狗，一去不回头"的民间俚语，以极丑的名字烘托新鲜生动的内容，迎合了消费者"求奇"的心理，引起购买兴趣，而使其名扬天下。诸如此类的还有北京的"王麻子"剪刀铺、成都的"麻婆豆腐"等。

除了以上的几种一般方法外，有的店铺还以经营特色进行命名，也就是店铺的经营特色用名称进行表达和强化，从而使消费者便于认知记忆，如日本7-11店铺连锁集团、百廉超市等。还有的以货品的质量、方便程度等进行命名，如物美超市、百佳超市、美佳超市等。

店铺的命名可以通过多种途径进行征集和筛选，如发动本单位职工为本企业命名、委托专业公司或向社会有奖征集企业名称等方式。

三、连锁店名字体设计

连锁店取了连锁店名后，就应该进行标志字的设计。所以，连锁店名字字体也称为连锁店的标志字，拉丁语为Logotype，原来是印刷用语，原意是指两个以上文字组成一个固定的整体，因此，店名字体也称为组合字体。连锁店名字体是其店面识别系统的构成要素之一，有时还是店铺标志的一部分，它是将企业经营活动中的规模、价值观念、经营理念，通过可读性、说明性、鲜明性、独特性的组合字体，在目标市场上进行传播，以达到识别的目的。与普通字相比，连锁店名字体在书写方面除了造型外观上的差异以外，更在于文字间的配置关系，它强调连锁企业的个性形象与整体风格。

（一）连锁店名字体特征

连锁店名字体具有以下特征：识别性、造型性、易读性、系统性。店名字体作为一种符号，它是连锁店铺面识别系统的组成部分，能表达丰富的内容。设计专家发现："由细线构成的字体"易让人联想香水、化妆品、纤维制品；"圆滑的字体"易让人联想到香皂、糕饼、糖果；"角形字体"易让人联想到机械类、工业用品类。由此可见，不同字体其含义各不相同，连锁店经营者有必要在店名字体上下功夫。例如，"雪碧""芬达"就将店名字体的比例、形状处理得精致美观，尤其是雪碧中"碧"字一点，是柠檬形象的高度抽象；芬达的"达"字一点，是苹果叶子的高度象征，非常醒目、传神；雪亮眼镜店的"亮"字活泼生动，醒目传神。

（二）店名字体的几种类型

不论英文店名字体或汉字店名字体，其字体均可粗分为印刷体、美术体和书写体三类。如果略加细分，可分别用表6-1来表示。

表6-1 字体分类

字体	汉字	英文
印刷体	宋体、黑体	古罗马体 现代罗马体 无饰线体
美术体	象形、立体、彩色、附加装饰	象形、立体、彩色、附加装饰
书写体	正楷（大、小楷）、隶书 篆书（大、小篆）、碑书 草书（大草、小草、狂草）	草书体 自由手书体

就连锁企业店名字体的性格属性来讲，可分为粗犷、豪放型，如方饰线体、新魏碑等；庄重、典雅型，如古罗马体、卡洛林体、仿宋、黑体等；清洒、飘逸型，如意大利斜体、行书等；纤巧、秀丽型，如结构型、草书体、隶书等；古拙、稚气型，如正圆形的罗马体等。

按字体的演进分类，又可分为：古典型，其特征为典雅、多装饰，如古歌德体；现代型，其特征为符号化、单纯化、简洁有力，如无饰线体。

目前，欧美流行的新字体主要倾向于追求新款。受到抽象绘画艺术和现代科技的影响，在字体的安排上，近似于密集型和重叠，力求相对集中的整体效果；还有一种倾向，是吸取古典字体中优美的部分并对其进行调整。

以上所述均是就连锁企业店名字体的形式而言的。内容决定形式，形式是为内容服务的。由于不同企业具有不同的经营属性，与不同的店名字体属性相吻合，在实践中就形成了一些约定俗成的法则，诸如：经营化妆品的商店，其店名多用纤细、秀丽的字体，以显示女性的柔性秀气；经营手工艺品的商店，其店名字体多用不同感觉的书法，以表现手工艺品的艺术风味和情趣；经营儿童食品与玩具的商店，其店名多用充满稚气的"童体"，活泼的字形易与童心相通；经营五金工具的商店，其店名多用方头、粗健的字体，以表示金属工具的刚劲坚韧。

一般来说，除了经营传统的工艺品、仿古制品、民间艺术品等商品的商店，其店名字体用古典的较多外，其他商店，特别是经营与现代科技、生产和生活方式息息相关的汽车、电子产品、钟表、时装等商品的商店，其店名字体制作大多是追求时代感的，因此均应采用现代体字形，才能与销售产品的内容属性相吻合。

四、店名字体的设计程序

为了设计出新颖别致的连锁企业店名字体，设计人员必须遵循一定的程序，将设计的经验与理论知识结合起来。大量实践证明，店名字体的设计可以概括为4个阶段，即调查分析、确定造型、配置笔画和编排制图阶段。

（一）调查分析

在设计店名字体之前，应对现在使用的企业名称、自有品牌名称等字体进行分析，分析它们是否符合店名字体的基本设计要求,它们之间是否有统一性和规律性的,并将这些资料进行归纳作为设计店名字体的依据。一般来讲,调查分析要从以下几个方面展开。

(1) 店名字体是否符合所处行业的特征。
(2) 店名字体是否与经营产品的特征一致。
(3) 对外宣传中所用的店名字体是否统一。
(4) 现用的店名字体是否有独特风格和新颖形态。
(5) 店名字体是否符合市场消费者的审美情趣。
(6) 店名字体是否有现代感。
(7) 店名字体是否符合美学原则。
(8) 店面字体是否与企业的名字、自有品牌相符。
(9) 店名字体是否能充分体现企业的经营理念。
(10) 店名字体是否有利于开展市场营销活动。
(11) 店名字体是否能体现企业营销活动特征。
(12) 店名字体是否合理,具体包括店名字体的外形特征分析、店名字体的线型分析、店名字体的编排方式分析、店名字体的色彩分析。

(二) 确定造型

根据调查所得材料,在确定连锁企业的经营特征、目标市场特点后,接着就要确定店名字体的造型。例如正方形、扁形、长方形、自由形、斜形等。店名字体的外形要与经营商品的特征一致,要反映企业经营理念。

店名字体确定以后,可在其中划分若干个方格斜线作为辅助线,以配合店名字体的笔画。常见的字格有米字格、十字格以及四字格等。

(三) 配置笔画

为店名字体配置笔画,首先要画出布局,在打好间架之后,依据结构布局进行全面的调整,以求空间的合理与均匀;再根据确定的字架,画出文字的实际结构,将其不均匀之处进行修改和调整。

(四) 编排绘图

在完成店名字体设计工作后,必须按照规范的制图法,制作出大小规模不同的式样字,以适应企业开展广告推广、产品促销、包装标识、公共宣传活动的需要。

店名字体的标准化制作,是确保在经营活动中店名字体传播的统一性、标准化的有效手段。在连锁企业营销活动中,可以按标准图的大小尺寸来放大或缩小店名字体,以适应实际需要。对店名字体进行标准作图,具体包括对店名字体的空间、形态、角度配置以及笔画等内容以明确的尺寸标准,以确保效果的统一性。标准作图的方式有两种:

1. 方格法

以等分线画出方形格子,然后将店名字体放在其中,注明高度、宽度、角、圆心等关系和位置。如果店名字体比较简单,可进行重点标注;如果字形复杂,则标注要尽量详细一些,关键部分要更仔细。

2. 直接标示法

直接将尺寸标示在线框外,这种方法往往用于字形非常复杂而方格无法标示清楚的店名字体。

在设计店名字体过程中,往往将上述两种方法结合起来使用,从根本上控制字体图形、形象图形、辅助图形的整体造型及其细部处理,这样就使店名字体的图形规范,既精致又数量化,便于应用操作,防止错位变形。

五、店名颜色设计

大多数店名字体被放置在店面标志图案的突出位置,因此,对其色彩的处理应采取与标志图案主色调对比调和的方法。例如采取补色调和、明暗调和、纯色调和等,以取得明快、强烈的视觉效果。有的连锁企业经营者在企业店名字体上搞"文身"式的装饰,或者拼命在标志图案的底色上加彩增色,结果使消费者感到眼花缭乱,也就失去了企业名称的整体感和易读性。

连锁企业经营者要认真研究企业店名字体与底色之间的关系,使它们协调一致,以增强店面标识系统整体的视觉效果,如表6-2所示。

表6-2 标志底色与店名字体色的理想搭配

底色	文字色	底色	文字色
黄色	黑色	绿色	白色
白色	绿色	黑色	白色
白色	红色	黄色	红色
白色	青色	红色	绿色
黑色	黄色	绿色	红色
红色	白色		

经验证明,店名字或字母数越多,色饰成分应该越少。店名字体的色彩要增强文字的表现力、美感与阅读的舒适度。

任务三 设计门店店标和招牌

店标(logo)是指店面标识系统中可以被识别,但不能用语言表达的部分,也可以说是店面标识的图形记号。店标与连锁门店的经营紧密相关,店标是企业日常经营活动、广告宣传、文化建设、对外交流必不可少的元素,它随着企业的成长,其价值也不断增加。曾有人这样断言:"即使一把火把可口可乐的所有资产烧光,可口可乐凭着其商标,就能重新起来。"因此,具有长远眼光的企业,都十分重视店标的设计。

在连锁门店建立初期,好的店标设计无疑是日后无形资产积累的重要载体,如果刚开始没有客观反映连锁企业精神、产业特点且造型科学、优美的标志,等企业发展起来后再做变化调整,将对企业造成不必要的浪费和损失。例如,中国银行进行变更标志后,仅全国拆除更换的户外媒体广告牌,就造成了2 000万元的损失。

一、门店店标的设计

（一）店标的作用

店标和名称是构成连锁店标识系统的要素。店标能够创造商店认知、商店联想和消费者偏好，进而影响商店体现出的产品质量与顾客对商店的忠诚度。店标的作用有以下几点。

1. 能够引发消费者的联想

这尤其能使消费者产生有关连锁店商品属性或类别的联想。据考古发现，早在公元前79年，在古罗马的庞德镇，人们在外墙上用色彩画一个壶把，表示是茶馆；画有牛的地方，表示牛奶店或牛奶厂；画有常春藤的是油房；画有圆石磨的是面包房等。

最常见的店标是几何图形。具有意义的图形，能够助长人们的记忆。常见的店标形状有以下几种：月牙形，如"蓝月亮"洗衣液的标识；圆形，如奥迪、大众汽车标识；还有椭圆形、菱形、方形、十字形、五角形等。

2. 能够使消费者产生喜爱的感觉

如米老鼠、康师傅、海尔兄弟等，这些标识都是可爱的，能够让消费者产生兴趣，并产生好感。

3. 公众识别商店的指示器

风格独特的店标是帮助消费者记忆的利器。检验连锁店标是否具有独特性的方法是认知测试法，即将被测试店标与一般商店的店标放在一起，让消费者辨认，消费者辨认所花费的时间越短，说明标识的独特性越强，反之亦然。

（二）店标的分类

店标根据形态可分为表音性标识、表形性标识和图画性标识，根据内容可分为名称性标识、解释性标识和寓意性标识。

1. 表音式标识

它是指通过表示语音音素及其拼合的语言的视觉化符号来标识。如大小写字母、汉字、阿拉伯数字、标点等，都是我们日常生活中用到的文字、语素、音素，它们都是表音式标识。采用表音式标识的有联想、索尼、沃尔玛特、伊莱克斯等。

2. 表形式标识

它是指通过几何图案和形象图案来标识。表形图案靠形不靠音，而且表形性非常强，通过适当的设计，能以简洁的线条和图形表示一定的含义，同时利用丰富的图形结构来表示一定的寓意。如中国建设银行和中国工商银行、马兰拉面、麦当劳等的标识就具有此特点。

3. 图画性标识

它是指直接用图画的形式来表示连锁店铺经营的特征，如梦特娇、肯德基、伊利集团的标识就属于此类。

4. 名称性标识

它是指商店的店标就是企业的名称，如苏宁电器、戴尔公司就属于此类。

5. 解释性标识

它是指对商店名称本身所包含的事物、动植物等作为商店的标识，如小肥羊火锅、白猫牌洗涤剂、金象大药房等。

6. 寓意性标识

它是指用图形的形式将商店的名称间接地表达出来，如用"十字形"作为全国药品企业统一标志。

（三）店标设计的原则

1. 简洁、鲜明的原则

连锁店标识不仅是消费者辨识商店的标志，也是提高商店知名度的一种手段。只有店标的设计在图案和名称上简洁醒目、易于认知、便于理解和记忆，设计风格特色鲜明、新颖，使标识具有独特的面貌和出奇制胜的视觉效果，才能达到以上目的。如摩托罗拉手机的标志。

2. 独特、新颖原则

连锁店店标体现的是企业独特的个性、品质、风格和经营理念，在设计上必须别出心裁，使标记富有特色、个性显著。如"同仁堂"的店标——圆形双龙图案，圆形代表中草药剂的"丸"字；同仁堂字两边是艺术化的双龙，龙体为草叶形，似龙似草，寓意为龙和中草药同是中华民族的传统文化；双龙头中间的圆形既寓意同仁堂为中华民族医药宝库中的璀璨明珠，又寓意同仁堂产生的中药如珍珠般宝贵。整体图案既简洁鲜明，又寓意深刻。

3. 准确、相符原则

连锁店店标的寓意要巧妙，又要准确，店名与店标要相符，这样有利于扩大连锁店的知名度。如前面担到的"三只耳"火锅，店标就是"聂"字，与店名"三只耳"相辅相成，印象深刻。

4. 优美、精致原则

这是指店标设计要遵循7条基本的美学原理：和谐、平衡、成比例、对比、对称、律动、强调。这些是美的基本形式，但并不意味着非要符合这些基本要求。

5. 稳定、适时原则

连锁店店标要为顾客熟知和使用，就必须长期使用、长期宣传，在消费者心目中扎下根，但也要不断改进，以适应市场形势的变化，这就是稳定、适时的原则。日本花王公司的月亮标识，随着时代巨轮的转动，不断地演进。自1890年创业至今，共有7次重大的变化。从演进的轨迹来看，越来越现代化，越来越符合现代人的心理感受。

课堂讨论：店标对企业有哪些重要意义？应该如何设计？请举例说明一些给你留下深刻印象的店标。

二、招牌设计

（一）招牌的种类

1. 广告塔

广告塔即在商店建筑顶部树立广告牌，以其来吸引消费者，宣传自己的店铺。

2. 横置招牌

横置招牌即装在店正面的招牌，这是店铺的主力招牌，通常对顾客吸引力很强，如果增加各种装饰（如霓虹灯、荧光照射等），会使其展示效果更加突出。

3. 壁面招牌

壁面招牌即放置在商店正面两侧的墙壁上，将经营的内容传达给两侧行人的招牌，通常为长条形招牌或灯箱式。

4. 立式招牌

立式招牌即放置在店铺门口人行道上的招牌，用来增加店铺对行人的吸引力。通常可以用灯箱或商品模型、人物造型等来做招牌。

5. 遮幕式招牌

遮幕式招牌即在店铺遮阳篷上施以文字、图案，使其成为店铺招牌，使之起到遮掩日光、风雨及宣传的双重功效。

（二）招牌设计的位置

商店招牌应有良好的位置选择，这样才能充分发挥宣传作用。招牌本身设计的大小、色彩是影响位置设置的主要因素。

一般的研究认为，眼睛与地面的垂直距离为 1.5m 左右，以该视点为中心上下 25°~30° 范围为人视觉的最佳区域，在此区域内放置招牌效果更佳。

（三）招牌设计的要求

一般店面都是设置一个条形商店招牌，醒目地显示名称及主营商品。而在繁华的商业区里，消费者往往首先看到的是大大小小、各式各样的商店招牌，然后再寻找实现自己购买目标或值得逛游的商业服务场所。因此，具有高度概括力和强烈吸引力的商店招牌，对消费者的视觉冲击力和心理暗示是很重要的。

商店招牌底板所使用的材料，一般是木质、水泥、薄片大理石、花岗岩、金属不锈钢板、薄型涂色铝合金板等。其中木质招牌经不起长久的风吹雨打，易裂纹，油漆易脱落；水泥招牌则施工方便，经久耐用，造价低廉，但形式陈旧，质量粗糙，只能作为低档商店招牌；石材招牌显得厚实、稳重、高贵、庄严；金属材料招牌显得明亮、轻快，富有时代感。有时，随着季节的变化，还可以在门面上安置各种类型的遮阳箔架，这会使门面清新、活泼，并沟通了商店内外的功能联系，无形中扩展了商业面积。

商店招牌在导入功能中起着不可缺少的作用与价值，它应是最引人注目的标志物，所以，要采用各种装饰方法使其突出。手法很多，如用霓虹灯、射灯、彩灯、反光灯、灯箱等来加强效果，或用彩带、旗帜、鲜花等来衬托。总之，格调高雅、清新，手法奇特、怪诞往往是成功的关键之一。

商店招牌文字设计日益为经商者所重视，一些以标语口号、隶属关系和数字组合而成的艺术化、立体化和广告化的商店招牌不断涌现。商店招牌、文字设计应注意以下几点。

（1）能够展现店铺存在感的招牌。为了让过路客发现自己的店，避免使自己的店被街上的其他店铺流所淹没，至少需要采用两三种形式各异的招牌吸引路人。

（2）用凸凹形的招牌体现立体感。人的眼睛容易被立体形的物体所吸引，因此把招牌制成箱体或半球之类的立体招牌，并采用浮雕形的字体，会比平面更加突出。

（3）醒目招牌要突出个性。有的店铺采用独具个性的招牌，比如米老鼠、唐老鸭、哆啦A梦、加菲猫式的故事人物以及漫画作品中出现的故事人物等，作为店铺招牌的一部分，非常醒目。

（4）用光线吸引顾客。人有被明亮、发光的东西吸引的习惯，因此，招牌使用灯光效果非常有效。灯光招牌有很多种，比如，在平面招牌上用聚光灯等聚焦照射的"灯光反射招牌"，过去使用蜡烛的灯笼，内部设置荧光灯等光源投射光线进行照明的行灯型。另外，还有装入氖气等稀有气体的霓虹灯、使用小灯泡等灯饰的所谓"直接灯光招牌"。

（5）确定招牌文字时应考虑的因素。从远处看，招牌的"可读性"较高，但是人的视觉与距离成反比，也就是随着距离的加大，人辨识物体的能力降低。由于要求店铺招牌的文字能够让行人在 20~50m 的距离看清楚，所以在设计字体时，要考虑三点：一是选用笔画数少的字；二是选用行人习惯阅读的字体；三是字最小不应小于 10~15cm。

（6）留白以使招牌取得平衡。一般招牌的形状、大小及文字平衡不同，给行人带来的印象也不同。如果文字占满了整个招牌，几乎没有留白，就给人一种小气的感觉；相反，留有余白且缩小字体，则给人高贵的印象。比如，家庭饭店和高级饭店的盛饭量有着明显的不同。

（7）用招牌的形状反映连锁店的形象。在欧洲，一些连锁店经常把经营的商品形状做成招牌，或者把象征性的东西绘在招牌上，以招徕生意。比如，锁店把招牌做成钥匙的形状，鞋店把招牌做成鞋的形状，海鲜店把招牌做成螃蟹的形状等。

商店招牌文字使用的材料因店而异，店铺规模较大，而且要求考究的店面，可使用铜质、凸出空心字，闪闪发光，有富丽、豪华之感，效果是相当好的。定烧瓷质字永不生锈，反光强度好，作为招牌效果尤佳。塑料字有华丽的光泽，制作也简便，但时间一长，光泽褪去，塑料老化，受冷受热受晒又要变形，因此不能长久使用。木质字制作也方便，但长久日晒雨淋易裂开，需要经常维修上漆。

商店招牌设计，除了注意在形式、用料、构图、造型、色彩等方面给消费者以良好的心理感受外，还应在命名方面多下功夫，力求言简意赅、清新不俗、易读易记、富有美感，使之具有较强的吸引力，以促进消费者的思维活动，达到理想的心理要求。

任务四　设计门店门脸与橱窗

一、门店门脸的设计

（一）店门的基本类型

1. 封闭型

这种类型的店铺面向大街的一面用橱窗或有色玻璃遮掩起来，入口尽可能地小些。采用这种形式多是一些经营高档商品，如珠宝、影像设备的专卖店。这类店铺的接待对象为少数有钱人，所以橱窗设备不必太突出，要让行人难以看到店堂内部，从而营造一个优雅、安静的购物氛围。封闭型门脸突出了经营贵重商品的特点，设计别致，用料精细、豪华，使进店的顾客产生一种与众不同的优越感，觉得在这样的店铺买东西而自豪，体现了自己的身份和地位。

2. 半封闭型

店铺入口适中，玻璃明亮，顾客可以一眼看到店内的情景，然后被引入店内。这种店铺外观的吸引力是至关重要的。经营化妆品、服装等中高档商品的店铺多采用这种形式。它们的顾客预先都有购买商品的计划，当看到橱窗陈列时，会直接走入店内进行选购。

3. 开放型

这种门脸正对大街的一面全面开放，没有橱窗，顾客出入方便，没有任何障碍。我国南方实行全面开放型的店铺多，而北方则少些，这是南北两地不同气候决定的。在国外，出售食品、水果、蔬菜和小百货等低档日常用品的商店则采用这种形式。

（二）店门的设计

在店面设计中，顾客进出门设计是重要一环。店门作用是引导人们的视线，激发人们的购物意识。

1. 店门位置

将店门安放在店中央，还是左边或右边，这要根据人流的情况而定，一般大型商场的大门可以安置在中央，小型商店的进出门安置在中央是不妥当的。因为店堂小，直接影响了店内实际使用面积和顾客流动。小店的进出门设在左右的一侧比较合理。

2. 店门性格

从商业经营观点看，店门应当是开放性的，所以设计时应当考虑到不要让顾客产生"阴暗"的不良心理，从而拒客于门外。因此，明快、通透、具有呼应效果的门扉才是最佳设计。传统的木门、金属门的封闭性早已不适应时代的发展。

3. 店门与环境

店门设计，还应考虑店门前路面是否平坦，是水平还是斜坡；前边是否有隔挡及影响店门形象的物体或建筑；采光条件、噪声影响及太阳照射方位也是考虑的因素。

4. 店门材料

店门所使用的材料，以往都是采用较硬质的木材，也可以在木质外部包铁皮等，制作方便。后来，我国开始使用铝合金材料制作商店门，由于它轻盈、耐用、美观、安全，富有现代感，所以得到普及。无边框的整体玻璃属于豪华型，金银珠宝店、电器店、时装店、化妆品店、超市等，都是属于这种类型。

5. 店门的精神

主要是连锁店将连锁企业的经营宗旨、经营战略、企业精神赋予到店门设计中。例如，有的连锁店门口设有坡道，是为了购物方便，体现了服务第一的理念；有的连锁店门口摆了两个大狮子，主要体现了企业战无不胜、开拓进取、力争第一的霸气；有的店铺则在门口摆上了人物偶像，如麦当劳等。

6. 店门的保护

有的店铺店门容易遭到风吹雨打，有时又有大量的灰尘，所以销售日常用品的店铺经常关闭门。对于供应中高档商品的店铺更需要采取措施，手段之一就是采取双层门，如果为了避免日光的损害，还可以在店门上方设置遮阳布。

（三）店面设计应注意的问题

1. 店面设计要符合自身的行业特点

店面设计必须符合自身的行业特点，从外观和风格上要反映出店铺的经营特色，符合客户口味的店铺定位。

2. 建筑风格要与周围店面协调

店面装潢要充分考虑到原建筑风格与周围店面是否协调，不能为了差异而差异。"个性"虽然抢眼，一旦使消费者觉得"粗俗"，就会失去信赖。店铺装潢有不同风格，大商场、大酒店有豪华的外观装饰，具有现代感；小商场、小店铺也有自己的风格和特点。在具体设计与操作时，必须根据店铺的具体情形而定。

3. 店门设计要与其周围协调

在设计店门时，不能仅仅考虑店门的门扇本身，同时要考虑门的周围的协调。也就是要以人为本，方便顾客。如果店门处有电梯的话，顾客就必须注意脚下，这样使顾客有一定的阻力感，特别给老人和残疾人带来不便。所以，当店门与路面有落差时，要利用斜坡过渡，或者设立扶手。最近，京城许多店铺门口设立了斜坡，就说明了这一点。

4. 在门口采取安全措施

大理石地板虽然漂亮，但在湿滑时，容易使人滑倒。所以，门店门口最好采用防滑材料铺设，出入口要放置蹭鞋垫。它的好处还有：避免顾客把脚上的泥带到店里，而且还可以防止灰尘扬起落到商品上，从而减少清扫麻烦。

5. 门店设计要注意与有关设备配套

例如，夏天为防止苍蝇进店，就要挂上塑料门帘，这成了店门不可分割的一部分。有的店铺在门的上面安装空调，夏天保持店铺内部较低温度，使空气不外泄；冬季供应暖风，门要经常关闭。如果采用滑动拉门式完全开放门的话，顾客进出的时候店门打开时间多，所以会大大影响暖气的效果。在这些地方使用斜拉门可以减少店内和店外空气的流通，有助于室内保暖。

二、橱窗设计

橱窗是吸引顾客的重要手段，也是一种重要的广告形式和装饰门店的重要手段。临街橱窗对于展示连锁门店的经营类别、推销商品和吸引消费者购买意义重大。一个构思新颖、主题鲜明、风格独特、方法脱俗、装饰美观、色调和谐的门店橱窗，与整个门店建筑结构和内外环境构成的立体画面，能起到美化门店和市容的作用。

（一）橱窗分类

1. 综合式橱窗布置

综合式橱窗布置是将许多不相关的商品综合陈列在一个橱窗内，组成一个完整的橱窗广告。这种橱窗布置由于商品之间差异较大，设计时一定要谨慎，否则就给人一种"什锦粥"的感觉。综合式橱窗布置又可以分为横向橱窗布置、纵向橱窗布置、单元橱窗布置。

（1）横向橱窗陈列，也叫横向分组陈列，是将商品分组横向陈列，引导顾客从左向右或从右向左观赏。

（2）纵向橱窗陈列，也叫纵向分组陈列，是将商品按照橱窗容量大小，纵向分成几个部分，前后错落有致，便于顾客自上而下依次观赏。

（3）单元橱窗陈列，也叫分格支架陈列，是用分格支架将商品分别集中陈列，便于顾客分类观赏，多用于小商品的陈列。

2. 系统式橱窗布置

大中型店铺橱窗面积较大，可以按照商品的类别、性能、材料、用途等因素，分别组合陈列在一个橱窗内。这种布置可具体分为以下几种。

（1）同质同类商品橱窗陈列：即同一类型同一材质制成的商品组合陈列，如冰箱、自行车橱窗。

（2）同质不同类商品橱窗陈列：即同一材质不同类别的商品组合陈列，如羊皮鞋、箱包等组合的羊皮制品橱窗。

（3）同类不同质商品橱窗陈列：即同一类别不同原料制成的商品组合陈列，如杏仁蜜、珍珠蜜组成的化妆品橱窗。

（4）不同质不同类商品橱窗陈列：即不同类别、不同制品却有相同用途的商品组合陈列，如网球、乒乓球、排球、棒球组成的运动器材橱窗。

3. 专题式橱窗布置

它是以一个广告专题为中心，围绕某一个特定的事情，组织不同类型的商品进行陈列，向媒体大众传输一个诉求主题，又可分为：

（1）节日陈列：以庆祝某一个节日为主题组成节日橱窗专题，如中秋节以各式月饼、黄酒等组合的橱窗，圣诞节以圣诞礼品、圣诞老人模型等组合的橱窗，既宣传了商品，又渲染了节日的气氛。

（2）事件陈列：以社会上某项活动为主题，将关联商品组合起来的橱窗，如大型运动会期间的体育用品橱窗。

（3）场景陈列：根据商品用途，把有关联性的多种商品在橱窗中设置成特定场景，以诱发顾客的购买行为，如将有关旅游用品设置成一处特定的旅游景点场景，以吸引过往顾客的注意力。

4. 特定式橱窗布置

特定式橱窗布置指用不同的艺术形式和处理方法，在一个橱窗内集中介绍某一产品，例如，单一商品特定陈列和商品模型特定陈列等。

（1）单一商品特写陈列：即在一个橱窗内只陈列一件商品，以重点推销该商品，如只陈列一台电冰箱或一架钢琴。

（2）商品模型特写陈列：即用商品模型代替实物陈列，多用于体积过大或过小的商品，如汽车模型、文具模型橱窗。某些易腐商品也适用于模型陈列，如水果、海鲜等。

（二）橱窗设计

1. 基本要求

商店的橱窗多采用封闭式，便于充分利用背景装饰、管理陈列商品和方便顾客观赏。橱窗的规格应与商店整体建筑和店面相适应。

橱窗底部的高度，一般距离地面80～130cm，成人眼睛能看见的高度为好，所以大部分商品可从距离地面 60cm 的地方进行陈列，小型商品从 100cm 以上的高度陈列；电冰箱、洗衣机、自行车等大件商品可陈列在距离地面 5cm 高的部位。

橱窗陈列要反映出连锁店的经营特色，使受众看后就产生兴趣，并想购买陈列的商品。

季节性商品要按目标市场的消费习惯陈列，相关商品要互相协调，通过排列的形状、层次、顺序、底色及灯光等来表现特定的诉求主题，营造一种气氛，使整个陈列成为一幅具有较高艺术品位的立体画。

要有一定的"艺术美"。橱窗实际是艺术品陈列室，通过对产品进行合理搭配来展示商品美。橱窗是衡量连锁企业经营者的文化品位的一面镜子，是体现连锁企业经营环境文化、经营道德文化的一个窗口。顾客对橱窗的第一印象决定着顾客对商品的态度，进而决定着顾客的进店率。

2. 背景要求

橱窗背景是橱窗广告制作的空间，它类似室内布置的四壁，有较严格的要求。背景颜色的基本要求是突出商品，而不要喧宾夺主。形状上一般要求大而完整、单纯，避免小而复杂的烦琐装饰。颜色上尽量用明度高、纯度低的统一色调。如果广告宣传商品的色彩淡而一致，也可用深颜色作背景。

3. 道具要求

道具包括布置商品的支架等附加物和商品本身。其要求是支架的摆放越隐蔽越好，一定要突出广告商品，占用的位置要比商品小许多。常用有机和无机玻璃材料作道具，适应面较广。布料道具的颜色一定要和广告商品有一定差异。如果是服装用道具模特，其裸露部分，如头脸、手臂、腿等部位的颜色和形状，可以是简单的球体、灰白的色彩，或者干脆不用头脸，这样反而比真人似的模特更突出服装本身。商品名称、企业名称或简捷的广告用语的位置要巧妙安排在台架等道具上。例如，电冰箱橱窗陈列应以皮、毛类材料作背景，颗粒材料作底面，更能突出电器产品的表面金属质地感。

4. 灯光要求

光和色彩是密不可分的，按舞台灯光设计的方法为橱窗配上适当的顶灯和角灯，不但能起到一定的照明作用，而且还能使橱窗原有的色彩产生戏剧性的变化，给人以新鲜感。对灯光的要求一是要光源隐蔽、色彩柔和，避免使用过于鲜艳、复杂的色光。尽可能在反映商品本来面目的基础上，给人以良好的心理印象。例如，食品橱窗广告用橙黄色的暖色光，更能增强人们对所做广告的食品的食欲；而家用电器橱窗陈列，则用蓝、白等色光，能给人一种科学性和贵重的感觉。其次，现在的橱窗布置增加了动感，如利用大型彩色胶片制成灯箱，制作一种新颖的具有立体感的画面等。

总之，现代橱窗广告制作不但要随着科学的发展、设计思想的更新，从形式、内容等方面不断充实提高，而且在设计制作上注意广告宣传的目的，勿要喧宾夺主，否则橱窗设计仍然是不会成功的。

（三）橱窗设计表现手法

橱窗设计的表现手法大致可分为以下几种。

1. 直接展示

道具、背景减少到最低程度，让商品自己"说话"。运用陈列技巧，通过对商品的折、拉、叠、挂、堆，充分展现商品自身的形态、质地、色彩、样式等。

2. 寓意与联想

寓意与联想可以运用部分象形形式，以某一环境、某一情节、某一物件、某一图形、某一人物的形态与情态，唤起消费者的种种联想，产生心灵上的某种沟通与共鸣，以表现商品的种种特性。

寓意与联想也可以用抽象几何道具通过平面的、立体的、色彩的表现来实现。生活中两种完全不同的物质，完全不同的形态和情形，由于内在的美的相同，也能引起人们相同的心理共鸣。橱窗内的抽象形态同样能加强人们对商品个性内涵的感受，不仅能创造出一种崭新的视觉空间，而且具有强烈的时代气息。

3. 夸张与幽默

合理的夸张将商品的特点和个性中美的因素明显夸大，强调事物的实质，给人以新颖奇特的心理感受。贴切的幽默，通过风趣的情节，把某种需要肯定的事物，无限延伸到漫画式的程度，充满情趣，引人发笑，耐人寻味。幽默可以达到出乎意料又在情理之中的艺术效果。

4. 广告语言的运用

在橱窗设计中，恰当地运用广告语言，更能加强主题的表现。由于橱窗广告所处的宣传环境不同，不能像报纸、杂志广告那样有较多篇幅的文字，一般只出现简短的标题式的广告用语。在撰写广告文字时，首先要考虑到与整个设计和表现手法保持一致性，同时既要生动，富有新意，唤起人们的兴趣，又要易于朗读，易于记忆。

5. 系列化表现

橱窗的系列化表现也是一种常见的橱窗广告形式，主要用于同一牌号、同一生产厂家的商品陈列，能引起延续和加强视觉形象的作用。它可以通过表现手法和道具形态色彩的某种一致性来达到系列效果；也可以在每个橱窗广告中保留某一固定的形态和色彩，作为标志性的信号道具。

橱窗广告的设计构思和表现手法，综合了社会学、市场学、心理学以及现代科学技术等各种因素，并随着商品经济的发展而不断地变化着。设计者们必须不断更新知识，讲究功能，针对所陈列的商品特性，精心设计，才有可能在实践中摸索出更多、更新、更具特色的表现手段，使橱窗更好地为引导消费、促进销售服务。

（四）橱窗设计展示方式

橱窗展示的方式要能传达店铺的主张和情报，而且这些主张、情报要经常换新，给顾客以不同的感受。

1. 橱窗的形状

橱窗的形状不仅使路人容易看到橱窗内部，而且通过它能引起顾客的兴趣。

2. 橱窗的方向

橱窗的方向以面向行人多的方向为佳。

3. 橱窗的高度

一般从距离地面 80~130cm 到成人眼睛能看见的高度为好。一般的超市都从距离地 60cm 的地方开始陈列，小型超市如果不从 100cm 的高度开始陈列就不醒目。大型超市的橱窗还要在地面做5cm高的床，并要注意床面的装饰。

4. 橱窗内容的构思

这一点也很重要，橱窗内容的构思有以下3种形式。

（1）情节型构思。把商品放在一个有简单人物情节的故事场景中展示，给顾客一种家庭的温馨、舒适感。所采用的样品、辅助的衬景、道具、装饰、标题、组合方式等都要符合这一场景，使之浑然一体。

（2）构成主义构思。运用抽象手法，传递给人的是色彩感、形式感、节奏感。这种方式主要适用于定位在"高、新、尖"的现代化超市，通过抽象的图形、线段，把消费者带入新奇、神秘的境界，不仅能引起顾客的仰慕、追求，还能体现超市卓越、清新的风格。

（3）寓意型构思。这种构思给人的第一印象是莫名其妙的感觉，但只要细加品味、推敲，就会发现橱窗主题巧妙地寄寓在形象设计之中，待顾客恍然大悟后会不由自主地对经营者的聪明由衷佩服，从而从内心深处与企业产生共鸣。

（五）橱窗设计注意事项

随着科学的发展、设计思想的更新，现代橱窗广告制作在形式、内容等方面不断充实，其醒目程度日益提高。在设计制作时不要只注意形式上的变化，而忽略了广告宣传的目的，造成喧宾夺主的后果。此外，连锁门店橱窗设计还应注意以下几点。

（1）考虑防尘、防热、防淋、防风、防盗等要求。

（2）季节性商品，必须在季节到来之前一个月预先陈列。

（3）容易液化变质的商品，如食品糖果之类，以及日光照晒下容易损坏的商品，最好用其模型代替或加以适当的包装。

（4）打扫卫生，保持清洁。

（5）橱窗陈列应勤加更换，尤其是有时间性和容易变质的商品；更换最好于当天晚间进行。

课堂讨论：橱窗陈列适合陈列哪些商品？并说明应采用什么样的陈列方式。

任务五　连锁门店外部环境设计

连锁门店的外部环境设计要考虑周围环境，如停车场、周围通路及其绿化。

一、连锁门店停车场的设计

连锁门店都有自身的商圈范围，大型超级市场的商圈半径可达到5～10km，因此，超市等连锁门店必须提供一定大小的停车场以吸引远处的顾客前来消费。商场的停车条件是现代化综合性百货商场、大卖场、仓储商场存在的基本条件之一。从某种意义上说，现代社会是汽车社会，在经济发达国家，小汽车已经成为人们的主要交通工具，逛商店采购商品自然要依赖它，于是，供顾客专用的停车场成为门店必不可少的设施。

（一）停车场类型

1. 平面停车场

平面停车场包括平地停车场、地下停车场（自走式、机械式）和屋顶停车场（自走式、机械式)。

2. 立体停车场

立体停车场包括停车楼(自走式)和停车塔(机械式)。连锁企业可根据自身的销售场地大小决定停车场的面积。一般是每 $30m^2$ 的销售场地配备一辆车。根据资料，停车场距离卖场的范围一般为 100~180m。

(二) 车位具体模式

停车场车位的设置要尽量采取直线型。目前普遍存在的斜面式停车位并非最好选择，如果不是受地形限制，要避免这种斜面式停车位，应采取直线型停车位，它不仅可以节约占地，而且便于出入，如图 6-2 所示。

图 6-2 停车场设计的两种模式

除了进出口要分开之外，还要保证进出口直接面向公路，并且有足够的宽度，宽度一般为 5~6m。

(三) 停车场设计要求

1. 停车场规模设计

假如卖场位于城市的公寓区，顾客几乎是徒步购物，则不需要设立停车场。但是在郊区开设卖场必须考虑停车场的配置，因为顾客几乎是开车而来。停车场规模与卖场规模有一定的比例关系，大多以 15%~30% 为宜。大型购物中心、超级购物中心、仓储会员店可适当增加停车场面积，如东方家园家庭装修装饰建材超市面积都在几万平方米。当然，具体规模还应根据具体情况而定。

2. 停车场位置选择

停车场的位置必须保证顾客进出方便，顾客可以便利地进入卖场，购物后能轻松地将商品转移到车上。具体要求是：临近公路，易于进出；入口处要面向道路；车辆出入口应避开十字路口；区别车辆的入口和出口；主停车场与卖场入口在 180°范围内；用箭头和副线展示并排定停车顺序。

二、门店周边设计

(一) 门店与周边道路关系

门店一般设在交通要道处，或位于大型社区的中心地带。门店和道路的关系主要有以下几点。

(1) 门店的车辆不能影响社会公共车辆的运行。

(2) 顾客到达门店很方便，国外许多店铺设在高速公路的出口处。

(3) 停车场出入口不设在主干道上，这是大城市规划的基本要求。

(4) 店铺前应有较多的公交车站，以保证有一定的客流。

（二）门店周边绿化的设计

门店周边绿化关系到整个店铺的环境优美程度。门店周边绿化存在的形式主要是树木、花坛和草坪等。树木包括树种的选择、分布。楼前应为落叶树，如槐树；楼后为常绿针叶林，如松树。花坛、草坪设计主要包括面积大小、形状、草坪类型等，设计得好可以起到美化连锁店形象的作用。公共绿化系统，一般由点、线、面、环四大类组成。门店周边绿化可借鉴此类布局特点进行设计。

（三）门店与周边建筑的关系布局

在欧美发达国家，许多店铺往往由连锁店自己购地建设店铺，所以，如果在较远的郊区建立大型连锁店，周围建筑少，则可根据自己的特色规划、开工、建设；如果在人口稠密的城区市里建设连锁店，则必须考虑与周边建筑形成相得益彰、互相衬托的协调关系。其主要有以下几点要求。

(1) 距离道路的距离应远近一致，形成横看一条线的景观（也就是距离红线的距离应差不多）。

(2) 高度上相得益彰，太高太低都显得有失协调。

(3) 建筑风格应一致。不能将民族特色浓厚的建筑和现代化外观材料的大厦并肩而立，这样会造成反差太大，使顾客产生不愉快的感觉。

(4) 建筑物外观色彩要协调，黑白、红绿等颜色的建筑尽量不要搭配在一起。颜色选择上应请专家进行研究。

项目小结

连锁门店的外部设计对连锁企业门店经营有着重要影响，在一定程度上有吸引消费者、对外宣传、展示企业品牌等诸多作用。连锁门店的外部设计主要包括店名、店标、招牌、门脸、橱窗以及门店外部环境设计等方面，在设计过程中应该遵循门店设计的原则和注意问题。

强化练习

一、单项选择题

1. 门店店面设计要素的（　　）是通过外观特征的组合获得的，其目标是使商店外表突出，能吸引顾客的注意力。

A. 外显性　　　　B. 可见性　　　　C. 系统性　　　　D. 拥挤度

2. 招牌设计的位置，一般研究认为，眼睛与地面的垂直距离为（　　）左右。

A. 1m　　　　　　B. 1.5m　　　　　　C. 2m　　　　　　D. 2.5m

3. "好又多超市"店名体现了店名设计的（　　）原则。

A. 简洁　　　　　　B. 独特　　　　　　C. 响亮　　　　　　D. 高气魄

4. "雅戈尔"的命名方法是（　　）。

A. 以经营者本人的名字命名　　　　　　B. 结合汉字原理命名

C. 以典故、诗词、历史轶闻命名　　　　D. 以英文等外文的谐音命名

5. "中国工商银行"店标属于（　　）。

A. 表音式标识　　B. 表形式标识　　C. 名称性标识　　D. 解释性标识

6. 店铺招牌的文字能够让行人在（　　）的距离看清楚。

A. 20~30m　　　　B. 20~40m　　　　C. 20~50m　　　　D. 20~60m

7. （　　）是连锁企业的经营宗旨、经营战略、企业精神，连锁店要将其赋予到店门设计中。

A. 店门精神　　　B. 店门文化　　　C. 店门性格　　　D. 店门内涵

8. 大中型店铺橱窗面积较大，可以按照商品的类别、性能、材料、用途等因素，分别组合陈列在一个橱窗内，这种橱窗布置方法是（　　）。

A. 综合式橱窗布置　　　　　　　　　B. 专题式橱窗布置

C. 特定式橱窗布置　　　　　　　　　D. 系统式橱窗布置

9. 连锁企业可根据自身的销售场地大小决定停车场的面积。一般是每（　　）的销售场地配备一辆车。

A. 25m^2　　　　B. 30m^2　　　　C. 35m^2　　　　D. 40m^2

10. 停车场规模与卖场规模有一定的比例关系，大多以（　　）为宜。

A. 15%~20%　　　B. 20%~30%　　　C. 15%~30%　　　D. 25%~30%

二、多项选择题

1. 连锁门店外观设计的原则是（　　）。

A. 美观的原则　　B. 独特原则　　C. 安全性原则　　D. 个性的原则

E. 别致原则

2. 店面的外观类型有（　　）。

A. 全封闭型　　　B. 半开放型　　　C. 全开放型　　　D. 敞开型

E. 半敞开型

3. 店面的风格类型有（　　）。

A. 平铺直叙式风格　　　　　　　　　B. 抒情夸张式风格

C. 兼收并蓄风格　　　　　　　　　　D. 前卫时尚的风格

E. 体现科技风格

4. 连锁店名字体具有（　　）特征。

A. 识别性　　　　B. 造型性　　　　C. 易读性　　　　D. 新颖性

E. 系统性

5. 招牌的种类有（　　）。

A. 广告塔　　　　B. 横置招牌　　　C. 壁面招牌　　　D. 立式招牌

E. 遮幕式招牌

三、思考题

1. 简述门店店面设计要素。
2. 如何设计连锁门店店名?
3. 简述门店店标和招牌设计。
4. 门脸设计应注意哪些问题?
5. 谈谈连锁门店停车场应如何设计。

实训任务

调查了解当地连锁企业门店设计情况,撰写调查报告,并以小组为单位课堂汇报、讨论。

实训目的:

通过实地调查,了解当地的连锁企业门店设计,发现成功和独特的连锁企业门店,找出存在问题的连锁门店,分析其中原因,并提出有效措施。

实训要求:

1. 学生分组。
2. 选择行业:超市、餐饮、服装及其他服务行业。
3. 实地调查。
4. 撰写调查报告:撰写调查报告,简要说明调查结果,找出成功的店铺设计和错误的设计。
5. 课堂讨论:针对调查结果,选出代表性的门店设计进行讨论分析。

案例分析

麦当劳店面的设计和装饰

店内、店外的设计是烘托该店面"性格"和气氛的首要因素。麦当劳成功的店面设计和装饰,给消费者以"家"和"自由"的体验。在麦当劳,人们更多的是去寻求一种精神上完全放松、休闲的感觉。

一位消费者曾说:"我一般喜欢下班后,或者周末,带着孩子来这个地方,因为我觉得在这里就像在家里一样,摆脱了上班时的压力,和孩子尽情地玩耍、说笑,很轻松。"而其他很多中国快餐行业,却没有给消费者所需要的感觉,而是感觉到:"在那边有些拘谨,气氛没有这边好。"

(1) 店面设计:麦当劳的店面标志"M"是麦当劳的首写字母,而金黄色会使人联想到希望、愉快、辉煌和权威。1963年,公司创始人又设计了"麦当劳叔叔"滑稽可爱、热情友好的老头形象立在店门前,吸引了人们光顾,麦当劳的知名度亦大增。这种独特的店面设计早已经在消费者心目中留下了深刻印象,这已经成为麦当劳的独特标志(见图6-3、图6-4)。

图6-3 麦当劳门店

图6-4 麦当劳指示牌

(2) 墙面设计：麦当劳店内的墙面上，挂有各种各样的卡通、乐园类图画，还有五颜六色的小旗帜、剪图、绿树、红花等，烘托出了一种无拘无束的乐园氛围。

(3) 提示语：请您妥善保管好自己的贵重物品。语言轻柔温馨。

(4) 桌椅摆放：麦当劳的桌椅摆放大体上比较随意，尤其是在不同的角落，也巧妙地做到了因地制宜，俨然不是商业场所，倒像是休闲娱乐之地。

(5) 进来与离去：无论是你进来还是离去，麦当劳几乎没有专门的服务员来端端正正地站在那里说"欢迎光临"或者"欢迎再次光临"，它更注重以另一种特别的方式来表达（笔者来时，恰逢教师节和奥运会即将开始）：刚一进门，你可以看到醒目的"老师们，您辛苦了"的大型标语和"中国赢，我们赢"的促销活动宣传画，加上进进出出的人流，忙忙碌碌的员工，你马上就会被这种祥和的气氛所感染。

(6) 洗手间：麦当劳让顾客随时随地感受到温馨、轻松真是无处不在。笔者发现，在哈尔滨中央大街麦当劳分店的洗手间墙面上，也贴着"开心一刻"的幽默与笑话，而乐天利似乎根本就想不到这一点。

（7）其他：为了照顾到顾客的各种闲情逸致，麦当劳还在店内专门设有报纸栏，以便有兴趣的消费者阅读。又备有小推车，使带着还不会走路的小孩前来光顾的顾客能够更方便，胜似在家一般。在麦当劳店内的过道边，设有"希望工程"捐款箱，箱上的标语是："麦当劳与您共献爱心！"箱上设计着麦当劳的"M"标志。这些都在无形中提升了麦当劳的亲切形象。在乐天利，我们则看不到这些东西。

不难看出，麦当劳的所有设计都是围绕随意、轻松、温馨的原则灵活进行的，因为他们意识到快餐店更重要的是一种休闲与放松的场所。而乐天利则没有意识到这些，设计上也就不可能摆脱传统餐饮店的设计框架。我们从小孩子们的表现中可见一斑：在麦当劳，小孩子四处玩跑，犹如在公园里一般，有的小孩甚至把作业拿到这里来做了；在乐天利，小孩子则是老老实实地坐在大人旁边吃着汉堡。

（8）消费者印象：去过类似于麦当劳快餐店的人大多都会有这么一种感受：在那里，人们仅仅是为了吃一块汉堡，喝一杯咖啡——这些东西在外面的便利店随处可见；在麦当劳，人们更多的是去寻求一种精神上完全放松、休闲的感觉。

问题：
1. 麦当劳的店标设计采用了哪种店标标识类别？
2. 中国快餐店店面与麦当劳店面设计相比，有哪些缺失之处？
3. 麦当劳的店名设计有何特点？体现了哪些店名设计原则？
4. 店面外部设计的哪些方面对门店经营成功影响较大？如何将门店经营的产品、行业与门店外部设计结合起来？

项目七

连锁门店内部设计

学习目标

知识目标

1. 了解连锁门店卖场整体设计的原则;
2. 了解通道设计的原则和类型;
3. 了解色彩的属性;
4. 了解POP广告的类型;
5. 掌握卖场通道和服务设施设计;
6. 掌握照明与色彩设计;
7. 掌握声音、气味和通风设施的设计;
8. 掌握POP广告的设计原理与技巧。

技能目标

1. 能根据所学,设计连锁门店卖场通道和服务设施;
2. 能根据所学,设计连锁门店卖场照明和色彩设施;
3. 能根据所学,设计声音、气味和通风设施;
4. 能根据所学,设计POP广告。

能力目标

培养学生连锁门店内部整体规划设计能力。

案例导入

仙踪林连锁休闲餐饮店

仙踪林连锁休闲餐饮店是由翰轩国际集团首创的。位于北京前门的仙踪林连锁休闲餐饮店是一家颇具特色的主题餐厅。它以园林景致为主题，配以环保概念的超现代化设计，营造清雅休闲的气氛，整个餐厅布置和搭配都体现了这一主题。

店面以原木加岩石组成。推开木制大门，迎面见到的是一株巨大的榕树，葱郁茂密的绿叶散发着大自然特有的气息，而粗壮的树干则显示出岁月带来的悠远的历史痕迹。近10米宽的吧台以岩石垒就而成，台面以原木铺就。所有的菜品单均用毛笔写在2寸宽的木板上，一排排地挂在吧台后面的墙壁上。服务人员衣着随意而休闲。店内的桌椅全部用不加任何粉饰的原木制成，每隔2个或4个座位就用粗大的麻绳加以分割，营造一种古朴的气氛。靠近马路的一排就餐区则与众不同：地面是松软的海沙，所有的椅子全部设计成如同树林里的秋千架，秋千架上缀满了大榕树的树叶。衣着随意的青年男女坐在摇摇晃晃的秋千架上，一边品尝各类菜肴饮品，一边随意畅谈，如同回到了清新的大自然中。

仙踪林连锁休闲餐饮店的四壁以白色为主调，墙壁上用浮雕手段凸显出一株株高矮不一的榕树；天花板则用天蓝色的幕布设计出一种旷远的感觉，同时也巧妙地掩盖了顶部的各种"管道"。仙踪林连锁休闲餐饮店还非常注重细节的处理：电话架也用原木"随意"制成；洗手间的门上用卡通人物表示男女，让人忍俊不禁。

以仙踪林为代表的餐饮休闲文化近年来在国内许多城市逐渐流行开来。作为一个靠卖珍珠奶茶起家的专业连锁企业，仙踪林经营的不仅是产品，而是休闲、轻松、清雅的体验。仙踪林非常擅长经营奶茶之外的"体验"，如气氛管理、个性化的店内设计、柔和的音乐、自由自在的想象空间等。仙踪林专心经营一个空间环境，为喧嚣闹市营造出一方轻松温馨的空间，在这里，不单单是在出售产品，而是让顾客得到精神上的享受和放松。

思考：
1. 仙踪林连锁休闲餐饮店是如何进行门店内部设计的？
2. 仙踪林连锁休闲餐饮店店内设计有哪些独到之处值得其他餐饮店学习借鉴？

任务一　认识连锁卖场设计

连锁门店卖场的内部设计就是对卖场的购买环境进行设计，其目的是为顾客营造一个温馨、舒适、适用的购买场所。卖场的内部设计所要遵循的最主要原则就是紧紧以顾客的需要为中心，无论是对卖场的通道宽窄、货架的高低、地板的材质的设计，还是灯光、色彩、气味、温度等的设计，都要遵循这一原则。好的卖场环境会激发消费者的购物激情。

进入门店内的顾客有很大一部分是非计划性的消费者，如果想使进入店内的客户都成为消费者，需要在店内设计上下功夫。店内的氛围、商品的陈列方式、通路的顺畅程度等，都会影响到顾客的购买心理和购买行动。因此，可以说一家店铺的店内设计和顾客是否愿意在此消费相关，也就是说在很大程度上影响着这家门店的销售业绩。理想的门店内部设计应该尽可能地为消费者提供方便购物、舒心购物的环境。

一、连锁卖场设计的意义

卖场环境的好坏直接影响到顾客的购买欲望。一个好的卖场环境能吸引源源不断的顾客，而一个不好的卖场环境却能使人望而却步。对于一个零售店来说，如何营造一个好的卖场环境直接影响到其是否能有好的业绩,甚至是否能够持续经营。

(一)刺激顾客购物

如今,门店的经营观念已从以往的"销售商品的场所"转换为"满足顾客欲望的场所"。人们日常生活所需是有限的,但欲望却是无限的。成功的门店懂得营造一个气氛最适合的场所,让顾客在其中尽情地享受购物的乐趣,在不知不觉中选购更多的商品。日本门店经营者曾就顾客对卖场的关心程度这一问题,在一个有2.5万人的商圈内发放了2 000张调查问卷(回收了1 600余张,具有很强的代表性)。调查初期,门店经营者以为商品价格可能占极高的比例,但结果并非如此。最后结果显示,"开放式、容易进入"占25%,"清洁明亮"占14%,"商品陈列易看易选"占15%。

(二)增强卖场运营能力

在国内,专门为某种业态设计的建筑物可以说是微乎其微,尤其在部分大中城市,原有的商用楼甚至新建的商业地产也都是传统市场的老式规则,更不要说其他建筑物了。在这种情况下,卖场所受到的限制就比较多,如,出入口的位置不对或太小,消防设施阻碍了动线、天花板太低,空调和冷冻、冷藏设施所产生的障碍等,一旦设计不合理而需要重新整改,就会造成营业上的损失,将比开业前的装修工作更为艰难。因此在开业前必须对卖场进行科学规划,宁可放慢规划、装修的速度,也不可不慎重。

二、连锁卖场设计的原则

科学合理地设计连锁企业卖场环境,对顾客、对企业自身都是十分重要的。它不仅有利于提高企业的营业效率和营业设施的使用率,还有利于为顾客提供舒适的购物环境,满足顾客物质和精神上的需求,使顾客乐于光顾本店购物、消费,从而达到提高企业经济与社会效益的目的。在设计卖场环境时,应遵循以下原则。

(一)服务大众,方便顾客购买

卖场环境的设计必须坚持以顾客为中心的服务宗旨,满足顾客的多方面要求。今天的顾客已不再把"逛商场"看作是一种纯粹的购买活动,而是把它作为一种融购物、休闲、娱乐及社交为一体的综合性活动。因此,卖场不仅要拥有充足的商品,还要创造出一种适宜的购物环境,使顾客享受最完美的服务。

(二)突出经营特色,吸引顾客

卖场环境的设计应依照经营商品的范围和类别以及目标顾客的习惯和特点来确定,以别具一格的经营特色,将目标顾客牢牢地吸引到卖场里来。使顾客一看外观,就驻足观望,并产生进店购物的愿望;一进店内,就产生强烈的购买欲望和新奇感受。例如,日本品川区的丁茶叶·海苔店在店前设置了一个高约1m的偶像,其造型与该店老板一模一样,只是进行了漫画式的夸张,它每天站在门口笑容可掬地迎来送往,一时间顾客纷至沓来。

(三)让顾客停留得更久,提高成交率

为购买特定的某些商品而到店里去的顾客大约占30%,换句话说,在顾客所采购的商

品中，有70%是属于冲动性的购买。也就是说，顾客本来不想购买这些商品，他们是在闲逛中受到商品内容、店员推销、商品包装或正在举行的特卖活动等因素的影响而购买的，所以顾客在卖场停留越久，所受到的影响就越大，就越可能购买更多的商品。

（四）在顾客愉悦空间与商品展示空间之间取得平衡

门店都希望将有限的空间用来展示更多的商品，以增加营业额，降低单位租金成本。然而在消费意识越来越强的时代，顾客的认同已从单独的商品转移到了对门店的整体形象上，所以随着消费需求的多元化、现代经营模式的更新，大多数店铺在营业场所中设置了顾客休息场所。有些门店还借助于室内造园的手法，在大厅布置奇山异石、移种花草树木、引进喷泉流水，满足人们回归自然的心理需求。还有些门店经营者本着为顾客服务的宗旨，特意为儿童设立了游戏的场所，并配有玩具和各种游戏设施，派专人看护，以方便带小孩的顾客购物。这些虽然让顾客更舒服，但也占用了一部分商品展示空间。所以，一定要在顾客愉悦空间与商品展示空间之间作出合理分配、取得平衡。

三、连锁卖场设计的要求

卖场设计的规划一旦确定下来，就确定了卖场内顾客流动路线和内部工作人员的工作方式，从而直接关系到卖场工作效率的高低。其中最关键的是顾客、现场营业人员的活动路线和店铺形象塑造两点。顾客、现场营业人员的活动路线，直接关系到能否最大限度地方便顾客发现商店品种的安排和结构。能否最大限度地发挥商品的诉求力，会直接影响商品的销售量和利润率；同样，工作人员的活动路线不合理，也会降低劳动效率，导致费用上升。

卖场设计必须达到以下要求：

一是便于顾客在短时间内找到所需要的商品；二是顾客能够轻松地购物；三是店堂清洁，有亲切感、新鲜感；四是使购物成为兴趣，有快乐感。

任务二　连锁门店卖场通道和服务设施的设计

店内的通道设计，要综合考虑门店的营业面积、地理环境、客流量、经营商品的特点及安全管理等因素，其数量的多少应因地制宜、合理布局。尤其是大型超级市场的出入口最好分开，以便于顾客出入，顺畅客流。这是连锁门店通道和服务设施设计的总的原则。

一、卖场通道设计的原则

卖场的通道是指顾客进入卖场后，为进行购物而行走的路线。卖场通道一般由货架分隔而成，货架的高度最好为1.8~2m，能使货架最上层的商品正好持平或略高于顾客的自然视线，不会使顾客产生视觉疲劳。通道不能太宽，若通道高度超出顾客手臂或者视力所及范围，顾客就会只选择单侧商品；反之，如果通道太窄，则会使购物空间显得压抑，影响到顾客走动的舒适性，从而产生拥挤感。

卖场的通道分为主通道和副通道。其中，主通道是引导顾客行动的主线，而副通道是使顾客在店内移动的支线。卖场内主、副通道的设置不是根据顾客的随意走动来设计的，而是根据卖场商品的配置位置与陈列来设计的。良好的通道设置，能引导顾客按设计的自然走向，走向卖场的每一个角落，接触所有的商品，使卖场空间得到最有效的利用。在进行卖场通道设计时应遵循以下五个主要原则。

（一）足够的宽度

足够的宽度是要保证顾客提着购物筐或推着购物车能与同样的顾客并肩而行或顺利地擦肩而过。适当的通道宽度不仅便于顾客找到相应的商品货位，而且便于他们仔细挑选，也有助于营造一种宽松、舒适的购物环境。

对于大型综合超市和仓储式商场来说，为了保证更多顾客容量的流动，其主通道和副通道的宽度可以基本保持一致。同时，也应适当放宽收银台周围通道的宽度，以保证收银处的通畅性。不同规模的卖场，其通道宽度不尽相同。

（二）通畅无障碍物

卖场通道要通畅，走向要明确。通道是用来引导顾客多走、多看、多买商品的，所以应避免死角。在通道内不能陈设、摆放一些与陈列商品或特别促销无关的器具或设备，以免阻断卖场的通道，损害购物环境。要充分考虑到顾客走动的舒适性和非拥挤感。如果卖场的门口是进出合一的，要保持宽敞、通畅，以减少拥挤和堵塞，避免进出卖场的顾客相互干扰；如果是进出分道的门口，则应注意卖场内通道的走向一定要明确，不要因通道的误导，使顾客形成回流现象。

（三）通路要平坦

卖场通道地面应保持平坦，处于同一层面上，通路中不应该出现上坡、下坡或者台阶等物理性障碍。欧美绝大部分超市都是经过事先精心的卖场设计而建成的。但是目前在实际生活中，我国的许多卖场，出于低成本扩张的考虑，大部分都是租用现成的商用建筑或改造仓库、车间、地下室等开设卖场。因此，许多卖场都存在诸多先天不足的缺陷，如柱子过多、层高过低、地面不平坦等，还有些卖场由两个建筑物改造连接起来，通道途中要上或下几个楼梯，有"中二层""加三层"之类的情况，令顾客眼花缭乱，不知何去何从，这样显然不利于卖场的商品销售。

（四）笔直少弯道

卖场通道要避免迷宫式的布局，应尽可能地将通道设计成笔直的单向道。在顾客购物的过程中，尽可能依货架排列方式，将卖场设计成商品陈列不重复、顾客不走回头路的布局，使顾客在购物过程中可一次逛完整个商场。

卖场中通道拐角过多，非常容易造成顾客行走方向的分散。特别是在主通道中，如果拐角过多，不仅割断了商品之间的关联性，而且拐弯处非常容易形成死角。顾客光顾死角货位的次数明显少于其他货位，这非常不利于此处商品的销售。

事实上，对于卖场来说，从一侧直线进入，沿同一直线从另一侧出来的情况并不多见。卖场中避免太多的拐角，是指通道途中可拐弯的地方和拐的方向要少，有时需要借助于连续展开不间断的商品陈列线来调节。

（五）收银台是终点

在进行卖场通道的设计时，应首先让顾客浏览各个商品区和货架，最后应为收银台。收银台应是顾客流动线的终点。这样设计的目的是既可以使顾客不走弯路，为其最终缴款提供方便，又可以刺激顾客步行一圈后再离开卖场。

课堂讨论： 结合所学，说说你平时去过的商场超市卖场通道方面存在哪些问题？请举例说明。

二、卖场通道类型

卖场通道的设计是否合理直接影响到顾客能否顺利地购物，并且影响到卖场商品销售业绩的好坏。卖场中的通道可分为直线式通道、回型式通道、斜线式通道和自由式通道四个类型。

（一）直线式通道

直线式通道又称单向通道，这种通道的起点是卖场的入口，终点是卖场的收银台。顾客依照货架排列的方向单向购物，以商品陈列不重复、顾客不需要走回头路为设计原则，使顾客在最短的线路内完成商品的购买行为。

使用直线式通道布局，可以方便顾客快速寻找货位地点。根据顾客流量设计卖场通道，使其宽度一致，从而达到充分利用场地面积的目的，使整个卖场富有效率，便于快速结算。在商品陈列上易于采用标准化陈列货架。

但是，这种规范化的布局使得卖场发挥装饰效应的能力受到限制，因此难以给顾客营造轻松的购物环境。卖场气氛冷淡，并在一定程度上限制了顾客的自由。快速流动的人流，会给顾客带来加速购买的心理压力，从而不利于卖场商品的出售。卖场货品容易产生失窃的风险。

（二）回型式通道

回型式通道又称环形通道，这种通道布局以流畅的圆形或椭圆形按从右到左的方向环绕整个卖场，使顾客能依次浏览、购买商品。在实际运用中，回型式通道又分为大回型式通道和小回型式通道两种。

1. 大回型式通道

适合于营业面积在 $1\,600m^2$ 以上的卖场。顾客进入卖场后，从一边沿四周回型通道浏览后再进入中间的货架。它要求卖场内部一侧的货位一通到底，中间没有穿行的路口。

2. 小回型式通道

适用于营业面积在 $1\,600m^2$ 以下的卖场。顾客进入卖场内，从一侧前行，不需要走到尽头，就可以很容易地进入中间的货位。

（三）斜线式通道

斜线式通道曲折延伸、纵横交错、富于变化，给人以较灵活和随意的感觉。这种通道能营造活跃的卖场气氛，使顾客能方便、随意地浏览卖场的商品，从而极大地增加顾客购买的机会，但是，这种通道的缺点是造成了卖场场地面积的浪费。

（四）自由式通道

自由式通道通常呈现出不规则的线路分布。这种通道的优点在于使得卖场货位布局灵活，方便顾客在卖场中随意穿行、自由浏览，但是，它的缺点是出口不明显，不利于分散客流，同时还造成了卖场场地面积的浪费。

三、服务设施的设计

（一）收银台的设计

卖场最理想的布局是当顾客从卖场大门进入后，能够将卖场全部转遍，最后到达收银台。因此，应该根据通路的设置以及商品的陈列位置，将收银台设置在客流的延长线上。理论上，这样便可以为收银台找一个比较合适的位置，但在实际工作中，由于卖场的形状、卖场内的柱子等原因，收银台的位置并不那么好决定。而且根据收银台数量的不同，设置方法也不尽相同，每天的客流量以及每位顾客购买商品的金额也对设置收银台的位置有所影响。

卖场的收银台通常设在出口处，结账通道（出口通道）及收银机可根据卖场规模的大小设置，在条件许可的情况下，还可以设置一条无购物顾客的专门通道，以免在出口处造成拥挤。结账通道的宽度一般设计为1~1.2m，长度一般为6m，即扣除收银台本身约2m的长度之外，收银台与最近的货架之间的距离至少应该有4m以上，以保证有足够的空间让等候的顾客排队。

收银台应依序编号，可根据现场的实际情况采用单线排或双并排的方式。每台收银机每日可处理5万~10万元营业额，卖场经营者应该依照营业计划中的营业预估，事先做好准备。而在开业之初，生意通常是正常状况的3~4倍，所以应争取得到供应厂商的最大支援，以免让消费者久候不耐烦。目前，在卖场的收银台处，都配有电子扫描器和电子计算机联网系统。顾客自选商品到收银台付款时，服务人员只要将扫描器对准商品的条形码扫描，计算机就能够显示出商品的数量和金额，因此要使顾客快速完成付款过程。

1. 收银机的数量设计

卖场收银台的数量应以满足顾客在购物高峰时能够迅速付款结算为出发点。大量调查表明，顾客等待付款结算的时间不能超过8分钟，否则就会产生烦躁的情绪。在购物高峰时期，由于顾客流量的增大，卖场内人头攒动，无形中就加大了顾客的心理压力。此时，顾客等待付款结算的时间更要短些，使顾客快速付款，走出店外以缓解压力。

2. 收银台的功能选择

目前市场有多种型号、功能的收银机，在选择收银机时要考虑其基本功能。

首先，功能要齐全，不能为节省资金而只选用功能单一的收银机，必须具有小计、现金找零、折扣、挂账、加成、立即改正、退货、作废等功能。

其次，收银机必须可以连接多种外部设备，如扫描器、读卡机等。

再次，收银机要保证装纸、换纸方便，收执联自动切纸，打印速度快，字体清晰等。

最后，收银机的保密性能要好，要能如实地记录收银员处理的业务，并具有单机工作和联机运行的功能。

3. 收银台的环境设计

卖场收银台不要做过于繁杂的装修，台面上下不要堆放过多的东西，但要用灯光效果突出背景板或者形象板，这样和卖场形成一个明与暗的对比，烘托卖场的形象，以便于顾客的记忆和宣传。如何布置卖场收银台的台面，具体要根据所销售商品风格和卖场目标顾客的特点来确定。

（二）服务台的设计

在卖场中，服务台大多位于入口处，通常兼有寄存物品的功能。一般来说，服务台主要具备以下几种功能：受理退货、退款业务；为顾客办理送货服务；替顾客包装商品；投诉、索赔窗口；发行招待券；开发票；进行会员卡管理等。除此之外，还要解答顾客提出的各种疑问。

根据经营状态的差别，有的卖场没有设置服务台，而是由收银台代行服务台的部分职能。此时，就需要张贴POP广告向顾客宣传服务的具体内容。目前，卖场中服务台的作用与地位正在不断提高。服务与卖场商品的销售紧密相连，服务台作为与顾客交流、接触的窗口，其地位变得越来越重要。使自身卖场的服务台具有特色，创造与其他卖场不同的特点，是满足顾客需求、将顾客固定下来的好方法。像经营家用电器、家具这种需要送货上门以及提供维修服务的卖场，必须通过服务台向顾客明确介绍送货的区域范围、送货费用、送货时间、维修内容等售后服务的具体事项。因此，服务台是与顾客进行沟通的最佳窗口。另外，对于经营礼品的卖场来说，包装服务直接关系到卖场的效益。总而言之，服务台的作用就是向顾客宣传除商品以外本卖场在服务方面的特色。

（三）出入口的设计

在卖场设计中第一关便是出入口的设置。招牌漂亮只能吸引顾客的目光，而入口开阔才能吸引顾客进店。入口选择的好坏是决定商店客流量的关键。不管什么样的商店出入口都要易于出入。商店的出入口设计应考虑商店规模、客流量大小、经营商品的特点、所处地理位置及安全管理等因素，既要便于顾客出入，又要便于商店管理。一般情况下，大型商场的出入口可以安置在中央，小型门市的进出位置设置在中央是不妥当的，因为店堂狭小，直接影响了店内实际使用面积和顾客的自由流通。小店的进出口，不是设在左侧就是右侧，这样比较合理。

1. 封闭型

此类设计的入口尽可能小些，面向大街的一面，要用陈列橱窗或有色玻璃遮蔽起来。顾客在陈列橱窗前大致品评之后，进入商店内部，可以安静地挑选商品。在以经营宝石、金银器等商品为主的高级商店，因为不能随便把顾客引进店内，又要顾客安静、愉快地选购商品，所以封闭型是很适用的。这些商店大都店面装饰豪华，橱窗陈列讲究，从店面入口即可给顾客留下深刻印象，又可使到这里买东西的顾客具有与一般大众不同的优越感。

2. 半开型

入口稍微小一些，从大街上一眼就可以看清零售店内部。倾斜配置橱窗，使橱窗对顾客具有吸引力，尽可能无阻碍地把顾客引诱到店内。在经营化妆品、服装、装饰品等的中级商店，半开型比较适合。购买这类商品的顾客，一般都是从外边看到橱窗，对商店经营的商品产生了兴趣，才进入店内，因而开放度不要求很高，顾客在商店内就可以安静地挑选商品。

3. 全开型

全开型是把商品的前面，面向马路一边全开放的类型，使顾客从街上很容易看到商店内部和商品。顾客出入商店没有任何阻碍，可以自由地出入。出售食品、水果、蔬菜、鲜鱼等副食品商店，因为是经营大众化的消费商品，所以很多都用这种类型。这种类型的店前面很少设置障碍物，在零售店内要设置橱窗，前面的柜台要低些。不要把商店内堵塞得很满，影响顾客选购商品。店前不要放自行车、摩托车等，不要把门口堵了，影响顾客出入。

4. 出入分开型

出入分开型即指出口和入口通道分开设置，一边是进口，顾客进来之后，必须走完全商场才能到出口处结算，这种设置对顾客不是很方便，有些强行的意味，但对商家管理却是非常有利的，有效地阻止了商品偷窃事件发生。这种出入设置往往适用于经营大众化商品的商店。一些著名的外资零售企业如沃尔玛等，便是采用这种方式。也有一些商场，由于商品陈列和营业厅的配置有比较大的困难，一般都把一面堵起来，就像超级市场那样，店内可以自由走动，到各个货架买货都方便。一面是入口，另一面是出口，顾客出入商店也很自由，这种类型对顾客的接待效率也很高。

课堂讨论：出入口的四种设计类型分别适合哪种类型的商店？请举例说明。

（四）柜台的设计

在大多数日用品商店里，商店的中央部分多数使用柜台，柜台可以陈列没有包装的商品，使顾客很容易就能看见自己喜爱的商品，但切忌裸露陈列过多，把商店全部搞成平面陈列，好像全部商品都是廉价商品似的。另外，若商品陈列的位置和顾客眼睛不成直角，这种陈列就不显眼。为了克服这种缺点，要在柜台上下功夫，用提高柜台中部的办法，把柜台上层进行立体陈列。由于柜台的拐角妨碍商店内部的通行，因此要把柜台做成曲线的。

此外，还必须注意特价台的使用，特价台是为了刺激顾客的需求欲望而设置的，应当把最能刺激顾客的商品陈列在特价台容易取放的地方，使顾客止步，达到诱导顾客进店买东西的目的。因而，根据销售方针，廉价甩卖商品要单设一个地方，诱人的商品放置一个地方，季节性商品和时兴商品放在另一个地方。这样可使整个商店活跃起来，引起顾客购买的冲动，因此特价台的形状和大小要讲求实用。

特价台是商店最重要的陈列台，所以这种特价台用薄木板制作，做得比较粗糙都不合适，若用空箱、用旧的柜台就更不合适了。特价台的大小宽度，要按照通路的宽窄来决定，最好是能够自由移动，不妨碍营业；亦可以用分区、分片式的方式，几个台轮换摆放。这样既可以变换商店模样，又不会浪费营业面积。特价台的高度，要便于顾客自由地选择商品，以最低65cm、最高90cm为好，如果太高就会遮挡视线。

使用特价台应当注意的是特价台的作用：使顾客在商店前面停留后，再进入店内。所以单价高的商品，不能摆在特价台上。因为特价台是随手可以取到的商品，所以特价台若做得过大，陈列在中央部位的商品用手就够不着；而陈列数量过少了，又显得太空。另外，为了更好地把顾客引进店内，一定要保持店前和通路不被堵塞。

（五）货架的设计

货架泛指商店营业厅中展示和放置近期拟销商品的橱、架、柜、箱等各种器具。近年来，各地的商店为了适应新的形势，提高自己的竞争能力，努力对营业厅的展示效果进行了普遍调整，对货架、柜台等主要的商品陈列进行了改装，有的置办了新柜架，使营业厅的面貌焕然一新。

用货架陈列商品比起摆地摊来充分利用了营业空间，目的是要把商品布置得井井有条，使顾客一目了然，把商品信息最快地传递给顾客，通过商品的感性展示，激发并加强顾客购买的决心；同时也是售货员向顾客提供高水准的服务的基本经营设施。不论是柜式货架、橱式货架、箱式货架、吊杆货架等都是用来放置不同的商品、方便顾客挑选的。一组一组的货架分隔出销售的不同品种，组成售货的班组，使顾客一走进商店营业厅就能顺着货架构成的通道网，看到商店经营的琳琅满目的各种商品，商店的销售服务都是在货架前与顾客直接完成的。

货架的布置，是营业厅布置的主要内容，由货架构织成的通道，决定着顾客的流向，不论采用垂直交叉、斜线交叉、辐射式、自由流通式或直接式等布置方法，都应为经营内容的变更而保留一定的灵活余地，以便随需要调整货架布置的形式。所以现代综合商场的各种货架都采用组合的形式，只有一些专营店才少量采用固定的形式。

货架之间的距离应保证客流的通畅，小型商店迎着店门贴墙设置货架是不成问题的，大型食品店、百货店、服装店等，就要根据商店的规模形成的人流量、经营品种的体积来测算合理的距离，一般说主通道宽度为 1.6~4.5m，次通道宽度也不得小于 1.2~2m。

由于各种类型商品的形状、体积、价值等有不同的特性，势必对货架等展销用具也提出了不同的要求，否则不能达到最好的展示效果。根据各种类型的商品来设计货架，是目前营业厅设计的一个努力方向。

商品的特殊性主要还表现在是否能堆放、悬挂、竖放、横放、散装等。有些商品对温度、光线较敏感，要用玻璃冷藏架；有些珍贵商品对货架的安全措施还有特殊的要求；一些可供顾客直接接触的商品，在设计上更要为顾客提供足够的方便。传统中药店的抽屉式货架，文物店的博古式货架，书店的平台式货架，水果店的箱式货架，服装店的吊杆式货架，都是根据各自经营品种的特点来设计的。

货架的设计应保证商品陈列上架时有适当的面积和空间，使商品能有效地布置成水平排列展示其品种的不同，垂直排列展示同一品种的不同规格和档次。适当的空间不但为商品的纵向排列，也为售货员上架、放货、清洁提供便利。

同一商店，货架的造型应基本统一，目的是为了形成一个整齐、有秩序的环境，提供适合购物的良好气氛。尺寸一致、材料一致、形式特征一致（主要表现在顶、脚、角、面）、色彩一致，使货架取得统一感。

货架的传统材料是木材、金属（钢、铝）、玻璃，在国外有使用玻璃钢取代木材和金属，用有机玻璃取代玻璃的趋势。玻璃钢有优越的机械性，并有质轻、半透光、可着色、成形自由、成本低廉等特色，商品陈列用的架、柜、橱、台、箱、隔板等器具都可以采用它。由于它成形自由，使设计师可以赋予它许多新的形式。有机玻璃 19 世纪已发明，早期产品耐磨性差的缺点已经得到改进，它具有强度高、不破碎、不褪色、塑性高、光线扩散性佳、价格便宜等优点。其中易塑性的优点，能弯曲、折叠、切割和压铸，使得它用于商店货架材料时，有着广泛的造型可能性。箱式货架为了防尘，应设置透明有机玻璃罩，用透明有机玻璃做橱架陈列商品，有极好的展示效果。除此之外，各种强化塑料、合成木材等有关新材料，也正在逐步推广应用。

货架为了陈列商品，一般不采用刺激性的色彩，以免喧宾夺主。但商品陈列架与商品之间的色彩关系，则必须考虑到通常的色彩作用。如色彩鲜艳的商品，货架的色彩要灰；浅色的商品，货架颜色宜深；深色商品，货架色彩宜淡。货架与商品色彩的搭配要起到作为背景色的陪衬作用。

营业厅商品陈列台和商品架上，需保证充足的光线，这对促进商品的销售十分重要。灯光的设置应力求使光线接近自然光，这样才不影响商品的自然色彩。一般商店照明布局采用全盘与局部并用的照明方法：在商品架、商品橱、商品柜的上面和里面，都加有局部的照明灯具，以保证商品的清晰。但足够的光度并非完善的照明，商场的照明应以货架的位置来拟订照明的位置，而橱、柜内的照明应考虑灯光的投光范围，按橱、柜的实际尺寸进行调整。每一个不同式样和类别的灯具，都有它固定的效果和机能，设计师必须先了解灯具的照明配置的目的。收集国内外的资料，可为货架的设计提供有效的参考。谁能掌握"情报"运用资料，谁就能从资料的启示中，激发出各种货架创意的新构思。

四、其他设施的设计

（一）洗手间

卖场的洗手间是为顾客准备的，它给顾客留下的印象是卖场整体的一部分。洗手间里微小的瑕疵都特别容易给顾客造成不好的印象，因此，卖场的洗手间必须保持清洁卫生。特别是餐饮卖场中的洗手间，由于顾客使用的频率比较高，因此那里也成为宣传卖场形象的一个重要窗口。对于洗手间，企业经营者应该随时检查其位置是否有明确的标示、是否明亮整洁、卫生纸的补充是否及时、是否为顾客设置了放物品的地方、是否有不干净的地方。

另外，在使用洗手间的时候，不少顾客都会稍作休息，因此，许多卖场会在洗手间中张贴购物指南、宣传单等，向顾客进行宣传，这里张贴的宣传材料往往都会起到显著的效果。

（二）标示设施

标示设施是指在卖场内引导顾客行走、购买商品的设施。它们可以是悬挂在高于人头顶位置的纸质牌子，也可以是贴在墙上的箭头符号，还可以是直接放在过道两旁的导购图。总之，形式是多样的，但目的只有一个，那就是方便顾客的购买、消费。良好的标示，可指引消费者轻松购物，也可避免卖场死角的产生。卖场常见的标示有以下内容。

（1）入口处的卖场配置图，它可以让消费者在进门前就可以初步了解自己所要买的商品的大概位置。

（2）商品的分类标示，目前很多卖场都使用较矮的陈列架，商品的确切位置一目了然。

（3）各商品位置的机动性标示，如特价品销售处悬挂的各种促销海报。

（4）店内广告或营造气氛用的设施。

（5）介绍商品或装饰用的照片。

（6）各部门的指示标示。

（7）出入口、紧急出口等引导顾客出入的标示。

不管选用何种标示，都应该注意出入口、紧急出口等引导顾客出入的标示要显而易见；

各部门的指示标志要明显;广告海报避免陈旧破烂。

(三)休息区

在一项公共项目调查中发现,一张椅子可以让顾客行走的距离加倍。在缺少休息区的环境下,顾客会选择离开,自己寻找"休息区"。多数卖场会设置收费的休息区,如卖一些咖啡、茶点的休闲驿站,但是顾客为了休息而付出的代价未免太昂贵了些,大多数人会望而却步。所以,商家必须考虑设立免费休息区,也许免费休息区的座位不能做到如咖啡屋般安静、舒适,但也要相对安静一些。只有这样,顾客才能"养精蓄锐"。经营者们可以充分利用卖场的布局,给顾客创造一个合适的座位区,如某片空地或某个角落,使它相对脱离于售卖区之外。如果休息区不能设置在顾客容易发现的地方,那就应该把它的位置标识清楚,以便为有需要的顾客提供服务。

据业内人士介绍,一些较高档商场的休息区使用率都是很高的,越是高档商场,其公共空间就会越多,如走廊通道要足够宽敞,每层至少要有两部扶梯等。因为一个舒适完善的购物环境会极大地刺激消费者的购物冲动,留住了家人和孩子就又多留住一个购物者,而一个嘈杂拥挤的购物环境只会使人望而却步,所以越来越多的商场已将休息区列为必不可少的又一服务设施。

(四)后方配套服务设施的设计

1. 办公室设计

办公室通常是店长或店内主管办公的场所。此外,店内的财务、人事以及监视系统、背景音乐播放系统等,都应在此管理。办公室的环境应安静且相对独立。

2. 作业场设计

作业场是卖场从事商品加工的场所,也就是将原材料加以分级、加工、包裹、标价的场所。常见的有果菜、水产、畜产等常见商品的加工处理场所。生鲜食品的作业场所应注意温度的控制以及排水的处理,以求合乎卫生条件。当然位置的安排以及与前方的连接也需注意,应使员工和顾客觉得舒适与方便。

3. 仓库设计

仓库是商品进货后暂时存放的场所。需注意的是后场的仓库仅作为进货至陈列期间进行短暂存储的场所,存放周期较短。目前由于物流公司的功能越来越强,可为卖场提供较佳的服务,因此后场的仓库面积有逐渐缩小的趋势。

4. 建筑工程设计

建筑工程主要包括电气设备、卫生设备、给排水设备、煤气设备以及防灾设备等。建筑设施规划应考虑以下几个方面:照明是否充足;商品的特征与照明效果是否相得益彰;天花板上的日光灯位置是否适当;整个卖场的色调是否协调统一;照明与色彩是否协调;是否有紧急疏散楼梯;避难用的器材是否齐全;是否有紧急求救的警铃设备;灭火器是否齐全并在有效期内;紧急出口是否随时可用等。

(五)基础设施的设计

1. 天花板的设计

天花板的作用不仅仅是把店铺的梁、管道和电线等遮蔽起来,更重要的是创造美感,创造良好的购物环境。卖场的天花板力求简洁，在形状的设计上通常采用的是平面天花板，也可以是简便地设计成垂吊型或全面通风型天花板。天花板的高度根据卖场的营业面积决定，如果天花板做得太高，顾客就无法在心平气和的气氛下购物；但做得太低，虽然可以供顾客在购物时感到亲切，但也会使其产生一种压抑感，无法享受视觉上和行动上舒适和自由浏览的乐趣。所以，合适的天花板高度对卖场环境是甚为重要的。卖场天花板高度标准如下（供参考）：

营业面积 300m^2 左右：天花板高度为 3~3.3m。

营业面积 600m^2 左右：天花板高度为 3.3~3.6m。

营业面积 1 000m^2 左右：天花板高度为 3.6~4m。

天花板的设计装潢除了要考虑到其形式和高度之外，还必须将卖场其他与之相关的设施结合起来考虑。如卖场的色调与照明协调，空调机、监控设备（如确实需要）、报警装置、灭火器等经营设施的位置，都应列入考虑之列。

2. 地板的设计

地板在图形设计上有刚、柔两种选择。以正方形、矩形、多角形等直线条组合为特征的图案，带有阳刚之气，比较适合经营男性商品的卖场使用；而以圆形、椭圆形、扇形和几何曲线形等曲线组合为特征的图案，带有柔和之气，比较适合经营女性商品的卖场使用。

地板的装饰物料，一般有瓷砖、塑胶地砖、石材、木地板以及水泥等，可根据需要选用。选材时主要考虑卖场形象设计的需要、材料费用的多少、材料的优缺点等几个因素。首先应对各种材料的特点和费用有清楚地了解，才利于作决定。瓷砖的品种很多，色彩和形状可以自由选择，有耐热、耐水、耐火及耐腐蚀等优点，并有相当的持久性，其缺点是保温性差。塑胶地砖价格适中，施工也较方便，还具有颜色丰富的优点，常被一般卖场所采用，其缺点是易被烟头、利器和化学品损坏。石材有花岗石、大理石以及人造大理石等，都具有外表华丽、装饰性好的特点，在耐水、耐火、耐腐蚀等方面不用担心，是其他材料远不能及的，但由于价格较高，只有在营业上有特殊考虑时才会采用。木地板虽然有柔软、隔寒、光泽好的优点，可是易弄脏、易损坏，故对于顾客进出次数多的卖场不大适合。用水泥铺地面价格最便宜，但经营中、高档商品的卖场不宜采用。

3. 墙壁的设计

卖场内的壁面设计装潢与其他业态有所不同，总体要求是坚固、廉价与美观。其使用的材质一般是灰泥，再用涂料进行墙面喷塑。对壁面装潢的这种要求，是因为超级市场内的壁面绝大多数被陈列的货架遮挡。相比较其他商店而言，卖场商品陈列与壁面配合的效果要低得多，所以在卖场壁面装潢上尽可能节约一些，但必须坚固。大多数卖场都经营冷冻类食品，由此产生的水汽对壁面会有侵蚀作用。

任务三　连锁门店卖场照明与色彩的设计

照明是对卖场的软包装，体现着卖场在一定时期内的经营思想，同时向顾客传递着商品信息。卖场内明亮柔和的照明，不仅可以渲染卖场气氛，准确传达商品信息，消除陈列商品的阴影，美化卖场环境，而且可以引导顾客入店，缩短顾客的选购时间，提高效率，加速商品周转。卖场使用照明时，明亮固然是重要条件，但只有明亮尚且不够，照明还有另外一项重要的功能——营造卖场气氛。在这方面，光线明亮与否反而不是重点。因此，并非是要利用照明来让顾客看清商品，而是希望透过光线的巧妙搭配，营造出卖场的视觉空间，以吸引顾客的注意。

一、照明的作用

（一）引导顾客

卖场的灯光总亮度要高于周围的建筑物内的亮度，这样可以显示卖场的特征，有助于卖场形成明亮愉快的购物环境，使顾客能够在适宜的灯光下挑选商品。相反，如果卖场的灯光过于暗淡，环境会显得沉闷，不利于顾客挑选商品，同时也容易发生销售差错。

（二）吸引顾客的注意力

卖场在进行灯光布置时要着重把光束集中照射于商品上，不可平均使用。可以考虑在商品陈列、摆放位置的上方布置各式的照明设备，使商品变得五光十色、光彩夺目，从而达到吸引消费者注意力的目的。

（三）帮助卖场形成特定的气氛

卖场使用不同颜色的灯光，可营造卖场的特定气氛，如愉快、柔和或张扬个性等，吸引不同群体的顾客光临。

二、照明的基本类型

（一）自然照明

自然照明通常也称为环境照明，是为一个卖场提供的全面照明。普通照明发出的亮度比较舒适，使人看得清楚，保障行走安全，可以用枝形装饰灯、天花板灯或者墙座灯具、嵌灯、导轨灯来完成自然照明的功能。

为了使整个卖场各个部分都能获得基本的亮度可使用基本照明，它对人眼没有任何刺激，又可以展现商品的本色和原貌，一般来讲，自然光是最好的基本照明。由于卖场大多使用顾客自选的方式，为了使顾客能够看清商品的外观及标价，要求卖场的基本照明必须要明亮。自然光源一般安装在屋顶天花板或墙壁上，多以日光灯等单色白光为主。如果整体亮度稍暗，则容易使人产生沉闷压抑的感觉，使顾客的心理活动趋向低迷，难以产生购物冲动。如果卖场内有多个独立的店中店，则可在保持商场主体部位有效亮度的同时，店中店视商品而采用稍暗或其他的单色光源。

（二）重点照明

重点照明也称商品照明，是为了突出商品的优异品质、增强商品的吸引力而设置的照明。重点照明的目的是为了突出显示商品，因而要考虑如何吸引顾客的注意力，使之与商品色彩协调、互相烘托。一般来说，灯光的近效果，使顾客观看清晰，易显示商品的本质；灯光的远效果，易于引起视觉注意，渲染商品的外形美。

在设计重点照明时，要将光线集中在商品上，增强顾客的购买欲望。如，烧烤及熟食类的商品应该用带红灯罩的灯具照明，以增强食品的诱惑力；照射蔬菜应该用绿色的冷光照射，以体现蔬菜的新鲜感。

（三）装饰照明

装饰照明就是创造视觉上的效果，是卖场为求得装饰效果或强调重点销售区域而设置的照明。它是卖场塑造视觉效果的一种有效的美化手段，能以其鲜明强烈的光亮及色彩给人留下深刻的印象，可以极大地美化卖场的环境，渲染购物气氛，因此被广泛用于表现卖场的独特个性上。常用的装饰光源有霓虹灯、彩灯、弧形灯、枝形吊灯及连续闪烁灯等。

装饰光源要与照明光源协调搭配，装饰光源只起陪衬与辅助作用，不要喧宾夺主，使用时不宜安装过多，亮度也不宜过强，对比不宜过大。对专用于装饰和映衬商品的光源，应注意光色与商品的协调。这类灯一般安装在柜台内或直接用来照射商品。如果商品本身色调明快清晰，则灯光朦胧才能产生较好的意境；如果商品本身色调较暗，则应使用较强的灯光，以突出商品形象。如果光色与物品颜色相同，则物体或商品会特别鲜艳；但如果光色是物体或商品的补色，则会减弱物品颜色的鲜艳程度，使物体变得灰暗。光色越趋向两个极点，结果往往就越相悖。

三、色彩的基本知识

（一）色彩的三种属性

1. 色相

色相指的是红、黄、绿等颜色，也就是原色，是所有色彩的基本色。

2. 明度

明度包括表示色彩明亮度的颜色，例如淡粉红色、鲜红色、淡黄绿色等；表示色彩黑暗度的颜色，例如浅灰色、紫色、橄榄色、褐色等。

3. 彩度

彩度是色彩的鲜明度，可分为暖色系统和冷色系统。暖色系统一般来说是很容易亲近的色系，如红、黄等色，这比较适合面向年轻阶层的卖场。在暖色系中，粉红、鲜红、鹅黄色等为女性喜欢的色彩，对女性用品店及婴幼儿服饰店等来说较为适合。冷色系统给人以很远很高的感觉，有扩大感，严寒地区及天花板很高的卖场不宜使用该类色彩，否则进入店内会感到很冷清，亲切感骤降，因此应尽量避免使用。但这也并非绝对的设计方法，比如在夏季，使用冷色系统的色彩，能产生清凉感，是个不错的选择。

（二）色彩的心理效果

各种颜色对人心理上的效果可归纳为以下几方面：

白色：喜悦、明快、洁净、纯洁。

灰色：中庸、平凡、温和、谦让、中立。

黑色：静寂、沉默、悲哀、绝望、罪恶、严肃、死亡。

红色：热情、喜悦、活力、积极、爱情、革命、奔放。

黄色：快活、希望、发展、愉快、智慧。
橙色：健康、乐观、活泼、积极、嫉妒。
绿色：生命、和平、自然、健全、成长、旅行、环保。
蓝色：沉静、沉着、海洋、广阔、消极、精致、久远。
紫色：华丽、高贵、神秘、永远。

此外，卖场色彩的运用必须考虑墙壁、地板及商品等色彩的调和，比如，背景为黄色的墙壁，如果陈列同色系的黄色商品时，容易分不清主次。由此可见，如果在陈列时，注意陈列相反色系的对比色。比如，黑、白商品并列，商品会更加鲜明，从而吸引消费者的眼球。

四、色彩的运用原则

黄金首饰店铺大多以红色为主色，有烘托喜庆气氛的作用，且十分引人注目；而高档器皿店则多以淡绿色花岗石装饰地板，并配以咖啡色的陈列用具，起到营造清新高雅环境的功效。由此可见，在门店的内外装饰中，颜色的搭配是极其重要的。

一个没有灯光设计的卖场，不算是成功的卖场。恰到好处的灯光设计，不但能增强商品的魅力，更能增强卖场的商业气氛。一般来说，卖场的灯光设计主要依靠人工光源。人工光源有两个最基本的作用，一是直接用于卖场的外部照明，是为照亮卖场的门面和店前环境而安装的，以实用为基本要求；二是为烘托卖场气氛、环境而设立的各种装饰灯，目的是增加卖场门面的形式美，其中以霓虹灯和橱窗灯最为常用。

卖场使用的光源，主要分单色光源和多色光源两种。单色光源主要以店内为主；多色光源则主要用于装饰，是外部装饰的主要光源。另外，由于人对多色光的视觉反应不同，所以产生的感觉也不同。

玫瑰色光源：华贵、高雅。
淡绿色光源：柔和、明快。
深红色光源：刺激性较强，使人的心理活动趋向活跃、兴奋、激昂，或使人焦躁不安。
蓝靛色光源：刺激较弱，会使人的心理活动趋向平衡，控制情感发展，但也容易产生沉闷或压抑的感觉。

在搭配灯光和色彩时，要注意灯光对色彩的"曲解"作用。常言讲：灯下不观色，说的就是这个道理。在灯光下，蓝、绿两色难辨；蓝色货品在灯下颜色会变黑；黄色光映衬在蓝色商品上，会使商品呈现幽雅舒适的绿色调，但黄色光照射在紫色商品上，就会出现浊灰色的暗淡色。

总之，灯光的设计与使用，应与顾客通常所反映的心理状态相适应。一般来说，要掌握的技巧有：远光要强，近光要弱；远光多色交融，近光少色或单色；远光多变多动，近光少变少动或慢变慢动。

任务四　连锁门店卖场声音、气味和通风设施的设计

一项调查研究显示：在美国有70%的人喜欢在播放音乐的门店里购物，但并非所有音乐都能达到这种效果。在卖场里播放柔和而节拍慢的音乐，会使销售额增加，快节奏的音乐则会使顾客在门店里停留的时间缩短，这个秘诀早已被卖场的经营者熟知，所以每天快打烊

时，卖场通常都播放快节奏的摇滚乐，迫使顾客早点离开，好早点收拾下班。声音可对卖场的气氛产生积极的影响，也可以产生消极的影响，令人不愉快的或令人难以忍受的音响，会使顾客的神经受到影响，甚至破坏卖场刻意营造的购物气氛。

一、声音的作用与设计技巧

（一）声音的作用

（1）营造卖场的购物氛围。
（2）迎合顾客心理，使顾客心境发生积极的变化。
（3）宣扬品牌文化，强调卖场文化。

（二）声音的设计技巧

（1）卖场背景音乐的选择一定要结合卖场的特点和顾客特征，以形成一定的店内风格。
（2）应注意音量高低的控制，既不能影响顾客用普通声调说话，又不能被店内外的噪声所淹没。
（3）背景音乐的播放也要适时有度。如果背景音乐给顾客的印象是过于嘈杂的，使顾客注意力分散或产生不适感甚至厌烦，这样不仅达不到预期的效果，而且会适得其反。
（4）乐曲的选择必须适应顾客一定时期的心态。在炎炎夏日，卖场中播放涓涓流水或茫茫草原的悠扬乐曲，能使顾客在炎热中感觉到清新和舒适；卖场大拍卖时，就可以播放一些节奏比较快的、旋律比较强劲的乐曲，使顾客产生不抢购不罢休的心理冲动。
（5）背景音乐的强度一定要与卖场力求营造的店内环境相适应，以不影响顾客之间的对话为宜。

二、气味的作用及其影响

卖场内的气味对创造卖场氛围及获取最大限度的销售额来说是至关重要的。卖场内飘散着沁人心脾的香气可以有效地舒缓人们的心情，诱发人们的购物冲动。相反，一些令人不愉快的气味会将顾客赶跑，如地毯的霉味、洗手间的气味等。因此，卖场可对正常的气味适当地加大密度，对不良气味应尽可能降低密度。

（一）卖场外的气味影响

卖场外的气味，一般来自公路上车辆往来的汽油味、路面的沥青味及相邻卖场的气味等。这些气味往往无法人为地进行消除，只能尽量避免，或是在卖场中使用空气清新剂。同时，要注意相邻卖场的气味，如果相邻卖场是花卉卖场，清香气味飘到卖场中，会使顾客感到清爽，增强购物的欲望；若相邻卖场是药房或宠物店，浓浓的气味飘进卖场，会让人有不好的联想，对于商品的购买会有排斥心理。

（二）卖场内的气味影响

卖场内的气味也是至关重要的。如果卖场中无其他的异味，只有所卖商品的气味，则是积极的味道，与卖场本身是相协调的，会使顾客联想到商品，产生购买欲望。为了去除卖场异味，使顾客购物愉快，在卖场中喷洒空气清新剂是必要的，但要注意不能用量过多，否则会使人产生反感的情绪，香味的浓度要和顾客的嗅觉上限相适应。

由于客流量大，卖场内有时会产生汗酸味，要采取好的通风设备以驱除异味。另外，对于新装修的卖场，其中装饰材料散发的涂料气味会使一些顾客望而却步，在这种情况下要加大通风，同时采用适量的空气清新剂。有时卖场的香烟味也会使人有不舒服的感觉，尤其是禁烟者，所以应在卖场中禁止吸烟，同时这也有利于防止火灾的发生。其他一些不良气味还包括保管不善的清洁用品气味、洗手间的异味等。

三、气味的设计技巧

（一）要与所售商品相协调

花卉的香气、化妆品的香味、面包的香甜味道、蜜饯的奶香味、皮具皮衣的皮革味、烟草的烟草味，都是与这些商品协调的，对促进顾客的购买是有帮助的。现在已经可以人工合成许多让人垂涎的香味，包括巧克力饼干香味以及热苹果派、新鲜的比萨饼、烤火腿的香味，甚至还有不油腻的薯条香味等，并将各种人工香料装在精美的罐子中，每隔一段时间将香味洒在店内，可吸引顾客上门，效果奇佳。

（二）严格控制不愉快的气味

不愉快的气味会把顾客赶走，包括地毯的霉味，强烈的染料味，动物和昆虫的气味，残留的尚未完全熄灭的燃烧物的气味，汽油、油漆和保管不善的清洁用品的气味，洗手间的气味等。应该严格控制这些不愉快的气味，给消费者创造一个良好的购物环境。

（三）注意不同商品相邻气味的混合问题

邻近的不良气味，也像外部的声音一样，会给卖场带来不好的影响。这些气味不光令人不愉快，与连锁门店的环境、气氛也不协调。例如，医生诊室的很浓的药味飘入面包店等。

（四）控制气味的密度

对于不好的气味，卖场应当用空气过滤设备力求降低它的密度。对正常的气味，密度可以大一些，以便促使顾客购买商品，但是要适当控制，使它不至于扰乱顾客，不使顾客厌恶。

四、通风设施的设计

（一）通风设施的分类

卖场内顾客流量大，空气极易浑浊，为了保证店内空气清新通畅、冷暖适宜，应采用空气净化措施，加强通风系统的建设。通风来源可以分为自然风和机械通风。采用自然风可以节约能源，保证店内适宜的空气，一般小型卖场多采用这种通风方式。有条件的大卖场在建设之初就普遍采用紫外线灯光杀菌设施和空气调节设备，通过改善门店内部的环境质量，为顾客提供舒适、清洁的购物环境。

(二) 空调设施的配置原则

卖场的空调配置应遵循舒适性的原则，冬季温暖而不燥热，夏季凉爽而不骤冷，否则会对顾客和员工产生不利的影响。冬季顾客从外面进店都会穿着厚厚的棉衣，若暖风开得很足，顾客就会感到燥热无比，可能会匆匆离开卖场，这无疑会影响卖场的销售；夏季若卖场的空调冷风习习，顾客会有乍暖还寒的不适感。总之，从服务的角度讲，使用空调时，维持适度的温度和湿度是至关重要的。

(三) 空调设备的选择

（1）根据卖场规模的大小来选择，大型卖场应采取中央空调系统，中小型卖场可设分立式空调。

（2）根据卖场的空气湿度来选择，一般相对湿度保持在 40%～50%，更适宜的相对湿度是 50%～60%，该湿度范围使人感觉比较舒适。

（3）根据卖场的温度来选择，一般冬季不低于 16℃，夏季在 25℃左右。

任务五　POP 设计

POP 是英文 point of purchase 的缩写，意为"卖点广告"，其主要商业用途是刺激引导消费和活跃卖场气氛。它的形式有户外招牌、展板、橱窗海报、店内台牌、价目表、吊旗，甚至是立体卡通模型等。常用的 POP 为短期的促销使用，其表现形式夸张幽默，色彩强烈，能有效地吸引顾客的视点唤起购买欲，它作为一种低价高效的广告方式已被广泛应用。具体 POP 广告的作用有以下几点。

一、POP 广告的作用

(一) 引导顾客，降低成本，美化卖场

在店内布置 POP 广告，可以代替店员向顾客解释商品特征和使用方法，从而节省店员的说明时间、提高效率，降低卖场成本。同时，可以吸引顾客进入卖场，通过 POP 广告告知顾客商品降价或优惠信息以及产品更新的信息，还可以美化卖场环境。

(二) 提高顾客的购买率

顾客通过卖场内的 POP 广告，可以及时获得商品信息，购物更加明白、便利，心情愉悦，有可能会成为卖场的忠诚顾客；同时对于众多的商品，顾客在广告作用下容易激发购买欲望，作出购买决定，从而产生购买行为，提高购买率。

(三) 告知竞争者

卖场内的 POP 广告是针对竞争对手的一种经营策略，是抢夺顾客的一种手段。不断变化和更新的店内广告招牌，在向竞争对手传递着一个信息，那就是竞争。

二、POP 广告的类型及特点

（一）展示 POP 广告

展示 POP 广告是放在柜台上的小型 POP 广告。由于广告体与所展示商品的关系不同，柜台展示 POP 广告又可分为展示卡和展示架两种。

1. 展示卡

展示卡可放在柜台上或商品旁，也可以直接放在稍微大一些的商品上。展示卡的主要功能以标明商品的价格、产地、等级等为主，同时也可以简单说明商品的性能、特点、功能等，其文字的数量不宜太多，以简短的三五个字为好。

2. 展示架

展示架是放在柜台上起说明商品的价格、产地、等级等作用的。它与展示卡的区别在于：展示架上必须陈列少量的商品，但陈列商品的目的，不在于展示商品本身，而在于用商品来直接说明广告的内容，陈列的商品相当于展示卡上的图形要素。一旦把商品看成图片后，展示架和展示卡就没有什么区别了。值得注意的是，展示架因为是放在柜台上，放置商品的目的在于说明，所以展示架上放的商品一般都是体积比较小的商品，而且数量以少为好。适合展示架展示的商品有珠宝首饰、药品、手表、钢笔等。

（二）壁面 POP 广告

壁面 POP 广告是陈列在卖场壁面上的 POP 广告形式。在卖场的空间中，墙壁为主要的壁面，活动的隔断、柜台和货架的立面、柱头的表面、门窗的玻璃等都是壁面 POP 广告可以陈列的地方。

（三）悬挂式 POP 广告

悬挂式 POP 广告是对卖场上部空间及顶界面有效利用的一种 POP 广告类型。

悬挂式 POP 广告是在各类 POP 广告中用量最大、使用效率最高的。悬挂式 POP 广告不仅在顶界面有完全利用的可能性，也在空间的向上发展上占有极大优势。即使地面和壁面上可以放置适当的广告体，但其视觉效果和可视的程度与悬挂式 POP 广告相比，也是有限的。壁面 POP 广告常被商品及行人遮挡，或没有足够的空间让顾客从整体上来观看。而悬挂式 POP 广告就不一样了，在卖场内凡是顾客能看见的上部空间都可有效利用。另外，从展示的方式来看，悬挂式 POP 广告除能对顶界面直接利用外，还可以向下部空间做适当的延伸利用。所以说，悬挂式 POP 广告是使用最多、效率最高的 POP 广告形式。

悬挂式 POP 广告的种类繁多，从众多的悬挂式 POP 广告中可以分出两类最典型的悬挂式 POP 广告形式，即吊旗式和悬挂式。

1. 吊旗式

吊旗式是在商场顶部吊着的旗帜式的悬挂式 POP 广告。其特点是以平面的单体在空中做有规律的重复运动，从而加强广告信息的传递。

2. 悬挂式

悬挂式相对于吊旗式来讲，是完全立体的悬挂式 POP 广告。其特点是以立体的造型来加强产品形象及广告信息的传递。

(四) 柜台 POP 广告

柜台 POP 广告是置于卖场地面上的 POP 广告体。柜台 POP 广告的主要功能是陈放商品，与展示架相比，以陈放商品为目的，而且必须可供陈放大量的商品，在满足了商品陈放的功能后再考虑广告宣传的功能。由于柜台 POP 广告的造价一般都比较高，因此用于以一个季度以上为周期的商品陈列，特点适合于一些专业销售商店，如钟表店、音响店、珠宝店等。

柜台 POP 广告的设计，从使用功能出发，还必须考虑与人体工程学有关的问题，比如人身高的尺度、站着取物的尺度以及最佳的视线角度等尺度标准。

(五) 地面立式 POP 广告

地面立式 POP 广告是置于卖场地面上的广告体。卖场外的空间地面，卖场门口、通往卖场的主要街道等也可以作为地面立式 POP 广告所陈列的场地。与柜台 POP 相比，柜台式 POP 广告的主要功能是陈列商品，地面 POP 是完全以广告宣传为目的的纯粹的广告体。

由于地面立式 POP 广告是放于地上，而地面上又有柜台存在和行人流动，为了让地面立式 POP 有效地达到广告传达的目的，不被其他东西所淹没，所以要求地面立式 POP 广告的体积和高度有一定的规模，而高度一般要求要超过人的高度，在 1.8～2m 以上。另外，地面立式 POP 广告由于其体积庞大，为了支撑和具有良好的视觉传达效果，一般都为立体造型。因此在考虑立体造型时，必须从支撑和视觉传达的不同角度来考虑，才能使地面立式 POP 既稳定又具有广告效应。

三、POP 设计的原则

POP 广告的设计总体要求就是独特，不论何种形式，都必须新颖独特，能够很快地引起顾客的注意，激发他们"想了解""想购买"的欲望。具体来讲，应遵循以下原则。

(一) 造型简练、设计醒目

要想在纷繁众多的商品中引起消费者对某一种或某些商品的注意，必须以简洁的形式、新颖的格调、和谐的色彩突出商品的形象。

(二) 重视陈列设计

POP 广告是商业文化中企业经营环境文化的重要组成部分，因此，POP 广告的设计要有利于树立企业形象，加强和渲染购物场的艺术气氛。郑州亚细亚商场的 POP 广告曾成功地营造了"中原地带的江南风采"这一艺术格调，在广大消费者心目中塑造了良好的企业形象，使之记住中原这颗璀璨的明珠。

(三) 强调现场广告效果

应根据卖场经营商品的特色，如经营档次、卖场的知名度、各种服务状况以及顾客的心理特征与购买习惯，力求设计出最能打动消费者的广告。

四、店内 POP 广告效果的评价

对店内广告招牌（POP）效果的衡量从下面两方面进行。

一是传递信息是否准确、有力度。店内广告招牌是否很快吸引了顾客的注意力？是否有可能吸引顾客进一步细读？是否明确地表明了主题？是否准确地突出了商品的特点？是否能激起顾客的购买行为？

二是对销售业绩是否有帮助。这是店内广告招牌宣传的最终目的。因为销售量的多少受多种因素影响，如价格制定得是否适当，需求是否旺盛，竞争对手有无推出更好的产品而占据优势。将这些因素剥离得越彻底，越便于分析和评价店内广告招牌的效果。现在应用较多的一种方法是历史分析法，即运用统计技术将过去的销售和过去的广告支出联系起来，衡量广告对销售业绩是否有帮助。

项目小结

本项目主要介绍了连锁卖场内部的环境设计，主要包括：卖场通道和服务设施的设计；照明与色彩的设计；声音、气味和通风设施的设计；卖场 POP 广告的类型及设计要求。

通过学习，可以使学生了解连锁门店的通道、服务设施及设备的设计原理及技巧，掌握卖场灯光、色彩、声音、气味的设计技巧。

强化练习

一、单项选择题

1. 回型通道按照人机学分析，要求通道要以顾客在内行进方向的左侧为商品货架设计主题，这么做是因为考虑到大部分人的习惯都是右撇子，这些人以（　　）为轴转动。
   A. 左脚　　　　　B. 右脚　　　　　C. 身体重心　　　D. 身体中心
2. 让顾客感到愉快的音乐，一般都是旋律简单、节奏欢快的乐曲，因此卖场要经常放一些（　　）。
   A. 金属音乐　　　B. 摇滚音乐　　　C. 轻音乐　　　　D. 爵士音乐
3. 橱窗陈列照度是普通陈列照度的（　　）倍。
   A. 6　　　　　　B. 4　　　　　　C. 5　　　　　　D. 2～3
4. 商场普通照度一般为（　　）。
   A. 500～600lux　 B. 400～500lux　 C. 300～400lux　 D. 2 000lux
5. 在零售店铺通道设计中，入口处比出口处大约宽（　　）。
   A. 1/2　　　　　B. 1/3　　　　　C. 1/4　　　　　D. 1/5
6. 日本零售专家田岗信夫认为"连锁门店布局策略就是从一点出发，然后成线，而后成（　　），最后达到规模化经营的目的。"
   A. 网　　　　　　B. 面　　　　　　C. 体　　　　　　D. 域
7. 连锁门店的基础照明和重点照明的照度分别为（　　）。

A. 100~500lux 和 1 000~1 200lux B. 200~300lux 和 600~700lux
C. 500~600lux 和 1 200~1 500lux D. 700~800lux 和 1 500~2 000lux

8. 商品前面面向马路和街道，让过往顾客能够清楚看到商店内部和商品，进入商店没有任何障碍，可以自由出入，这是（　　）出口设计。
   A. 封闭式　　　　B. 半开闭时　　　　C. 敞开式　　　　D. 出入口分设

9. 零售企业设置收银台的标准以每小时通过（　　）人为标准设置一个收银台。
   A. 200~300　　　B. 300~400　　　C. 400~500　　　D. 500~600

10. 根据视觉营销要求，卖场陈列的基本色彩格局是（　　）。
    A. 前重后轻　　　B. 上重下轻　　　C. 左冷右暖　　　D. 前轻后重

二、多项选择题

1. 卖场通道设计的原则是（　　）。
   A. 足够的宽度　　B. 通畅无障碍物　　C. 通路要平坦　　D. 笔直少弯道
   E. 收银终点

2. POP广告的类型有（　　）。
   A. 展示POP广告　　　　　　　　　B. 壁面POP广告
   C. 悬挂式POP广告　　　　　　　　D. 柜台POP广告
   E. 地面立式POP广告

3. 色彩的三种属性是（　　）。
   A. 亮度　　　　B. 色相　　　　C. 明度　　　　D. 色调
   E. 彩度

4. 照明的基本类型有（　　）。
   A. 自然照明　　B. 基本照相　　C. 重点照明　　D. 装饰照明
   E. 局部照明

5. 卖场中的通道可分为（　　）类型。
   A. 直线式通道　　B. 回型式通道　　C. 迂回式通道　　D. 斜线式通道
   E. 自由式通道

三、思考题

1. 连锁门店卖场设计必须达到哪些要求？
2. 连锁门店卖场服务设施如何设计？
3. 卖场出入口设计有何技巧？
4. 连锁门店卖场色彩运用的原则是什么？
5. 简述连锁门店卖场声音、气味和通风设施的设计。

四、实训项目

选择一家连锁企业，结合本项目连锁门店内部设计相关内容，进行参观调研，对其门店内部设计进行评价并提出改进建议，对其卖场布局进行重新设计。

（一）实训内容

（1）参观调研某连锁企业。

（2）对门店内部设计进行评价并提出改进建议。

（3）卖场布局设计。

要求：

（1）字数要求3 000字。

（2）行文要求，按照基本论文格式。

（3）内容要求，按照实训内容撰写。

（二）实训引导

（1）门店内部设计：

①通道和服务设施设计；

②照明和色彩设计；

③声音、气味和通风设施的设计；

④POP广告设计。

（2）卖场整体设计的原则：

包括服务大众，方便顾客购买；突出经营特色，吸引顾客；让顾客停留得更久，提高成交率；在顾客愉悦空间与商品展示空间之间取得平衡。

（3）卖场的通道分为主通道和副通道，在进行卖场通道设计时应遵循以下主要原则：足够的宽度、通畅无障碍物、通路要平坦、笔直少弯道、收银终点。卖场中的通道可分为直线式通道、回型式通道、斜线式通道和自由式通道四种类型。

（4）卖场的照明可以起到引导顾客、吸引顾客的注意力、帮助卖场形成特定的气氛的作用。照明的基本类型分为自然照明、重点照明和装饰照明。色彩具有色相、明度与彩度三种属性。

（5）声音的设计应注意：音量高低的控制；音乐的播放也要适时有度；乐曲的选择必须适应顾客的心态；背景音乐的强度一定要与卖场力求营造的店内环境相适应，以不影响顾客之间的对话为宜。卖场气味的设计要与所售商品相协调，严格控制不愉快的气味，注意不同商品相邻气味的混合问题，控制气味强度。通风可以分为自然通风和机械通风两种。

（6）POP广告又称店内销售时点广告，是卖场常用的促销手段，POP广告分为展示POP广告、壁面POP广告、悬挂式POP广告、柜台POP广告和地面立式POP广告。

实训任务

家乐福的卖场布局设计

一、背景

1995年，没有盛大的开业典礼，没有热闹的舞狮，法国家乐福在中国的第一家超市在北京通州区悄然开张。这标志着家乐福集团正式进军中国市场。到2008年，短短13年，家乐福从第一家北京分店发展到在中国拥有116家分店，店铺总面积已达到近100万 m²，员工近 5 万人,"家乐福"这个名字在中国几乎已经成为"超级大卖场"的代名词,如图 7-1 所示。

图 7-1　家乐福"超级大卖场"

二、家乐福的卖场布局

(1) 出入口设计。
(2) 招牌设计。
(3) 卖场内部空间设计。
(4) 技术革新。

三、从家乐福布局看卖场设计

(一) 卖场设计与消费者心理

以消费者为中心,为消费者服务,是零售商业企业经营管理的核心。因此,零售企业的卖场设计应研究消费者的心理特点,并与之相适应,为消费者提供最适宜的环境条件和最便利的服务设施,使消费者乐意到商店并能够舒适、方便地参观选购商品。而要达到这一要求,就必须研究商店卖场设计与消费者心理的关系。通过对商店卖场设计及消费者心理的研究,掌握其规律,使商店卖场设计适应消费者的心理特点,从而扩大商品的销售量,既满足消费者的需求,又使企业获得较好的经济效益。

零售企业卖场设计与消费者心理是有着密切联系的。人的心理现象是多种多样的,但归纳起来可分为两大类:心理过程——认识、感情和意志;个性心理——个性的心理倾向性及个性的心理特征。每个人在任何时候所产生的心理活动,都是这两类心理现象若干部分参与结合成整体的心理活动,都是这两类心理现象相互联系、相互作用的结果。因此,在设计零售商店卖场前,就要了解、掌握影响消费者购买行为的心理活动,了解、掌握消费心理特点,并与之相适应,以便达到最佳设计效果。

零售商店的卖场设计主要包括售货现场布置与设计、信道设计、(人工)采光设计、商品的陈列设计和景点设计等方面。

1. 售货现场的布置与设计

售货现场的布置与设计，应以便于消费者参观与选购商品、便于展示和出售商品为前提。售货现场是由若干经营不同商品种类的柜组组成的，售货现场的布置和设计就是要合理安排各类商品柜组在卖场内的位置，这是设计售货现场的一项重要工作。零售企业的管理者应将售货现场的布置与设计当作创造销售（而不仅仅是实施销售）的手段来运用。

（1）应研究对消费者意识的影响。消费者的意识是具有整体性特点的，它受刺激物的影响才可能产生，而刺激物的影响又总带有一定的整体性，因此，构成了消费者意识具有整体性的特点，并影响着消费者的购买行为。为此，在售货现场的布局方面，就要适应消费者意识的整体性这一特点，把具有连带性消费的商品种类邻近设置、相互衔接，给消费者提供选择与购买商品的便利条件，并且有利于售货人员介绍和推销商品。

（2）应研究消费者的无意注意。消费者的注意可分为有意注意与无意注意两类。消费者的无意注意，是指消费者没有明确目标或目的，因受到外在刺激物的影响而不由自主地对某些商品产生的注意。这种注意，不需要人付出意志的努力，对刺激消费者购买行为有很大意义。如果在售货现场的布局方面考虑到这一特点，有意识地将有关的商品柜组，如妇女用品柜与儿童用品柜、儿童玩具柜邻近设置，向消费者发出暗示，引起消费者的无意注意，刺激其产生购买冲动，诱导其购买，会获得较好的效果。

（3）应考虑商品的特点和购买规律。如销售频率高、交易零星、选择性不强的商品，其柜组应设在消费者最容易感知的位置，以便于他们购买、节省购买时间。又如花色品种复杂、需要仔细挑选的商品及贵重物品，要针对消费者求实的购买心理，设在售货现场的深处或楼房建筑的上层，以利于消费者在较为安静、顾客相对流量较小的环境中认真仔细地挑选。同时应该考虑，在一定时期内调动柜组的摆放位置或货架上商品的陈列位置，使消费者在重新寻找所需商品时受到其他商品的吸引。

（4）应尽量延长消费者逗留卖场的时间。人们进入超级市场购物，总是比原先预计要买的东西多，这主要是由于售货现场设计与商品刻意摆放的原因。售货现场设计为长长的购物信道，以避免消费者从捷径通往收款处和出口，当消费者走走看看时，便可能看到一些引起购买欲望的商品，从而增加购买。又如，把体积较大的商品放在入口处附近，这样消费者会用商场备有的手推车购买大件商品，并推着手推车在行进中不断地选择并增加购买。超级商场购物信道的这一设计思路，可以为其他业态所借鉴，尽可能地延长消费者在售货现场的"滞留"时间。

2. 售货现场的信道设计

售货现场的信道设计要考虑便于消费者行走、参观浏览、选购商品，同时特别要考虑为消费者之间传递信息、相互影响创造条件。

进入商店的人群大体可分为3类：有明确购买动机的消费者、无明确购买动机的顾客和无购买动机的顾客。无明确购买动机的顾客在进入商店之前，并无具体购买计划，而无购买动机的顾客则根本没打算购买任何商品。他们在进入商店参观浏览之后，或是看到许多人都在购买某种商品，或是看见了自己早已想购买而一时没碰到的某种商品，或是看到某些有特殊感情的商品，或是看到与其知识经验有关的某一新产品等，从而产生需求欲望与购买动机。引起这两类顾客的购买欲望是零售企业营销管理的重要内容之一，而这种欲望、动机的产生，在很大程度上是消费者彼此在商店进进出出、在卖场信道之前穿行时相互影响的结果。因此，在售货现场的信道设计方面，要注意柜台之间形成的信道应保持一定的距离，中央信道要尽可能宽敞些，使消费者乐于进出商店，并能够顺利地参观选购商品，为消费者彼此之间无意识的信息传递创造条件，扩大消费者彼此之间的相互影响，增加商品对消费者的诱导概率，从而引起消费者的购买欲望，使其产生购买动机。同时，也可为消费者创造一个较为舒适的购物环境。

3. 采光设计

售货现场是消费者活动的公共场所，保持售货现场内光线充足，为消费者创造一个舒适的购物环境，对零售企业卖场设计来说，是很重要也是很必要的。售货现场的采光来源有自然采光和人工采光两种，可以相互结合利用。

自然采光，能够使消费者准确地识别商品的色泽，方便消费者挑选比较商品，从而使消费者在心理上产生真切感与安全感，不至于因灯光的影响，使商品的色泽产生差异而购买到不如意的商品。因此，在采光方面，要尽可能地利用自然光源。

但由于售货现场规模、建筑结构形式不同，自然采光所占比例不大，而随着照明技术的进步，人工采光灯光设计在售货现场设计中的地位日益重要。先进的灯光设计能够增加店容店貌的美观度，能够突出商品显示效果，从而吸引消费者参观选购，刺激消费者的购买欲望。因此，在研究售货现场的灯光设计时，要以方便消费者选购、突显商品为主，灯具装置和灯光光源均要符合这一要求。可灵活采用不同的人工采光方式，如镶装暗射灯光，能使整个售货现场光线柔和；采用聚射灯光，可突出显示陈列的商品，从而使消费者在一个柔和、愉悦的氛围中挑选商品。

4. 商品的陈列设计

商品的陈列要注意研究消费者的购买心理，要既能美化店容店貌，又能扩大商品销售。消费者进入商店，购买到称心如意的商品，一般要经过感知—兴趣—注意—联想—欲求—比较—决定—购买的整个过程，即消费者的购买心理过程。针对消费者的这种购买心理特征，在商品陈列方面，必须做到易为消费者所感知，要最大限度地吸引消费者，使消费者产生兴趣，引起注意，从而刺激消费者的购买欲望，促其作出购买决定，形成购买行为。因此，商品的陈列方式、陈列样品的造型设计、陈列设备、陈列商品的花色等方面，都要与消费者的这种购买心理过程相适应。

总之，零售企业的卖场设计，要深入地研究消费者心理，了解、掌握影响消费者购买行为的心理活动，要处处体现零售企业以消费者为中心的思想，从而达到最佳设计效果。

（二）卖场设计标准及改造原则

1. 卖场设计标准

形形色色的卖场，其设计是否合理，质量是高还是低，应该有一个评判的标准，现主要从以下几个方面来评估。

（1）三大空间的合理性：商品空间、顾客空间、导购空间的配置是否有利于吸引顾客进入卖场，顾客进入卖场后是否能自由地、舒适地浏览商品，并在需要时由导购提供良好的服务，整个卖场是否洋溢着和谐自由的气氛。

（2）货品配置、陈列的合理性：根据卖场及产品的特点、顾客的需求，货品配置要齐全，要考虑各个种类、款式、规格、颜色的货品数量。货品配置出现问题时要及时调配。

要将规格全、数量多的热销产品陈列在阳面上,并不断更新,保证成交率。

(3)导购服务的质量:导购的位置要正确,语言要规范、得体(包含有声语言、无声语言)。

(4)卖场设计风格与品牌经营风格的一致性:品牌经营有特定的消费群体,即目标顾客,根据他们的经济条件、文化素养等各个方面的状况,品牌经营形成自己的风格,卖场设计的风格必须与之相吻合。

(5)卖场设计与品牌层次的一致性:两者之间的一致性主要体现在经济因素上,大众化的品牌必须对应大众化的卖场设计。

2. 卖场改造原则

卖场设计完成后,经过一段时间的经营或者因为商场整体格局的调整、改变,或者经营理念的调整,卖场必须作一定改造,原则如下:

(1)相似性原则:借鉴周边成功的品牌、成熟的品牌、销售好的品牌经验。

(2)合理性原则:在销售好的前提下,以商品整齐、整洁为原则;在销售不好的情况下,必须破坏原卖场平静的气氛,将货品进行调整。

(3)时机恰当原则:大的改造不能在销售旺季、双休日、节假日进行。

(4)随时改造原则:小修小改,随时进行,以货架移动、模特出样不断进行调整;销售好的时候可以不动,销售滑坡时一定要改造。

(5)占优原则:亮度比周边品牌亮一点,卖场比周边品牌宽一点,服务比周边品牌好一点。

(三)卖场布置策略

门店的店头有专门设计的一些烘托卖场氛围的热烈的商品展示,来渲染顾客的购物情绪,给顾客形成一个良好的购物印象。同时这个商品展示的平台要注意摆放合适,做到便于顾客出入的原则。

1. 卖场内策略

(1)高销售、高利润陈列在热区。

(2)新产品、高利润陈列在暖区。

(3)低销售、低毛利陈列在凉区。

(4)设计上避免死区。

(5)产品相关性陈列:消费习惯相关的产品接邻陈列。

(6)品类角色定位陈列:

①目标型品类陈列在热区、暖区。

②常规型品类陈列在暖区。

③季节性、偶发型品类陈列在促销区、凉区。

④便利型品类陈列在收银台旁。

2. 入口陈列策略

(1)宽敞明亮,避免拥挤。

(2)人流量大的临街区域。

(3)避免车流过大的区域。

(4)明显的入口标识。

(5) 超市形象与目标消费群。
(6) 软性与暖调。
(7) 购买频率高的品类。
(8) 避免阻隔，视线可见全场。

案例分析

借鉴欧洲超市设计方法

SPAR 国际中国首席代表　张智强

凡是接触过 SPAR 在世界各地的超市，尤其是其最近几年推出的新型超市，国内业界人士无不对其高贵的格调和热烈的卖场气氛印象深刻。从 SPAR 在世界各地统一宣传的电视广告片中也可以看出，SPAR 极为注重店面层次和品位的要求。在先进的 SPAR 卖场中，很多新颖独特的人性化服务设施，在寸土寸金的卖场中似乎有些不可理解，但实际上，正是这些看似有些冒险的举动为商家赢来了大批的忠实顾客，自然也带来了令人羡慕的收益。在欧洲的某个 SPAR 店中，顾客能够见到一个分类回收生活废弃物的小玩具，当顾客将废弃纸板、瓶罐投入其中时，它能"吐出"相应金额的购物券或现金。旁边还有一棵"能说会吃"的大树，在接受儿童投入的废电池时可以开口说话，甚至陪儿童做游戏，还会根据投入废电池的数量"吐出"一定的奖券或礼品。在普通大众环保意识极强的欧洲，这种让孩子们在愉快的玩乐中提高参与环保实践，学习环保知识的意义，让年轻的父母感到由衷欣喜。抓住了孩子们幼小的心，也就影响了妈妈们对购物场所的选择。

SPAR 对中国市场确定的目标顾客群是 20~35 岁的女性消费者。结合中国市场的现实情况，在每一个 SPAR 大卖场中，设计配置了一个儿童乐园。一个专为孩子们准备的环境，气氛活泼的免费游乐小屋，不仅解除了年轻妈妈们购物时带孩子不便的烦恼，还创造了欢乐和温馨的氛围，从而把一个简简单单购买日常生活用品的场所变成了享受生活乐趣的地点。

零售业经营的最基本定理无疑应该是"销售额 = 交易数 × 单价"。一个零售企业能够培育多少忠诚的目标顾客，是决定其效益的基本问题。所谓超市设计，应该是如何使一个店铺从视、闻、尝、听、触等各种角度让目标顾客全方位体验和感受店铺"人格"，并获取他们"芳心"（常来购物）的一套系统方法。

在与目标顾客互相沟通的过程中，抓住并利用好以下几大要素可以使整个卖场的设计达到事半功倍的效果。

(1) 视觉要素。这好比是店堂的衣着和言谈举止。SPAR 有一套"柔性指示"体系，用具体、优美的图像来代替文字说明。如婴儿用品区不用文字"婴儿用品"标明，一个活泼可爱的婴儿照片则形象生动得多；女性内衣首先安排在卖场较为私密的区域，并采用亲密、略显性感的大幅照片，配以温暖、柔和的灯光，温馨、浪漫的氛围吸引了诸多女性流连忘返。灯光的设计在视觉要素中极为重要，突出了商品的特性，将商品的功能性价值提升到了生活质量的层次。如蔬菜水果区采用舞台射灯，商品摆放突出和谐的农场氛围，使顾客犹如身在新鲜农场中采购，其中的畅快与自在不言自明。店铺的外观是要在顾客还没进店之前，就吸引顾客，远远一瞥，顾客的心就被那优雅强烈地吸引了。欧洲的 SPAR 外观设计非常艺术，大多采用全透明设计，门头的稻草和落地玻璃窗设计使得整个 SPAR 既古香古色又充满现代气息。店内商品琳琅满目，透过玻璃窗看得一清二楚，强烈刺激消费者的眼球和购买欲望。颜色的使用在 SPAR 店内店外，也有严格的规定：红和绿，而且这两种颜色的搭配比例为 8:2。经过科学实验表明这两种颜色的合理搭配能使人不仅感觉舒服，而且会首先联想到新鲜的生鲜和熟食。

（2）嗅觉要素。这是消除了距离以后的沟通，尤其在面包、水果、化妆品区，恰到好处的气味会对顾客的购买行为产生极大的影响。

（3）味觉要素。百闻不如一见，百见不如一尝，能让顾客尝在嘴里并心服口服就是促销最大的成功。欧洲的 SPAR 大多在熟食区设置专供顾客品尝的位置，类似于快餐店，但会更新鲜、更健康。

（4）听觉要素。这是要在合适的季节、时间，配上恰当的背景音乐和宣传语言，不但能迅速告知顾客店内最新消息，也会使顾客更有宾至如归的亲切感。

（5）触觉要素。在欧洲 SPAR 店，不管蔬菜水果多么高档，一律采用敞开式摆放，顾客可以轻松触摸到这些商品，充分感受商品的质感，更便于选购。

一个好的店铺设计，始终要围绕目标顾客来进行，调动顾客积极性并与其进行有效沟通，始终保持自己的独特个性。虽然常变常新，但始终让商品做主角，货架、背景等都作为商品的配件出现。

问题：欧洲超市设计有哪些方面值得中国企业学习借鉴？

项目八

连锁门店商品陈列设计

学习目标

知识目标

1. 了解连锁门店商品的陈列原则;
2. 掌握不同的商品陈列方法;
3. 了解商品陈列需要考虑的因素。

技能目标

1. 掌握连锁门店商品组合与设计;
2. 能熟悉使用磁石理论;
3. 能熟练掌握连锁门店商品组合与设计。

能力目标

通过本章学习培养学生对零售企业陈列技巧的应用

案例导入

"啤酒与尿布"的案例

××超市的营销分析家,在统计数据时发现店内的啤酒和尿布的销售量总是差不了多少。一经分析,原来是做了父亲的年轻人在经常给小孩买尿布的同时,自己也捎带上瓶啤酒,于是这家超市的老板就把啤酒和尿布这两样看起来风马牛不相及的商品摆放在一起。

思考:
两个不同品类的产品放在一起是否符合合理陈列商品的规律?

合理的商品陈列可以起到展示商品、刺激销售、方便购买、节约空间、美化购物环境的各种重要作用。据统计，卖场如能正确运用商品的配置和陈列技术，销售额可以在原有基础上提高10%。商品陈列技术是沉默的推销，成功的商品陈列技术是优秀的"无声推销员"。

任务一　连锁门店商品配置策略

一、商品配置管理的概念

商品配置是指零售企业对所经营的繁多商品在卖场内的放置（包括在卖场的位置和在货架上的位置）和所占空间方面的管理。

商品配置管理是自选式卖场销售的主要技术，是最有效的门店赢利方法。

现在中国的零售企业就像20世纪80年代美国的零售企业一样，拼命扩张，疯狂开店，整个零售企业在中国已经达到一个饱和的状态。我们零售企业想更好地生存下去第一要靠的是商品和服务；第二靠的就是卖场内的商品陈列给企业带来的利润。

二、商品位置的配置

针对零售卖场商品种类繁多的特性，商品位置的配置要按消费者的购买习惯来确定，并且相对地固定下来，方便消费者的寻找。

一般来说男性购物者的购买时间较短，因为他们喜欢便捷；而对女性购物者来说购买的时间较长，因为她们擅长比较。女性购物者也非常感性，对于特殊陈列的商品也会刺激她们的购买欲望。所以男性商品应放在超市入口的逆时针方向，而女性商品及家庭商品应摆放在离入口处较远的位置。企业最看中的是利润，在连锁企业中现金周转率是很重要的，所以商品配置也能加快现金流的周转，经验得知滞销商品如果摆放在显眼特殊的位置，可以使销售量提高20%左右，想获得更高利润可以把毛利高的商品放到最显眼的地方，这样不仅能加快现金周转还能获得丰厚的利润。

根据卖场规格确定的方法可算出卖场为满足顾客需求的最有效的面积，但这些面积如何分配到商品上呢？有两种方法：

（一）根据消费支出比例进行划分

目前各大卖场的商品结构与消费支出的结构比有很大的差异，各卖场的陈列方法不同，所以面积有很大的差异，但卖场仍需以数据为准，在根据自己实际情况做调整。现有卖场商品部门面积分配的平均比例见表8-1。

表8-1　商品部门面积分配表

部门	消费支出结构比/%	面积分配结构比
果蔬	24	12%~15%
水产	11	6%~9%
畜产	19	12%~16%
日配	9	17%~22%

续表

部门	消费支出结构比/%	面积分配结构比
一般食品	7	15%~20%
糖果饼干	7	8%~12%
干货	10	10%~15%
特许品	6	3%~5%
其他	7	4%~6%

2. 根据竞争对手的配置来调整有利于自己的营业面积

（1）每家门店在开店前都要做充足的准备，比如说通过市场调查，对竞争对手有充分的了解才能百战百胜。例如，竞争对手的生鲜陈列品种有多少？食品是怎么陈列的？百货是怎么做出特殊陈列的？等等。

（2）其次要考虑本身的实际情况，如果卖场面积较大就可以扩充陈列面积，如果陈列面积较小那就要想办法减少适当品项的陈列面积，扩充生鲜的陈列面积。

三、商品群的配置

商品群是商店根据其经营理念，创意性地将某些相关的商品集合在一起，成为卖场之中的特定群落或单位。商品群是商品陈列的基础，它是一个非标准化的概念，可以有多种组合方式，出人意料而又合情合理的商品群能显示出一家商店独特的陈列创意。

商品群配置方法是一种跨分类的新的商品组合，特色商品群对顾客偏好产生最直接的影响，卖场应当不断推出和强化有创意的商品群组合，以吸引更多的顾客。商品群的组合方法有以下几种。

（1）按节庆假日组合，如在情人节前夕，可将玫瑰花、巧克力、对表、"心"形工艺品等组合成一个"情人节系列"商品群。

（2）按消费季节组合，如在夏季可将凉席、灭蚊剂、蚊帐等组合成一个夏令商品群。

（3）按消费便利性组合，如将罐头、面包、方便面、包装熟食、矿泉水、塑料布、方便袋等组合成一个"旅游食品"系列商品群。

（4）按商品用途组合，如将浴巾、拖鞋、肥皂、洗发膏、香水、剃须刀等组合成"常用沐浴用品"商品群。

四、商品配置表

商品配置表是把商品的排面在货架上做一个最有效的分配，以书面表格规划出来。

（一）商品配置表的作用

1. 畅销商品管理

在卖场中畅销商品销售速度较快，若没有商品配置表对畅销商品排面的保护管理，常常会发生这种现象：当畅销商品卖完了，又得不到及时补充时，就易导致较不畅销商品甚至滞销品占据畅销商品的排面，形成了滞销品驱逐畅销品的状况。这种状况一会降低超市的来客数，二会使卖场失去企业形象。可以说，在没有商品配置表管理的卖场，这种状况时常会发生，有了商品配置表管理，畅销商品的排面就会得到保护，滞销品驱逐畅销品的现象会得到有效控制和避免。

2. 商品陈列排面管理

商品的陈列排面管理就是规划好商品陈列的有效货架空间范围。有一套标准的商品配置表来对分店进行陈列管理，整个连锁体系内的陈列管理就比较易于开展，有利于包括商品陈列在内统一的经营风格的形成。

3. 商品定位管理

每一种商品在货架上的陈列位置，所占的排面数确定下来，达到商品定位的作用，可以加强陈列的规范性，防止胡乱陈列和盲目陈列。可以通过事前规划给仓储式超市中的周转快、毛利高的主力商品留有较好的陈列位置、较多的排面数，提高卖场销售效率。

4. 有效控制商品品项

每一个卖场的面积是有限的，所能陈列的商品品项数目也是有限的，为此就要有效控制商品的品项数，这就要使用商品配置表，才能获得有效的控制效果，使卖场效率得以正常发挥。

5. 商品利润的控制管理

卖场销售的商品中，有高毛利和低毛利商品之分，每一个经营者总是希望把利润高的商品放在好的陈列位置销售，利润高的商品销售量就会提高。卖场的整体规划是用低毛利商品来吸引来客，用特殊陈列来调动顾客购买高毛利商品的积极性。这种商品利润控制的管理法，就需要依靠商品配置表来给予各种商品妥当贴切的配置陈列，以达到提高商店整个利润水平的目的。

（二）商品配置表的制作

（1）通过市场调查，决定要卖的商品及卖场面积。

（2）将要卖的商品分类，并规划大、中、小类商品应占的面积。

（3）根据商品的关联性、需求特征、能见度等因素决定每一类商品的位置，制作商品平面配置图。

（4）根据商品平面配置图配置设备，前、后场设备应构成一个整体；应注意陈列设备的数量及规格，要参照商品品项资料。

（5）收集商品品项资料，包括价格、规格、尺寸、成分、需求度、毛利、周转率、包装材料、颜色等，并决定经营品项。

（6）在商品配置表上详细列出每一个商品的空间位置，每一个货架对应一张商品陈列表。

（7）按商品配置表进行陈列，并挂好价签，可以把实际陈列效果进行拍照留存。

（8）观察记录顾客对商品配置与陈列的反映，便于修正。

表8-2为某超市商品配置表。

表 8-2 某超市商品配置表

商品分类	20030101-02		啤酒（国产、进口类）	
货架No. 120005			制作人：×× ×	

高度(cm)				
180		惠泉啤酒（铁）		
170		330mL		
160	24F	1460395	1.9	
150	青岛啤酒优听		喜力啤酒（铁）	
140	330mL		330mL	
130	12F	10010002	3.5	12F	95210001	4.8
120	青岛啤酒优听		喜力啤酒（铁）	
110	330mL		330mL	
100	12F	10010002	3.5	12F	95210001	4.8
90				
80				
70	雪津啤酒	青岛啤酒	百威啤酒	
60	580mL	500mL	500mL	
50				
40	8F 910189 3.0	8F 880106 5.0	8F 910306 6.5	
30				
20				
10				

课堂讨论：根据课堂所学，请思考一下，商品配置表对连锁超市的重要性。

五、商品陈列的磁石理论

卖场商品布局是一门综合学问，需要考虑的因素包括定位、顾客的需求、竞争需求、市场需求、安全需求、费用需求等，然后在此基础上进行顾客动线设计，达到布局规划合理性、科学性，至少能提升门店10%的销售业绩。要想提高卖场的客流量，可以在卖场商品布局方面下下功夫。卖场商品布局是最基础、最重要的工作，假设我们做规划图的话，首先要知道现在经营哪些品类，具有竞争力的品类有哪些，运用磁石理论来调整商品布局就是在配置商品时，选择正确的商品摆放在合适的位置上进行销售，刺激顾客的购买欲望，增加企业的利润。

（一）磁石理论概念

磁石，就是指卖场中最能吸引顾客注意力的地方，磁石点就是顾客的注意点，要创造这种吸引力就必须依靠商品的配置技巧来实现。

磁石理论是指在卖场中最能吸引顾客注意力的地方，配置合适的商品以促进销售，并能引导顾客逛完整个卖场，刺激顾客的购买欲望。商品配置中的磁石理论运用的意义就在于，在卖场中最能吸引顾客注意力的地方配置合适的商品以促进销售，并且这种配置能引导顾客走遍整个卖场，最大限度地增加顾客购买率。

（二）磁石理论的商品配置

根据商品对顾客吸引力的大小，可以分为第一磁石点：主力商品；第二磁石点：展示观感强的商品；第三磁石点：端架位置的商品；第四磁石点：单项商品；第五磁石点：卖场堆头（见表8-3）。

表8-3 卖场磁石点理论应用

磁石点	位置	配置要点	商品类型
第一磁石点	位于卖场主通道两侧，是顾客必经之地，也是商品销售最好的地方	由于位置特殊，不用特意装饰，就能达到理想销售效果	（1）购买率高的商品；（2）主力商品；（3）销售量大的商品
第二磁石点	穿插在第一磁石点中间，引导顾客购买	引导消费者走到商品陈列处，需要特别陈列	（1）季节性商品；（2）新商品；（3）引人注意的商品
第三磁石点	是卖场货架两边的端架位置，其中一头端架正对主通道	以单品或是某品牌商品来吸引消费者，需要做特殊陈列处理	（1）高毛利商品；（2）应季商品
第四磁石点	位于卖场中副通道的两侧	通常每隔1~2个品类设置，是充实卖场各个有效空间，并让顾客在长长的陈列线中移动和浏览的位置	（1）热销商品；（2）促销商品；（3）广告效应强的商品
第五磁石点	位于收银处前的中间销售位置	卖场根据各种节日组织大型展销、特卖活动的非固定销售摊位	（1）特卖商品；（2）节假日庆典商品

案例

合理配置卖场商品

当我们把货架的位置都确定了以后，接下来的问题就是如何把商品放上去。

一个1万平方米的超市可能有2万个品种，对顾客而言已经是很丰富了，但是为什么卖场的销售业绩还是不尽如人意？为什么门店的客单价会很低？这是因为门店的商品结构不合理。比如说塑料盒，只有十几元钱的，没有七八元钱、五六元钱的，这就导致商品结构不合理。当顾客进来了以后，他还是买不到合适的商品。只有丰富的品种数是不够的。经验表明，每一个分类下的单品数，如果没有一个高、中、低价位的组合，卖场会损失掉80%的顾客。

尤其是在中小城市开店的时候，应该特别侧重于百货和纺织品的经营。因为当地的百货商场，非食品类的商品都不是很齐全，而且价位很高。所以在这里的卖场中搞百货和纺织品可能会卖得特别火。

家乐福在河北涿州开了一家店，其中第三层是非食品区，包括百货、家电和纺织品，结果第三层的客流量是最多的，因为当地老百姓在百货商场里购买的非食品类商品都是一些中高价位商品，品种数量也满足不了需求，所以家乐福涿州店的非食品类商品放在较高层依然销售火爆。

讨论：

如何进行卖场内的商品配置？

分析：

卖场商品配置规划的作用在于让顾客方便、舒适、愉悦选购的同时，也可以方便店铺的管理，这也是我们进行任何商品配置规划工作的基本原则。为了让顾客易看到、易摸到、易选择、易组合、易购买我们的商品，我们首先要做的就是对商品进行分类，只有分类以后的商品，才能变得有秩序、有美感，才能吸引顾客、留住顾客、方便顾客。

任务二　连锁门店商品陈列原则与区域

一、商品陈列的概念

商品陈列是指以产品为主体，运用一定方法和技术，借助一定的道具，将产品按销售者的经营思想及要求，有规律地摆设、展示商品。合理的商品陈列是提高销售效率重要的宣传手段，是销售企业广告的主要形式。

二、商品陈列原则

商品陈列可以起到如下作用：增加销售利润，促进消费者的购买欲望；提高库存周转率；陈列美观，突出企业形象；争取最大陈列面，尽量充分利用卖场空间。合理的商品陈列可以大大提高销售量。商品陈列的基本要求是将顾客需求的商品正确地摆放在适当的位置，所以陈列的关键在于"商品陈列的正确位置"。

一是明确展示主题，弄清楚要表现什么或要向顾客诉求什么，如新鲜还是营养？时尚还是廉价？

二是注意构成方法，要求商品陈列的空间结构、照明与色彩相互有机配合，例如正三角形的空间结构给人以宁静、安定的感觉，而倒三角形则给人以动态感、不安定感和紧张感。

三是注意表现手法，采用一些独特的展示手法可以吸引顾客的注意力。连锁门店商品陈列应遵循以下原则。

（一）陈列丰满原则

陈列丰满可以给顾客商品丰富的好印象，可以有效地利用陈列空间，吸引顾客注意力，让顾客购买，又可以减少库存，加速商品周转。

（二）垂直陈列原则

垂直陈列原则可以把相同属性、相同形状的商品按照从上到下的方式进行陈列，使顾客选购商品一目了然，增强商品陈列的立体感，这种陈列不仅美观，还起到减少库存的作用。

（三）相关联陈列原则

是把种类不同的商品但是在效用方面接近的商品陈列在一起。这些商品是具有相互补充、相互配合、相互依靠的商品群。例如，啤酒和果酒陈列在一起，牙膏、牙刷陈列在一起等。一般商品陈列在端头两侧、地堆四周或牌面挂条展示，这样陈列可以让顾客产生连带购买行为，从而提高销售业绩和毛利。

（四）易取、易见陈列原则

所谓易取，就是要使商品陈列容易让顾客触摸、拿取和挑选。依陈列的高度可将货架分为三段：中段为手最容易拿到的高度，男性为70~160cm，女性为60~150cm，有人称这个高度为"黄金位置"，一般用于陈列主力商品或有意推广的商品，以及新品及畅销品。

所谓易见，就是要使商品陈列容易让顾客看见，一般以水平视线下方20°为中心的上10°下20°范围，为容易看见的部分。商品在货架上让顾客显而易见是商品销售达成的首要条件。如果商品陈列使顾客看不清楚，就很难引起顾客的注意，商品就无法销售出去。商品陈列显而易见的原则要达到两个目的：一是让卖场内所有的商品都让顾客看清楚的同时，还必须让顾客对所看清楚的商品作出购买与否的判断；二是让顾客感到需要购买某些预订购买计划之外的商品，即激发其冲动性购物的心理。

（五）先进先出的陈列原则

先进先出的陈列原则是先到的货先陈列，和库房的管理规定是相同的。卖场牌面的商品销售完需要补货的时候，要取先进的日期比较近的商品陈列，这样可以避免出现过期商品，损耗降至最低，甚至是零。

（六）分区定位原则

分区定位指每一种商品都有相对固定的陈列位置，商品一旦排列好其基本陈列位置一般很少调动，但不是一成不变的，有的时候也会根据季节的变化、某种营销的目的，同时也是为了便于顾客选购商品。

讨论：同类商品垂直陈列有什么好处？如何体现商品陈列的关联性原则？

案例

商品陈列——无言的促销师

上海沃尔玛开张首日，顾客挤疯了。老百姓关注的是价格，真能"天天平价"吗？媒体关注的是"5公里死亡圈"之说，真会应验吗？沃尔玛与周边家乐福、易初莲花等大卖场的博弈，有声与无声，双招出击。有声的是价格之争，已经拉开序幕。无声的是商品陈列，手段高低，结果尚待时日。商品陈列，在商品同质化的时代，已成为无言的促销师。高明的商品陈列，提升了商品的附加值；对消费者而言，吸引的是眼球，撩拨的是购物欲望。因此，国际品牌无不将商品陈列之道谙熟于心，应用臻妙。

相形之下，我国很多企业和商家对商品陈列的价值还懵懵懂懂，商品陈列设计尚未形成产业，商品陈列设计师大多是半路出家，美工兼任。这些差距，需要正视，需要追赶。

小小一根领带，怎么摆放，也有一定之规。gh的领带一定是卷成圈，摆放在一个个小方格内；boss 的领带一定是挂在架子上卖的；joop 的领带却似乎是随意地铺在工作台上……只因为，它们无言地彰显店家的经营风格：gh 以正装为主，领带中规中矩地摆放，传递的是正装的一丝不苟；boss、joop 是休闲类品牌，领带挂着卖、铺着卖，张扬的就是那一份闲适。

国际上知名品牌对商品陈列极其重视。每当新品上市或换季时节，新款时装款式如何搭配、色彩如何和谐、配饰如何出彩，商品陈列师都会专门设计，并将陈列方案向各专卖店发布，散布在世界各地的专卖店必须"照葫芦画瓢"，并将最终结果摄制成照片，报请总部确认。而总部也会派遣各地区的商品陈列师，每月、甚至每周，到各专卖店频频巡视。因此知名品牌的专卖店无论坐落何地，面积大小，商品陈列的格局基本上都是一个面孔。

对商品陈列师而言，必须将艺术细胞与经济头脑相结合，既不能为了促销，将商品陈列得满满当当，掩盖了重点；也不能追求纯美，让顾客觉得其美得高不可攀。因此，商品陈列应有利于商品的展示，将重点商品、新进商品、稀罕商品、流行商品摆在顾客一进门就可以看到的区域内，刺激购买。

有利于提供商品最新信息，有经验的经营者都会将最新商品摆在最前面、最上面，目的就是为了将最新信息告知顾客，以一种无声的方式对顾客进行引导。

有利于提升商家和商铺形象，一个良好的、陈列有序的、易于购买的商品环境，使顾客看着高兴，拿着方便。因此，货架不宜太高，通道不宜太窄，商品陈列不宜太满。据有关专家介绍，要达到上述要求，成为一个不错的陈列师，至少需要 5 年到 10 年的积淀。

陈列促销——名堂多，很多人有这样的感觉：超市商品虽便宜，但结账时会发现：又花了一大笔钱，很多东西未必是一定要买的。

有关研究显示：在大卖场，冲动购物欲引起的消费占 40%～70%。而撩拨起你的冲动购物欲的，就是有预谋的商品陈列。你想买食品，但进了家乐福上海曲阳店，必须先上二楼，逛完文具、唱片书架、服装、鞋类区域，才能走到一楼食品区。在易买得银都旗舰店，顾客走入二楼主入口，触目所及就是服装区域，兜大半个圈子才乘电梯到一楼食品区。"因为食品是顾客总要买的，所以在陈列次序中就要往后靠。而顾客不一定会打算买的商品，就要突出陈列。"易买得商品陈列师反问："服装和洗发水，谁应该放在动线的右手位？服装。"所谓动线，就是顾客进入超市后的行进路线。易买得根据 40 多年的销售经验发现，大多数顾客进超市后，一是喜欢往右走，二是喜欢往有窗的位置走。因此，行进线右手位的商品较易引起顾客的关注。由于人们往往习惯在服装店买服装，超市销售服装没有大优势，于是服装就要陈列在右手位；相反，由于顾客大多在超市买洗发水，洗发水即使处于次位，也关系不大。

各大超市都把功夫做在非食品类商品上，千方百计通过位置、摆放方式、灯光等商品陈列带动销售。如行进线两旁的端架商品更易跳入顾客眼帘，因此，需要促销的商品就尽量挂在端架上。化妆品区和毛巾区，灯光布置明显比其他区域亮，这是因为在亮光照射下，化妆品更显得晶莹诱人，毛巾显得干净而挺括，让消费者顿生好感。尽管在超市中食品最好销，但高超的陈列技巧能进一步刺激购买。比如肉类食品区，不能用日光灯照明，而应用略带红光的灯照明，使肉类食品呈现粉红色，显得很新鲜。易买得有关人员介绍，为了挑逗起顾客的冲动购物欲望，大卖场在商品陈列上还惯用三招：

——相关性陈列。在饮料货车旁，就是萨其玛、薯片等零食；离T恤柜五步之遥就是裤子和皮带陈列区。相关性陈列商品，无言地暗示顾客："喝饮料，怎能不吃点零食？"于是，右手拿饮料，左手就抓起了一袋薯片。买了T恤，不由自主转到裤子、皮带区看看，有合适的就取下放进了手推车。

——堆头（即专题推销打折区堆车中的商品）常换常新。平均每10天左右，主题陈列区的商品就会换颜。夏季的堆头区，时而是各种席子的比拼，时而是各种洗浴用品的集纳，时而是各种饮料的天下，时而又是各种杀虫剂的世界。顾客时时有新鲜感，掏起钱来就利落。

——便宜商品必须是敏感、常用商品。米、油、肉等食品是日常生活必需品，谁也少不了，这些产品打出平价牌，就给顾客留下"这家大卖场东西很便宜"的印象，自然能吸引客流、留住客流。据了解，其实本市还有家大卖场的便宜货比易买得还多，但因为这家大卖场的便宜商品不是老百姓日常生活的常用品，因此，尽管折扣多，但顾客却感觉不到。陈列名堂多，销售业绩增。据东方商厦市场营运部经理透露，优秀的商品陈列可使营业额增长20%～30%。易买得公关经理介绍，通过商品陈列方式的改变，可提高销售额1%～2%。

职业前景——机遇多在商品同质化、竞争日趋激烈的市场上，商品陈列师有望成为金饽饽。首先表现在职业可拓展领域不断扩大。仅从商品陈列而言，当前的盲点和弱点还不少，如橱窗商品陈列设计。商店橱窗是城市流动的风景片。在国外，一些大商店常常会出现这样的景象：顾客排队看橱窗。橱窗商品陈列设计，不仅展商品，更是宣扬现代生活的理念。但目前，我国大多数橱窗商品陈列的设计十分老旧，缺乏时尚引导性。商品陈列师的工作，小可以做一家小店的商品陈列设计，大可以到整个商场的布局、环境布置、氛围营造。如虹桥友谊商店将中庭设计成敞开型咖啡吧，内设杂志专柜，顾客购物后可以顺便小坐歇息，招徕很多老外顾客；港汇商城在儿童商品区辟出300多平方米的儿童活动区，延长了儿童和家长的停留期，无疑也延长了消费期。专家认为，在商家开打差异化经营之战时，商品陈列师绝对是王牌之一。当前商品陈列设计主要是"自产自销"，由于成熟人才缺少，专职的商品陈列师十分匮缺，因此商品陈列设计市场化的前景很好，有望培育成一种新兴产业。

商品陈列师既可以成为知名品牌的专职陈列师，也可以成为公共资源，通过专业的商品陈列设计集团的形式，为大多数请不起专职陈列师的中小企业进行各个时令的商品陈列设计。据悉，目前一般陈列师的月薪起码在三四千元，高的到万元。商品陈列设计师的稀缺，还为教育和培训部门衍生新的经济增长点。当前，商品陈列师主要由美工兼任，或资深广告人员、销售人员凭经验"客串"，受过规范教育、理论知识与实际经验具备的陈列师很少。因此，高校、培训机构开设这类专业或技能培训，培养高学历的商品陈列师，提升现有陈列师的理论水平和设计水平，将受到市场的欢迎。

三、商品陈列区域

（一）卖场陈列区的划分

在大型卖场中生鲜起到引流的作用，一般卖场布局成字母"U"形分布，食品和百货陈列在中间区域。商场陈列的主要区域分为货位区、走道区、中性区、端架区。

（1）货位区：正常的商品展示区，陈列的商品讲究整齐、美观、量感与洁净。门店大多数商品都陈列在货位区域。

（2）走道区：为了吸引顾客的注意力，突出一些商品独特的个性以及售点促销的效果，在卖场的大通道中央摆放一些平台或筐篮，陈列价格优惠的商品。

（3）中性区：是指卖场过道与货位的临界区，一般进行突出性商品陈列。比如在收银台附近摆放一些小商品，有的摆放在电梯扶手处。

（4）端架区：一般在一组货架的两端，即客户流动线转弯处所设置的货架，被称为最佳陈列区域。端架陈列很容易吸引顾客，一般陈列的是季节性商品、促销商品、高毛利商品或新品。

（二）卖场通道宽度

卖场通道要有足够的宽度（见表8-4），既要保证顾客提着购物筐或推着购物车通行，又能与同样的顾客并肩而行或顺利地擦肩而过。

表8-4 超市通道宽度设定值

单层卖场面积/m²	主通道宽度/m	副通道宽度/m
300	1.8	1.3
1 000	2.1	1.4
1 500	2.7	1.5
2 500	3.0	1.6
6 000	4.0	3.0

（三）卖场陈列货架分段

商品陈列的高度不同，其销售效果也会不同。一般说来，与顾客视线相平、直视可见位置是最好的位置。货架上的商品陈列效果会因视线的高低而不同，在视线水平而且伸手可及的范围内，商品的销售效果最好。在此范围内的商品，其销售率为50%。随视线的上升或下移，销售效果会递减。

根据国外的一项调查结果，商品在陈列中的位置进行上、中、下三个位置的调换，商品的销售额会发生不同的变化。

货架上四种不同层面及陈列的商品：

（1）下段——低于0.5m，主要陈列套装商品、大规格商品、重量大商品、易破碎商品。

（2）中段——0.6~1.2m，主要陈列低利润商品、补缺商品。

（3）黄金段——1.3~1.6m，在视线范围内，方便提取，主要陈列高毛利商品、新品。

（4）上段——1.7m以上主要陈列推荐商品、自有品牌、促销品。

课堂讨论：什么是货架的"黄金段"？该位置一般用来陈列什么商品？

任务三　连锁门店日杂货陈列技巧

日杂货陈列大部分是指卖场中的以食品为主的大组陈列，它可以涵盖人们的全部生活用品，包括袋装食品、罐装食品以及日用百货。这部分商品购买频率非常高，一般都是民生必需品，主要有日配、日化及食品。

一、日杂货陈列基本方法

（一）集中陈列法

集中陈列法就是把同一种商品集中摆放在一个地方的陈列方法，它是零售企业最常用的一种陈列方法，适合于周转快的商品。在零售超市中，商品按品类集中式陈列是基本的陈列方法。

（二）特殊陈列法

特殊陈列法是以集中陈列为基础的变化性的陈列方法，主要有以下几种。

1. 随机陈列法

随机陈列法是为了将某种商品促销，给顾客留下"便宜"的感觉，促使顾客产生购买冲动。随机陈列的商品一般是季节性商品、促销性的商品，也可以是周转较快的畅销商品。

2. 岛式陈列法

在卖场的入口处，中部或者底部不设置中央陈列架，而配置特殊陈列用的展台，这样的陈列方法叫作岛式陈列法。常见的岛式陈列法的用具有直径较大的网状货筐、冰柜和平台。岛式陈列可以使顾客从四个方面观看到，容易让顾客产生冲动性购买。岛式陈列的商品应该是颜色鲜艳、包装精美的商品、新品等。

3. 突出陈列法

突出陈列法也称为延伸陈列法，是指将商品超出正常的陈列范围，向通道延伸。突出陈列法是为了打破单调感，扩大了货架的陈列量，而且将商品强迫式地进入顾客眼中。突出陈列可实现单品大量贩卖。突出陈列商品不宜太多，以免影响顾客正常的行动路线。据调查这种陈列方法可以增加180%的销售量；有的将商品直接摆放在紧靠货架的地上，但其高度不能太高。

4. 配套陈列法

是将不同品类但效果相互补充的商品陈列在一起，配套商品陈列增加了商店陈列的灵活性，加大了不同种类商品陈列的机会，是商品组合原理在商品陈列中的一个集中体现。配套陈列适用范围有：用途上的配套，附属上的配套，年龄上的配套，商标上的配套。

5. 专题陈列法

专题陈列法也称主题陈列法，即结合某一事件或节日，集中陈列有关的系列商品，以渲染气氛，营造一个特定的环境，以利于某类商品的销售。

主题选择有很多，如各种节日、庆典活动、重大事件都可以融入商品陈列中去，营造一种特殊的气氛，吸引消费者目光。如啤酒节来临之际，各种啤酒集中陈列在一个陈列台上，再加上各种礼品，渲染出一种热烈的氛围。

主题陈列在布置商品陈列时应采用各种艺术手段、宣传手段、陈列用具，并利用色彩突出其一商品。对于一些新产品，或者是某一时期的流行产品，以及由于各种原因要大量推销的商品，可以在陈列时利用特定的展台、平台、陈列道具台等突出宣传效果，必要时，配以集束照明的灯光，使大多数顾客能够注意到，从而产生宣传推广的效果。主题陈列一般在陈列时，有推销人员配以解说，会加大商品的吸引力。

卖场还可以与供应商合作，利用主题陈列的形式，共同开展某种商品的展销促销活动，将主要商品专门辟出一块场地，配以适当的用具展示出来，使这类商品同其他同类商品明显区分开来，一方面给商品陈列带来变化，另一方面又促进了这类商品的销售，扩大了市场。

6. 墙面陈列法

墙面陈列法是用墙壁或墙壁状陈列台进行陈列的方法。这种陈列方法可以有效地突出商品。对于一些高价格、高毛利，希望突出其高档的商品，可以采用这种陈列方式。作为商品的展示，依业别、形态收存的道具类，都可以利用墙面，尤其是墙壁上的陈列架。墙面可依据商品的性格、变化做立体陈列，也是最宽广的活用范围。商店墙面的运用，从地板到天花板之间，可自由陈列或装饰，具有收存的功能，立体陈列可以增加丰富感。墙面陈列适合中小型商品。

7. 端头陈列法

端头陈列法是指将商品陈列于货架的两端面向通道的商品陈列，端头是顾客通过流量最大、往返频率最高的地方。端头一般用来陈列要推荐给顾客的新商品，以及利润高的商品。端头陈列的商品可以是单一品种商品，也可以是组合商品。端头陈列的组合商品比单件商品可以取得更大的利益，所以端头陈列应以组合式关联性强的商品为主，这样就可以把顾客吸引过来。端头商品组合陈列时商品种类不宜过多；在组合商品中可选择某一种商品为低价出售，目的是带动其他商品的销售。

8. 悬挂式陈列法

悬挂陈列法是指将商品展开悬挂，能使顾客从不同角度直接看到商品全貌或触摸到商品的方法。这种陈列方法能使没有立体感的商品变的富有立体感，使商品生动起来，以增加商品的销售。一般陈列的商品有袜子、文具类商品、毛巾等。

9. 狭缝陈列法

狭缝陈列法是将正常陈列架拿掉基层隔板，只留下底部的隔板形成一个狭长的空间，进行特殊陈列。这种陈列方法商品不宜过多，一般陈列1~2种商品，以大包装商品为主，这种陈列量比较大，一般是正常商品的几倍，一般陈列新商品或高利润的商品。

10. 量感陈列法

量感陈列法是指陈列商品的数量要充足，给消费者对这种陈列充满新鲜感。量感可以使消费者产生有充分挑选余地的心理感受，进而激发购买欲望。如何增强商品的存在感，使店内商品最大限度地变得让顾客目之可及、伸手可得，进而吸引顾客更长时间停留，最终实现冲动购买，便成为一个关键性问题。这种陈列方法一般陈列的商品为低价促销商品、季节性促销商品、节假日促销商品、新产品、媒体大力宣传的商品、顾客大量购买的商品等。

11. 集中陈列法

集中陈列法就是把同一种或者同一类商品集中陈列在一起，这种陈列方式在连锁超市是最常使用和使用最多的陈列方法。这种陈列方法适合周转比较快的商品，把促销商品摆放在好的位置,可以有效地提高销售量,是一种常见的促销手段。

二、酒水饮料商品陈列

好的酒水饮料陈列方法可以刺激消费者的购买欲望。一样的产品,一种摆放杂乱无章,一种摆放井然有序,你说消费者会买哪一个?杂乱无章的产品是不是过期的?是不是被拿来扔来扔去的?种种不好的想象场景都会在消费者的脑海中浮现。

(一)碳酸饮料陈列

碳酸饮料的陈列是先根据按口味划分,一般分为可乐、汽水、加味汽水和其他饮料;其次按照品牌的划分,如可口可乐和百事可乐两大品类舰长品牌商品。碳酸饮料陈列的原则是按照顾客走向从左到右陈列,顺序为可乐、汽水、加味汽水和其他饮料,在每个口味中品牌陈列相对集中一些,上层为听装,中层为小塑装,下层和最底层为大塑装或整箱商品,如图8-1所示。

图8-1 碳酸饮料陈列

(二)果汁饮料陈列原则

果汁饮料的陈列是先根据按口味划分,一般分为纤维果汁、橙汁、苹果汁、浓缩果汁和其他果汁;其次按照品牌的划分,如可口可乐、百事可乐、康师傅、统一等。同品牌相同口味的商品要集中陈列在一起,上层货架陈列小规格的果汁,中层陈列为较大规格的果汁,下层和底层陈列大规格或整箱商品。果汁饮料重点突出的是色调搭配,陈列要有亮点,这样才能吸引顾客购买。如图8-2所示。

图8-2 果汁饮料陈列

(三) 茶饮料陈列原则

茶饮料的陈列是先根据按口味划分，一般分为红茶、绿茶、加味茶和其他茶饮料；其次按照品牌的划分，如康师傅、统一等。陈列时同口味商品品牌要集中陈列，并按顾客走向依次陈列。上两层为小包装或利乐包、下层和最底层为大包装或整箱商品，如图8-3、图8-4所示。

图8-3 茶饮料陈列之一

图8-4 茶饮料陈列之二

（四）功能性饮料陈列原则

功能性饮料陈列按照苹果醋饮料、健康饮料及运动饮料的顺序分别陈列，同类商品品牌集中陈列，听装在上，瓶装在下；小规格在上，大规格在下。最下层可作为整箱陈列，如图8-5所示。

图8-5　功能性饮料陈列

（五）饮用水陈列原则

饮用水分为纯净水、矿泉水、蒸馏水、加味水和其他饮用水。该类商品先按品牌集中陈列，小规格在上，大规格在下。最下两层可作为整箱陈列。饮用水的陈列一般按季节调整陈列，夏季可适当矿大陈列面积，如图8-6所示。

图8-6　饮用水陈列

（六）啤酒陈列原则

啤酒可以按进口啤酒和国产啤酒划分，可以按包装划分，也可以按品牌划分。小规格在上，大规格在下，相同包装商品品牌集中陈列，最下层可作为整箱陈列。啤酒陈列方法可采用量感陈列法，通过集中陈列，激发顾客的购买欲望，如图8-7所示。

图 8-7 啤酒陈列

(七) 烈酒阵列原则

白酒可分为盒装白酒、筒装白酒、大桶酒、白酒礼盒。先按规格陈列,从上到下依此增大再按品牌陈列;同一品牌不同规格纵向陈列;大桶烈酒或礼盒酒应放在最底层,如图 8-8 示。

图 8-8 烈酒陈列

三、日配商品的陈列

日配商品主要指面包、鸡蛋、乳制品、豆制品、冷饮及冷冻食品。它是消费者每天的生活必需品,为确保商品的新鲜度,必须每天进行配送,所以称为"日配商品",美国叫"daily food"。

(一) 日配商品陈列原则

1. 根据日配商品的存放温度需求码货

应注意各种陈列柜的使用温度,冷藏食品不可以存放在冷冻柜内,以免冰冻坏影响口味,导致变质;反之冷冻食品也不可能放在冷藏柜内,以免冻品融化、变质。

2. 日配商品陈列须守先进先出的原则

日配商品厂商的商品从生产到出厂都有生产日期、保质日期,商品的保质期越短,越不容易售出,应根据先进先出的原则,同时要注意同一批货的生产日期是否相同。

3. 日配商品陈列时,商品的彩面要面向顾客

在没有促销员的情况下,让商品引起顾客的注意是不容易的,因此陈列日配商品时,要注意日配商品包装的彩面,说明要朝外,从而刺激顾客的视线,创造销售的机会。

4. 日配商品的陈列须相对应价格卡

陈列日配商品时要有对应的价格卡。快讯商品、店内促销的商品除了标有正常价格外,还须用POP海报来烘托气氛,刺激顾客购买的欲望,从而实现促销的真正目的。

5. 日配商品平行码放,分类直陈列

对于冷冻、冷藏食品的陈列,须将分类属性相同的商品集中陈列,但同时注意:细分时,不应教条地依此原则,如速冻饺子、元宵等,尽量以品牌来区分陈列,才能满足消费者的购物习惯。

6. 日配商品要丰满、要有量感

空缺、量少会让顾客感到缺货,无法满足顾客的需要,特别是在开店前、高峰期前及二次开店前须保持货架商品的丰满,品项丰富。

(二) 常温熟制肉禽食品陈列原则

常温真空熟制肉禽食品先依品种集中,再依包装、规格垂直陈列。2m货架可用挂篮陈列。礼盒类商品可以陈列在一起,如品项较多,可单独用1个排面陈列。熟制肉禽食品可进行垂直陈列。火腿肠类食品依猪肉、牛肉、鸡肉、鱼肉做分区陈列,如图8-9所示。

(三) 蛋类陈列原则

蛋类陈列时依松花蛋类、咸蛋类做区块陈列,并依包装规格做上小下大陈列。如品项较多,也可将简装及礼盒分别用1个排面陈列。鲜蛋专区陈列如图8-10所示。

图 8-9 火腿肠类食品的陈列

图 8-10 蛋类的陈列

(四) 乳制品陈列原则

乳制品要依中分类顺序进行陈列。按销售状况来决定商品的排面大小，注意颜色区分。陈列时将袋包装商品陈列于冷藏柜最下层，同时需注意商品的保质期。冷藏柜温度保持在 2℃~5℃。按商品的特性、包装依次陈列，如纯酸奶、果味酸奶、混合酸奶、果粒酸奶等，并用颜色区分。如图 8-11 所示。

图 8-11 乳制品的陈列

(五) 冷藏食品陈列原则

注意温度变化，冷藏高柜温度应保持在 2℃ ~ 5℃。并随时检查商品保质期。冷藏肉禽制品依小分类顺序陈列，注意包装规格集中陈列。加工制品及盆菜先将不同包装分开，再依小分类陈列。冷藏高柜通常陈列顺序为：鲜乳—发酵乳—果汁、果泥—果冻、布丁—甜品—色拉、乳酪—馅料—面制品—豆制品—冷藏肉禽制品—加工制品及盆菜。如图 8-12 所示。

图 8-12 冷藏食品的陈列

(六) 日配商品验收标准

日配商品为每日供应配送的日常生活用品，特别是冷藏、冷冻品，一旦收货后要尽快储存于冷藏、冷冻库内或及时补货于卖场的陈列架上，不然很快会融化以致变质，在收、验货时特别要注意以下三点。

（1）注意保质期：收货时要检查商品的保质期限，如果超过保质期，就应拒收。

（2）注意质量：收货时要检查商品的质量是否变质，如冷冻品是否有融化变软的现象，包子、水饺、汤圆是否有龟裂的现象，乳品、果汁是否有膨胀、发酵的现象。

（3）注意包装：在收货时要检查商品的外包装箱是否破损，并且检查商品的包装是否有污点、膨胀、破裂等现象，如是真空包装不能有脱空的现象。

（七）日配商品鲜度管理

1. 先进先出的鲜度原则

日配商品在仓库码放必须标明生产日期，以便在出货时能做到保质期越短越先出货，避免造成商品鲜度下降、增加损耗。

2. 定期进行质检

日配商品除了保质期是一种鲜度依据外，其储存温度也是影响鲜度的重要因素。此外每日必须进行质量检查，如：真空食品是否已脱空；牛奶、果汁纸盒是否有漏气，开始发酵、膨胀；等等。这些都可造成鲜度不良，必须严格筛检。日配商品鲜度最佳储存温度为：

（1）牛奶、果汁、乳酪：0℃~4℃。

（2）蛋类：18℃~20℃。

（3）冷冻食品：-18℃~-20℃。

（4）冰品：-20℃~-25℃。

（5）腌菜、肠、肉类：4℃~8℃。

四、日化商品陈列

从日化商品的耐用性来看，它属于快速消费品，无论你走进城市的大卖场，还是乡村的小卖部，都会见到它的身影。在我国，按惯例将日化商品主要分为清洁用品、化妆品两大类。

（一）口腔清洁品陈列

1. 口腔清洁品陈列原则

口腔清洁品一般分为牙膏、牙刷及专业口腔护理品。口腔清洁品的陈列原则如下：

（1）牙膏的高渗透率刺激牙刷与附属用品的冲动购买，同时牙刷的高毛利、高增长率带动整个品类快速发展。

（2）以购物者为中心的陈列原则：符合购物者决策。

（3）货架产出最大化原则：各品牌及功能规格参考销售贡献率。

（4）先按类别分开陈列，后按客流方向陈列：成人牙刷—儿童牙膏、漱口水、附属用品—成人牙膏。

（5）在类别内按品牌区分，同一品牌集中陈列：

①空间按各品牌销售占比分配。

②品牌走向：按客流方向从左至右，销售贡献大的品牌摆放在最左端（品牌的具体陈

列顺序可参考销售占比和销售策略)。

(6) 品牌内同系列(功能)产品集中陈列,美白、草本等功能牙膏陈列在货架上方。
(7) 牙膏从上至下:高价位—中价位—低价位;大规格—小规格。
(8) 牙刷从上至下:高价位—中价位—低价位;单支装—多支装。
(9) 儿童牙膏、漱口水、附属用品陈列在一组货架上从上到下顺序依次为:漱口水,附属用品,儿童牙膏。

2. 口腔清洁品陈列方法
(1) 顾客走向一般从左向右,商品都要集中陈列。
(2) 单只装的牙刷挂在上层挂钩上。单只装的牙膏要摆放在上层货架上。
(3) 多只装的牙刷挂在中层挂钩上。促销装牙膏摆放在中层货架上。
(4) 牙刷、牙膏组合装放在下层货架上。

(二) 卫生卷纸陈列原则

在每个分类里,品牌集中陈列。卫生卷纸的销售速度很快,所以可以对其进行量感陈列,并做好补货工作,避免出现空缺。为了使销售量提升,对卫生卷纸及家庭用品进行集中陈列,要符合关联陈列原则。卫生卷纸摆放要整齐,商品的价签要明确。陈列方法如下:
(1) 卫生卷纸分有芯卷纸和无芯卷纸两个部分。在每个部分里,按单卷、双排手提、单排卷纸分类陈列。
(2) 单卷纸摆放在上层货架。
(3) 单排手提纸放在中层货架。
(4) 双排手提纸放在下层货架。

(三) 化妆品陈列

当下,日化线的化妆品终端促销竞争日趋激烈,据相关统计研究表明,同样是化妆品,同样是在自然销售的前提下,通过有效的商品陈列可增加销售量的45%~75%。可见,合理的陈列对化妆品终端销量的提升具有非常大的作用。商品的陈列是否科学合理对销售业绩的影响显然是非常重要的。

1. 化妆品陈列原则
(1) 重点突出原则。
①在一个堆头或陈列架上陈列一系列产品时,除了全品项和最大化陈列原则之外,一定要突出主打产品的位置,这样才能主次分明,让顾客一目了然。
②在不同的季节主推不同的当季产品。夏季主推洗发水、沐浴露、防晒霜;冬季自然是主推膏霜类产品。在公司有新产品上市之季自然要力推新产品。
(2) 最大化陈列原则。
化妆品商品陈列的最大化原则是占据较多的陈列空间,尽可能增加货架上的陈列数量,占据陈列位置,让顾客感受到商品的丰富性。
(3) 全品项原则。
把一个公司的商品全品项分类陈列在一个货架上,既可满足不同消费者的需求,增加销量,又可提升公司形象,加大商品的影响力,也有利于厂商的促销活动。

(4) 伸手可取原则。

要将产品放在让消费者最方便、最容易拿取的地方，根据不同主要消费者的不同的年龄、身高特点，进行有效的陈列。化妆品的陈列高度最好在130~160cm范围内，争取与顾客视线平行。

(5) 先进先出原则。

①按生产日期将先出厂的产品摆放在最外面，后出厂的产品放在里面，避免产品滞留过期。

②端架、堆头的货物至少每两个星期翻动一次，把先生产的产品放在外面。

(6) 统一性原则。

所有陈列在货架上的商品，必须统一将中文商标正面朝向消费者，达到整齐、美观醒目的展示效果，商品整体陈列的风格和基调要统一。

2. 化妆品陈列的主要形式

(1) 常规陈列。

指化妆品在超市货架上的正常陈列，这是化妆品在超市中最常规的陈列形式。

(2) 端架陈列。

端架就是指在商场开放式货架两端靠走道的陈列架。端架陈列可以让化妆品露出较多的量让消费者具有较多的接触商品的机会，从而引发消费者的触发性购买。

(3) 堆头陈列。

堆头指在卖场的入口处或者是环绕卖场的中心区比较理想的位置，将单一化妆品或是不同规格的系列化妆品集中堆放陈列，从而形成一种规模气势，给消费者以极强的视觉感，进而达到诱发消费者冲动购买的效果。

(4) 专柜陈列。

专柜形式通常为知名品牌产品所采用，展示设备由厂家自行设计提供，专门用来展示自有品牌产品，多采用落地货柜或嵌墙式高货柜，并配合灯光效果，提高商品的档次和品位。

(5) 特殊陈列

①特殊陈列通常由厂家自行设计提供陈列展示架，专门用来展示自有品牌的产品，货架上通常都有醒目的品牌标志。

②这种陈列方法可使一种品牌的产品在零售点固定的陈列空间里取得最大的销量。

任务四　连锁门店生鲜陈列技巧

打工妹的"创意"

一位女高中生在7-11店铺中打工，由于粗心大意，在进行酸奶订货时多打了一个零，使原本每天清晨只需3瓶酸奶变成了30瓶。按规定应由那位女高中生自己承担损失——这意味着她一周的打工收入将付之东流。这就逼着她只能想方设法地争取将这些酸奶赶快卖出去。她冥思苦想，把装酸奶的冷饮柜移到盒饭销售柜旁边，并制作了一个

POP，写上"酸奶有助于健康"。令她喜出望外的是，第二天早晨，30 瓶酸奶不仅全部销售一空，而且出现了断货。谁也没有想到这个小女孩戏剧性的实践带来了 7-11 店新的销售增长点。从此，在 7-11 店铺中酸奶的冷藏柜同盒饭销售柜摆在了一起。

分析：

正确的商品陈列能提升原销售量的 10%～20%，关联陈列和醒目陈列是生鲜的陈列原则之一。

一、生鲜商品陈列原则

即使是水果蔬菜，也要像一幅静物写生画那样艺术地排列，因为商品的美感能撩起顾客的购买欲望。

——法国经商谚语

各大卖场的生鲜商品基本都会要求新鲜、卫生，先进先出。生鲜商品陈列要有适合生鲜商品的陈列设备和器具。生鲜商品大多数都会随着季节的变化而调整。生鲜商品陈列要有量感，陈列量体现销售量。生鲜商品一般遵循以下原则。

（一）常规陈列

常规陈列是生鲜商品整体陈列的主体。常规陈列形态包括温度柜陈列、柜台陈列、堆头陈列、挂架式陈列、网篮陈列。以日常性陈列状态，表现整齐规范的形象，使顾客有一个明确的确认方位。

（二）特色陈列

卖场要突出自己特色的商品，生鲜商品的陈列位置要稳定，货位要丰满，装饰要鲜明，容易被顾客所发现。

（三）关联性陈列

为了让顾客能够更快地买到所需生鲜商品，应尽量让商品沿购买动线自然衔接，如将配合火锅主题的所有商品陈列在一起，如烧烤串与酱料、饮料与乳制品。

（四）变化陈列

以常规陈列为基础，陈列位置不做大的变动，根据客流、季节和促销活动做特别陈列，适当增加陈列排面和数量。为了维持卖场的新鲜感，有主题地开展促销活动，活跃常规陈列的气氛，就形成了不同的变化陈列。如：原位变化陈列，大量陈列，特别促销陈列（葡萄节、特卖区等）。

（五）突出陈列

商品的陈列量为平常三倍，这样才能达到突出陈列的效果；全店性商品大量陈列，和关联性陈列互通，店内几个关联性商品陈列在一起。

（六）大量陈列

常用于销售量很大、季节性强的农产品，突出新鲜和量感，大量陈列。堆头陈列的两大忌：一个堆头若干品种同时陈列；长时间不变。

（七）岛柜陈列

岛柜陈列要求整齐丰满，陈列的商品质量要精，品项要齐全。要定期检查商品质量和标签上的保质期，高峰时要有专人维护，服务好顾客的同时服务好商品。

二、生鲜商品陈列基本要求

（1）整齐、美观、大方，货架在销售高峰时要保持丰满。
（2）标价签、价格牌的内容、时间要与商品保持一致。
（3）同种生鲜商品尽量避免多处陈列，只有在做特价促销时才能多处陈列，并必须保证与标价签、价格牌一一对应。
（4）同一大类生鲜商品必须归类、相邻陈列，进行颜色搭配。
（5）特价促销商品必须有POP宣传、特价标识，位置突出，堆头陈列，可以试吃、试尝。
（6）破损、变质、腐烂、过期的商品必须及时撤离货架。
（7）在人流较少时可以减少生鲜商品的陈列面与陈列量。
（8）高档易损耗且销量不大的生鲜商品可采取"假底"陈列。
（9）打包生鲜商品要求保鲜碟规格统一，标价签统一贴于保鲜碟横向右上角处。
（10）必须严格遵循"先进先出"原则。

三、蔬果类商品陈列

（一）蔬果类商品陈列的基本要求

（1）水果蔬菜的所有单品的陈列必须是"侧正面"整齐排列，把其颜色最漂亮的一面统一朝向顾客。蔬菜：叶菜部分是根部朝下，叶部朝上；果菜部分是头部（根蒂部）朝上，尾部朝下。
（2）要求一个商品一纵行梯形陈列，根据商品进货量确定纵行的宽度。
（3）货架陈列面与地面应有60°以上的角度。
（4）特价促销商品要堆头和大面积陈列，且POP等宣传告示与之对应。
（5）对于新商品和特价促销商品等需要向顾客展示其内在品质的商品，应将其切开、包装进行展示，同时切成小块给顾客试吃。
（6）特价促销商品必须保证一个商品陈列一个堆垛，宽度保证在1~2m（大卖场）。
（7）高档且易损坏商品需要包装后进行陈列销售，绝大部分陈列于冷藏保鲜柜中，销售量不大的商品，要适当控制陈列面和陈列量。
（8）要随时注意陈列商品的保养，破损商品要及时撤离货架。

（二）蔬果陈列基本方式

（1）排列陈列：商品按顺序整齐地摆放在一起，重点是将蔬果的根茎对齐，使其根齐叶顺，给人留下美观整洁的印象。

（2）堆积陈列：商品从下往上的方式进行陈列，上层商品越堆越少，底层商品多起到固定的作用，又有立体感。

（3）交叠陈列：商品交错陈列，使商品看起来更整齐更美观。

（4）装饰陈列：组合摆放，发挥装饰、陪衬的作用。

（5）假底陈列：可以减少蔬果的损耗，减低了毛利的损失。例如，西红柿台面做假底，整体看上去很丰满，假底相对减小了台面西红柿的陈列损耗。

四、肉类陈列

在经营肉类食品时，整齐美观的陈列是不仅能吸引消费者，更能提高消费者的购买欲望。所以，肉类陈列对于销售非常重要。

（一）肉类陈列技巧

（1）按商品组织表面架构分类摆放。相同颜色的单品按价格由低到高摆放，同一分类的单品按颜色由深到浅陈列。

（2）肉类陈列时量要足够多，排列要整齐，要使展示的肉类很新鲜，如果发现有品质不好的肉类应及时处理。

（3）肉食种类要丰富多样，满足消费者不同的购买需求。

（4）熟食柜、鲜肉柜以及其他冷藏保鲜柜陈列肉类时不得超出安全陈列线，保持一定的冷气流通空间。

（5）肉食产品要放在易看、易选择的地方。

（6）肉类陈列时不同的品种要用分隔板隔开，给顾客以信任，而且也方便顾客挑选。

（7）不同种类、不同部位的肉类，单独陈列，不能混在一起。

（8）为突出肉的颜色，熟食柜、鲜肉柜以及其他冷藏保鲜柜的照明要打开，同时冷藏展示柜的本身和周边也要保持干净卫生。

（9）对于陈列的肉类要随时检查品质，有变味、变质特征的肉要及时挑出处理。

（二）肉类陈列注意事项

肉类制品的鲜度管理非常重要，只有良好的鲜度管理才能获得消费者的认可，满足顾客的需要，促进肉类的销售，提高营业额，否则只会增加损耗。所以保持新鲜是肉类销售的关键中的关键。

1. 营业前注意事项

（1）认真检查陈列台或货架、展柜中的肉品，要注意肉的颜色是否有变化，包装是否有破损，是否有汁（或血水）渗出。

（2）认真检查标签，标签的内容是否完整、清楚，标签内容包括名称、分量、价格、出产日期、保质期限、厂家名称、卫生检疫批号等项目。

（3）每种肉品的上货量要达到最低标准，并排列整齐，给人整洁之感。

（4）陈列面不应超过最大装载线，以免影响冷柜冷气的对流。

（5）冷柜的灯光以及展示货架上的灯光要正常工作，不能影响肉品的视觉效果。

（6）要尊重少数民族的饮食习惯。部分牛羊肉的消费者有一定的民族习惯，所以要将牛羊肉分柜陈列，清真标识要明确。

（7）生熟肉品要区分开陈列，避免互相污染，按不同的价格进行销售，以满足顾客的不同要求。

（8）关联性的肉品要陈列在相连接的位置中，方便顾客连带购买。

2. 营业中注意事项

（1）随时整理排面，保证排面的整齐，检查肉品的颜色。及时上货，保证展示货架展柜上肉品的供应。

（2）补货时要把新上的商品放在排面的后排，要维持先进先出的陈列原则。

（3）定时检查冷柜的温度，以确保其制冷效果。冷藏柜一般控制在 $-1℃ \sim 3℃$；冷冻柜一般控制在 $-18℃$ 以下。

（4）定时检查肉品的颜色，及时剔除变质的肉品。

（5）检查商品的包装，如果发现包装脱落，要立即进行再包装。

（6）检查卖场的卫生情况，有飞舞的蚊蝇要立即消灭。

（7）检查肉品卖场的气味，有异味要立即根除。

（8）肉品陈列都应该都是分割好的，适应消费者的需要。

3. 营业后应注意的事项

（1）营业结束后要把剩下的肉品放入冷柜中，以免变质。

（2）营业结束后清洗操作台、展柜以及有关器具，并对其进行消毒。

（3）将敞开的冷柜关上，保持肉品的鲜度。

（三）猪肉的陈列

猪肉陈列整体顺序：分割猪肉（散）→分割猪肉（骨）→分割猪肉（包）。

（1）分割猪肉（散）：前腿肉、五花肉、后腿肉、精五花、通脊、瘦肉、里脊、腱子肉、肥肉馅、瘦肉馅等。

（2）分割猪肉（骨）：前肘、后肘、扇骨、棒骨、腔骨、前排、肋排等。

（3）分割猪肉（包）：精前腿、精五花、精后腿、精通脊、精梅肉、精瘦肉、精里脊、精腱子肉、精肉片、精肉丝、精肉块、精肉丁、一字排等。

猪肉的陈列如图 8-13 所示。

图 8-13 猪肉的陈列

（四）禽类陈列

1. 鸡肉陈列顺序

鸡肉陈列整体顺序：鸡肉（散）→鸡肉（包）。

（1）鸡肉（散）：整鸡类→分割鸡类→下货类。

冰墙要求：

冰墙宽：标准10cm（有标准冰墙模）；冰墙高：冰墙与冰台上沿15cm；冰墙深度：标准10cm；冰墙表面：接缝平整，冰洁白无污渍；冰墙与冰台外沿不超过2cm。

（2）鸡肉（包）：整鸡类→分割鸡类→下货类。

2. 鸡肉类别陈列

（1）整鸡类：乌鸡、童子鸡、三黄鸡、柴鸡等，按体型由小至大陈列。

（2）分割鸡类：翅尖、翅中、全翅、翅根、鸡爪、鸡脖、琵琶腿、腿排、鸡全腿、鸡架、鸡小胸、鸡大胸等，按体型由小至大陈列等（见图8-14）。

（3）下货类：鸡心、鸡肝、鸡胗等，由小至大陈列。

图8-14 分割鸡类的陈列

（五）牛肉陈列原则

牛肉陈列整体顺序：分割牛肉（散）→分割牛肉（包）→分割牛肉（片丸）。

（1）分割牛肉（散）：牛前、牛腩、牛肋条、牛霖、牛腱子、黄瓜条、牛上脑、牛里脊等按分割部位来陈列。

（2）分割牛肉（包）：精牛前、精牛腩、精牛肋条、精牛霖、精牛腱子、精黄瓜条、精牛上脑、精牛里脊、牛扒、牛棒骨（见图8-15）。

（3）分割牛肉（片丸）：牛肉丸、牛肉片等。

图 8-15 分割牛肉（包）的陈列

五、水产陈列

水产品陈列时，要注意商品表面颜色，要将水产品最好的一面展现给顾客。排面要丰富和整齐，这样才能够刺激消费者的购买欲。水产品陈列原则要根据其销售情况和商品特性来陈列，基本原则就是让顾客容易看，容易选。

（一）水产品陈列方法

1. 鱼陈列法

一些形体较大的鱼无法以整鱼的形式来陈列，则可分段、块、片来陈列，以符合消费者需求，同时这种陈列也增加了美感。

2. 冷冻水产品陈列法

冷冻水产品食用时需要解冻，一般被陈列在冷柜中。产品的外包装应该留有窗口，或者用透明的塑料纸包装，使消费者能够通过包装清楚地看到产品实体。冷柜一般应是敞口的，并连续制冷，以确保冷柜内必要的温度。

3. 盐干类水产品陈列法

盐干类水产品用食盐腌制过，短期不会变质，例如盐干贝类、壳类等。这类水产品应使用平台陈列，以突出其新鲜感。由于地域的差异，我国北方许多消费者不习惯食用贝壳类水产品，因此超级市场应提供调味佐料，提供烹饪食谱，必要时还可以提供烹饪好的食物照片，以增加产品的销售量。

（二）水产品陈列要求

（1）大型水产品因为比较显眼，所以不需要摆放在好的位置，而将这些位置提供给更需要的产品。

（2）根据超市冷柜或展示台的大小，要用适当长度的塑料板分隔陈列的商品，以方便管理和补货。

（3）水产品的信息牌要尽量清晰和完整，包括产品信息和价格信息，同时信息牌要面向顾客，易于顾客查看。

（4）要经常检查水产品展示的台面，保持清洁卫生，并且要经常检查温度，对于冰敷的水产品，要及时补充碎冰。

(5）季节性的水产品，可以利用冷藏展示柜的水产品零售价格、批发价格，通过价格的优势以及大量陈列来吸引顾客。

（6）不同的水产品有不同的需求，要根据需求对水产品进行适当的陈列，防止过多的水产品因为不能销售而造成损失。

（7）要经常检查陈列的水产品的鲜度，对于变质的水产品应该立即进行处理，防止影响其他的水产品。

六、熟食陈列

从开始营业到营业结束，都要保证熟食商品的质量和陈列处于最佳状态。通过陈列来体现所有商品的价值，通过商品的特性（色、香、味、形）来吸引顾客，营造销售氛围，增加来客数，提升销售额。

（一）熟食陈列基本要求

(1）价签应正确放置明显位置，整齐、整洁、清晰；商品价签上应正确显示商品的生产日期、保质期。

(2）冷柜陈列的温度需要达到0℃~4℃，热柜需达到60℃以上

(3）商品摆放整齐，并且保证基本陈列量，DM商品必须保证货量丰满。

(4）商品应具有色、香、味、形，以吸引顾客。

(5）排面商品无夹生、无异味。

(6）烤制品保质期为1天，排面不允许有隔夜商品。

(7）要保持先进先出的原则。

(8）保证售卖的商品无污染。

(9）拿取商品的人员按照卫生规范佩戴口罩和一次性手套。

（二）面食陈列

(1）商品上货时必须做到先进先出。

(2）依不同烹调方式（蒸、煎）陈列；依商品大小规格陈列；依颜色依深浅搭配陈列。

(3）需标示商品配料表、口味标识。

(4）包装商品条码纸统一粘贴在商品右上角。

(5）每晚营业结束前对接近保质期商品进行折价处理或报损。

（三）烤制品陈列

(1）烤制品出炉时间为营业前，并且保证基本陈列量。

(2）烤制商品保质期为1天，排面不得有隔夜商品。

(3）每2小时对商品刷汁一次，保持色泽鲜度。

(4）先陈列辣味制品再陈列大众口味制品；依不同动物种类陈列；深浅颜色搭配陈列。

(5）商品上货时必须做到先进先出。

(6）开展现场试吃活动。

(四) 豆制品陈列

(1) 同品牌商品集中陈列，散货商品集中陈列，原包装商品集中陈列，包装商品集中陈列，外形相似的商品集中陈列。

(2) 商品应整齐摆放，勿堆压乱放；电子秤价签的粘贴应统一方位，确保价签完整清晰；商品的正面及价签的正面应朝向顾客；原包装商品的条形码应被电子秤价签覆盖。

(3) 商品陈列应遵循先进先出、一品一位、整齐美观、干净卫生和易看、易选、易拿的原则。

(4) 散裸商品须有散装管理卡，须有防尘防蝇措施；嫩豆腐和老豆腐的保质期为1天。

(5) 贩卖操作专业人员必须持健康证，应注意操作规范及卫生要求（必须佩戴卫生口罩及手套，操作工具、盘子等应及时清理干净）；在陈列正常排面的其他辅助区域勿随意摆放商品及杂物。

课堂讨论：开店前生鲜商品陈列应做哪些准备？生鲜商品陈列的基本原则有哪些？

任务五　连锁门店电器陈列技巧

在连锁门市内家电课的分类一般为大家电，如冰箱、洗衣机、电视、音响、空调等；小家电，如生活电器（电饭煲、电磁炉、水煲），环境电器（吸尘器、加湿器、净化器、取暖器、电风扇等）；厨卫电器，如排烟机、灶具、热水器等；数码产品，如相机、电脑等。

家电商品的陈列一般是大家电陈列在两侧，小家电陈列在中间部分。

一、电器产品的分类

电器产品在国内和国外的叫法是不太一样的，但现在国内的卖场在分类上也慢慢向国外靠拢。

(一) 国外的分类方法

一般分为黑色家电、白色家电、米色家电、绿色家电。

(1) 黑色家电是家电的一种分类的类别，在国内经常被经销商简称作"黑电"。黑色家电是指可提供娱乐的产品，比如DVD播放机、彩电、音响、游戏机、摄像机、照相机、电视游戏机、家庭影院、电话、电话应答机等。

(2) 白色家电是家电行业早期根据电器产品的外观对空调、电视、冰箱的一种笼统分类，是指空调、洗衣机、冰箱类产品，早期这些产品的外观以白色为主，故称为"白电"。白色家电指可以替代人们进行家务劳动的产品。

(3) 米色家电指电脑信息产品。

(4) 绿色家电指在质量合格的前提下，可以高效使用且节约能源的产品。绿色家电在使用过程中不对人体和周围环境造成伤害，在报废后还可以回收利用。

(二) 国内的分类方法

(1) 小电：小家电，例如电饭锅、微波炉、电熨斗、饮水机等。

（2）白电：外表看起来白色的居多，例如冰洗产品（冰箱、洗衣机等）、空调。
（3）黑电：外表黑或深色的，例如电视机。
（4）发烧：音响功放机等。
（5）数码：摄像机、录像机及手机。
（6）电脑：电脑相关及相关产品

二、家电陈列的基本要求

（一）丰满

顾客来到商场最关心的就是商品，如果展架上商品琳琅满目，非常丰富，他的精神就会为之一振，产生较大热情，因而购物信心大增，购物兴趣高涨。家电商品陈列的第一条基本要求就是商品摆放要丰满。

（二）营造气氛

柜台内的商品也有语言，通过别具匠心的陈列传达出一种无声的语言，它同样具有调动人的情绪、激发人的感情、催生人的欲望之作用。有一个成语叫"爱屋及乌"，比喻爱一个人而连带到跟他有关系的人或物（"感情连带反应"）。购物也存在类似情况，顾客被商品所营造的气氛所打动，产生积极联想，继而连带对商品也有了好感，购买欲望就容易产生。这就是进行商品陈列时营造特有气氛所要达到的目的及奥秘所在吧。

（三）展示商品的美

消费者在挑选商品的时候都要看商品的质量好不好，外观美不美，适不适合他用。因而，这时在商品陈列上要尽可能充分地展示商品的美。所谓内在美就是商品质量，所谓外在美就是运用多种手段将柜台和展架的商品予以美化，对商品的外在美予以强化，借此激发顾客的购买欲。商品陈列设计时，要考虑到顾客购物时的习惯性视点，利用颜色、摆放造型、体现功能、点缀饰品及灯光的配合等多种方式综合应用来衬托商品的外在美，刺激顾客视点，并且突破传统的横向陈列，实行产品多种灵活的陈列方式，使顾客产生强烈的好奇感，从而愿意驻足在货架前，研究和试用、试听更多的商品，刺激顾客的购买欲。

（四）整齐清洁

做好柜台和展架的清理、清扫工作。这是商品陈列的基本工作，要随时保持柜台和展架的干净整齐。陈列的商品要清洁、干净，没有破损、污物、灰尘。不合格的商品要及时从柜台和展架上撤下。商品的陈列要有感染力，要引起顾客的兴趣。要注意突出本地区顾客层的商品品种、季节性商品品种、主题性商品品种，用各种各样的陈列方式，平面地、立体地，全方位地展现商品的魅力，最大限度地运用录像、模型、宣传板等，使商品与顾客"对话"。

三、家电商品陈列方法

好的商品陈列和展示可以使商品增值，完美的陈列就是无声的导购员。在连锁卖场内家电的陈式方法一般有五种，分别为敞开式陈列、岛状式陈列、靠墙式陈列、斜角式陈列、长条式陈列。

（一）敞开式陈列

尽可能采用方便顾客挑选的陈列方式，通常都为敞开式货架的陈列，给顾客更大的挑选电器商品的空间。对于家电敞开式陈列，色彩的搭配会使商品鲜明，形成强烈的视觉冲击力，易于顾客的识别与挑选。

（二）岛状式陈列

岛状式陈列运用陈列柜、平台、货柜等陈列工具，在卖场的适当位置展示陈列商品，可以使顾客从四个角度看到和取到商品，因此，其效果也是非常好的。这种陈列方式能强调季节感、廉价感、丰富感，诱发顾客的购买欲望。在实际工作中岛状式陈列柜台陈列电器较多，便于顾客选购、体验。

（三）沿墙式陈列

沿墙式陈列是沿着墙壁陈列台进行陈列。这种陈列方法可以有效地突出商品，使商品的露出度提高。适用于一些大型家电商品，突出其高级感，同时也利于安全管理。

（四）斜角式陈列

斜角式陈列是指将商品相对陈列台倾斜着陈列。这种陈列方法富有变化，使卖场获得很好的视觉效果。斜角式陈列可提高顾客对商品的注视率，商品陈列量大、存在感强。

（五）长条式陈列

这种陈列适合一些主打商品、品牌电器或季节性的电器，适合门店形状为狭长形，经营者以店中央的柜台为主要陈列点，可陈列些品牌电器。

项目小结

卖场里的商品极其丰富，而顾客首先接触的就是商品，如果没有一个良好的商品陈列，就不会有温馨舒适的购物环境。商品陈列适当与否，直接关系到商品销售量的多少。相关资料显示，科学、专业、适应消费心理的商品陈列能带动35%~40%的销售量增长，远远大于促销带来的销售提升。由于产品不同，陈列方法和技巧也不同。而商品陈列的最大原则就是要促使商品产生"量"感的魅力，使顾客觉得商品极多而且丰富。

强化练习

一、单项选择题

1. 在商场的入口处，中部或者底部不设置中央陈列架，而配置特殊陈列用的展台，这样的陈列方法叫作（　　）。
   A. 突出陈列法　　　B. 专题陈列法　　　C. 岛式陈列法　　　D. 配套陈列法
2. 日配商品厂商的商品从生产到出厂都有生产日期、保质日期，商品的保质期越短，越不容易售出,应根据( ),同时要注意同一批货的生主日期是否相同。

A. 商品的陈列须相对应价格卡　　　　B. 商品要有丰满、要有量感

C. 先进先出的原则　　　　　　　　　D. 商品平行码放,分类直陈列

3. 化妆品陈列的目标是占据较多的陈列空间,尽可能增加货架上的陈列数量,占据陈列位置,让顾客感受到商品的丰富性,属于化妆品的陈列原则是( )。

A. 重点突出原则　　B. 最大化陈列原则　　C. 全品项原则　　D. 伸手可取原则

4. 商品价签应正确放置明显位置,整齐、整洁、清晰,商品价签上应正确显示商品的生产日期、( )。

A. 生产方式　　　　B. 生产地址　　　　C. 保质期　　　　D. 生产厂家

5. 生鲜商品陈列基本要求整齐、美观、大方,货架在销售高峰时要保持丰满;特价促销商品必须有POP、特价标识,位置突出、堆头陈列,必须严格( )。

A. 遵循"先进先出"原则

B. 货架陈列面与地面应有60°以上的角度

C. 要求一个商品一纵行梯形陈列,根据商品进货量确定纵行的宽度

D. 特价促销商品要堆头和大面积陈列,且POP等宣传告示与之对应

6. 把一个公司的商品全品项分类陈列在一个货架上,既可满足不同消费者的需求,增加销量,又可提升公司形象,加大商品的影响力,也有利于做厂商的促销活动属于( )。

A. 最大化陈列原则　　B. 伸手可取原则　　C. 统一性原则　　D. 全品项原则

二、多项选择题

1. 电器产品分类法一般为国外分法和国内分法,国外分法包括( )。

A. 黑色家电　　　　B. 白色家电　　　　C. 米色家电　　　　D. 绿色家电

E. 数码家电

2. 家电商品陈列方法包括( )。

A. 敞开式式陈列　　B. 岛状式陈列　　C. 靠墙式陈列　　D. 斜角式陈列

E. 长条式陈列

3. 熟食陈列基本要求( )

A. 冷柜陈列的温度需要达到0℃~4℃,热柜需达到60℃以上

B. 商品摆放整齐,并且保证基本陈列量,DM商品必须保证货量丰满。

C. 商品应具有色、香、味、形等来吸引顾客

D. 排面商品无夹生、无异味

E. 保证售卖的商品无污染

4. 肉类陈列在开店前应注意的事项是( )。

A. 认真检查陈列台或超市货架展柜中的肉品,要注意肉的颜色是否有变化

B. 每种肉品的上货量要达到最低标准,并使其排列整齐,给人整洁之感

C. 陈列面不应超过最大装载线,以免影响冷柜冷气的对流

D. 冷柜的灯光以及展示货架上的灯光要正常工作,不能影响肉品的视觉效果

E. 关联性的肉品要陈列在相连接的位置中,方便顾客连带购买

5. 化妆品陈列的主要形式是（　　）
A. 常规陈列　　　　B. 端架陈列　　　　C. 堆头陈列　　　　D. 专柜陈列
E. 特殊陈列

三、填空题

1. 商品群是（　　　　　　）的基础，它是一个非标准化的概念，可以有多种组合方式，出人意料而又合情合理的商品群能显示出一家商店独特的陈列创意。

2. 第一磁石点位于卖场主通道两侧，是顾客必经之地，也是商品销售最好的地方，主要陈列的商品有（　　　　　）、（　　　　　）、（　　　　　）。

3. 商品陈列可以起到如下作用：（　　　　　　　　），促进消费者的购买欲望；（　　　　　）；创造陈列美观，突出企业形象；争取最大陈列面，尽量充分利用卖场空间。

4. （　　　　　）是把种类不同的商品但是在效用方面接近的商品陈列在一起，这些商品是具有相互补充、相互配合、相互依靠的商品群。

5. 商场陈列的主要区域分为（　　　　　）、（　　　　　）、（　　　　　）、（　　　　　）。

6. （　　　　　）也称为延伸陈列，是指将商品超出正常的陈列范围，向通道延伸。

三、思考题

1. 连锁门店商品布局的原则有哪些？
2. 商品陈列的原则有哪些？
3. 卖场里的食品、日化品在陈列时有哪些综合要求？
4. 如果你是店长，如何让员工进行商品陈列？
5. 举例说明在连锁食品超市中，夏季商品哪些可以起到第一磁石、第二磁石、第三磁石的作用？
6. 观察一家连锁超市的顾客流动规律，并加以说明。
7. 观察一家连锁超市的食品货架，记录其上段、黄金段、中段、下段的商品品种各为哪些品牌，并分析原因。
8. 分析一家连锁超市生鲜部门，采用的陈列方法有哪些？
9. 分析一家连锁超市食品部门，采用的陈列方法有哪些？
10. 分析一家连锁超市家用电器，它的陈列方法有哪些？

实训任务

以6~7人为一组，对某超市进行市场调研，分析该超市的生鲜商品陈列方式，指出该店的陈列问题，分析商品布局并做详细记录，提出整改方案。具体操作步骤如下：

一、店铺商品品类分区

在本子上手绘你的店铺平面草图，描绘出货品分区，并标注出每个区域的货品类别。

思考：如何改进这家店铺的货品分区？

二、卖场客流陈列分区

在店铺平面草图上,按下列要求描绘和标注:
(1) 标注出通道宽度,描绘出顾客动线。
(2) 标注出店铺的主题展示区、销售热区和销售冷区。
思考:如果要改进店铺的动线规划,你计划从哪些方面入手?

三、货架销售陈列分区

在本子上手绘某个货架平面草图,并标注出:
(1) 该货架的主题展示区域。
(2) 该货架的重点陈列区。
(3) 该货架的容量陈列区。
思考:如何让每个货架都能重点突出、容量搭配?

四、货架陈列容量规划

根据调研在本子上手绘某个货架平面草图,并计算出:
(1) 该货架的最大 SKU 陈列容量。
(2) 该货架的最小 SKU 陈列容量。
(3) 该货架可陈列的商品件数。
思考:如何让每个货架都能容量最大化?

五、店铺陈列空间规划

每个人都根据所讲授的陈列空间企划的方法,创造出一个你理想中的店铺陈列空间效果,绘制出平面图,并且标注出:
(1) 店铺的货品分区。
(2) 店铺的主题展示区、销售热区和销售冷区,分别陈列的商品品类。
(3) 店铺客流动线。
(4) 货架陈列销售功能分区。
(5) 货架的最大和最小陈列容量设计。

案例分析

家乐福的商品陈列

对于连锁超市来说商品陈列是一项非常重要的工作。商品陈列的好坏能对消费者的购买欲直接产生影响。好的陈列可以刺激消费者购物冲动,相反,则对消费者的消费行为产生抑制作用。家乐福的商品陈列一般从以下几个方面进行考虑。

(1) 视野宽度:视野一般是指消费者站在一定的位置,其所看到的范围。根据医学报告,人的视野宽度可达120°左右,但看得最清楚的地方却是在60°左右。

(2) 视野高度:一般消费者视线的高度,男性是165~167cm,女性则是150~155cm,

因此，黄金陈列位置即为视线下降20°左右的地方，也就是70~130cm之间的位置。

（3）粘贴标价重点：价格标签粘贴位置，一定力求固定，但绝对不宜贴在商品说明或制造日期标示处。

因此，为了方便顾客挑选，家乐福在货品的陈列上下功夫：

一是有效利用陈列空间。依据销售量来决定每类商品的陈列面，而不同商品的摆放高度也不同，一般以方便顾客为原则。如家电的最佳高度为1.25~1.65m，这样选看起来方便，而货架下层多用于放包装箱。

二是陈列上具有量感。家乐福信奉"库存尽量放在卖场"的原则，堆头、端头、货架顶层均安放货品。

三是尽力打破陈列的单调感。卖场内每隔一段，货架就有不同的高度，有时还用吊钩、吊篮来调剂陈列样式。

四是展开商品诱人的一面。通过主通道沿线设计和副通道的搭配，使顾客巡行所经之处，有大量的存放和不断显示的"特价"品等，凸现商品的色、香、味，给人以强烈的视觉、味觉、嗅觉等多方面的冲击。

家乐福陈列商品的货架一般是30cm宽。如果一个商品上了货架销售得不好，就会将它的货架展示缩小到20cm，以便节约货架位置，给其他商品用；如果销售量还是上不去，陈列空间再缩小10cm；如果还是没有任何起色，那么宝贵的货架就会让出来给其他的商品用。

家乐福还将卖场中的每种商品的陈列面积夸张地加大，利用突出陈列将卖场的气氛发挥到极致。每类商品的尽头都有特价商品，顾客不仅能一饱眼福，而且也容易寻找到自己需要买的东西。家乐福的特卖商品都陈列于卖场十分显眼的位置上，如端头、堆头和促销区，为了更好地吸引消费者注意，在商品的标价签上用旗形、矩形或者是一些有创意的设计，以显示其有别于其他的促销商品。此外，特卖商品在标价签上还用各种不同的颜色来突出其特卖价格。

另外，在家乐福的商品陈列中也遵循本土意识，按当地的消费习惯和消费心理进行摆设。在中国市场上，为了迎合消费者有挑选比较的习惯，家乐福在货架上专门增加了同类商品的供应量，以方便顾客的选购。在成都家乐福卖场内，有不少的装饰品都采用四川特有的竹器及泡菜坛子等本地特有的容器。这充分地显示了家乐福为了顾客的方便而别出心裁的商品陈列。

在家乐福超市里，糖果被放在两排有近2m高的竖筒式透明钢化塑料容器里，每一竖筒里堆同一种颜色的糖果，远远看去就像两排不同色彩的竖灯。这样顾客就很容易被诱惑，而一走到两排竖筒容器中间，那鲜亮的糖果马上会激起食欲，只要有钱，谁都会忍不住往购物篮（车）里抓。而国内许多商家就很不重视糖果区的陈列布置：家用水桶一样的容器上面，糖果如谷堆一般垒成小山，靠在场内一根柱子周围，如果消费者不仔细寻觅，恐怕难以发现这种甜蜜之源。家乐福非常清楚，顾客在商场的冲动购物远大于"计划购物"，因此，如何刺激消费者的购买欲望，让其忘乎所以、不看钱袋地购买则是家乐福生意兴隆的关键。

家乐福还将水果、蔬菜全部摆放在深绿色的篮子里，红黄的水果和绿的、白的蔬菜在绿篮的映衬下，让消费者有种环保卫生的感觉，潜意识会认为这些果蔬都是来自大自然的新鲜的东西，对身体健康很有好处；再加上挂在篮子上空的照明灯的灯罩也是同一绿色，消费者徜徉其中，仿佛回到大自然。此种刻意营造的氛围树立了生鲜卖场环保新鲜的形象，消费者自然开心、放心地在此采购生鲜食品．这种迎合了当今消费者进超市买生鲜食品以保干净、卫生、安全心理的措施，受到欢迎是理所当然的。

随着现代市场经济的发展，消费者购物越来越理性化，他们要求在购买商品的同时，也要有良好的购物体验，所以说现代的商业经营不只出售商品，同时也出售温馨的感觉、愉快的体验、得心应手的满足感。这就对店内的商品陈列提出更高的要求，家乐福所有的这些陈列很好地实现了讨顾客欢心、激起顾客购买欲望的目的，其不断更新的陈列方式也是家乐福发展到现在的必要保证。

问题：

家乐福的商品陈列有哪些特色？又存在哪些不足？请提出改进意见。

连锁门店开业与庆典

学习目标

知识目标

1. 使学生对连锁门店开业有全面认识；
2. 能清晰说明开业、店庆各种准备工作；
3. 能进行开业、店庆活动的策划工作。

技能目标

1. 开店手续办理；
2. 连锁门店开业仪式策划；
3. 连锁门店店庆活动策划。

能力目标

通过本章的学习能让学生作出连锁门店开业庆典策划方案。

案例导入

某百货商场开业庆典活动策划方案

目　录

一、前言

二、活动主题

三、活动风格

四、活动目的

五、广告宣传（前期宣传、后期宣传）

六、嘉宾邀请

七、活动亮点

八、活动程序

九、会场布置

十、附件

十一、后记

一、前言

鉴于本商场"引领时尚消费，倡导精致生活"的经营理念，所以，如何针对性地吸引高端消费者，如何将活动形式和活动内容同商场的高端定位及高端消费人群的消费形态相契合，就成了本次活动的关键。

在策划过程中，我们着重考虑将开业庆典、促销活动和树立商场高端形象有机结合。活动主题尽可能艺术化地"扯虎皮做大旗"，淡化促销的商业目的，使活动更接近于目标消费者，更能打动目标消费者。把举办第一届"紫荆杯"高尔夫赛事的开幕式作为本次活动的亮点及持续的新闻热点，力求创新，使活动具有震撼力和排他性。从前期的广告宣传和活动中的主题风格，我们都从特定的消费人群定位进行了全方位考虑。在活动过程中为尽量避免其他闲杂人等的滞留，所以庆典场面不宜盛大，时间不宜过长，隆重即可。

二、活动形式

1. 开业庆典。
2. 第一届"紫荆"杯高尔夫友谊赛开幕式。

三、活动风格

隆重，高雅。

四、活动目的

（1）面向社会各界展示紫荆百货高档品牌形象，提高紫荆百货的知名度和影响力。

（2）塑造海南第一高档精品商场的崭新形象，塑造紫荆百货精品氛围。

（3）通过本次开业庆典活动和"紫荆杯"高尔夫赛开幕式，开拓多种横向、纵向促销渠道，掀起国庆黄金周的促销高潮和持续的新闻热点和促销高潮，奠定良好的促销基础和良好的社会基础。

五、广告宣传

（一）前期宣传

（1）开业前10天起，分别在《海南日报》《海口晚报》及各高档写字楼的液晶电视传媒等媒体展开宣传攻势，有效针对高端目标消费人群。

（2）在商场周边各高档社区及高档写字楼内做电梯广告，有效针对周边高端消费者，有效传达紫荆百货开业及其相关信息。

（3）以各高尔夫球场为定点单位给各高尔夫球场的会员及高尔夫球界名流、精英发放设计精美的邀请函，邀请其参加紫荆百货开业庆典暨第一届"紫荆杯"高尔夫友谊赛。

（二）后期广告

（1）开业后5日内，分别在《海南日报》《海口晚报》及各高档写字楼的液晶电视传媒等媒体进一步展开宣传攻势，吸引目标消费者的眼球，激起目标消费者的购买欲。

（2）进一步跟踪报道"紫荆杯"高尔夫友谊赛，掀起持续的新闻热点。

六、嘉宾邀请（由主办方负责出面）

嘉宾邀请是庆典活动工作中极其重要的一环，为了使庆典活动充分发挥其轰动及舆论的积极作用，在邀请嘉宾工作上必须精心选择对象，设计精美的请柬，尽力邀请知名度高的人士出席，制造新闻效应，提前发出邀请函（重要嘉宾应派专人亲自上门邀请）。

嘉宾邀请范围：

（1）政府领导，上级领导，主管部门负责人。

（2）主办方单位负责人，协办方单位负责人。

（3）业内权威机构负责人，高尔夫球界权威或精英。

（4）知名人士、记者。

（5）赞助商家代表，大型企业老总。

七、活动亮点

（一）以开业庆典为平台，举行第一届"紫荆杯"高尔夫大赛开幕式

以海南各高尔夫球场的会员为主要参赛对象，给每个会员发放邀请函，并附参赛的相关事项。商场内各商家均为赞助商，还可邀请海口市内知名品牌的高尔夫用具商为赞助商或协办单位；邀请海南各高尔夫球会为协办单位，凡参赛选手均可在商场开业当天获得精美礼品，优胜者可按名次获得现金奖励及商场内各世界品牌提供的高档礼品。凡参赛选手在商场内购物可获得相应优惠，在协办单位消费也可获一定礼品等（到场嘉宾可当天成为紫荆VIP会员）。在良性的联合运作状态下，使主办方、协办方及赞助方三方在合作中获得共赢。

（二）免费赠送1 500份DM杂志

为了扩大商场的开业效应和品牌影响力，发行DM杂志（紫荆百货《精致生活指南》）赠阅消费者。此DM杂志为大16K，68P，四色铜版纸印刷，发行量为1 500册。主要作为礼品赠送给开业庆典上的各位来宾，并在开业促销期间赠阅。

本杂志的主要内容分为三个板块：

（1）"引领时尚消费，倡导精致生活"——介绍紫荆百货的经营理念、购物环境及其他相关信息。

（2）"品牌故事"——介绍紫荆百货内各品牌商品（内附各品牌代金券）。

（3）"高尔夫享受"——介绍高尔夫的相关知识及协办单位的相关信息（内附各球会优惠券）。

（三）气氛渲染

以高雅的模特走秀和钢琴演奏代替庆典庆典中惯用的军乐队、锣鼓、醒狮队等，令每位来宾耳目一新，难以忘怀，且能有效地提高开业庆典的新闻亮点和宣传力度。在庆典活

动中注入高雅文化，与紫荆百货的高端定位及目标消费群的理想生活形态有机契合。

（四）明星助阵

邀请高尔夫球界权威或精英，使圈内人士慕名而至；邀请某品牌代言人到场助兴表演一到二个节目，掀起会场的第三个高潮，整个活动在高潮迭起中落幕，令人回味无穷。

八、活动程序

2006年9月25日上午9：00典礼正式开始（暂定）。

8：30　播放迎宾曲，礼仪小姐迎宾，来宾签到，为来宾佩戴胸花、胸牌、派发礼品，引导来宾入会场就座，贵宾引入贵宾席。

8：35　高雅的时装模特表演开始，展示国际著名服饰品牌魅力，在嘉宾印象中深化紫荆百货的高端定位；可调动现场气氛，吸引来宾的目光。

9：00　时装表演结束，五彩缤纷的彩带彩纸从空中洒下，主持人上台宣布开业典礼正式开始，并介绍贵宾，宣读祝贺单位贺电、贺信。

9：05　紫荆百货高层领导致欢迎辞。

9：10　政府领导致辞。

9：15　协办单位（美视高尔夫）领导致辞。

9：20　参赛选手代表讲话。

9：25　体育部门领导致辞并宣布第一届"紫荆杯"高尔夫友谊赛开幕，鸣礼炮、放飞和平鸽和氢气球，将庆典推向第一个高潮。

9：30　钢琴演奏（曲目略）。

9：35　宣布剪彩人员名单，礼仪小姐分别引导主礼嘉宾到主席台。

9：40　宣布开业剪彩仪式开始，主礼嘉宾为开业仪式剪彩，嘉宾与业主举杯齐饮，鸣礼炮，放飞小气球，彩屑缤纷，将典礼推向第二个高潮。主持人宣布正式营业，消费者可进场购物。

9：45　活动进入表演及相关互动活动

10：00　整个活动结束。

九、会场布置

现场布置与开业庆典的主题结合，力争做到"细心、精心、认真、全面"。遮阳（雨）棚和T形台、背景板的设计要能充分突出会场的高雅气氛和隆重的风格。（见附件1、2）

（一）现场布置所需物料

1. 彩旗

(1) 数量：80面。

(2) 规格：0.75m×1.5m。

(3) 材料：绸面。

(4) 文字内容："引领时尚消费，倡导精致生活"。

(5) 布置：广场周围插置。

制作精美的彩旗随风飘动，喜气洋洋地迎接每位来宾，充分体现主办单位的热情和现场欢悦景象；彩旗的数量能体现出整个庆典场面的阵势，同时又是有效的宣传品。

2. 横幅

（1）数量：若干。

（2）规格：4.5m×10m。

（3）文字内容：紫荆百货隆重开业。

（4）布置：高空气球下方。

3. 贺幅

（1）数量：20条。

（2）规格：0.8m×20m。

（3）文字内容：各商家及合作单位祝贺紫荆百货开业。

（4）布置：广场及超市楼体。

4. 和平鸽

（1）数量：188只。

（2）布置：宣布第一届"紫荆杯"高尔夫友谊赛开幕时放飞。

5. 小气球

（1）数量：2 000个。

（2）材料：进口PVC。

（3）布置：剪彩时放飞，使整个会场显得隆重祥和，增加开业庆典现场的热烈气氛。

6. 高空气球

（1）数量：6个。

（2）规格：气球直径3m。

（3）内容：祝贺及庆祝语。

（4）布置：现场及主会场上空。

7. 充气龙拱门

（1）数量：2座。

（2）规格：跨度15m。

（3）材料：PVC。

（4）布置：主会场入口处及车道入口。

8. 绸布

（1）数量：100m。

（2）布置：市场入口处两旁的门柱。

9. 签到台

（1）数量：签到台1组。

（2）布置：主会场右边桌子铺上红绒布，写有"签到处"台签，以便贵宾签到用。

10. 花篮

（1）数量：30个。

（2）规格：五层中式。

（3）布置：主席台左右两侧。带有真诚祝贺词的花篮五彩缤纷，突出会场的喜庆气氛。

11. 背景板

(1) 数量：一块。

(2) 规格：10m×5m。

(3) 材料：钢架、喷绘。

(4) 内容：主题词，其风格与本活动的主题风格一致，体现高雅与时尚的主题。

12. T形台

(1) 数量：1座。

(2) 材料：钢管、木板、红地毯。

13. 红色地毯

(1) 数量：200m²。

(2) 布置：主会场空地，从入口处一直铺到主席台。突出主会场，增添喜庆气氛。

14. 其他

(1) 剪彩布1条，根据剪彩人数扎花束。

(2) 签到本1本、笔1套。

(3) 椅子150张。

(4) 胸花150个。

(5) 胸牌150个。

(6) 绿色植物300盆。

(7) 盆花200盆。

(8) 彩屑6筒。

(二) 气氛营造

1. 礼仪小姐

(1) 人数：10位。

(2) 位置：主席台两侧、签到处。

礼仪小姐青春貌美，身披绶带，笑容可掬地迎接各位嘉宾并协助剪彩，是庆典场上一道靓丽的风景。

2. 钢琴演奏

(1) 人数：1位。

(2) 规格：著名钢琴师×××。

(3) 位置：主席台上。

在迎宾时和仪式进行过程中，钢琴师演奏各种迎宾曲和热烈的庆典乐曲，使典礼显得隆重而富有风情。

3. 专业模特队

(1) 人数：18人（暂定）。

(2) 位置：庆典开始前在T形台上表演，调动现场欢快的气氛并与活动主题有机契合。

4. 音响：

(1) 数量：1套。

(2) 规格：专业音响。

(3) 位置：主会场。

5. 媒体配合（略）

十、附件（所有的平面设计都以体现高雅的活动主题为主）

附件1：主会场效果图（略）

附件2：主席台及背景板设计（略）

附件3：邀请函设计（略）

附件4：DM杂志设计（略）

附件5：条幅、贺幅、彩旗设计（略）

附件6：X展架设计（略）

附件7：庆典物料明细表及费用预算（略）

附件8：目标消费群消费形态分析及相应前后期广告宣传措施（略）

十一、后记

(1) 本方案中各项活动内容均为暂定，方案所略之处及其他未尽事宜及时间问题，需同主办方进行更深入的沟通和研讨才能决定，所以在本方案中未能体现，敬请谅解。

(2) 关于第一届"紫荆杯"高尔夫友谊赛的详细事宜将做另案处理，在本方案中未做阐述。

(3) 一般情况下，开业日期应选在法定休息日，以便于嘉宾和消费者出席，而主办方现定的时间是9月25日，刚好是周一，建议再做决定。

(4) 我公司十分重视本次活动的策划及承办，希望能与主办方在深度的沟通和合作中使本次庆典活动取得圆满成功——取得良好的促销效益和广泛持久的社会效益及新闻效益。

分析：

本方案从开业庆典的各项筹备工作到开业当天的各项典礼安排，都做了详细具体的策划，内容丰富，可操作性强，是一篇值得学习和参考的庆典方案。

任务一 连锁门店的开业策划

策划是一种策略、筹划、谋划或者计划、打算，它是个人、企业、组织结构为了达到一定的目的，在充分调查市场环境及相关联的环境的基础之上，遵循一定的方法或者规则，对未来即将发生的事情进行系统、周密、科学的预测并制订科学的可行性的方案。日本策划家和田创认为：策划是通过实践活动获取更佳效果的智慧，它是一种智慧创造行为；美国《哈佛企业管理》丛书认为：策划是一种程序，"在本质上是一种运用脑力的理性行为"。更多的学者认为策划是一种对未来采取的行为做决定的准备过程，是一个构思或理性思维程序。

一、开店前的工作

(一) 选址

连锁门店的一个工作就是要进行选址，选好店址是成功的一半。选址是一项长期工作，关系到门店的发展前途。开店之前的工作市场调研是很重要的,做好了市场调研,才算成功地踏出第一步。选址最重要的工作是市场调研,它是选址工作的前期铺垫。

市场调研对于营销管理来说其重要性犹如侦察之对于军事指挥。不做系统客观的市场调研与预测,仅凭经验或不够完备的信息,就作出种种营销决策是非常危险的,也是十分落后的行为。在开店之前首先要了解这个商圈状况如何,适不适合开店,这个商圈范围内的竞争店有多少家?人口数量是多少?人均消费是多少?结合自身实力,提出自己要经营门店的初步定位,按照表9-1~表9-3进行调研。

表9-1 竞争店调研表

竞争店	位置	营业面积/m²	租金	营业时间	价位/元	来客数	日业绩	经营特色	强弱势及未来发展情况

表9-2 居民状况调研表

商圈人口数量	常住人口	平均年龄	月平均收入/元
家庭户数	流动人口	教育水平	月平均消费支出/元

表9-3 商圈内重要道路交通状况表

项目	路名							
交通重要性	重要							
	普通							
	不重要							
交通功能	交通枢纽							
	转运站							
	交通过道							
塞车状况	严重							
	普通							
	不严重							
公交车站牌影响	很大							
	普通							
	不大							

续表

项目	路名							
停车状况	方便							
	普通							
	不便							
门口50m内公交车可通往该区域，公交车线路								
备注								

（二）办理开店手续

开店前要申请营业执照，没有营业执照属于不正当经营，是违法行为。营业执照是企业法人营业执照的简称，是企业或组织合法经营权的凭证。营业执照的登记事项为：名称、地址、负责人、资金数额、经济成分、经营范围、经营方式、从业人数、经营期限等。营业执照分正本和副本，二者具有相同的法律效力。营业执照申请人申请设立登记时，到所在地的工商所申请办理登记手续。提交的证件齐全，手续完备，符合条件的，工商部门于7日内办理完营业执照（法定期限为30日）。申请办理营业执照的资料和程序包括：

（1）居民身份证（复印件）；

（2）职业证明（退、离休证明，退职证明，下岗职工证明复印件，失业人员出具社区管委会证明）；

（3）生产经营场所使用证明（属公有产权的出具产权单位证明，私有房产出具私有产权证复印件，出租的出具双方租赁协议书及出租方产权证复印件）；

（4）个人合伙经营的，出具合伙协议书；

（5）到当地各相关行业管理部门申请盖章，一般包括卫生防疫站、环保局、公安局、消防局等。具体需要哪些部门盖章同意由店铺的业态和业种所决定；

（6）获得相关的行业管理部门的盖章后，向当地工商管理部门提交表格及各种文件（包括各种批件、验资证明、身份证明、授权证明、法定代表人的任职证明、公司住所证明等），并领取申请受理通知书，接受主管部门的审查。领取了营业执照后，就可以去当地税务机关办理税务登记了。

（三）人员方面

连锁店的经营不论是地点的选择、技术设备的引进、商品的开发，还是销售策略的拟定和实施，均需通过人来完成。规划开发适合自身特色的人力资源体系，合理配置人力资源，是门店营运组织管理的重要内容。

（1）根据店面的规模和定位，拟定组织结构（见图9-1），并根据组织结构招聘人员，拟定基本的管理制度。

（2）员工岗位培训。上岗前培训可以增强员工对企业文化的认识，能够使员工更忠诚于企业，能够更快地进入角色。

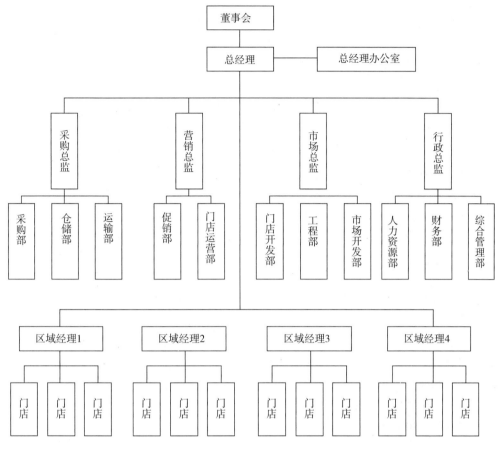

图9-1 某连锁企业人员组织架构图

要树立企业的形象应从最根本的培训做起。"十要十不准"是企业制订的销售员行为准则，需要每个销售员熟知熟记。服务手册收录此准则，是希望门店店长做好培训工作，使员工行为符合连锁企业的基本要求，使门店员工整体素质更上一层楼。

"十要"：

①对顾客要热情微笑，精神饱满，姿态端正，讲普通话。

②顾客进门或进入本区柜台要热情迎问，主动回答顾客询问。

③无论在卖场何处，遇见顾客要礼让先行，微笑示意并说："您好，欢迎光临！"

④要厉行节约，爱护设备和陈列样品，对商品要轻拿轻放。

⑤顾客等候时要主动请坐、倒水、递资料，如有时间适当与顾客聊天（谈及内容：企业文化、企业发展、企业背景介绍、销售业绩和荣誉等）。

⑥对顾客要以礼相送，无论是否购物，都必须道别："欢迎您再次光临！"

⑦顾客在卖场出现问题时（技术、争端、异议、折扣等），在无把握的情况下要找相关领导解决。

⑧遵守纪律、坚守岗位，离开岗位时要报告零售主管或店长。

⑨门店店长和零售主管要主动协助解决问题。

⑩上级或顾客让做的事要先做，有问题之后解决处理。

"十不准"：

①不准在卖场内会见朋友、吸烟、吃食物、看书报、扎堆聊天、嬉笑打闹、说粗言秽语、打手机发短信和做与工作无关的事。

②不准坐姿不端、服装不整。

③不准评论、责难、挖苦顾客或与顾客争吵。

④不准恶意攻击、诋毁同行竞争品牌、促销员及公司竞争对手。

⑤不准因忙碌（补货、开单、理货等）或用餐、上洗手间而怠慢顾客。

⑥顾客不坐，员工不准坐。

⑦不准让顾客拿单手拿不动的货物（除单手能拿的货物）或搬运货物。

⑧不准在顾客面前抱怨同事、领导、公司或本公司产品。

⑨不准挪用货款、厂家促销用品或私取私用公物、陈列样品。

⑩同一事件同级别的人不准处理二次（同级解决不了的问题必须交上级解决）。

（四）公关宣传

所谓公关宣传，就是利用各种宣传途径，提高本企业的知名度，从而形成有利的社会舆论。公关宣传活动是运用大众传播媒体和内部沟通方法，开展宣传工作，树立良好的企业形象，其特点是主导性强、时效性强、传播面广、推广组织形象效果好。门店开业前还应该和各个政府部门建立初步关系，在开店前还要投递海报，诱导消费者来店购买商品。

广告宣传和媒体宣传都是公关宣传的一种手段，连锁店的开业借用媒体主要选择当地的电台、LED 电子屏幕，在商圈一定的范围内进行信息传播。在特定的商圈，宣传单可以直接投入到居民的家里或信箱中。

（五）试营业

试营业是企业的一种经营方式，主要是经营者向消费者告知该营业场所开张，管理可能不周密，服务可能有欠缺、正在完善。绝不能在不交税或没有办理相关证照的情况下先尝试营业。按照规定，所有没有证照的"试营业"都按无照经营处理，不交税按偷税漏税处理。另外试营业对员工来说，是一个熟悉工作流程和规范、熟练账务各种技能的过程。连锁企业在试营业期间要注意以下事项。

(1) 一切活动必须按正式营业的要求进行，按规章行动，不能有例外和特殊，并按照规范的作业流程进行操作。连锁店店员必须服装干净整齐，佩戴上岗证，按规定走员工通道。

(2) 在试营业的例会中，必须让全体人员明确试营业要达到的目的和规定要求等，并明确注意事项，调动员工的工作热情和积极性。对于在试营业中存在的问题要随时记录，并加以具体修正。

(3) 理货员和收银员要各就各位，按照规范的操作程序进行运作，并粗略计算工作量。

(4) 在试营业中，要仔细检查各种设备运转情况，应一项一项逐一检查，特别是防火、防盗系统的运行情况，更要认真仔细地检查。

(5) 增加商品。如果顾客经常提到某一种商品，就要增加。

(6) 调整价格。同品牌的任何商品价格都不能比特定商圈内的竞争对手高或低。价格高了没人来买,价格低了会形成价格战。

(7)想尽一切办法多发展会员,获得他们的手机号码,方便以后每星期给他们发短信。特别是开业前给会员发短信告之。

二、开店前的检查工作

(一)食品安全检查

(1)是否保持良好的个人卫生?在处理即食食物时是否戴一次性手套?双手清洁,不戴首饰,不留长指甲,工衣干净,佩戴好工帽,处理即食食品时戴好口罩。正确使用手套并经常更换。如果有手伤,无论处理生熟食品都必须包扎并戴好手套。

(2)食品加工区是否有个人物品及个人吃的食品?个人物品不可以放于食品加工区。不可以在加工区吃东西或吸烟。

(3)各区域是否有物理污染隐患?(注:物理污染是指各种污染物品,包括食品表面、容器上方有杂质。)员工头发是否全部遮盖?胡须是否剃干净?指甲是否及时修剪?

(4)商场内部环境是否干净?拖把、塑料水管不可直接置于地上,应该整齐地摆放在架子上。下水道每天清洁并有清洁记录,下水道口有盖或加栏栅。地面没有积水。垃圾桶带盖,内有塑料袋并及时清理。冷冻柜温度是否低于标准线?展示柜是否干净?温度是否正常?是否有2小时检查记录?食品储藏是否贴标签?是否正确标注日期?是否遵循先进先出原则?食品及其容器必须注明品名及进库日期,保鲜食品写明限售日期。销售食品必须都在保质期内(商场决不允许出现过期商品)。

(5)称重食品的标签是否正确?抽查销售条码对应的系统皮重与实际的皮重是否一致。散装食品的标签上是否标注保质条件及日期?是否正确标注保质期?

(6)食品区是否清洁?灭蝇灯是否开启且工作正常?灭蝇灯必须每年更换,灭蝇灯必须每周清洁,灭蝇灯的胶纸每月更换,昆虫粘满胶纸表面1/4时必须立即更换。检查记录表是否悬挂或贴在灭蝇灯上。

(二)系统室检查

(1)每日商场的例外处理。对于24小时未跟进的负库存,区域主管是否有合理的解释并跟进?店长或店长助理是否每日检查负库存清单并签字?是否有48小时未完成的变价?对于有误的库存,是否申请过库存变更并及时跟进?

(2)系统维护是否按要求每两周对服务器进行清洁(询问系统员工)?备份带是否每半年更换一次?检查系统室是否有故障登记表?

(三)销售区域检查

(1)商品陈列是否按照陈列原则进行陈列?商品陈列是否合理?是否按照纵向陈列的原则进行?堆头、端架商品是否按照标准陈列(一个堆头或端架原则上只能陈列2个单品,堆头商品陈列高度不要超过1.4m)?是否遵循陈列原则陈列?抽查5组货架进行测试。

(2)是否遵循最新的竞争策略?是否根据"竞争商品清单"上的商品进行市场调查并跟进?抽查5~10个竞争商品,到竞争对手处核查价格的真实性。所有负毛利商品的竞争变价是否得到采购部的批准（查看相关的采购部信息）？

（3）变价的跟进。抽查10件过去3天变价的商品，核对标签是否正确。从每个区域抽取5件商品，检查商品价格标签是否与商品本身扫描价格一致。所有区域必须遵循过期商品撤离货架的原则。检查各区域的商品是否遵循先进先出的原则摆放。

（4）是否遵循高损耗商品盘点程序对高损耗商品进行盘点？查看相关的盘点表。抽查100元以上的商品是否有防盗标签。抽查仓库商品是否100%在商场有陈列。查看各区域商品陈列是否有标签。查看加高层商品的摆放是否符合要求，是否存在安全隐患（应上轻下重、上小下大，尽量呈水平线，中间不能有缝隙等）。

（四）收银台、服务台的检查

服务台人员要了解顾客退换货原则。烟酒、化妆品、内衣裤等原则上不予退换货。退换货时凭购物小票及发票且包装、配件齐全。收银员是否遵循"收银七步曲"来操作？服务台是否遵循维修商品的安全措施？未送去维修的商品是否有服务台工作人员及顾客签名？已经维修、返回的商品是否有主管、防损员及收货组人员的签名？

（五）收货区域检查

（1）是否按正常的程序来收货？出纸皮、垃圾时是否有专人检查？垃圾或纸皮被送出时必须检查有无夹带商品。所有纸皮出场由授权员工及防损员检查并登记。

（2）只有授权员工才能处理退换货商品。收货组是否有最新的授权人员名单？贵重商品收货时是否有区域主管或授权员工在场？供应商换货是否有收货组人员参与及防损人员的监督？收货人员是否正确审核订单？是否在收货前核对订单上的编号并画上圈以证实其准确？是否核对订单的有效期、完整性及清晰度？

（3）录入组是否正确进行收货录入？凡是有条码的商品是否都进行了抽样检查？是否正确清点收货数量？检查订单是否有核查人签名？收货人员是否随意抽样检查？而不是按照供应商提供的样品抽样检查。收货员是否亲自清点货物数量？是否在录入后打印最终报告、核对订单成本及数量、规格？所有的来货是否在24小时内录入？

（4）是否正确进行贵重商品的收货？对于化妆品、贵重香烟、名酒的收货是否有区域主管或授权员工参与收货？收货组员工是否了解收货相关程序？无订单或超订单商品是否拒收？收货组员工是否了解收货相关要求？抽查5份已收货的单据是否附有订单。收货数量超出、短缺是否正确处理？修改送货单上的数量是否有供应商和收货人员的共同签名？

（六）管理人员的检查

（1）店内是否干净、整洁并且符合公司的要求？地面是否有杂物？所有的灯管是否正常照明？天花板是否完好并安装整齐？卫生间是否清洁并定期检查？查看检查表上有无签名。

（2）商场入口处是否符合公司要求？商场门庭是否干净、整洁？商场营业时间表是否张贴？商场门前是否有带有任何误导性的促销牌？

（3）管理层人员是否每天巡视商场？是否遵循巡店指南进行巡店？所有巡店记录必须保存一周。店长查看巡店记录表并检查各区域是否跟进并签字确认。

（4）店内是否每月举行高损耗会议？参加会议人员包括店长、店长助理、区域主管、防损主管。查看店内是否张贴十大高损耗商品排名情况。

（七）各岗位人员检查

人员的检查非常重要，营业员在一定程度上代表着一个企业的形象，其礼仪、言行都会影响企业的形象，也进一步影响顾客购买的决策，对营业员的要求要十分严格。

（1）检查营业人员是否到位。
（2）检查营业人员的仪容仪表。
（3）检查营业人员的言行举止。
（4）检查营业人员的沟通情况。

课堂讨论：连锁门店在开业之前要做好哪些准备工作？

任务二　连锁门店开业筹备工作

案例导入

2016年3月，家乐福公司计划在沈阳中街附近开一家 2 000m² 左右的社区店，并计划在8月24日正式营业。作为家乐福的工作人员，请分析开设该社区店需要做哪些工作，并将这些工作进行合理划分，分别以模块的形式罗列清楚；同时结合家乐福总部在沈阳的情况为门店开发组建合适的筹备工作小组，并制订门店开业筹备工作计划。

如果你是开店筹备小组成员你会怎么做呢？

一个店铺的开业包括两个方面的内容，一是开业前的筹备，二是顺利开业。开业筹备是开店的基础工作，开店筹备工作做得如何，将对后续开业顺利与否产生重大影响。

一、门店开业的含义

开业一般是指涉及经济领域的某项经济活动的开始。连锁门店开业是在取得工商行政管理部门许可后，具备经营活动场所等必备条件，经过一番筹备，开始从事生产、经营的第一个工作日。或者把择日举行开业典礼的那一天定为正式开业（之前的生产经营活动属于试营业）。从营销的角度上看，门店开业实际上是一种公关和促销行为。从经营的角度上看，连锁门店的开业是店铺正式迎客的第一天，应该有个好的开始，造声势吸引顾客，争取一炮打响。

二、连锁门店开业的原则

（一）合理选址原则

许多人把商店经营成功的首项要素归结为商圈地点，即选址，可见合理选址对连锁门店开业的重要性。店铺的商圈性质直接影响着连锁企业的经营业绩，因此，总部须建立选址标准，明确选址的基本条件。同时，应注意店铺环境的变迁对经营的影响，目前有利的场所可能会因为一些外力因素，但如道路交通、市政建设的变化或竞争店加入等则会变成不利于开店的条件。

（二）开门红原则

如果开业当天不能吸引大量客流，那么必然会使消费者对你的门店失去购物的欲望和第一印象。同时也会影响到员工的工作热情，产生消极的抵触情绪。所以开业当天一定要有开业的气氛，吸引更多的人气，实现开门红。

（三）企业形象原则

任何一个活动都需要有一个属于自己特点的主题，这样才能达到活动的效果和目的。主题也代表着企业的形象。企业形象是决定连锁超市经营成败的一个非常重要的因素。企业形象包括店面形象和店内形象。店面形象主要表现在店名、店徽、招牌、外观装修、橱窗以及店面的色彩、照明等方面；店内形象主要表现在经营商品品种、卖场布局、陈列方法、售货员形象举止、店内设备及设施等方面。连锁超市店铺形象信息的广泛传播，可吸引更多顾客。

三、门店开业筹备计划

（一）用地计划

（1）用地选定：适合门店开设位置的选定，适合门店经营的商圈选择、门店位置类型的选择。

（2）用地取得：购买土地或租赁土地，获得经营的场所。

（3）用地整备：取得用地后，为门店开发做准备，对经营场所开展配套设施建设。

（二）商品计划

（1）商品经营定位：根据业态定位确定商品经营范围，根据市场需求和消费群体的需求来确定目标顾客的商品组合。

（2）经营方式及合作条件确定：首先确定零售商的经营方式，是联营方式还是自营方式，一般连锁门店的生鲜部门采用联营的方式多一些，这样可以避免损耗给企业带来的损失；其次确定供应商的供货方式。

（3）采购招商计划：企业在开业之前必须作出详细的招商计划。

（三）建设计划

（1）建筑计划：门店配置及面积的确定、平面计划的确定、建筑物外观的确定。

（2）设备计划：空调、给排水、照明、通信、运送、消防安全。

（3）装潢计划：天花板、墙壁、柱子、地面等色彩和装潢材料的使用，以配合商品特性。

（4）关联设施建设计划：停车场、配送中心、员工宿舍等。

(四) 营销计划

(1) 开店日期、宣传主题、宣传标语、媒体运用、商品企划。

(2) 开店三个月前立方案,二个半月定方案。

(3) 招商会、工程装修进度发布会、记者招待会方案,通过各种媒体开展开店前公共关系活动。

(4) 开店宣传活动实施:新店宣传活动一般都提前半年通过媒体让广大消费者对企业有个初步的了解,在开店的前一个月前展开更有力的宣传,吸引大量消费者。

(5) 商品促销要有力度,服务要到位。

(五) 人员计划

(1) 确定新店的组织架构:采购人员、营运人员、财务人员、商品维护人员、管理人员及开店所需其他人员。各岗位人员要对本岗位工作尽职尽责。

(2) 薪酬体系设计:薪酬等级要分开,能者多劳,赏罚分明。

(3) 要做好员工招聘计划。

四、连锁店开店的流程安排

以达到开店营业目标为出发点,把不同专业背景的人员按不同的工作性质加以组织,在门店开业之前要把各部门确定下来(见图9-2),之后确定具体的工作职能。

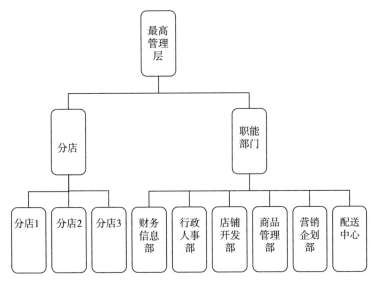

图9-2 连锁企业职能部门

连锁店开店的流程:新店筹备初期,新店筹备中期,新店筹备后期,开业期,开业后。

(一) 新店筹备初期——规划期

规划期要做项目调查,形成工作进度计划和施工预算;市场调研、招商定位、条件设定、动线规划、招商计划和预算;总工作进度计划;总资金预算。

（二）新店筹备中期——展开工作前期

要作出施工图、评审施工图、工程招标书；进行招商；开展前期推广活动，借助媒体扩大声势；制作各项资源供给表。

（三）新店筹备后期——工作后期

工程施工、装修和验收；招商，要选优质供应商进场；开展推广活动，建立导示系统；各项资源供给。

（四）开业期

工程遗留问题处理；专柜营业准备、培训；开业庆典；各项资源供给。

（五）开业后

综合检查，权责移交，新管理组织开始管理运行。

开店工作进度样表如表9-4所示。

表9-4　开店工作进度样表

_____店开业进度表						
店铺名称			店铺地址			
经营品牌			经营性质		□加盟	□自营
经营面积			负责人			
联系电话			装修免租期			
项目	完成时间	责任人	项目	完成时间	责任人	
合同开始时间			合同结束时间			
店铺租赁金			租赁金缴付时间			
预计开业日期			试营业日期			
图纸审核完成时间			报价审核完成时间			
工程队入场时间			基础装修完成时间			
货柜到达店铺时间			货柜安装完成时间			
店铺物料准备时间			店铺物料到达时间			
店铺办公用品申报时间			店铺办公用品到位时间			
货品准备完成时间			货品抵达店铺时间			
备用金领用申请时间			备用金到位时间			
店铺安排员工人数			店铺员工到位时间			
营业、税务执照办理时间			营业、税务执照完成时间			
开业活动方案提交时间			开业活动方案执行时间			
员工培训方案提交时间			员工培训方案执行时间			
开业倒计时表格提交时间						

课堂讨论：某公司在繁华商业区自己拥有一栋建筑，建筑面积为 2 万 m^2。该公司计划自己开设一家大卖场，5 月 1 日开始筹备，计划在 9 月 5 日开门营业，请为该公司分析开设大卖场需要做哪些工作，并为该大卖场设计组织架构，并制订筹备计划。

任务三　连锁门店的店庆策划

一、门店店庆的含义

连锁门店店庆促销是指零售企业在举行庆祝活动的时候所采取的促销活动，其目的在于提升零售企业的形象，向社会公众传播企业的知名度；加强与消费者的联系，提高产品的知名度和美誉度。开展门店店庆活动的意义可以理解为以下几点：

(1) 连锁门店的店庆是企业的战略经营行为，应从宏观的角度考虑问题。
(2) 连锁门店的店庆是企业的促销行为，可以在商圈范围内树立良好的企业形象。
(3) 连锁门店店庆是经营活动的一部分，应纳入总部的营销计划之一。
(4) 连锁门店店庆是联系供应商合作共赢的舞台。

二、门店店庆原则

（一）策划原则

在做店庆策划的时候要从多方面考虑，有必要了解活动的品种、计划、参加的人员，以免出现为了经济利益而不顾其他利益的情况发生。一个企业在做店庆的时候要提前 2~3 个月做好详细的部署，这样才能达到更好的效果。

（二）效益原则

效益就是指经济效益，经济效益是资金占用、成本支出与有关生产成果之间的比较。所谓经济效益好，就是资金占用少，成本支出少，有关成果多。提高经济效益对于企业具有十分重要的意义。企业想要实现盈利并实现稳定增长，需要有适应发展状况的营销策略，提高经济效益，有利于增强企业的市场竞争力。如果店庆效果好，那么企业的销售额会比平时的销售额高出 3~5 倍。

（三）形象原则

品牌形象是企业形象的重要组成部分，塑造品牌形象也应与塑造企业形象相互一致、相互促进，以谋求企业的长远发展。在店庆做促销时，企业以一般会以价格形象为主，因为某个品牌或某个商品的价格能够满足消费者最大的利益，消费者对企业做的活动印象也会加深，所以店庆在提高销售量的同时也能让消费者对企业有更深刻的印象。

（四）配合默契原则

从店庆筹备开始到店庆结束，每个部门之间都要配合得十分默契：一是内部配合默契，是指总部与分店之间的合作及各部门之间的合作。二是要与外部配合默契，是指与供应商、物流商之间的配合，店庆商品保证不断货不缺货，要及时和供应商沟通。与物流商也要勤沟通，送货速度要快，货物的质量要保证。

（五）创新与改善原则

思想观念、制度、战略、策略、方法、产品、服务需不断创新和改善，企业才能生存和发展。通过店庆主题创新、手法创新、产品的创新来创造促销业绩。店庆对每个企业来说都是一种促销方式，每年都会有，所以从策略、方法、产品和服务上都要有不同程度的创新。

（六）主题原则

主题是指促销活动的主体内容，促销主题由促销内容、促销产品、促销赠品、宣传品、展示装备及现场环境等构成。在突出品牌理念、维护品牌形象的原则下，作为阶段性的促销活动还要让现场受众知道这次促销活动的主体内容、促销方式和方法、活动起止时间等。

店庆促销活动，是最重要的一种活动，因为每年只有一次，是否成功，对顾客今后是否光顾有很大影响，所以应予以特别重视，一般店庆的业绩可达平时的5倍。

任何一家企业在做店庆的时候，都要有一个活动主题，这才能显现出和其他企业的不同，主题要有自己的特色，容易让消费者记住。主题必须新颖，要能吸引消费者眼球。

三、门店庆典流程

店庆也是企业促销的一种手段，连锁店的店庆需提前做好准备，需要提前和供应商做好沟通，和供应商合作挑选适合本次店庆的促销商品，所以需要做到以下四点。

（一）门店提交

（1）企划专员提前1~2个月提醒采购部门店庆活动日期。

（2）采购部门选择10种店内畅销商品，并规划好活动场地和厂商数量，于店庆日前21天提交企划专员。

（3）企划专员将活动方案发至门店。

（4）采购部需要提前1个月和厂商沟通，做好促销方案和备选方案。

（二）海报制作

（1）企划专员收到最终促销确认稿后交由海报公司制作。

（2）海报校稿为2次，第一次初稿，第二次终稿。海报商品若删品、换品、加品，需由总监签字才能修改，若无签字，不予修改。

（3）海报定稿后，由采购部门对商品首单进行订货。

（4）海报印刷完毕，由配送中心负责送至门店，发放到消费者手中。

（三）门店活动

（1）门店外的商演活动由采购人员负责联系厂商，门店自行出2~3个摊位。

（2）门店负责活动摊位选择。赠品及活动道具由企划专员与采购部协商选取。

（3）活动赠品一次性进到门店内库存。

（四）活动结束后

（1）门店活动结束后，剩余赠品做退单，退至厂商，并标注活动赠品。
（2）信息部门将活动数据下发至门店及公司营运部、采购部及相关领导。
（3）根据本次活动做整体的回顾，找出活动的亮点和不足之处，为下次店庆总结经验。

四、门店店庆设计

由于店庆每年都有，所以店庆必须要有独创性。促销是一种营销手段，是追求效果的销售行为，对冲动性购买非常有效。制订连锁门店店庆的活动方案要从以下几项工作入手。

（一）背景分析

1. 竞争对手的分析

近几年来，中国的超级市场发展主要集中在大型超市方面，尤其是欧美的大型超市已经在我国大型超市的发展上占了主导地位。我们已经十分清晰地看到大型超市将占取中国未来零售业的制高点，成为零售业的第一主力。大卖场（Hypermarket）这种大型超市模式是目前在中国发展速度最快、规模最大的模式，其典型代表是法国的家乐福，沃尔玛自深圳洪湖店后也基本上采取了大卖场的模式。商品定位特性：大卖场的商品组合采取将销售额向少数品种高度集中的方法，以达到大量销售（量贩）的目标。价格定位：大卖场采取了严格按商品的品种分别定价的方法，竞争的焦点更多地集中在价格战上，所以店庆活动应避免成为一次低价促销活动。

2. 企业的形象

把店庆活动作为一次向消费者集中展示连锁门店形象，提升企业美誉度，进而扩大市场份额，大规模的公共关系活动

（二）促销策略

1. 会员策略

会员制可以给顾客带来低价优惠和享受全面优质的服务等利益。实行会员制给消费者带来利益的同时也为企业带来了相当可观的收益。会员制可以培养忠实的顾客，通过会员的变动情况可以了解消费者的消费动机。

2. 媒体策略

媒体宣传对促销活动的成功起着关键性的作用。由于店庆的特殊性，与其他节日相比整体投入要大得多。店庆促销时媒体策略有以下几种方式。

（1）在户外广告方面，可以在楼梯的外面悬挂店庆主题的巨幅标语。
（2）通过电视、电台传递信息。广播广告是以节日活动的形象宣传为主，不用特别播出价格信息。
（3）可以采用报纸、DM 方式进行直投，信息发布的数量可以较平时有所增加。

（三）请好嘉宾

嘉宾的构成及出席是店庆是否成功的重要影响因素。要尽量请知名人士出席，制造新闻

效应。政府领导、主要厂商领导、企业领导、新闻单位领导等都应是邀请对象。请柬一般在一周之前发出,如是名人,需要提前预约。

(四) 气氛营造

使用玻璃贴,既能突出开业主题,又能体现视觉效果;在店面门口使用拱门(但不能阻挡进店路线),可以起到宣传及吸引客流的作用;在店外门柱、大型广告板及店内通道附近等处粘贴促销海报,详细介绍店内活动内容,方便顾客了解;通过各种店庆酬宾活动营造喜庆气氛。

(五) 布置现场

开业庆典一般在店门前举行,现场的布置及物品应包括下列内容:横幅、胸牌或胸花、红地毯、背景墙、签到处、主席台或演讲台、花篮花门装饰、万花筒、鞭炮、礼品等,门店应事先安排好工作人员。另外,对于剪彩录像、播放背景音乐等,工作人员也要做好安排。

(六) 活动内容

案例

1. 活动时间

××××年5月1日。

2. 活动地点

××市西山区大商汇A区13栋1号店。

3. 活动内容

(1) 免费派送;(2) 买赠活动;(3) 特价让利;(4) 现金返还;(5) 爱心拍卖(或限时抢购);(6) 幸运抽奖(互动游戏)。

4. 活动形式

(1) 免费派送:当天前300名到场者可免费获赠礼品1份。(借此吸引人流,登记在册记录消费者资料。)

(2) 买赠活动:设立买赠区,部分产品开展买一送一优惠活动。

(3) 特价让利:设立特价区,特价二折起的让利活动。

(4) 现金返还:除特价产品外,全场多买多送,开展满300送100现金抵用券系列活动(满300元送100元,满500元送200元,满1 000元送500元)。

(5) 爱心拍卖:人流量大时,部分产品进行爱心拍卖,拍卖所得以顾客的名义全部用于捐助灾区救灾。

5. 幸运抽奖

(1) 幸运抽奖活动包括趣味互动、有奖问答,歌舞区插入企业、品牌宣传产品展示、礼品奖励。

(2) 现场购买者可参与幸运抽奖。

(3) 奖项设置:

①特等奖——价值4 376元浴室柜一套。

②一等奖——价值3 000元电动车一部。

③二等奖——价值1 000元手机一部。

④三等奖——价值500元手机一部。

⑤幸运奖——价值38元礼品一份。

(特等奖1名,一等奖2名,三等奖5名,三等奖5名,幸运奖数额不限。)

6. 前期准备

(1) 场地：场地联系，外联公关的确定，场地布置（详见场地布置示意图）。

(2) 物料准备：

①商品储备：特价商品、买赠商品、拍卖产品的储备。

②礼品储备：消费者礼品500份（免费派赠300份，互动游戏、抽奖200份）；客户礼品200份。

③活动物料：

a. 彩虹门1个（内容：××店开业庆典）。

b. 拱门4～5个（内容同上）。

c. 气球（略）。

d. 条幅100条（祝贺条幅30条，宣传条幅50条）。

e. 吊旗式展架10个。

f. 舞台背景图1幅。

g. 三角条旗、彩旗100支。

h. 花篮20个。

i. 红地毯长20m，红绸布一面，剪刀、红花托盘5副。

④其他：授带、制服15套，饮水机2台，纸杯10包，矿泉水10箱。

(3) 文案资料：

①派赠品登记表格300张，抽奖券300张。

②宣传单1万份（80%用于前期宣传派发，20%用于现场派发）。

③活动海报500张。

④客户邀请函300份。

⑤活动立牌展板：活动信息专区10块，企业宣传板10块。

⑥商品卖点知识的文稿，致辞稿等。

⑦广告宣传：

电视：电视流动字幕（开业信息、招商信息）连续播15天。

报纸：软文6期，分类广告10期，夹报广告1万份。

通信网络：网上发布开业活动信息，移动群发短信。

地面宣传：宣传单的派发，投递数量1万份，投递区域为社区、商场、闹市等；海报张贴，数量400张，张贴社区报栏等地；宣传条幅，数量100条，悬挂在周边地段、路口、社区（由广告公司实施）。

客户宣传：各地建材市场卫浴从业者可视为潜在加盟者进行邀请；对部分装饰公司进行邀请。

8. 人员储备和分工

现有人员10人，新增临时促销和工作人员10名。

大体分工为：(1) 签到区2人；(2) 展示区2人；(3) 门市区4人+4人（特价区2人+买赠区2人）；(4) 典礼区2~4人；(5) 路演区2人；(6) 礼品派发区、抽奖区各1人。

9. 外联公关

(1) 媒体通信单位的联系；

(2) 路演团体的联络，乐队、礼仪小姐的联系。

10. 活动执行

详见活动计划实施细则推进表。

11. 费用预算

(1) 场地礼品费用等。

①场地费用5 000元。

②礼品500份，5 000元；纪念品200份，7 000元。

③活动彩虹门、拱门4 000元。

④条幅100条，3 000元。

⑤其他3 000元。合计2.7万元。

(2) 宣传费用。

①宣传单1万份，3 200元；②海报500张，1 000元；③立牌展标20块，2 000元；④表格200元。合计6 400元。

(3) 广告费用。

①电视广告1万元，报纸广告1万元；②短信群发1 000元。合计2.1万元。

(4) 宣传费用。

①宣传人员1 000元；②歌舞人员1 000元，乐队人员1 000元，礼仪人员800元。③新增临时人员补贴900元。

(5) 其他费用×××元。

(6) 未尽费用约1万元。

(7) 总计××××元。

12. 突发事件应急预案（略）

13. 活动评估及后期跟进

(1) 销量统计汇总；(2) 效果评估：活动消费群体及口碑输出情况；(3) 费用核算、投产比率；(4) 整理汇总顾客资料建档并跟进；(5) 活动总结；(6) 售后服务工作的开展（送货、安装）；(7) 赠品物料的核销和入库；(8) 其他应开展的事宜。

未尽事宜详见方案实施细则及工作推进表

课堂讨论：根据本堂课所学，说一说连锁门店在店庆时采用的主要策略。

项目小结

当门店的调研、可行性报告结束后，第二步就是商圈分析和选择店址，第三步是进行卖场内外环境的设计，第四步是开业策划，第五步是庆典策划。本章主要讲解连锁门店开业策划和庆典活动，内容包括门店开业前的准备、开业仪式的策划与方案制订、重要节日的促销策划、门店店庆的活动策划与方案制订等。门店的开业与店庆活动除扩大门店的影响外，一个主要目的是扩大销售量,通过各种方式进行各种促销是重要的内容,因此把促销放到推广策略中。连锁门店的促销活动宗旨是以消费者为中心,加强与社会各界的沟通,加大宣传力度,制订活动主题,丰富活动内容。在媒体的配合下,要广泛宣传店庆活动的具体内容,以激起广大消费者的购买欲。要进行店庆费用预算,考虑报纸、电视等媒体中广告的费用,还要考虑发派宣传单、发奖品、挂条幅、赠品等的费用。本章还涉及如何筹备开店的问题,这对指导门店办理相关业务有借鉴作用,尤其对特许门店开业前的营运管理有重要意义。

强化练习

一、单项选择题

1. 门店开业筹备计划有用地计划、商品计划、人员计划、建设计划和（　　）。
   A. 设备计划　　　　B. 营销计划　　　　C. 采购招商计划　　D. 用地取得
2. 整个筹备期可分解为五个阶段：新店筹备初期；新店筹备中期；新店筹备后期；（　　）；开业后。
   A. 规划期　　　　　B. 展开工作前期　　C. 开业期　　　　　D. 展开工作后期
3. 门店庆典流程有门店提交、海报制作、门店活动（　　）。
   A. 活动结束后　　　B. POP制作　　　　C. 商品合理陈列　　D. 邀请人员
4. 做好连锁门店店庆的活动方案,要进行下面几项工作：背景分析、请好嘉宾、气氛营造、布置现场、活动内容、（　　）。
   A. 会员策略　　　　B. 媒体策略　　　　C. 企业形象　　　　D. 促销策略
5. 各岗位人员检查包括检查营业人员是否到位、检查营业人员的仪容仪表、营业人员的言行举止、（　　）。
   A. 营业人员的沟通情况　　　　　　　　B. 营业人员卫生情况
   C. 营业人员的情绪　　　　　　　　　　D. 营业人员的工作状态

二、多项选择题

1. 连锁门店在开店前对员工进行岗前培训,对员工的要求有（　　）。
   A. 顾客进门或进入本区柜台要热情迎问
   B. 要厉行节约,爱护设备和陈列样品,尤其对商品要轻拿轻放
   C. 对顾客要热情微笑、精神饱满、姿态端正、讲普通话
   D. 不评论、责难、挖苦顾客或与顾客争吵
   E. 上级或顾客让做的事要先做,有问题之后处理解决
2. 在进行开店之前首先要了解这个商圈适不适合开店,调研的内容包括（　　）。
   A. 竞争店有多少家　B. 人口数量是多少　C. 人均消费是多少　D. 租金费用多少
   E. 竞争店的开店时间
3. 公关宣传包括（　　）
   A. 广告宣传　　　　B. 媒体宣传　　　　C. 海报宣传　　　　D. 人员宣传
   E. 街边路演
4. 企业在试营业期间要注意的事项是（　　）。

A. 在试营业中，要仔细检查各种设备运转情况，应一项一项逐一检查
B. 增加商品，如果顾客经常提到某一种商品，就要增加
C. 调整价格，同品牌的任何商品价格都不能比特定商圈内的竞争对手高或低
D. 在试营业的例会中，必须让全体人员明确试营业要达到的目的和规定要求
E. 想尽一切办法多发展会员，获得他们的手机号码，方便以后每星期给他们发短信

5. 连锁门店开业的原则是（　　）
A. 合理选址原则　　B. 调查商圈原则　　C. 企业形象原则　　D. 陈列丰满原则
E. 开门红原则

6. 门店店庆原则有策划原则、（　　）。
A. 效益原则　　B. 形象原则　　C. 配合默契原则　　D. 主题原则
E. 创新与改善原则

三、思考题

1. 制订一个连锁门店店庆的活动方案。
2. 结合本商圈实际情况，分析某连锁超市的开业策略。
3. 开店意向决定后，要制订哪些工作计划？
4. 熟悉开店的准备过程，并分析开店涉及的部门和需要的材料。

实训任务

到某连锁眼镜企业实习，根据开业活动策划草案为该连锁企业制订一个完整的开业活动策划方案。

一、经营理念

一流的服务，专业的技术，过硬的质量，合理的价格。

二、产品定位

以平价为主，兼顾中高档。

三、开业时间

暂定12月22日。

四、活动内容

（1）电视广告。
（2）宣传车挂条幅、发传单。
（3）店外做个大海报。
（4）开业时，店外挂多条条幅，有庆典拱门、花篮，有观场录像（最好由电视台摄录）。

五、促销活动细则（春节前）

（1）开业前10天，45周岁以上顾客，凭有效身份证可获赠老花眼镜一副（现场配镜），每天限前20名，每人限一副。

（2）凡开业期间进店顾客，赠精美礼品一份，凭车票报销往返路费（限____元以内）。

（3）开业前3天每天前3名进店顾客，凭有效身份证（或学生证）即可花10元钱当场配一副价值300元的眼镜（每人限一副）。

（4）开业前5天，每天前10名顾客，凭有效身份证（或学生证）现场配镜，即赠价值288元的新款镜架＋现金＋镜布＋眼镜清洗液组合套装。

（5）开业前5天，每天前5名顾客可凭隐形眼镜护理液空瓶领取指定品牌护理液一瓶。

（6）开业以旧换新大行动，原框架眼镜无论新旧、无论品牌（老花镜除外）均可折价100元，现场验配新眼镜（限配____元以上眼镜）。

（7）凭宣传单进店配镜，可抵现金100元（限配300元以上眼镜）、50元（限配200元以上眼镜）。

注：以上各项活动之间不能重复参加，每人只限参加一次活动，连锁眼镜企业保留最终活动解释权。

案例分析

××店开业方案

第一部分：开业前准备工作及安排

事项	具体事宜	负责人	完成时间
人员安排	提前确定店长、店员名单		9月10日
	新店店长和店员的岗前培训		9月11日
商品招商	商品类型：主要以高档商品为主，包括中药、名贵药材、营养保健品等，高档化妆品等		9月10日
	招商：门店广告位、商品专柜、开业活动期间的赞助厂家及特价商品招商等		
商品定价	对天河北地段进行充分的市场调查后，制订日常销售价及活动特惠价		9月12日
门店装修	协助装修公司工作，跟进、监督装修全部过程 申请批准开业活动、装修工作的一系列审批手续		9月12日
信息系统	电脑信息系统、收银系统、会员刷卡系统的安装调试		9月12日
	收银员岗前培训		
其他事项	相关证件办理		9月15日
	传真、电话、银联刷卡机的申报、购买和安装		9月15日
	购买清洁卫生用具、饮水机、水杯		9月15日
	员工服装定制		9月15日
	员工牌的制作		9月15日
	货品摆设及货架布置		9月15日
	活动安排		9月15日
	开业前货物运送到位，开业当天运送车辆的安排		9月15日
	员工守则、服务公约等物品的制作		

第二部分：开业活动方案

活动背景	即将开业的某区精品店位于繁华商业区。该地区高楼林立，消费层多为精英、白领，附近为高档住宅住户，属于高消费地段。 此外，开业活动的形式也应该与以往有所不同，开业场面不仅要热闹、有声势，更要有档次、有格调，以吸引目标消费群的目光。
活动目的	制造隆重喜庆的开业声势，通过活动宣传公司的企业文化、企业理念，使消费者了解企业，了解精品店，不断掀起人流聚集高潮，带动消费热点。
活动时间	9月18—19日
活动地点	某区精品店
活动主题	百年老店　精彩开幕 　　　　健康经典，品位生活
活动内容及安排	一、店外活动 （一）开幕活动——经典生活 Fashion Show 内容：模特现场走秀，通过道具展示、文化表演介绍我公司的企业文化、百年老店的悠久历史、118家分店的规模以及我们的服务理念和宗旨。中间加入开业剪彩仪式、对部分高档商品的演绎。开场前由精彩丰富的传统乐器、杂技、民族歌舞表演热场。 时间：9月18日上午9：30—11：00 　　　　　　　下午14：30—16：30 地点：店外空地舞台 负责人：××× 准备事项： （1）确定主持人、司仪的人选。 （2）20个歌舞、乐器表演，8名模特。9月3日前召集演员讲解需要演绎的内容，9月10日审核节目。 （3）采购部、终端部联系厂商赞助产品秀，提供16个以上产品参与表演，并于9月5日前将结果提供给企划部。 （4）请行政部配合，确定剪彩领导名单。 （5）落实音响器材的运送及管理。 （6）安排一名调音师。 （7）落实舞台搭建。注意：在搭建时，需考虑到下雨时的措施，保证即使下雨舞台依旧干燥、美观。 （二）厂家活动 内容： 邀请8~10个厂商在开业当天做现场促销活动，主要形式有产品推广、试用、产品介绍、现场热卖。要求厂商提供丰富的赠品。 时间：9月18—19日。 负责人：××× 准备事项： （1）9月10日前将厂商资料以电子文档形式提供给企划部。 （2）由企划部设计促销台的摆放及宣传的位置。 （3）终端部负责确定和厂商的合作方式，并负责活动当天对厂商的接待和安排。要求摆放促销台的厂家8：00之前一切工作（包括搭促销台、摆放产品等）就绪。 （三）精彩开幕送健康，知名专家免费义诊 内容：9月18—19日，由3~4位老中医免费义诊。 时间：9月18—19日 地点：店外空地

	续表
活动内容及安排	负责人：××× 准备事项： (1) 每天3~4名老中医义诊。 (2) 安排好相关设备仪器、桌椅。 (3) 现场维持秩序，安排好候诊工作。 二、店内活动 (一) 喜庆开业，特价酬宾 时间：9月18—28日 内容：开业期间推出60个特价优惠品种和30个高档品牌商品的展示。这部分商品将在DM上宣传。 负责人：××× 准备事项： (1) 由采购部和终端部负责招商，于9月7日前将产品资料以电子文档的形式提供给企划部。请注意特价商品和高档品牌商品区别对待。 (2) 由企划部在9月12日前完成DM的制作。 (二) 健康一生，幸运永伴 时间：9月18—22日 内容：店内设抽奖箱，一次性购满88元商品的顾客即可凭收银条参加抽奖活动。 一等奖：2名，每名送价值500元的礼品。 二等奖：10名，每名送价值100元的礼品。 三等奖：100名，每名送价值30元的礼品。 四等奖：1 000名，每名送价值10元的礼品。 负责人：××× 准备事项： (1) 请采购部、终端部联系厂商赞助该活动奖品。 (2) 如无厂商赞助，需落实奖品资金来源。 (3) 于9月15日前准备奖票、抽奖箱，落实奖品。 (4) 计算每日中奖率，并按该比例投放奖票。 (5) 游戏规则、兑奖方法的POP制作。 游戏规则：顾客一次性购买满88元即可凭收银条参加抽奖。抽奖时，请先将收银条交给工作人员，经确认后获得抽奖资格。顾客每人每次只能从抽奖箱中抽出一张奖票，并交给工作人员当面开启。顾客验证后，该奖票由工作人员收回。得奖顾客即时领奖，不可过后再领取。 (三) 爱心会员，有"礼"相伴 时间：9月13—17日；9月18—28日 内容： 9月13—17日，派6名店员（分为三组）在新店上、下、前面派发DM，并免费登记爱心会员卡。 9月18—28日活动期间，凡一次性购买满68元商品的顾客可免费办理爱心会员卡一张；满1 800元商品的顾客即可免费办理会员银卡一张；满3800元商品的顾客即可免费办理会员金卡一张。 9月18—28日活动期间累积消费满80元即可开通爱心会员卡；累积消费满2 800元即可升级为会员银卡；累积消费满4 800元即可升级为会员金卡。 9月18日开业当天，凭会员卡购买任何数额的商品均有礼品赠送。 负责人：新店店长 准备事项： (1) 组织店员学习、了解爱心会员制度，熟悉开业前后的所有活动内容及流程。 (2) 9月13—17日安排店员派发传单和会员登记，安排人员换班和休息。 (3) 准备足够的会员申请表及会员卡，安排好登记工作。 (4) 企划部提供一份对会员制度宣传的POP。 (5) 在企划部领取DM、爱心会员登记表、会员手册等。 (6) 由企划部制订赠送礼品的种类和数量，9月17日前到位。

续表

宣传活动	（1）定制1万份DM，提前一周发放到附近的写字楼和住宅，并于活动开始后在附近路口发放。 （2）在店外悬挂条幅庆祝开业，宣传活动主题。 （3）舞台周围陈列公司宣传展板。 （4）店外空地摆放产品堆头和产品宣传。 （5）布置门店内各部分活动的POP海报。 （6）在会员登记台发放会员手册。
门店布置	一、店外 （1）搭建大型防雨舞台，布置展板和大幅宣传画。 （2）户外墙悬挂条幅。 （3）摆设义诊服务台和中医简介。 （4）安排舞台外侧的堆头。 （5）店门口每边安排一个花柱、一个花球。 （6）设置大遮阳伞。最好义诊台和每个促销店各一个。 （7）门口摆设花篮。 二、店内 （1）卖场内布置精致促销堆头，上方悬挂特价商品的POP海报。 （2）布置开业吊旗。 （3）在距离收银台不远处摆放抽奖箱，并张贴游戏规则、兑奖方法、POP海报。摆放部分奖品吸引顾客。 （4）店内设爱心会员登记台。在登记处张贴活动期间会员规则。
费用预算	DM费用。 广告宣传费用。 门店布置费用。 表演费用。 奖品费用。

第三部分：开业活动流程

17日晚布置门店和场地，一切工作到位。

18日上午

8：00以前　　　　所有工作人员、演员到位。

8：30　　　　　　演员化好妆候场，音响师调好音响，试放音乐。

9：00—9：25　　 歌舞、乐器、杂技等表演热场。

9：30—10：25　　经典生活Fashion秀。

10：30—10：45　 总经理致辞。

10：45—11：00　 邀请嘉宾代表发言。

　　　　　　　　邀请忠实顾客代表致辞（未定）。

11：00—11：20　 剪彩仪式。

　　　　　　　　鸣放礼炮。

11：30　　　　　 活动结束，安排领导及嘉宾共进午餐。

18日下午

14：30—17：00　 热场节目及Fashion秀第二次表演。

19：00以后　　　 拆除舞台，打扫店外空地。

第四部分：各岗位工作明细

××部：

（1）前期DM的制作及发放，所有宣传物品的制作（POP海报、条幅、吊旗、公司宣传展板、会员手册）。

（2）装饰物料的购买（花柱、花球、花篮）和新店装饰布置工作（舞台、店内店外堆头设计、遮阳伞、抽奖位、义诊位）。

（3）开业当天所有活动的统筹工作。

（4）政府有关部门检查监督人员的接待、安排。

（5）活动现场一切应急处理。

（6）安排人员负责开业当天的摄影、摄像活动。

××部：

（1）确定参加开业活动的嘉宾名单，并确定发言的嘉宾。

（2）邀请一名忠实顾客代表致辞，并安排人员专门负责联系及在活动当天陪同该顾客。

（3）负责开业当天公司领导、贵宾午餐的安排工作，包括：

贵宾人数；参加午餐人数；午餐地点；餐费标准；午餐菜单。

（4）负责各项费用的准备。

（5）负责安排人员陪同贵宾就餐。

（6）负责活动工作人员组织调动，如嘉宾不能全部到场或空缺，剪彩嘉宾的候补人选要事先确定。

（7）安排礼仪小姐8名，礼炮手8名（男）。

××部：

（1）前期的招商工作，明确和厂商的合作方式和内容。

（2）开业当天现场接待厂商、安排厂商的活动。

（3）现场促销工作的秩序和安排。

××部：

（1）指导门店的营业、促销等各项工作。

（2）适当安排增派人手。

（3）安排人员配合其他部门的工作。

（4）协助经理对现场应急工作的处理。

××部：

（1）负责购买矿泉水、纸巾、鲜花和雨伞、剪彩用品、胸花等物品。

（2）购买录像带10盒。

（3）购买一次性杯1万个。

（4）购买贵宾纪念品10份（每份价值100元左右）。

（5）活动现场一切应急物料的购买。

（6）组织人员负责活动现场的安全工作。

××部：

（1）负责义诊全程的安排工作。

（2）负责紧急护理。

××部:
(1) 负责开业前货物的运输到位。
(2) 负责安排2辆车，全天接送人员、货物。
(3) 安排专车接待贵宾。

××部:
(1) 负责开业前派发传单和登记会员工作的安排。
(2) 负责新店的促销活动。
(3) 负责整个店内各项工作的人员安排。
(4) 负责店内及店外的卫生工作。
(5) 负责店内药品及物品的安全工作。
(6) 负责与企划部协商准备赠送会员的赠品。

××部:
(1) 负责新店员工培训工作。
(2) 在新店员工培训时，组织员工准备3~5个节目（其他门店员工或公司总部员工也可），当现场演员临时不能到位时以便救场，或在演员表演当中穿插员工的表演。

问题：
1. 本企业在开业前做了哪些准备及工作安排？
2. 开业前制订了哪些的活动方案、工作流程？
3. 本企业在开业前的主要策略有哪些？

附录一

调 查 问 卷

您好，我们是某某学院的学生，我们正在完成一次实践调查的作业，希望耽误您几分钟的时间帮助我们填写一下调查问卷。此问卷只用于课堂中的数据分析，绝不会向任何人泄露您的私人信息，请您放心填写。

1. 请问您的性别
   A. 女士　　　　　　B. 男士
2. 请问您的年龄
   A. 16~21 岁　　　　B. 22~27 岁　　　　C. 28~35 岁　　　　D. 36~42 岁
   E. 43~49 岁　　　　F. 50~55 岁　　　　G. 55 岁以上
3. 您是屈臣氏的会员吗
   A. 是　　　　　　　B. 不是
4. 您经常到屈臣氏购买商品吗
   A. 一月一次　　　　B. 两月一次　　　　C. 三月一次　　　　D. 半年一次
5. 您通过什么渠道知道屈臣氏的
   A. 网络　　　　　　B. 广告　　　　　　C. 朋友　　　　　　D. 逛街时遇到店铺
   E. 其他
6. 您每次在屈臣氏消费的金额大概是
   A. 100 元以下　　　B. 100~200 元　　　C. 201~300 元　　　D. 300 元以上
7. 您曾在屈臣氏消费的主要原因是
   A. 购物环境舒适　　B. 信誉口碑好　　　C. 知名度高　　　　D. 产品齐全
   E. 产品质量好　　　F. 产品价格实惠　　G. 经常促销及优惠　H. 产品介绍很专业
   I. 保真　　　　　　J. 其他
8. 您通常在屈臣氏购买的产品是
   A. 面部护肤品　　　B. 头发护理用品　　C. 健康及保健用品　D. 化妆品
   E. 个人护理品　　　F. 男士护理用品
9. 您在屈臣氏购买商品后，会向身边朋友推荐吗
   A. 会　　　　　　　B. 不会
10. 您到屈臣氏购物是否为有目的购买
    A. 是　　　　　　　B. 不是
11. 如果是有目的购买，您是出于什么样的购买目的
    A. 家里的商品使用完了　　　　　　　　B. 偶然间看到，就想买试试看
12. 您在屈臣氏购物大约停留多长时间

A. 10 分钟左右　　　　B. 半小时之内　　　　C. 40 分钟左右　　　　D. 1 个小时左右

13. 您是否会在店员的引导下购买相关联的产品

A. 会　　　　　　　B. 不会

14. 如果不喜欢店员引导，您喜欢什么样的购物方式

A. 自主购物　　　　B. 店员适当给予引导

15. 您喜欢在网上购买屈臣氏产品还是在店铺中购买

A. 网上　　　　　　B. 店铺

16. 您会在店员的推荐下试用产品吗

A. 会　　　　　　　B. 不会

17. 您试用该产品后会购买吗

A. 会　　　　　　　B. 不会

18. 使用屈臣氏的产品后感觉如何

A. 满意，会继续购买　　　　　　　B. 一般，有促销活动时再买

C. 不满意，不会再继续购买

19. 觉得屈臣氏的购物环境舒适吗

A. 舒适　　　　　　B. 一般　　　　　　C. 不舒适

20. 如果您觉得在屈臣氏购物不舒适，您有什么意见

非常感谢您的协助，祝您生活愉快！

附录二

CIS 手册格式要求

学校名称
（一号字，楷体加黑）

CIS 手册设计
（自定义 48 号字，宋体加粗）

题　　目：
专　　业：
班　　级：
学　　号：
学生姓名：
指导教师：
（三号字宋体）

年　月　日

对管理思想的认识

（标题黑体二号字，居中，与目录页用分页符分开）

摘 要

（黑体三号居中，中间空两格）

本文从东西方管理思想的对比入手，研究……（摘要正文，宋体小四号，行距固定值22磅。）

关键词：管理；文化；制度（关键词标题宋体小四号加粗后，用中文冒号加粗表示，罗列的关键词不要加粗。关键词3~5个，每个关键词之间用中文分号隔开。）

目 录

（黑体小二号居中，中间空两格）

（以下宋体字小四号，1.5倍行距，自动索引生成，单独一页，与首页页面用分页符隔开）

一、管理思想的发展

（一级标题，黑体三号字，首行缩进两字符，用中文数字表示，且标号后加中文顿号。）

（一）西方管理思想

（二级标题黑体小三号字，首行缩进两字符，用中文数字书写加括号表示，且标号后不加标点。）

1. 西方古典管理思想

（三级标题，黑体四号字，首行缩进两字符，用阿拉伯数字表示，后加全角西文句号。）

古典管理理论诞生于20世纪初期的美国，是与美国当时的经济、社会、文化的发展状况密切相关的。(正文，宋体小四号字，固定值22磅。)

(1) 科学管理理论　该理论创始人是泰罗 (F. W. Taylor, 1856—1915)，他首次提出了科学管理的概念，1911 年出版《科学管理原理》一书，被公认为"科学管理之父"……(四级标题序号用阿拉伯数字表示，小四号宋体加粗，且与后面行文内容有一空格，文章中出现的西文全用西文新罗马字体，即 Times New Roman。)

(二) 东方管理思想 (同标题一的要求)

……

参考文献 (黑体三号字居中)

[1] 作者1，作者2. 文章标题名 [J]. 刊物名称，2008 (5)：103 - 105. 顶格，页码 (宋体五号字，1.5 倍行距) 标点用西文全角字符，汉字用中文半角字符。

[2] ×××××××

参 考 文 献

[1] 李晓辉，弓秀云．连锁门店开发与选址［M］．北京：中国发展出版社，2010．
[2] 黄琳．连锁门店开发与设计［M］．2版．大连：大连理工大学出版社，2014．
[3] http://baike.so.com/doc/5373909-5609917.html．
[4] 杨叶飞．连锁门店开发与设计［M］．北京：机械工业出版社，2015．
[5] http://baike.baidu.com/link．
[6] 闫一达，杜玉青，刘永强．国内外企业人力资源管理模式的对比探究［J］．现代经济信息，2012（10）：92-92．
[7] 李卫华，李轻舟，王菱．连锁企业门店开发与设计［M］．北京：中国人民大学出版社，2012．
[8] 时应峰．连锁企业门店开发与设计［M］．重庆：重庆大学出版社，2012．
[9] 王吉方，李志波．连锁门店开发与设计［M］．北京：科学出版社，2013．
[10] 曹富莲，李学荟．连锁门店开发与设计［M］．大连：大连理工大学出版社，2010．
[11] 孙树旺，张国卫．浅析连锁门店经营的特征与功能［J］．商场现代化，2014（9）：94．
[12] 马风棋．连锁门店开发与设计［M］．北京：北京大学出版社，2014．
[13] 孙前进．连锁门店开发与选址［M］．北京：中国发展出版社，2015．
[14] 王忆南．门店运营管理［M］．北京：中国人民大学出版社．
[15] 蒋小龙，胡红玉，柯戈，等．连锁企业门店营运与管理［M］．北京：化学工业出版社，2016．
[16] 范征．连锁企业门店营运管理［M］．北京：电子工业出版社，2017．